人文艺术经典译丛

薛晓源 主编

康德的生平与学说

〔德〕恩斯特·卡西尔　著

李秋零　译

商务印书馆

图书在版编目（CIP）数据

康德的生平与学说 /（德）恩斯特·卡西尔著；李秋零译. -- 北京：商务印书馆，2025. --（人文艺术经典译丛）. -- ISBN 978-7-100-24950-8

Ⅰ. B516.31

中国国家版本馆CIP数据核字第20251G7V57号

权利保留，侵权必究。

Kants Leben und Lehre

©Ernst Cassirer, 1921

（本书根据柏林1921年德语版译出）

人文艺术经典译丛
康德的生平与学说
〔德〕恩斯特·卡西尔　著
李秋零　译

商　务　印　书　馆　出　版
（北京王府井大街36号　邮政编码100710）
商　务　印　书　馆　发　行
北京市艺辉印刷有限公司印刷
ISBN 978 – 7 – 100 – 24950 – 8

2025年5月第1版　　开本 880×1230　1/32
2025年5月北京第1次印刷　印张 15
定价：78.00元

人文艺术经典译丛编委会

主　　编：薛晓源

编委会主任：郑承军

编委会委员：张　放　李秋零　杨富斌　郭海鹏　严春友
　　　　　　李素杰　陈伟功　张丹彤　夏　静　周思成
　　　　　　余明锋　蔡长虹

本丛书由北京第二外国语学院和北京师范大学全球化与文化发展战略研究院共同主持。由北京第二外国语学院"科技创新服务能力—建设高精尖学科建设（市级）项目"支持。

人文艺术经典译丛序言

后疫情时代,我们更需要赏心悦目的学术经典

薛晓源

我们适逢知识爆炸的时代,新科技、新知识层出不穷,知识生产和制作快速迅捷。在这被德国社会学家罗萨命名为"社会加速"的时代,我们为什么还要主编这套人文艺术经典译丛?我心里涌现出三个生动的意象:桥、甘泉和高峰。这三个审美意象是我从事这项严肃的翻译事业的价值依托和支援意义(波兰尼语)。

一、希望这套丛书能成为东西方人文艺术思想的桥梁。这套经典译丛,希望克服枯燥和晦涩的理论外壳,通过艺术与美学焕发其新鲜和蓬勃的生命力,使它成为学人通往人类思想史的艰难险途中的"桥梁中的桥梁"。

本丛书所遴选的著作都是经得起时间考验的人文艺术学术经典。这些学术经典被当下的西方所"遗忘",而中国学界因为多种原因知之不详,有些经典由于学科交叉的背景,让有些译者望而却步。这些曾被忽略的经典,去蔽除尘之后至今依然熠熠生辉。本丛书所着眼的

是艺术与哲学的交汇与融合,是文史哲艺诸学科的贯通与往返。人文艺术的多学科性和丰富性在这里得到最为集中的体现。如丹纳的名著《意大利游记》,它是《艺术哲学》的前身;如卡西尔的名著《康德的生平与学说》,把康德的哲学、伦理学和美学思想融会贯通,提供了真正理解康德学说的一条捷径。本丛书还有一个最大特点,截至目前,均是首次翻译成简体中文出版,希望在相关研究领域填补一定的空白。

二、希望这套丛书能成为人文学者行走大地时的甘泉。我们遭逢数字全球化的时代,信息快速嬗变,使我们的注意力和阅读变得碎片化。海量的信息和令人眼花缭乱的图像,让我们不知所措。身心疲惫和无助的人们需要的是真正的帮助。在烈日下,行走在孤寂干燥的沙漠里,我们渴望那一泓甘泉,以此滋润我们的喉咙和心灵。希望这套丛书能成为学人行走大地时滋润心田的一泓甘泉。本丛书着眼于培养艺术鉴赏力和判断力,在审美愉悦中去感知艺术作品的生产史和欣赏史,去培养能够发现和欣赏美的眼睛。从这些经典名著中,沿着思想与艺术史大师的足迹,我们也许可以学会去领略我们不曾感悟到的美,尝试着去体验这些事物背后隐藏的曾经脍炙人口的故事和哲理。

三、希望读者诸君能借助这套丛书去体验思想与艺术的高峰,吐故纳新,自成高格。罗曼·罗兰在《米开朗琪罗传》中说,真正的思想和艺术巨匠是"崇高的山峰……从远处我们望见它的峻险的侧影,在无垠的青天中消失。我不说普通的人类都能在高峰上生存,但一年一度他们应上去顶礼。在那里,他们可以变换一下肺中的呼吸与脉管中的血流。在那里,他们将感到更迫近永恒"。希望这套丛书能使人们摆脱日常生活的庸俗和烦琐,去高峰之上与大师对话,去呼吸清凉的空气,去感受学术与艺术的永恒魅力。

能成为学人通行往返的桥梁、成为思者独行大地时的一泓甘泉、成为探索者体验思想与艺术的高峰、成为后疫情时代赏心悦目的经典，这是我对这套经典丛书寄予的厚望。望着这些制作精美、经历了近百年时间考验的名著典籍，我相信能够达到上述效果，为此我们将执着远行！

　　感谢诸多著名的学者和翻译家以及学界新秀的鼎力支持，他们的加盟和助力，才能使我这筹划多年的夙愿得以实现。感谢北京第二外国语学院的资金支持，感谢北京师范大学全球化与文化发展战略研究院的鼎力支持，感谢商务印书馆欣然接纳这套译丛并付梓出版！

2022 年 4 月 13 日
于北京师范大学珠海校区粤华苑寓所

目　　录

卡西尔与康德
　　——卡西尔《康德的生平与学说》刍议 …………… 李秋零 1
康德何以成为康德
　　——卡西尔《康德的生平与学说》探微 …………… 薛晓源 15

摘自第一版前言 ……………………………………………………… 32
导　　论 ……………………………………………………………… 36
第一章　青年岁月和求学岁月 ……………………………………… 43
第二章　硕士岁月和康德学说的开端 ……………………………… 71
　　一、自然科学的世界观——宇宙论和宇宙物理学 …………… 71
　　二、形而上学方法的疑难 ……………………………………… 89
　　三、独断论形而上学的批判——《一位视灵者的梦》……… 111
　　四、可感世界和理知世界的分离 ……………………………… 128
　　五、批判的基本疑难的发现 …………………………………… 153
第三章　纯粹理性批判的建构和基本疑难 ………………………… 179
第四章　批判哲学的最初作用
　　《导论》——赫尔德的《理念》和历史哲学的奠基 ……… 262

第五章　批判的伦理学的建构 ························· 276
第六章　判断力批判 ····································· 317
第七章　最后的作品和斗争
　　——《纯然理性界限内的宗教》和与普鲁士政府的冲突 ·········· 410

卡西尔与康德

——卡西尔《康德的生平与学说》刍议

李秋零[*]

恩斯特·卡西尔（Ernst Cassirer，1874—1945）是19世纪新康德主义马堡学派的第三位代表人物，也被誉为"马堡学派的集大成者"，是《康德著作集》(*Kant's Schriften*，虽无"全集"之名，却有"全集"之实）的编者，其《康德的生平与学说》(*Kants Leben und Lehre*）是康德研究史上的一座丰碑，我国著名学者叶秀山先生曾称其为"研究康德哲学之必读之书"。[①] 但在近几十年的康德研究中，这部著作已差不多被人遗忘，委实令人遗憾之至。薛晓源先生盛邀我将它译成中文。晓源学术目光独到，而我也素来知道这部著作的学术价值，故而欣然应允。时隔30多年重读并逐字逐句翻译，再次被卡西尔这位学术巨匠和《康德的生平与学说》这部巨著所震撼。以下文字，权且为翻译的感想和心得。

---

[*] 中国人民大学哲学院教授、博士生导师。
[①] 见侯鸿勋、姚介厚编：《西方著名哲学家评传》（续编，上卷），山东人民出版社，1987年，第441页，"卡西勒"（叶秀山撰）。

一、卡西尔与《康德著作集》

卡西尔的名著《康德的生平与学说》，最初并不是作为一部独立的著作，而是作为他所主编的《康德著作集》的第 11 卷，也是最后一卷发表的。卡西尔把它称为《康德著作集》的"阐释卷和补充卷"。①

把康德的著作结集出版，早在康德的生年就已经由批判哲学的一些崇拜者在进行了，但基本上都是一些短篇文章的选集。在康德去世之后，其"全集"的编纂就提上了议事日程。罗森克兰茨（Karl Rosenkranz）和舒伯特（Friedrich Wilhelm Schubert）主编的《康德全集》（*Immanuel Kant's sämmtliche Werke*, 1838-1842）共 12 卷，不仅包括康德生前发表的所有著作，而且收集了当时已知的部分康德书信。哈滕施泰因（G. Hartenstein）更是两度（1838—1839, 1867—1868）主编《康德全集》（*Immanuel Kant's Werke, Immanuel Kant's sämmtliche Werke*；前者按主题分卷，后者按时序分卷）。1893 年，新康德主义者狄尔泰（Wilhelm Dilthey）和著名哲学史家策勒（Eduard Zeller）又提出了一个更为庞大的计划，他们一同向当时的普鲁士教育部和普鲁士王家科学院提议编纂一套全新的康德全集，来展现完整而全面的康德。1894 年，普鲁士王家科学院批准了狄尔泰的这个计划，并于 1895 年正式开始康德全集的编纂工作。1902 年，新的《康德全集》第 1 卷出版，这就是我们今天所见的科学院版《康德全集》（*Kant's gesammelte Schriften*, Akademie-

---

① E. Cassirer: *Kants Leben und Lehre*, Berlin 1921, p. V. 此版本为后出的单行本，亦为汉译《康德的生平与学说》所依据的底本。以下凡引用本书，仅在正文中注明页码。

Ausgabe）。在前言中，狄尔泰骄傲地宣布："这个由普鲁士王家科学院编纂的版本在《康德全集》的标题下涵盖了康德的全部精神遗产：著作、往来书信、手写遗稿和讲演集，能够有助于认识他的生平事业的东西的全部总和。"①

科学院崇高的声望、雄厚的财力支持和强大的学者团队是此前的所有其他编者都望尘莫及的。康德的每一篇作品都由专家进行全方位的校勘和考证，并编写导言和注释。在著作部分积极展开的同时，其他部分的编纂也在紧锣密鼓地进行。1900年，书信部分的第1卷（即《康德全集》第10卷）就已经率先出版。截至1912年，计划中的著作部分（即《康德全集》1—9卷）就已经出版了前8卷。

但就在这个时间段，新康德主义马堡学派的主将卡西尔却编出了他的《康德著作集》，于1912年出齐10卷，其中前8卷是著作，后2卷是书信。在完成了《康德著作集》的编纂工作之后，卡西尔意犹未尽，立即转向撰写《康德的生平与学说》，并于1916年完成，但由于战争原因，直到1918年才作为《康德著作集》的第11卷出版。至此，卡西尔版《康德著作集》真正大功告成。

由于卡西尔已经取得的学术地位，与高调推行的科学院版《康德全集》相比，卡西尔版的《康德著作集》毫不逊色。仅举一例即可证明：同样是康德研究大家、在后来1929年著名的达沃斯辩论中曾与卡西尔唇枪舌剑的马丁·海德格尔，使用的康德著作版本大多是卡西尔版的《康德著作集》。在此后相当长一段时间里，卡西尔版的《康德著作集》一直与科学院版的《康德全集》在学界分庭抗礼，

---

① *Kants gesammelte Schriften*, Akademie-Ausgabe, Bd. 1, 1902, p. Ⅴ, Vorwort von Ernst Dilthey.

难分轩轾。只不过由于卡西尔版的《康德著作集》是"已完成体"，而科学院版的《康德全集》一直还在"进行中"，且其对往来书信、手写遗稿和讲演集的发掘是卡西尔版无法比拟的，后者逐渐确立了在学术"江湖"中的"霸主"地位，成为康德思想研究的"标准版"。

二、如何写康德？

卡西尔早年师从新康德主义者柯亨（Hermann Cohen），也接受了新康德主义马堡学派的哲学原则，甚至被视为继柯亨和纳托尔普（Paul Natorp）之后马堡学派的主要代表人物，但他早年的著述对象却是笛卡尔和莱布尼茨。这一次动笔写康德，还真是卡西尔的第一次。尚好是卡西尔挟编纂完毕《康德著作集》之威，也算是厚积薄发了，同时也了却了卡西尔这个新康德主义者的一桩心愿。但仍让卡西尔遗憾的是，由于战争导致的延误，他不能把这本书递交到已于1918年4月4日辞世的柯亨手中了。尽管卡西尔并不讳言他此时对康德的理解与柯亨已"有诸多偏离"，但他依然"以真挚的谢意回想我自己在20多年前从柯亨的康德著作中所获得的亲身印象"，并"意识到被这些著作首先引入到康德学说的全部认真和全部深邃之中"。因此，柯亨解释康德哲学体系的新康德主义方法论基本思想，亦即"把康德的学说并不理解为一个结束了的历史整体，而是理解为哲学自身的持久课题的表述"，依然是卡西尔的基本原则（p. Ⅶ—Ⅷ）。

卡西尔的这部著作标题为《康德的生平与学说》，所以读者可能会期待卡西尔能像其他名人传记那样给我们描绘一个哲学家的丰富精彩的人生。然而，卡西尔虽然并不像海涅那样认为康德"没有生活过"，但比起在康德生前就与他有亲密接触的鲍洛夫斯基等早期康德传记作者，卡西尔在谈论康德生平方面没有任何优势。如果他也去重复那些街坊对表、邻人鸡叫之类的生活逸趣，则只能是人云亦云、拾人牙慧。因此，卡西尔自承："我也有意识地忽略了丰富的个别特征和康德的第一批传记作者们传承下来、自此以后转入所有的生平描述的逸闻琐事。唯有康德的生活方式的重大的、连贯的特征和作为这种生活方式在康德的人的发展和哲学发展之进程中的统一性'意义'越来越确定地凸显出来的东西，我才试图予以揭示。"（p. Ⅵ）在卡西尔的描绘中，康德的"生平"绝不能与他的"学说"分庭抗礼。他所关注的，是康德的"生活形式"（Lebensform）与他的"学说形式"（Lehrform）之间的关系。"康德生平的科学研究和阐述……所涉及的不能是纯然讲述外在的命运和事件，而是课题的真正魅力和真正困难所在：发现和阐明与这种学说形式相适应的'生活形式'。"当然，卡西尔不会认为康德的"学说形式"是由他的"生活形式"决定的。但也不能反过来"使得后者仅仅成为前者的载体和消极的容器"。"在这里占统治地位的是那种交互关系，其中两个相互作用的因素的每一个都同时表现为决定的和被决定的。"（p. 2）因此，卡西尔提供给读者的，与其说是康德的生平（Leben），毋宁说是他的思维（Denken）。正是在这种意义上，卡西尔在《康德的生平与学说》的前言中开宗明义地说：这部作品"并不是面向那些相信已经在某种意义上'阅毕'了康德及其学说的读者，而是期待着那些还处在研究康德著作的途中的读者。它想给他们指出一条从批判体系的周边导向其中心、从个别问题的杂多性导向对康德思维的整体的一种自由的和全面的概览的道路。依此，它一开始就致力于并不迷失在康德哲学到处所呈现的特定问题的丰沛之中，而是集中精力仅仅突出康德思想大厦的鸟瞰图和重大的和决定性的主要线索"(p. V)。《康德的生平与学说》的写作逻辑，正是从康德在其"生平"的各个时期所思考的问题（疑难），从"周边"（外围）逐渐地导向其中心，导向批判哲学的核心的。

三、写出什么样的康德？

既然是传记，卡西尔自然要从康德的童年写起。在卡西尔的笔下，这是青葱少年康德的成长史，因而也是涉及他的"外在生活"最多的一个部分。虽出身寒微，母亲的教诲却在康德的心中"植下并培育第一个善的胚芽"(p. 10)。弗里德里希公学刻板枯燥的教育方式和内容，使得康德的"生活的目标不是指向'幸福'，而是指向思维中的独立和意欲中的不依赖"。"它不满足于一定的规章和义务的实际履行，而是追求拥有整个人，拥有他的意念和信念，拥有他的情感和意志。"(p. 13) 敬虔主义传统的陈规陋习使"康德任何时候都对虔诚的规章和机械化的反感越来越深"(p. 15)。"就连康德最初的**大学岁月**……其意义也更多的是在于意志形成的方向，而不是它们在井然有序的讲演进程中能够使他获得的认识。"(p. 17) 父母双亡不久、经济拮据的康德既没有任由大学安排自己的专业，也没有为稻粱谋而选取任何"实证的"学科，而是先参加了"人文经典文献"(Humaniora)，继而参加了克努岑教授的哲学和数学课。正是在这些课程上，康德不仅掌握了大量的新知识，开阔了眼界，而且锻炼了严谨的思维方式。基于这种独立钻研的精神，大学生康德牛刀小试，写下了他的处女作《关于活力的真正测算的思想》，雄心勃勃地想要对笛卡尔主义者和莱布尼茨主义者之间有关测量动能的争论做出裁决。卡西尔没有过多地纠缠于这部作品的内容以及因其自不量力而遭到的讥讽，而是注意到了这样一个事实："康德把他的哲学-物理学处女作称为一篇《论方法》——后来，在他的生平和创作的高峰期，他把《纯粹理性批判》称为一篇《论方法》。"（p. 26）虽然远远没有达到后来其学说巅峰时期的"批判"高度，但康德一开始就对学院形而上学的方法产生了怀疑，这却是康德哲学一以贯之的一条线索。

在此之后，康德受家庭经济状况所迫，不得不辍学离开哥尼斯贝格，开始了他为期7年（或9年）的家庭教师生涯。在卡西尔的笔下，家庭教师卑微的社会地位、普鲁士专制国家的沉闷社会氛围，进一步锤炼了康德的独立精神和忍辱负重的性情。

1755年，康德回到哥尼斯贝格，以论文《论火》通过答辩，获得硕士学位。从此，"康德硕士"这个学衔便出现在康德大部分著作的封面上。

同年，康德出版了他真正意义上的第一部代表作《一般自然史与天体理论》，卡西尔称它为"一劳永逸地建立他的文献声誉的"著作（p. 39）。当然，从内容上看，这部著作肯定是在当家庭教师期间写作的。在此之前，康德还发表了《地球绕轴自转问题研究》和《地球是否已经衰老》两篇论文。再加上康德后来研究地震的一系列论文以及《物理单子论》和《风的理论》等，以自然地理和天文学为主要对象的自然哲学就构成了康德哲学这一阶段的主要内容。卡西尔没有过多地去探讨这些研究在自然科学和自然哲学意义上的内容，甚至也没有过多讨论以"给我物质，我就要用它造出一个世界来"这个著名命题为标志的"星云假说"，"对于康德的精神发展来说，即便是这部作品比其他任何作品都更多地深入经验性自然科学的细节,也很少是因为它的内容,而是因为它的方法而重要……因为恰恰这一点标志着康德的研究和思维中的源始基本方向,即他一开始就着眼于'经验性的东西'和'理性的东西'的一种比其迄今为止在哲学学派的争执中被提倡和被承认更深刻的统一。在这种意义上,就连《一般自然史与天体理论》,也如其标题所已经暗示的那样,主张经验与理论之间、'经验'与'思辨'之间的一种普遍的交互关系"(p.48)。卡西尔的这番评述,很容易使我们联想到先验哲学的基本精神。在卡西尔的理解中,正是对方法的这种思考,最终把康德引向了对形而上学方法疑难的探究,并预示着未来的康德先验哲学的一个方向。随后,在《形而上学认识各首要原则的新说明》《证明上帝存在唯一可能的证据》《一位视灵者的梦》等一系列文章中对传统形而上学进行批判之后,康德终于获得了他期盼已久的逻辑学和形而上学教授席位,并发表了教授就职论文《论可感世界与理知世界的形式及其原则》。在这篇论文中,卡西尔看到的是:"在莱布尼茨和洛克之间的争执中,康德马上——似乎是毫不犹豫地——站在了莱布尼茨一边。"(p.107)洛克从"经验"导出纯粹的知性概念,这是康德所不能接受的。"即便在这里,康德实际上也没有超越莱布尼茨;但从现在开始,他为莱布尼茨所主张的基本思想锻造了一种新的特色表述,它就其重要性和确定性而言自动地进一步导向对'先天性'的一种尖锐化和深化"(p.110)。

紧抓"先天性"这条主线索,卡西尔的考察越过康德十年的沉寂期,来到康德的第一部批判巨著《纯粹理性批判》。卡西尔认识到,康德把他自己的"思维方式的革命"与哥白尼的行为相类比,这种"思维方式的革命就在于,我们以理性对自己本身、对它的前提条件和原理、疑难和任务的反思开始;一旦这个出发点得到确立,关于'对象'的反思将继之而起。同时，在这个开端中表明了对于理性批判的问题提出具有决定性意义的两个重要基本概念的特性。人们如果牢牢把握康德的'哥白尼式转变'的独特之处，那么，在其中就获得了康德的'主体性'概念和'先验'的概念的完备和详尽的解释。而且人们由此出发才完全理解，二者必须相互联手和相互渗透地来规定：正是它们相互达成的**新关系**，构成了它们通过理性批判获得的新内容的根本之处和独特之处"（p. 161）。而"与'主体的'和'先验的'这两个基本概念并列的，同时有理性批判的第三个核心概念和主要概念：'先天综合'"（p. 169）。正是立足于对这些基本概念的分析和展开，卡西尔重构起康德的先验哲学体系。

在《纯粹理性批判》之后，卡西尔对康德的《未来形而上学导论》和历史哲学论文仅仅给予短暂的一瞥，就立刻转向了康德的《实践理性批判》。在卡西尔看来，康德在前批判时期《关于自然神学与道德的原则之明晰性的研究》中的"寥寥几句朴实的话中已经在原则上克服了18世纪所产生的所有道德体系。实际上，这里有他未来的伦理学的基本思想：道德法则的'定言命令式'和纯然间接目的的'假言命令式'之间的严格区分已经完全鲜明清晰地呈现出来"（p. 249）。而在批判哲学时期，实践理性批判也并不是作为康德的批判哲学体系的第二部分附在理论理性批判之后，而是一开始就构成了一个根本的和整合性的组成部分。在这里，自律的概念成为康德伦理学的基本概念，道德法则的表达式也就是"定言命令式"。"在这种意义上，自由被康德自己——用一个当然不精确且最初模棱两可的表述——作为一个'独特种类的因果性'引入。"（p. 266）由此，康德转入了对"理知者"即"本体"的思考，理论理性批判中扮演认识终点的消极角色的自由、灵魂、上帝成为实践理性不可或缺的"公设"。

相对于《纯粹理性批判》和《实践理性批判》，卡西尔显然对《判断力批判》给予了更多的关注。之所以如此，乃是因为在卡西尔看来，"康德以这部似乎完全出自其体系性的特殊要求、仅仅注定弥补这种体系性的一个漏洞的著作，比以任何其他著作都更多地影响他那个时代的精神教养的整体。从《判断力批判》出发，歌德像席勒一样——每个人都沿着其自己的途径——找到和确立了他们与康德的真正内在关系；而且由它，甚于由任何另外一部康德著作，被引入了思维的一个新的整体运动，它就其方向而言规定着整个后康德的哲学"（p. 291）。卡西尔从康德关于规定性的判断力和反思性的判断力的区分开始，发现"判断力的疑难与概念构成的疑难相叠合：概念所提供的恰恰是这一点，即它把诸个别样本概括为一个上置的类，把它们思维成包含在这个类的普遍性之下的。但是，简单的历史思考就已经教导我们，在这个貌似如此简单的问题中蕴藏着大量与关于'本质'的学说相关并决定性地规定着这种学说的疑难"（p. 294）。卡西尔在这种观点的指导下，依次考察了苏格拉底、柏拉图、亚里士多德、普罗提诺、中世纪哲学家乃至斯宾诺莎等人的哲学之后指出："人们必须想到康德提出疑难的这种普遍的历史背景，哪怕只是为了完全理解《判断力批判》的外在结构。我们在形式疑难的形而上学思辨发展中作为一条历史道路的主要阶段所面对的个别基本概念，同时在《判断力批判》的阐述内部构成了系统的思想过程的真正里程碑。普遍的东西和特殊的东西的关系已经通过判断力的定义自身被置于研究的中心。关系和在审美疑难和目的论疑难之间、美者的理念和有机物的理念之间必须假设的内在联系，表现在这部著作的彼此相关又彼此补充的两个主要部分相互取得的地位。然后，从这一点出发，思想的运用继续向前：经验性概念的疑难和目的的疑难出现在它们的联系中；发展思想的意义规定得更为精确，直到最终康德问题的整体总括在关于一种'原型理智'的可能性的那些阐明之中，费希特和谢林关于这些阐明判断说，哲学理性在它们里面达到了任何继续的进步都不允许它超越的最高顶峰。"（p. 302）在思想史的宏观背景下，从概念疑难的视角来审视康德的《判断力批判》以及反思性的判断力，是卡西尔在康德研究中做出的独特贡献。在此之后，卡西尔的主要兴趣开始聚焦于康德的"合目的性"思想。卡西尔的结论是："《判断力批判》迄今的结果可以概括如下：目的概念从现在起经历了与康德的'思维方式的革命'相适应的改造。目的不是在事物中和在事物背后一种客观地起作用的自然力量，而是一个精神的联结原则，它把我们的评判带到显象的整体性。"正是这种整体性的思维，使康德能够把整个世界、整个创造视为一个"有机体"、一个目的系统，提出了康德自己的道德世界观。

在接下来的阐述中，卡西尔走进了康德晚年的生涯，将其称为"最后的作品和斗争"。此时，康德的批判工作已经结束，"这样，对于将近70岁的康德来说，在最全面和最深刻的精神创造性的十年之后，他并没有歇息的瞬间，而是发现自己立刻又被卷入他必须朝不同方向进行的新斗争"。一方面，康德"要抵御对他的哲学的误解和曲解，它们有使他的哲学丧失其独特内容及其特殊价值的危险"（p. 393），要花费大量的精力与埃贝哈德、伽尔韦、费德尔等人论战以捍卫批判哲学。另一方面，"他也在以《判断力批判》的结束完成了体系的理论论证之后，又以偏爱转向了推动着时代的直接生活问题。这首先就是比迄今更多地移入兴趣中心的**政治疑难**"（p. 391）。"纯粹理论不可动摇的要求相对于源自经验性具体运用材料的所有特别条件在三个方向上得到了阐述：在仅仅旨在为单个人的道德行动确立有效准则的主观伦理学考察的关系中，在应当的命令式与国家的存在和与国家宪法的关系中，最后在把法律道德组织的思想延伸到特殊的人民统一和国家统一的整体并由此扩展为一个普遍有效的国际法的那种世界公民的意义上。"(p. 397)然而，最为引起卡西尔关注的，是康德的《纯然理性限度内的宗教》及其引发的与普鲁士政府的冲突。卡西尔注意到，康德从童年时代就开始形成的宗教观念与普鲁士政府此时日益收紧的宗教政策之间的冲突势必不可避免。在卡西尔看来，康德的"宗教哲学的内容对他来说仅仅构成他的伦理学的内容的一种证实和相关物。因此，'纯然理性界限内的'宗教不需要认启示概念，也不可以认它，这种宗教除了纯粹道德的内容之外，没有任何别的本质内容：它只是在另一种观点下并且以某种象征性的外衣来阐述这种内容"(p.407)。康德借用宗教问题，只不过是对他的伦理学的一种"图型化"罢了。在康德的学说中，"到处都关涉自由概念的特殊要素和特殊诠释。自由和'他律'与'自律'之间、可感世界与理知世界之间的对立是所有奠基性的宗教学说以遮掩的和象征的形式指向的原初事实"(p.416)。但毕竟，康德在唯有善的生活方式才是真宗教的观点下，把以其他方式取悦上帝的做法批判为"伪事奉"和"宗教妄念"，由此不免触怒了教会和普鲁士政府的书报审查制度。不仅康德作品的发表受到了层层刁难，而且康德最终还招致了以国王名义签发的申敕令。与苏格拉底当年所受的指控如出一辙，康德被指责滥用自己的哲学来歪曲和贬低《圣经》和基督教的一些主要的和基本的学说，不负责任地违背了其作为青年导师的义务，并受到警告"如果继续执拗，您肯定将准备着接受令人不快的处置"。康德对此虽早有预感，却也不得不在为自己做出申辩之后，顺从政府的要求，在宗教事务上保持沉默。

卡西尔对康德学说的阐述最后来到了康德的晚期作品《学科之争》《论永久和平》等。在这些作品中，卡西尔发现康德的关注转向了国家的公民秩序，并进一步由国家转向世界的秩序，在各民族的历史中促进"世界公民"状态的实现。"康德的哲学活动以对人类历史的这个目标的展望结束。在这个目标中，自由理念应当得到其具体的贯彻和其经验性的-政治的实现。自由思想构成康德哲学的终点，如它曾构成其始点和中点一样"（p.435）。这可谓是对康德毕生哲学事业最精练也最准确的概括和总结。在此之后，尽管康德的大脑中依然有一大堆未曾处理的想法，他还想在某个序列中把它们全部写出来，但生命的自然法则最终战胜了这位坚持思想的巨人。卡西尔最后记述的，是康德在忠诚的学生们的照料下，外在生命逐渐熄去。"他的遗体安葬成了一个重大的公共典礼，整个城市和所有阶层的居民都参与其中。"（p.442）哥尼斯贝格万人空巷，康德尽享哀荣。

四、结语：卡西尔的康德

卡西尔洋洋洒洒，以并非鸿篇巨制的篇幅（汉译不到30万字）完成了他对康德的生平与学说的阐述。卡西尔的确如自己所预先说明，除康德的童年、少年和老年之外，基本上对康德的外在生活不置一词。而对于康德学说的细枝末节，卡西尔也大多寥寥数语，一跳而过。他牢牢地把握住康德哲学在各个历史时期所要解决的疑难（Problem：方法的疑难、纯粹理性批判的疑难、普遍道德法则的疑难、概念的疑难等等），从几个最基本的概念（如理性的东西和经验性的东西、主体性和先验、自律与自由、合目的性等）出发，复原康德对自己哲学体系的建构，展现批判哲学的精神实质。当然，这是一幅康德哲学的鸟瞰图，免不了是粗线条的，甚至会遗漏一些内容。但正是因此，卡西尔不仅为"处在研究康德著作途中"的读者们提供了可靠的路线图，而且也为那些"阅毕"了康德著作的读者畅游康德哲学迷宫提供了阿里阿德涅之线[①]。而且正是因为言简意赅，也就为康德依然是"说不尽的康德"留下了空间。

当然，卡西尔是一位新康德主义者。新康德主义之"新"，就在于它除了继承康德哲学的基本路线之外，还试图对康德哲学做出某种"改造"和"发挥"。在理论理性领域对经验材料的忽视和对先天因素的强调，在实践理性领域避谈"本体"的意义，在判断力领域突出反思性判断力的重要性，都表现出卡西尔的新康德主义的"新"之所在。卡西尔在这里并不是在简单地塑造一个康德，而是力图塑造一个"卡西尔的康德"。在阐发康德学说的同时，卡西尔也在试图阐发自己的哲学理解。这不仅无损于卡西尔这部康德研究巨著的价值，反而正是它的特殊魅力之所在。

[①] 阿里阿德涅之线（Ariadne's thread），来源于古希腊神话，常用来比喻走出迷宫的方法和路径，以及解决复杂问题的线索。——译者注

康德何以成为康德[*]

——卡西尔《康德的生平与学说》探微

薛晓源[**]

阿尔森·古留加在《康德传》中引用了一段发人深省的话："在哲学这条道路上，一个思想家不管他是来自何方和走向何处，他都必须通过一座桥，这座桥的名字就叫康德。"[①] 康德作为德国古典哲学的开创者，厥功至伟，影响深远。从好的一面来说，每一位思想者都想从康德那里汲取思想的源泉和灵感；从不好的一面来说，每一位雄心勃勃的探索者都想从康德那里分一杯羹。但是康德是一块难啃的骨头，总是让那些想占便宜的人铩羽而归。在康德去世两百多年的时间中，能够准确客观地理解和阐释康德的人并不多，可以说是寥若晨星。

卡西尔是《康德著作集》的编者，他编的《康德著作集》严谨而扎实。我们发现海德格尔撰写的三部"康德书"，引用文本很多

---

[*] 本文原载于《学术研究》2024 年第 10 期，收入本书时略有改动。
[**] 北京师范大学全球化与文化发展战略研究院执行院长、教授、博士生导师。
[①] 〔苏〕阿尔森·古留加：《康德传》，贾泽林等译，北京：商务印书馆，1981 年，第 121 页。

情况下使用的是卡西尔编辑的文本,足见海德格尔对这一文本有比较强的认同。卡西尔的《康德的生平与学说》是《康德著作集》最后一卷,即第11卷。卡西尔说他撰写的这一卷是"阐释卷和补充卷",是想给康德思想研究者和读者指明一条"自由的和全面的概览的道路"①,从而发现康德思想大厦的鸟瞰图和重大的和决定性的主要线索。卡西尔在其著作中援引康德著作的原文,并深究这些话语的知识语境和内在指向性,他还大量引用流传于世的康德书信。卡西尔认为康德的书信是"他在自己的科学和哲学论文中写下的思想的补充和延续"。②卡西尔沿着康德思想路径和生活世界,认真细致地去梳理康德思想的发源处、困顿处和疑难处,爬梳康德"生活形式"和"学说形式"的契合处和相通性,研究作为"博物学家"的康德是如何仰望星空,俯察自然,从"自然地理学家"蜕变成"理性地理学家"的。康德一生怀揣好奇心,不停追问和发问,从问题到疑难,从一般疑难到主要疑难,从主要疑难到核心疑难,从核心疑难到毕生的重大疑难,一生心中疑云环绕。卡西尔揭示了康德对疑难的发现和解决,分析了疑难的生成与解决如何成为康德生活世界的"微言大义"。

一、康德的"生活形式"与"学说形式"

卡西尔认为康德的"生活形式"与"学说形式"有着内在的关

---

① Ernst Cassirer, *Kants Leben und Lehre*, Berlin: Verlegt bei Bruno Cassirer, 1921, p.V. 中文版:〔德〕恩斯特·卡西尔:《康德的生平与学说》,李秋零译,北京:商务印书馆,2025年。

② Ernst Cassirer, *Kants Leben und Lehre*, p.4.

联。"生活形式"与"学说形式"是相互统一、相互依赖的，是一个完整的整体，其中有着自然和逻辑的相互关联。卡西尔说："在康德那里，'学说形式'和'生活形式'的关系并不能如此理解，使得后者仅仅成为前者的载体和消极的容器……与体系形式同时表现出来的是生活形式……理念的东西和实在的东西、世界观和生活塑形，成为同一个不可分割的精神发展过程的元素。"① 为了更好说明康德"生活形式"与"学说形式"的自然奇异融合，在这里我们把康德的"生活形式"细分为"自然生平形式"和"学术生平形式"。在"自然生平形式"中，我们从卡西尔细致入微的文本描述中去阐释康德的生活世界和生存环境，尤其是德国民族的性格特征和传统对康德的影响与形塑；在"学术生平形式"中，我们深究康德在自身学术研究历史生成中，哪些人物影响了他的学术演进的重大路向，以及塑造了他的学术性格和文化情怀。

康德的生活世界与"学说形式"。卡西尔试图在康德的青少年阶段找出其批判哲学世界观和生活观的道德潜能和发展路径，揭示康德生活形式和学说形式如何在"孤寂"和"难熬"中完美无缺地融合在一起。康德在孤寂之中度过难熬的少年和青年时期，安于孤寂恰恰造就了他的学术优势。卡西尔从哲学史的角度，如数家珍地勾勒哲学家们如何秉承"天将降大任于斯人"所展露出来的惊人才华和智慧，以及自强不息、勃勃生发的生命力。卡西尔在哲学与文学的历史中发现的三个例子，可以和康德相媲美：笛卡尔、奥古斯丁和彼特拉克。卡西尔说："自我、'我思'被赢得为哲学的普遍原则；但同时，这个实际的背景衬托出笛卡尔在自觉地抛弃传承、抛弃一

---

① Ernst Cassirer, *Kants Leben und Lehre*, p.2-4.

切社会制约和惯例时,在他的荷兰孤寂中创造的新生活的图像。独白的文学形式在这里可以追溯到更古老的榜样,特别是奥古斯丁的《独语录》和彼特拉克的哲学自我表白。"①卡西尔指出了康德与三位哲学前辈的共同之处:思想和运思在"孤寂中创造的新生活的图像"和"思维自身的纯粹的和百折不挠的动能"。在对比之后,卡西尔彰显了康德坚强的忍耐力和独特的自制力。卡西尔评价道:康德"就像他作为孩童和少年已经学会履行男人的义务一样,他直到临终也依然忠实于这种义务;而批判哲学的新理论世界观和生活观就是从这种道德意志的潜能生长起来的"。②康德对自己所处的生活世界很少抱怨,他认为服从是德国人的天命和义务。

"学术生平形式"与"学说形式"的融合。康德母亲为他播下善良的种子和萌芽,在敬虔主义和良好教育的"桎梏"氛围之内,批判哲学之树破土而出,然后茁壮成长。在知识的积累和学术成长过程中,从卡西尔对康德的"学术生平形式"和"学说形式"的描述和通览中,我们可以看出康德具有强大的知识统合能力。康德从不迷信于一家一派之学说,为了自我思想建构的需要,敢于摄取,采取较为实用的"拿来主义"原则和态度,努力把牛顿和莱布尼茨、牛顿和卢梭、笛卡尔和莱布尼茨、柏拉图和亚里士多德"调和起来",使他们的学术观点和思维侧面优势互补、融会贯通。这种建构方式也使得我们在康德"天衣无缝"的调和嫁接中,看出其哲学发展的科学史和哲学史来源及出处。

康德最为佩服法国哲学家、博物学家卢梭。卡西尔认为,康德

---

① Ernst Cassirer, *Kants Leben und Lehre*, p.3.

② Ernst Cassirer, *Kants Leben und Lehre*, p.37.

喜欢卢梭的思想和行文方式,但是他在哲学的建构和运思中超越了卢梭。卡西尔评析道:"康德还说着卢梭的语言,但在对卢梭思想的系统且有条理的论证中,他超越了卢梭。"① "卢梭的方法是综合法,他是从原始状况的人出发的;我的方法则是分析法,我的出发点是文明化了的人。"② 康德是这样评价他和卢梭的关系及学术渊源的。除了卢梭之外,康德后来把休谟也称为思想家,因为休谟曾经帮助他从"教条主义的迷梦"中觉醒过来。一个热情奔放的法国人,一个持怀疑态度的英国人,作为两个对立面在康德矛盾的性格中融为一体。卢梭把康德"改变为"一个人和道德学家;而休谟则影响了康德在理论认识上的探索,推动了他对形而上学的教条主义的重新考察。

康德在大学读书期间通过克努岑老师第一次接触到牛顿著作,康德对牛顿充满了敬意。对于康德而言,作为科学家的牛顿的伟大之处,就在于他对物理学归纳始终采用一种精确的实验方法,这些方法全部是在运用严密的数学和计算下进行建构的。精确性、严密性、论证性使康德对牛顿着迷和佩服,为他今后进行批判哲学理论建构打下了良好基础和理论底色。

莱布尼茨的单子论和前定和谐论,对康德知识体系的形成和建构,也影响深远。康德的"星云说"从某种意义上来说是对莱布尼茨的前定和谐论的"实践论和唯物主义"解释,宇宙秩序和人的道德秩序在莱布尼茨的前定和谐论的知识谱系和学说编码中得到深深的反应和回声。休谟的理性怀疑主义和经验论的立场,也让康德心

---

① Ernst Cassirer, *Kants Leben und Lehre*, p.238.
② 〔苏〕阿尔森·古留加:《康德传》,第50页。

醉神迷。康德思想来源具有复杂性和多变性,让人扑朔迷离,但是卡西尔把它们一一梳理清楚:"所有知识都应当植根于其中的经验则是物理学归纳的方法,如它由牛顿借助一种精确规定的实验方法论并在始终运用数学分析和计算下建构的那样。这样,即便是在康德通过休谟感到自己被激励去与形而上学作斗争并反驳任何'超验性'的地方,他的思想也立刻针对休谟采取了一种新的和独立的措辞;因为他越是纯粹地从现在起致力于仅仅守在'经验的肥沃洼地',他就越是同时更加清楚,经验的这种深度自身乃是基于一种并非植根于感性感受自身,而是植根于数学概念的要素。"①

二、康德从"自然地理学家"蜕变为"理性地理学家":测量理性全部力量的范围

康德一生热爱大自然。不论是在哥尼斯贝格郊区当家庭教师,还是在大学当教师、教授,观察、探索大自然是康德终身的兴趣和志业。康德一系列的科学著作和书信,留下了他毕生探索大自然的足迹。通过理性的分析和批判,康德完成了从"自然地理学家"蜕变为"理性地理学家"艰难而又幸福的转变。经过理性地理学和天文学的自然教育,由自然转向人类的认识和道德,康德发现自然秩序,由此发现人类理性认知和批判的秩序,从而生发探索人类道德的理性秩序,以及发现连接两者的审美认知的秩序——无目的的合目的性和审美判断力。康德找到阐述文本的正确方法——概念的清晰性、正确性。通过卡西尔我们发现自我教育成为康德达到更自由

---

① Ernst Cassirer, *Kants Leben und Lehre*, p.97.

"人文"形态的最早萌芽之一。

卡西尔认为,康德"也是从自然地理学的确定方向开始的:正是地球,就其多样性及其形成的起源而言,以及就其宇宙地位而言,构成了他的自然科学兴趣的第一个对象"。卡西尔认为,康德处女作《关于活力的真正测算的思想》是以"一系列纯粹亲身的考察开始","在《一位视灵者的梦》里实施的对形而上学的客观批判中,人们到处都觉察到这里在康德身上实施的个人自我解放的表达"。① 里斯本大地震给当时欧洲带来巨大的震动,康德深切关注并予以理性的分析和解释。他认为地震是自然原因引起的,不必过于恐惧。康德发现自己越来越确定地从自然描述和一般自然史的领域挤进自然哲学的领域。这最终在《论可感世界与理知世界的形式及其原则》(1770年)中得到了完备的、系统的表述。"理智"宇宙的规定取代了空间宇宙的规定:经验性的地理学家成了理性的地理学家,他从事的是按照确定的原理测量理性的全部能力的范围。② 什么是"理性地理学家"?康德对于大自然的探索不是追求物理学和自然史"各部分中的完备性和哲学上的精确性"。他以"一个旅行家的理性求知欲,到处寻访奇异的、非同寻常的、美妙的东西,比较自己积累起来的考察,反复思考自己的计划,来探讨'自然地理学'"。③ 卡西尔发现康德蜕变的隐秘通道:康德宣布,他应当"把自己的听众首先培养成一个知性的人,然后再培养成一个理性的人",最后培养成学者。通过康德的话语和经历,我们可以认识经验性的地理学家是如何蜕变为理性的地理学家的。

---

① Ernst Cassirer, *Kants Leben und Lehre*, p.5.
② Kant, *Kritik der reinen Vernunf*, Reclam, 1781, p.513.
③ Ernst Cassirer, *Kants Leben und Lehre*, p.52.

第一，康德超越自然的阻隔并练就内在直观力量和表象力量。康德尽管收入菲薄，但是购买书籍从不吝啬，他购买和阅读了大量游记和研究报告，以弥补他从未像真正的博物学家那样远涉重洋、跋涉异国他乡的遗憾。古留加说："自然地理是康德最喜爱的一门课程……康德是第一个把地理作为独立课程讲授的……康德也无法用从实地旅行中所获得的观感来加以补充。但他精彩的讲解却弥补了这些不足之处。极强的记忆力，生动的想象力，对一切细微末节的留心和善于从这些细微末节出发塑造完整的形象，所有这些都使他能够生动而准确地描绘出异邦的情景。康德虽然足未出户，但他却似乎漫游了环球，远涉重洋，跨越荒漠。"① 卡西尔认为，如果我们从对康德的普遍思想发展的展望再返回到标志和充实他的教学活动的第一个十年的特殊课题，康德为此在自己的印象和经验方面所欠缺的，必须是所有种类的二手材料：地理学和自然科学著作、游记和研究报告来为他弥补——已知的首先是雅赫曼关于他"值得惊赞的内在直观力量和表象力量"所报道的东西。古留加认为康德具有"极强的记忆力，生动的想象力，对一切细微末节的留心"的能力；卡西尔认为康德具有"内在直观力量和表象力量"。哲学史家古留加关注到康德学术研究的生动性，而作为哲学家的卡西尔则关注康德哲学运思的内生能力：直观力量和表象力量。我们可以看出卡西尔研究康德的过人之处：康德通过博闻强识，通过对万物细节的关注和描述，他的哲学运思逐渐形成了别人不具备的"内在直观力量和表象力量"。

第二，康德渴望对宇宙整体性理解并练就理性的想象力。康德

---

① 〔苏〕阿尔森·古留加：《康德传》，第29—30页。

一生没有远出他乡，他只是在哥尼斯贝格的近郊做过家庭教师，在农村广袤的大地上仔细观察过周边的大自然，从天文到地理，再到宏大的宇宙。他提出宇宙起源的"星云说"，是立足于万物某一维度、某一个特征、某一个要素从而跨越了整个宇宙。卡西尔评述道："在康德的精神中，这种对整体的渴求是如此强有力，以至于建构的想象力几乎完全超越了对个别数据的耐心审核。"[①] 康德逐渐建构起思想的世界大厦和宇宙的整体性。这里面有他对大自然的实际观察，也有他人的思想助力和引证了丰富的二手资料。他非常善于利用别人的科学著作、游记和其他庞杂的资料，运用内在直观和表象的力量，充分调动自己所拥有的丰富的想象力，进行知识综合和知识创造，逐渐搭建起关于世界与宇宙的整体的世界观。康德描述世界大厦的外在展现：整体性、巨大性、无限性、完美性，他认为所有这些完善性的表象激发了人的想象力，让人感到雄伟博大，以至情不自禁地感到心醉神迷，从而引发人类整体的崇高感。"世界大厦以其无比的巨大、无限的多样以及从它向四面八方辐射出的美，使人惊叹得说不出话来。"[②] 在这些至今让人激动不已的话语中，我们可以看到康德"仰望星空"的思想渊源，发端于《一般自然史与天体理论》，在《实践理性批判》和《判断力批判》著作中得以发扬延展。在康德对世界大厦的自然秩序的仰望和赞叹中，森然隐藏着他对道德秩序和审美秩序的筹划和运思。

第三，康德哲学终极目标——秩序和合法性："自然"的人与人的"自然"。卡西尔认为牛顿和卢梭对康德的思想形成和建构影响巨

[①] Ernst Cassirer, *Kants Leben und Lehre*, p.46.
[②] 同上。

大。牛顿发现天体运行的客观法则,卢梭则在纷纭杂多的人的行为中发现人的"隐秘的本性和隐匿的法则"。康德受牛顿影响把"自然概念视为最高的客观性的表达——秩序和合法性自身的表达",并受卢梭的影响"寻找和提出人的偏好和行动的客观道德规范"。康德的自然概念是受两者影响,由"自然"的人与人的"自然"有机辩证糅合会通而成的。卡西尔非常明确地指出:"不仅《一般自然史与天体理论》,而且还有后十年的整个自然科学取向,都为一种伦理的-精神的整体旨趣所引导:它寻找'自然',为的是在自然中找到'人'。""自然"的人要求"为了恰如其分地履行自己在创造中的地位,人必须首先认识它,人必须把自己理解为自然的一个环节,而毕竟按照自然的终极目的超越它之上。这样,因果的考察和目的论的考察在这里直接地相互渗透"。①人的"自然"则要求"对自然的直观直截了当地导向一种关于人的道德规定的学说,后者在自己这方面又在某些形而上学命题和要求中找到自己的总结性表达"。②

在论述人的"自然"与"自然"的人中,康德主体性思想开始彰显出来。主体在仰望客体的时候,尤其面对巨大的客体——宇宙,可能有些自卑,但是主体仍然感受到难以名状的崇高感。这种崇高感能使主体开启一条"通达幸福和崇高的道路",从而为人的道德归宿寻找到自然依据和法规。康德思想的运行地图和路径依赖在对自然科学研究探索的强烈兴趣和冲动中找到了合理的解释和答案。

---

① Ernst Cassirer, *Kants Leben und Lehre*, p.50.
② Ernst Cassirer, *Kants Leben und Lehre*, p.56.

三、康德思想的密码：
问题的疑难与疑问的境域

海德格尔在《康德与形而上学疑难》一书中，把"疑难"用在书名上，有深意在焉。他"不仅强调形而上学的问题性质，而且更强调那在更加源初意义上的，使之成为问题的疑难、疑问之境域"。①卡西尔对问题和疑难的理解与海德格尔的阐释有异曲同工之妙，但在对问题和疑难的解决路径和最终处理上却大相径庭。卡西尔认为康德善于发现问题与疑难，对问题与疑难有自己独特的理解和解决方式。康德以问题和疑难为终身志业，构建了宏伟系统的思想大厦。

康德葆有认知的好奇心，从发现问题到产生疑难，从局部疑难到核心疑难直到终身疑难。康德思想体系的具体运思的路径为：天文学与地理学的疑难—认识能力与认识理论的疑难—伦理与道德的疑难—宗教的疑难与审美判断力的疑难—启蒙的疑难—政治学的疑难—世界永久和平与世界公民的疑难。康德一生充满无法遏止的好奇心，从发现小问题出发，从笛卡尔式的怀疑入手，从疑窦开始，到疑团缠结。他一生疑云环绕，发现问题、解决问题，问题与疑难半径不断延展，探寻认知的路径也不断拓展——从疑窦到疑团，从疑团到疑云，从问题到疑难，从边缘疑难到一般疑难，从一般疑难到核心疑难，从局部疑难到思想大厦的整体疑难。疑难的逻辑演进和运思的推展，展示思想家康德艰难的心路历程和探索发现真理的

---

① 〔德〕海德格尔:《康德与形而上学疑难》，王庆节译，北京：商务印书馆，2021年，第3版前言"译者注"。

认知路径。作为《康德著作集》编者的卡西尔雄心勃勃站在康德这个思想巨人的肩膀上,既高屋建瓴又细致入微,层层剥开康德思想的坚硬外壳,直指康德思想生发的自然历史演进,探索其蕴含的科学与人文逻辑。康德思想的整体性、独特性和生命力,通过卡西尔冷静而细腻的描述,生动地向我们呈现出来了。卡西尔细致入微地展示了康德在运思过程中对认知疑难的发现与解决:第一,认知疑难的发现方式;第二,认知疑难的呈现方式;第三,认知疑难的转换方式。由此,展现康德思想的"密码"。

第一,认知疑难的发现方式。1762 年,康德为应征柏林科学院悬赏征文而写了《对自然神论和道德原则的明晰性的研究》一文,虽然没有获奖,但是科学院签署的评语"与获胜者的作品几乎同等价值",这让康德略感安慰。卡西尔认为在这篇论文之后,疑难成为康德思想真正的出发点:"与此相反,对于康德来说,对课题的处理成为一个不断向前和持续起作用的思想运动的出发点。疑难在这里并不仅限于他对科学院的问题给出的回答,而是在结束这番回答之后对他自己来说才真正开始。"[①] 卡西尔认为,在《证明上帝存在唯一可能的证据》一文中,康德自己对这个疑难的不断阐发将自动地达到更大的清晰性和确定性。"现在,康德不再满足于顾及呈现给他的某个对象来讲述考察和证明,而是同时始终追问它们的逻辑起源以及它们具有的特殊真理性质……而是在完成《证据》之后才感到被他在这部作品的疑难和科学院的问题之间所揭示的实际联系所打动。"[②] "曲终有深意":康德的疑难是在阐述之中逐渐获得明晰性和

---

① Ernst Cassirer, *Kants Leben und Lehre*, p.55.

② Ernst Cassirer, *Kants Leben und Lehre*, p.67.

确定性，在结束论文应答之后，他自己真正的疑难才重新开启。论文结束不是运思的结束，对于康德而言，真正的思想和运思才开始。

第二，认知疑难的呈现方式。康德思想和思维领域的变化，让人惊讶和困惑，明明是刚刚解决一个问题，但是与之相关大量疑难突然又敞现出来，让人不知所措。康德对于自己思想的内在变化保持沉默，但是其书信不自觉流露出来自己思想的突变。卡西尔犀利指出康德思想疑难的变化和呈现方式：在"可感世界和理知世界的分离"，这种疑难带有"悖谬的假象……人们在这里到处都遇到思想刚要在某个答案中结束之后就突然采取一种反向运动的点。一个疑难被接受，被彻底思考和被引向其解决，但一下子就表现出，它处于其下的诸条件并没有恰如其分地、足够完备地得到考虑，因此，与其纠正解答的个别步骤，毋宁全新地塑造提出问题的整个方式。康德的书信尽管通常对内在发展问题沉默不语，却一再对同样的'突变'有所报道"。① 突变成为康德运思与解决疑难的呈现方式，是全新地塑造提出问题的整个方式，是康德行文与运思的一个比较鲜明的特点。

第三，认知疑难的转换方式。卡西尔认为："就像牛顿曾帮助他解释世界的现象一样，卢梭使他能够更深刻地解释自由的'本体'。但是，在这种对比中，当然已经有一种新的基本疑难的萌芽了。现在要指明的是，如何可能坚持纯粹'内在性'的立场，尽管如此却维护道德规范的无条件性。"② 在自然之中找到人，从自然宇宙的秩序引发寻找人的道德和伦理秩序，是康德在多年苦苦运思中找到的

---

① Ernst Cassirer, *Kants Leben und Lehre*, p.98.

② Ernst Cassirer, *Kants Leben und Lehre*, p.95.

基本疑难：形而上学疑难。卡西尔在康德书信中发现了康德运思的密钥：康德在长期的形而上学研究中，与其他人一样忽视了这种东西，而实际上这种东西构成了揭示这整个秘密的钥匙，这个秘密就是至今仍把自身藏匿起来的形而上学……"我说过：感性表象来表象物如其所显现，理智表象来表象物则如其所是。"① 康德认为独断论"不教导我们任何东西"，"怀疑论根本不在任何地方许诺我们任何东西"，独断论与怀疑论对形而上学疑难的解决，同样是有欠缺的，不能令人信服。卡西尔指出：康德认为真正的形而上学"必须是诸科学的形而上学，必须是数学和自然认识的原则学说，或者它必须是道德、法、宗教、历史的形而上学，如果它一般而言要求自己有一种确定的内容的话。它把这些各种各样的客观精神方向和活动结合成为一个疑难的统一体"。②

在《纯粹理性批判》一书中，我们可以看到问题与疑难的转换和承转起合。卡西尔指出："在问题的这种转换中，'形而上学'成为'先验哲学'……而且同时，这里即便不是达到了理性批判的另外一个重大基本问题，即'先天综合判断何以可能？'这个问题的表述，但毕竟达到了其内容。"③ 在认识一片晦暗之中，康德高举纯粹理性批判的火炬，火炬之光并不是要照亮彼岸未知世界，而是要照亮我们自己的知性的晦暗空间。纯粹理性询问存在如何在知性中达到概念的确定性和自明性，即存在如何在知性的概念中得到认识和表达，这是康德疑难的出发点也是疑难最终的结果。因为在形而上学充满矛盾和错综复杂的历史中，康德认为"存在"与"真理"的关

---

① Ernst Cassirer, *Kants Leben und Lehre*, p.137.
② Ernst Cassirer, *Kants Leben und Lehre*, p.165.
③ Ernst Cassirer, *Kants Leben und Lehre*, p.140.

系是其最高的疑难。

伦理学疑难是与先天认识一脉相承、一以贯之的，是在追问先天的道德。康德历史哲学的疑难起源于《自然科学的形而上学初始根据》一书，认为对于自然科学所描述的东西也适用于社会。康德开始真正思考自由与国家的边界，人是目的不是手段，这些观点都开始比较隐晦地表达出来。卡西尔指出："但同时，如此规定每个个人的自由，使它在别人的自由那里找到自己的边界……这是给所有的历史发展提出的伦理目标。这里就有人的族类必须克服的最困难的疑难，对于它来说一切外在的政治社会制度、国家秩序自身在其历史存在的所有形式中都只是手段。"① 在此，卡西尔概括出历史发展的伦理目标，是人类必须克服的终极疑难：外在政治社会制度和国家秩序对于人类整体发展来说只是手段，不是目的。"这样，康德历史哲学的原则就预示着康德伦理学的原则，前者唯有在后者之中才将获得自己的完成和完备阐明。"② 在1785年的《道德形而上学的奠基》中，康德开启了一个全新的疑难域，即以实践理性为中心的伦理学的疑难域。于是，康德实践理性批判张开了运思的风帆。

康德的伦理疑难由来已久，早在1762年的准获奖论文中康德就开始涉猎和思考。康德的道德追问中蕴含着真理问题，在他1770年发表的公开答辩论文《论可感世界与理知世界的形式及其原则》中获得其最初的完整的系统表述，就连"伦理学的疑难也因此被置于一个全新的基础之上。就像知识的一种纯粹的'先天'那样，现在也有一种道德性的先天"。③ 在1785年出版的《道德形而上学的奠

---

① Ernst Cassirer, *Kants Leben und Lehre*, p.240.
② Ernst Cassirer, *Kants Leben und Lehre*, p.242.
③ Ernst Cassirer, *Kants Leben und Lehre*, p.252.

基》中,"正是这些基础性的综合,乃是批判理论作为纯粹直观的'形式'、作为纯粹知性认识的'形式'发现和强调的东西。伦理学疑难的引入对于康德来说与这一基本思想具有极为精确的类似性"。①那么,康德在这里追问道德价值的必然性和普遍有效性的合法则性吗?"理论领域移植到实践领域,以便由此达到康德伦理学的基本概念:自律的概念。自律意味着理论理性和道德理性的那种约束,其中理性意识到自己就是约束者……无论在什么地方它在另一方面把这种法则毕竟理解和肯定为'自己的'法则,我们都身处伦理学事物的疑难领域。"②卡西尔认为,《判断力批判》是康德"在他生命的这个实际上最富有成果和最能产出的时期……不断地把思想发展的内在结果推进到新的疑难……它们同时是建树的和扩建的,同时旨在新的疑难域的开发和已获得的思想素材的越来越确定的建筑学秩序"。③《判断力批判》不是应景之作,更不是康德一时兴起之作,而是康德思想发展和疑难自我展开不得不发之作。卡西尔认为,在《判断力批判》里,康德首先遇到的就是审美判断力的疑难,进而塑造的"主观普遍性"这个表述……"康德的学说也超出了哲学体系性,触及了时代的根本文化疑难"。④康德在判断力解释中,认为判断力就是一种如此纯粹的愉悦的对象自己给自己立法。立法的依据既是主体拥有内在可能性自由,又根据自身需求协调自然的外在性,自由与自然的完美和谐,使主体的"理论能力与实践能力以共同的和不为人知的方式结合成统一体"。在艺术创作和天才的实践中自由

---

① Ernst Cassirer, *Kants Leben und Lehre*, p.255.
② Ernst Cassirer, *Kants Leben und Lehre*, p.259.
③ Ernst Cassirer, *Kants Leben und Lehre*, p.289.
④ Ernst Cassirer, *Kants Leben und Lehre*, p.347.

与自然能够得到较为和谐的统一。这样，康德的运思就从心灵力量的和谐游戏飞跃成为给予自然自身以生命内容的东西。

歌德说过，每当他读康德的一页书，就总是感觉好像进入一个明亮的房间似的。阅读卡西尔所著的《康德的生平与学说》也有类似的感觉，但是进入明亮的房间的路程却颇为艰难，就好像明亮的房间矗立在悬崖峭壁之上，需要进行艰难的跋涉和攀登才能登堂入室。智慧光芒的亮度和强度，是根据攀登者所站立的位置渐次展现出来的，也就是所谓的无限风光在险峰。读康德的书就像奋力攀登险峰，读者需要有信心和持久的耐力，才能一览众山小。

摘自第一版前言

我在这里所发表的作品，构成康德著作的全集版的结尾①，要为它充当阐释卷和补充卷。据此，它并不是面向那些相信已经在某种意义上"阅毕"了康德及其学说的读者，而是期待着那些还处在**研究**康德著作的途中的读者。它想给他们指出一条从批判体系的周边导向其中心、从个别问题的杂多性导向对康德思维的整体的一种自由的和全面的概览的道路。依此，它一开始就致力于并不迷失在康德哲学到处所呈现的特定问题的丰沛之中，而是集中精力仅仅突出康德思想大厦的鸟瞰图和重大的和决定性的主要线索。关于近几十年的"康德语文学"所做的细节工作的价值不应低估；而它们在历史意义和系统意义上所导致的结果，当然也必须在这里给出的阐述中找到详细的关注。尽管如此我觉得，细节研究的这个方向常常与其说是促进倒不如说是妨碍了对意味着作为统一体和整体的康德哲学的东西的生动直观。我们必须并且可以针对一种显得主要在卖弄发现康德的"矛盾"、最终有把整个批判体系变成这样一些矛盾的一个集合体的危险的研究方向和工作方向，再努力返回到对康德及其学说的一种整体观点，如席勒或者威廉·冯·洪堡曾具有这种

---

① 本书是卡西尔编《康德著作集》(*Kant's Schriften*)的第XI卷，即最后一卷。——译者注

整体观点那样。怀着这种意图，如下的沉思到处都致力于从特殊问题的多样性和几乎无法认清的错综复杂性返回到淳朴性和自成一体性，返回到康德体系塑形性基本思想杰出的单纯性和普遍性。这个目标——鉴于这个版本的整体计划给阐述所划出的外在界限——当然唯有在放弃完备地陈述并在读者面前详细展开康德的思想工作的纯然**范围**的情况下才能够达到。而像对这部作品的系统部分所做的这种限制，我也必须为传记部分承担。即便在这里，我也有意识地忽略了丰富的个别特征和康德的第一批传记作者们传承下来、自此以后转入所有的生平描述的逸闻琐事。唯有康德生活方式的重大的、连贯的特征和作为这种生活方式在康德的人的发展和哲学发展之进程中的统一性"意义"越来越确定地凸显出来的东西，我才试图予以揭示。对康德的个性的认识由此如我所希望的那样未损失任何东西。因为康德真正的和真实的个性只能在他的精神特性和他的性格的那些基本特征中去寻找，就连他的实际的、哲学创造的原创性也基于这些基本特征。它们并不在于他的人格本质和他的外在的生活态度的任何一种特别性和奇特性，而是在于朝着**普遍的东西**的方向和趋向，它以同样的方式出现在生活的塑形和学说的塑形中。两种因素如何互为条件和互为补充，它们如何回溯到同一个起源并最终汇聚入一个统一的结果，以及康德的人格性和业绩如何由此在实际上浑然一体，这是我试图指出的；与此相反，至于康德生平的外在轮廓，它在这里只是就其中显示和表现康德的存在的真正决定性内容——康德的基本思想的本质和成长……而言才予以阐述。

　　这部作品的手稿在1916年春就已经印毕，只是全集的进展因战争而经历的拖延导致它到现在，在其完稿之后两年多才出版。我对这种延误的伤悲愈加深沉，乃是因为我再也不能把这部作品递交到自其最初起就以最大热情和最支持的关切陪伴着它的那个人手中了。**赫尔曼·柯亨**于1918年4月4日辞世。他的著作对于康德的学说在德国的复兴和继续发展意味着什么，我曾在别的地方①试图阐明，而在这里，我不想再赘述。但是，我在这里必须以真挚的谢意回想我自己在20多年前从柯亨的康德著作中所获得的亲身印象。我意识到被这些著作首先引入康德学说的全部认真和全部深邃之中。自此以后，我以不断重复的独特研究，并在不同类型的实际课题中一再重新回到康德哲学的问题；而且我对这些问题的理解形成与柯亨的理解有诸多偏离。但是，柯亨受其引导并以之作为他解释康德体系之基础的方法论基本思想，始终对我表现为有益的、创造性的和促进性的。对于柯亨自己来说，这种基本思想、"先验方法"的要求成为科学哲学的典范。而由于他在这种意义上把康德的学说并不理解为一个结束了的历史整体，而是理解为哲学自身的持久**课题**的表述，康德哲学对他来说就不是仅仅成为一种历史的潜能，而是成为一种直接起作用的生命力。他是把它作为这样一种生命力来接受和讲授的——而且他也是在这种意义上来理解康德哲学和德国精神生活的普遍基本问题之间的联系的。他在自己的许多作品中都暗示着这种联系；但是，完备地和全面地描绘这种联系，却是他自己为目前这个康德著作全集提出的任务。现在，就连这部长期计划的关于《康德对于德国文化的意义》的作品——他还在自己辞世前没几天向我阐述过这部作品的纲要和结构——也不再得以实施了。但是，尽管我们不能再荣幸地让柯亨自己进入这个版本的合作者的圈子，他的

---

① 《赫尔曼·柯亨与康德哲学的复兴》，载《康德研究》柯亨70诞辰纪念册，《康德研究》，第XVII卷（1912年），第253页以下。——卡西尔注（以下无特殊说明的脚注，均为卡西尔注。）

名字却可以永久地与这个版本联系在一起。因为就像他自己直到最后都作为朋友和作为老师与这个版本的每一位合作者保持亲近一样，他的思维方式同时构成了理念的统一，并且标志着业务上和方法上的共同基本信念。这种基本信念对他们来说，在其工作中始终是规定性的和引导性的。

恩斯特·卡西尔
1918 年 8 月 14 日
于哈尔茨山脉的希尔科

导　论

歌德有一次鉴于康德说过这样的话：一切哲学，如果想要对生活赢得重要性，就必须被爱过和被活过。"斯多亚派、柏拉图派、伊壁鸠鲁派，每一个都必须以自己的方式对付世界；这正是生活的任务，任何人，无论把自己算作哪个学派，都不被豁免这个任务。哲学家们在自己那方面能够呈交给我们的，无非是生活形式。严格的节制，例如康德的，要求一种符合他的这些天生偏好的哲学。你们读一读他的生平，将马上发现，他是多么乖乖地去除他的真正与社会关系构成一种尖锐对立的斯多亚主义的尖锐性，把它安置妥当，并使它与世界保持平衡。每个个人都凭借他的偏好对不取缔他作为个人的原理有一种权利。这里或者无处能够寻找一切哲学的起源。任何体系，只要真正的主人公在其中出现，就能做到对付世界。唯有人的本性之学来的东西才大多败于矛盾。它天生的东西到处都懂得找到门路，甚至屡见不鲜地以极为成功的战绩战胜它的对立面。只是我们必须与我们自己协调一致，因为我们即便不能涤除从外部强加给我们的不协调，却毕竟至少能够在某种程度上调停它们。"①

在这些话里，歌德极为简明扼要地表明了根本性的目标之一，

---

① 歌德与 J. D. 法尔克的谈话（《歌德谈话录》，由 F. Frhr. v. 比德尔曼新编），第 Ⅳ 卷，第 468 页。

对康德生平的科学研究和阐述就是要给自己提出这个目标。这里所涉及的不能是纯然讲述外在的命运和事件，而是课题的真正魅力和真正困难所在：发现和阐明与这种学说形式相适应的"生活形式"。至于学说形式自身，它具有自己的、超出所有个体界限的历史，因为康德哲学的**疑难**，如果人们想要就其起源和其深化来追究它们，并不能包括进他的人格性的圈子。在它们里面，毋宁说出现的是事情的一种独立逻辑；在它们里面，活跃着一种理念的内容，它与时间的和主体个人的方式的一切局限相分离，具有一种有自身根据的、客观的持存。而且尽管如此，在康德那里，"学说形式"和"生活形式"的关系并不能如此理解，使得后者仅仅成为前者的载体和消极的容器。在康德的存在中——歌德在这里的看法有道理——并不仅仅是思想就其客观内容及其客观"真理"而言使生活服从自己，而是它从它所赋予其形式的生活同时回收它自己的形式。在这里占统治地位的是那种交互关系，其中两个相互作用的因素的每一个都同时表现为决定的和被决定的。康德，不是在哲学史的整体中，而是作为个体的思想家人格，所是和所意味着的，唯有在这种双重关系中才暴露出来。这种双重关系如此相互联结，由它所创造的统一如何在此后向外越来越清晰地、纯粹地展现自己，这构成了他的生平的精神基本主题，由此构成了他的传记的中心。因为这毕竟依然是对一位伟大思想家的生平的任何描述的根本性任务：探究个体性如何越来越牢固地与其业绩相融合，并明显地完全沉浸于其中，尽管如此又如何在业绩中保持其精神基本特征，并唯有通过业绩才得以清晰可见。

在近代哲学的顶端，有一部作品以经典的方式阐述了这种联系。笛卡尔的《方法论》想要阐发一种奠基性的做法，借助它就应当把一切特殊科学从其最初的和普遍的"根据"引申出来并予以证明；但是，如同由于一种内在必然性那样，这种实际的阐述与关于笛卡尔自己的展开过程的报告融合在了一起，即从最初的基本怀疑开始，一直达到他借着"普通数学"的思想、借着他的形而上学的原理和主题所分享的不可动摇的确定性。客观命题和真理的一种严格演绎是这篇论文旨在的目标；但同时，这里无意间并且像顺便那样，获得并且清晰地描绘了哲学人格性的现代典型。这就好像构成笛卡尔学说之系统基本思想的"主观的东西"和"客观的东西"的新统一应当从一个完全不同的方面并在另一种意义上来再次展现。就连笛卡尔的第二部代表作，就连《关于哲学基础的沉思》也还表现出这种独特的风格。这就是我们在这里遇到的笛卡尔形而上学的最高抽象：但是，我们看到它们仿佛是产生自一种确定的具体境遇，它直到其细节、直到其局部色彩都是被固定下来的。自我、"我思"被赢得为哲学的普遍原则；但同时，这个实际的背景衬托出笛卡尔在自觉地抛弃传承、抛弃一切社会制约和惯例时，在他的荷兰孤寂中创造的新生活的图像。独白的文学形式在这里可以追溯到更古老的榜样，特别是奥古斯丁的《独语录》和彼特拉克的哲学自我表白；尽管如此，内在的内容却是一种新颖的和独特的内容。因为表白并不是出自一种伦理的或者宗教的情绪，而是来源于思维自身的纯粹的和百折不挠的动能。思想表现在其客观的结构中，表现为概念和真理、前提和结论的一种系统联系——但由此却同时有判断和推理的整个活动在我们面前成为鲜活的。而在这种意义上，与体系形式同时表现出来的是生活形式。是后者依赖前者，还是前者依赖后者，在这种联系中是不能再追问的。理念的东西和实在的东西、世界观和生活塑形，成为同一个不可分割的精神发展过程的元素。

如果人们试图在考察康德的生平和学说时坚持一种类似的立场，那么当然，人们就发现在这里立刻面临着一种独特的困难。因为在外在的意义上，我们所拥有的传记材料就已经显得以任何方式都不足以获取这样一种整体观点。18世纪是以自我考察和自我表白的渴求为特征的，而历史中几乎找不出第二个这样的世纪。从不同的源泉中，这种冲动获得了日新月异的营养：心理学经验的趋向，即"经验心理学"的趋向，与源自敬虔主义的宗教动机相结合，与从卢梭发端的对情感的新崇拜相结合。康德内心被所有这些倾向所触动：就像他的童年教育有敬虔主义的特征一样，他在自己的少年和成年时期转向心理学分析，为的是在它里面发现形而上学的一个新基础——而卢梭被他视为道德世界的牛顿，发现了道德世界最隐秘的法则和动力。尽管有这一切，我们在康德自己的自我见证中所拥有的东西就规模而言却少得可怜，如其就内容而言贫乏欠缺一样。从真正的日记记载中，我们差不多一无所知；人们必须在这种情况下把他习惯于补充给他所讲授的教科书的文本的注释和考察考虑在内。在一个人们在友好的书信往来中主要寻求和欣赏多愁善感的心灵倾诉的时期，他以冷静的怀疑来对待所有这样的心血来潮。他的书信无非是他在自己的科学和哲学论文中写下的思想的补充和延续；它们作为这样的补充和延续对于认识体系及其发展史具有非同寻常的意义，但它们只是偶尔附带地、仿佛是不情愿地给一种个人情调和一种个人旨趣以空间。康德年纪越大，在他身上这种基本特征就越是牢固。他的处女作《关于活力的真正测算的思想》还以一系列纯粹亲身的考察开始，在其中他仿佛是才试图规定他要由以出发判断对象的个人方位似的。在这里，鉴于一个纯粹属于抽象数学和形而上学的主题，说话的不仅仅是科学研究者，而且是思想家和作家的年轻自信心力图超越特殊课题的狭隘界限,达到探讨和阐述的更大的主观活力。而直到成熟的成人年纪的作品中,这种语气还在回响:在《一位视灵者的梦》里实施的对形而上学的客观批判中,人们到处都觉察到这里在康德身上实施的个人自我解放的表达。但是,从批判体系的奠基确定的那个时刻起,康德的风格也经历了一个内在的变迁。他从培根那里借来作为题词置于《纯粹理性批判》之前的"*De nobis ipsis silemus*(我们不谈我们自己)"这句话越来越生效。康德越是确定地和清晰地领会自己的重大实际任务,他就越是对关涉他自己人格的一切沉默寡言。对于康德的传记作者来说,源泉就终结在系统地研究和阐述他的业绩才真正开启的那个地方。

尽管如此,这个困难独自不能且不可以构成任何决定性的障碍:因为康德生平的那个在他的业绩*之外*运行的部分,对于哲学传记要提出的更深的课题来说,本来就不能具有规定性的意义。在这里业绩自身未告诉我们的,对其本主的内在生平和外在生平的哪怕如此广泛的认识也不能有任何弥补。因此,并非这种缺陷就是我们在这里感受到的对康德之本质的认识的真正限制,而——无论这听起来多么悖谬——毋宁说是它的对立面,在这一点上妨碍着视野的自由和广阔。对康德的人格性的恰当把握所患的不是关于他传递给我们的材料和消息太少,而是太多。我们对康德的所有生平进程的认识都回溯到康德的第一批传记作者,他们所追求的目标,无非是最详细地再现所有那些最微不足道的细节,康德的外在生平就是由它们汇聚起来的。他们相信,如果他们就康德的作为的所有特殊性,就他的日常生活的划分和安排,就他的最个别的偏好和习惯来说详尽和忠实地描述他,就把握住了康德这个人。我们把这种描述一直贯彻到衣着,一直贯彻到饮食。我们能够根据他们的康德报告复原每日的日程，复原手中的表，直到小时和分钟；我们知道他的家具和家政安排的每一件细节；我们被告知他的物理养生学和道德养生学的所有措施，直到细节。而且就像康德的形象在这里被描绘一样，它转化为传统，转化为普遍的记忆。谁能够想到他，却不同时想起这种传承如此卖力地搜集的特点和奇事的一种、数千逸事的一件？但另一方面，谁努力构思康德的一幅精神的整体画像，就不得不在这里马上感到一种内在的矛盾。如何能够理解这种学说在其道路上越向前进，就越是贯彻对纯粹普遍的东西、对客观必然的东西和普遍有效的东西的倾向，而同时个人却在他的生活塑形中越来越显得归于纯然的个别性、特殊性和古怪？这里关涉的是批判体系的形式和康德自己的"生活形式"之间的一种现实的、无法取消的对立吗？——或者，只要我们为我们的**传记考察**指定另一个方位并为它选取一个新的准绳，这个对立也许就消失了？这是康德的传记发现自己首先面临的问题。它的任务，唯有在它做到如此划分和解释我们关于康德的人格和关于他的生活方式所拥有的记录和消息的混沌材料，使得这个个别活动的集合体又结合成为一个真正统一的精神整体形象，不仅成为一个道德品质的统一体的时候，才能够被视为完成。康德的第一批传记作者们，无论有时他们质朴的和真诚的描述多么吸引人，却从未达到这个目标。甚至，他们对这个目标几乎不具有任何方法上的自觉。他们的考察方式依然在真正的意义上是"离心的"：他们满足于挑出和采集个别边缘的活动，却不哪怕仅仅是寻找和猜测它们间接地或者直接地由以出发的真正的精神生活中心。如果今天在我们关于康德的人格本质所知道或者相信知道的东西中有许多对我们显得是奇怪的和悖谬的，那么，我们就因此而应当一直追问，这种奇特性的根据是在康德生平的客体之中，还是在这种生平首先并且大多数情况下服从的主观考察之中；换句话说，是否绝大多数情况下，是理解和评判的离心的东西招致了在康德自己那里离心的东西的假象？

但当然，如果我们在康德的生平中，无论它显得多么单纯，还相信觉察到内在的东西和外在的东西之间的一种最终无法抹平的二元论，那么这不仅仅是考察在大多数情况下由以出发的这种外在立场的过错。这种对立并不仅仅是假象，而是它植根于这种生平被置于其下、即便在其不断的上升中也没有摆脱的条件之中。生活和创造的完全而又均衡的展开是被赐予伟人中间的最幸运者的，它并没有被赐予康德。他以一种不屈不挠的意志的力量和纯粹性来形塑他的整个存在，并贯彻一个占统治地位的理念；但这个在他的哲学的建构中以最高的程度表现为积极创造性的意志，相对于个人生活来说带有一种限制性的和否定性的特征。主体情感和主体情绪的一切躁动对他来说只构成他越来越坚决地努力使之服从"理性"和客观的义务诫命之统治的材料。如果康德的生平在这种斗争中丧失了丰沛与和谐，那么，它在另一方面当然唯有通过这种斗争才获得了它真正英雄般的品质。然而，就连内在的自我形成的这个过程也唯有通过人们把康德的生平史和他的学说的系统发展归为一体才能展示。在康德的存在中表现出的特别的完整性和整体性不能通过人们试图用它的个别的"部分"结合成这个整体来达到直观；人们必须把它设想为作为二者亦即业绩和生平之基础的第一者和源始者。这个最初不确定的基础如何展开，并同样地在思想的纯粹动能和个人的生活塑形的动能中启示自己？这构成了康德的发展史的根本内容。

第一章　青年岁月和求学岁月

一

康德的童年历史和他中小学时代的历史寥寥数语就讲过了。

在一个处于窘境的德国手工业者家庭中，马鞍匠约翰·格奥尔格·康德的第四个孩子伊曼努尔·康德于1724年4月22日出生。至于这个家族的起源，康德自己在他高龄时写的一封信中就此报告说，他那最后居住在提尔西特的祖父，源自苏格兰；他是17世纪末18世纪初从那里成群结队地流亡，部分在瑞典、部分在东普鲁士定居下来的许多人中的一个。① 客观的复核并未证实这个说法，至少是就其在康德那里的形式而言。如现在所确定的那样，康德的曾祖父就已经作为店主在海德克鲁格的威尔登定居下来了。② 康德的第一个传记作者鲍洛夫斯基也通报说，康德的姓原初是"Cant"，是

---

① 康德于1797年10月13日致林德布洛姆主教的信（《康德书信百封》，李秋零编译：上海人民出版社，2019年版，第278—279页；为方便读者查对，凡已经有汉译的康德书信，译者均注出其在《康德书信百封》中的页码，引用时有所改动。——译者注）。

② 对此参见约·泽姆布里茨基，《老普鲁士月刊》，第36卷，第469页以下；第37卷，第139页以下。此外参见埃米尔·阿诺尔德：《康德的青年时代和他做私人讲师的前5年简述》（《阿诺尔德全集》，奥托·许恩多尔夫编，第3卷，第105页以下）。

10 康德自己采用了这个名字现在流行的写法,这个通报也未表明为正确的;就这个名字在文件上所能追溯的,它到处都以"Kant"或者"Kandt"的版本呈现给我们。因此,很可能"康德"明显得自一个旧的家族传说的苏格兰起源的说法是根本没有根据的,无论如何它迄今没有以任何充足的可靠性得到证实。至于康德的父母,我们对他们也几乎只知道很少的东西,这是后来儿子从自己少得可怜的童年记忆中关于他们所讲的。看来,母亲的画像要比父亲的形象更为深刻地让他牢记。他在老年时还以真挚的爱激动地谈论他在 14 岁时就已经失去的母亲;他意识到是通过母亲经历了最初的精神影响,这种影响对他的整个人生观和生活方式都依然是决定性的。"我绝不会忘记我的母亲,"他对雅赫曼说道,"因为她在我心中植下并培育第一个善的胚芽,她使我的心灵对自然的印象开放,她唤醒和扩展我的概念,她的教诲对我的人生有一种永久的有益影响。"[①] 看来也是母亲最早认识到少年的理智天赋,并根据她的精神顾问、神学教授和布道人舒尔茨的建议,决定把他送到博学的学校。由于舒尔茨走进了康德的人生,他对康德的整个幼年教育具有决定性的意义。他就自己的宗教基本倾向而言,与康德的父母一样属于敬虔主义;但他同时作为他所特别钦佩的沃尔夫的早期学生,对同时代的德国哲学的内容、从而对一般世俗教育的倾向完全熟悉。1732 年秋,作为 8 岁的少年,康德进入**弗里德里希公学**,舒尔茨于次年接手了公学的领导。这个学校为他提供的,当然仅仅是材料性的,甚至在这方面

11 也依然是狭隘有限的。还占统治地位的,特别是在普鲁士,是陈旧

---

① 莱茵霍尔德·贝恩哈德·雅赫曼:《在致一位朋友的书信中描绘的伊曼努尔·康德》,哥尼斯贝格,1804 年,第 8 封信,第 99—100 页。

的拉丁语学校和博学学校的类型。教学的全部目的几乎仅仅指向认识和熟练运用拉丁语。还在1690年,在波莫瑞,一个1535年的旧教会规章又被唤回记忆,它明确禁止在课堂上使用德语:"教师应当与学生在任何时候都说拉丁语而不说德语,因为德语自身是轻浮的,在孩子们那里是讨厌的和有害的。"① 弗里德里希公学在康德上学时代的状况和内部宪章在许多方面使人想起——如果人们忽略这个机构的专属神学方向的话——施滕达尔拉丁语学校,年长7岁的温克尔曼在那里长大成人。这里和那里一样,语法语文学讲授构成了授课的真正支架,而数学和逻辑学虽然被纳入教学计划,但只是以寒酸的形式提供;全部自然科学、历史和地理学差不多被完全排除。② 如果人们想到,恰好这些领域就是康德后来在其创造的整个第一时期感到被吸引、他一旦被赋予决定的自由就以其最初的年轻求知欲献身的领域,那么,人们就能够衡量,他在弗里德里希公学所获得的授课对于他更深邃的精神基本方向来说的重要性是多么地小。唯有对一年级的拉丁语老师、语文学家海登赖希,康德保持着一种友好的怀念;因为在他那里,康德找到了一种阐释经典作家的方法,它并不仅仅停留在语法的东西和形式的东西,而是同时要求内容,要求概念的清晰性和"正确性"。但关于其他老师,他后来明确地说,他们不能使在他心中为研究哲学或者数学的任何火星成为火焰。这样,他那最独特的源始禀赋在这里依然完全不明朗:就连康德少年时代的朋友们中相信在他身上看出未来伟人的特征的那些人,当时

---

① 参见卡尔·比德尔曼:《十八世纪德国的精神、道德和社交状态》,第2版,莱比锡,1880年,第Ⅱ卷,第1部分,第480页。

② 关于温克尔曼的中小学时代,参见尤思提:《温克尔曼传》,第Ⅰ卷,第23页及以下。

也只是在他身上看到了未来的伟大语文学家。他从这个学校作为他后来的精神修养的真正组成部分所获得的，实际上局限在对拉丁语经典作家的崇敬和精确认识。他直到晚年都保持着这种崇敬和认识。至于仅仅借助《新约》来教的希腊语的精神，他似乎差不多完全没有被打动。

从大多数伟大人物的童年早期和青春回忆中，发出一种独特的光芒，如同从内心出发一样照耀着他们——即便是在他们的青春处在困窘和严酷的外部逼迫的压力之下的地方。特别是伟大艺术家的少年回忆，通常是特有这种魔力。对于康德来说则相反，当康德后来回顾青春时，青春并不呈现在幻想的光照中，并不呈现在回忆的理想性中；而是他以成熟了的知性的判断，把青春仅仅视为理智不成熟和道德不自由的时代。无论他后来内心如何充满着卢梭理论的基本思想，在卢梭心中活跃着的对童年和青春的**情感**，他却从未能在心中唤起过。林克报道了康德的一句格言：作为成人渴望重回童年时代的人，自身必定依然是一个孩童，① 而更能说明特点和打动人的是希珀尔讲到在情绪的所有表露中都如此矜持的人，他习惯于说，一旦他回想起当时的"青春奴役"，他还总是突然感到恐惧和不安。②人们在这辛酸的话中认识到，康德的青春教育在他心中留下了一种他从未能够完全从他的生活中清除的印象。并非他的状况的外部压力及其加给他的劳累和匮乏在这里是决定性的东西，因为他毕生都以这样的恬淡来承受这一切，以至于当别人后来说到这一点时，他几乎不觉得吃惊和有失体统。如果人们按照**享受**的总和来估量生活

---

① 参见林克：《伊曼努尔·康德生活面面观》，哥尼斯贝格，1805年，第22页及以下。

② 《希珀尔传》，哥达，1801年，第78页。

的价值,这种价值将"降至零下",① 这并不是康德哲学的个别定理,而径直是他的世界观和生活方式的普适题词。从最早的开端起,这种生活的目标就不是指向"幸福",而是指向思维中的独立和意欲中的不依赖。恰恰在这一点上,如今介入了康德的青春置于其下的精神纪律。它不满足于一定的规章和义务的实际履行,而是追求拥有**整个人**,拥有他的意念和信念,拥有他的情感和意志。在敬虔主义的意义上,对"心灵"的这种检验被坚持不懈地进行。不存在任何还如此隐秘的内心躁动能够逃避它,而且是人们不曾试图借着一种坚持不懈的监督监管的。在 30 年之后,当时莱顿大学著名的语文学教师、曾与康德同时上弗里德里希公学的大卫·卢恩肯还谈到他们的生活在学校所遵从的"狂人们的迂腐严厉的纪律"。② 对这个机构那充满了不断的祈祷练习和静思练习、修身课、布道和教义问答的教学计划的一瞥,就已经证实了这种判断。从这里,授课不仅接受了它的道德特色,而且也接受了它的理智特色,因为就连理论课也明确地被规定是为了永久地对与宗教问题和神学问题的关系保持清醒。

人们如果想对这种授课的精神形成一个直观的图像,就必须用对敬虔主义精神在德国的生成和成长做出说明的杂多且又各具特色的见证来补充我们关于弗里德里希公学的教学活动所拥有的少得可怜的消息。个体差异在这里实际上无足轻重,因为正好这一点是敬

---

① 参见《判断力批判》,第 83 节(第 V 卷,第 514 页;中文版第 5 卷,第 452 页)。
在涉及康德原著引文时,卡西尔给出的卷和页码均为卡西尔版《康德著作集》的页码。为方便读者查对,译者均在其后补上"中文版第某卷,第某页"的字样,指中文版《康德著作全集》,李秋零主编,中国人民大学出版社,2003—2010 年版的卷号和页码。——译者注

② 卢恩肯于 1771 年 3 月 10 日致康德的信(第 IV 卷,第 94 页)。

虔主义的命运，即它原初纯粹是指向振奋一种内在的个人宗教性，在进一步的发展中却几乎完全僵化为普遍的陈规。个别人关于它的转变所叙述的，逐渐地取得了一个以微小的偏差一再重新复现的图式的特征。而且这个图式越来越确定地被当作获得救赎的**条件**；苏珊·冯·克莱滕贝格的通信者之一虽有这种真正深刻的宗教本性，却毕竟缺失"正式的忏悔斗争"。缺了它，内在的转变就必定依然是成问题的和可疑的。①相对于敬虔主义的源始宗教内容，现在越来越自觉和讲究地出现了一种确定的宗教心理学**技术**。人们几乎不能翻看出自这一时期的传记的一种，而不到处遇到这种技术的痕迹。不仅是时代的普遍神学青春教育——例如，泽姆勒在他的传记中生动而又令人印象深刻地描述了这种教育——处在它的影响之下，就连像阿尔布莱希特·冯·哈勒那样体现着当时德国教养的整个规模和内容的人物，也终生徒劳地试图在内心中从它得到解放。但在康德的批判精神中，似乎在这里早就完成了分解。在童年和少年身上，就已经酝酿着后来构成体系的特别基本要素之一的分离：把宗教的伦理意义与其所有在教义和礼仪中出现的外在表现形式分开。在这种分离中，还不涉及一种抽象的概念认识，而是涉及一种情感，当他把在父母家中和在弗里德里希公学的教学活动中看到的两种宗教性形式相互比较并相互衡量时，这种情感在他心中就越来越牢固。

15 康德在后来的岁月中关于敬虔主义所做的判断，如果人们把它们纯粹外在地并列，就说得引人注目地不一致和矛盾重重；但如果人们考虑到，这就是他在这里所看到的敬虔主义思想倾向和生活方式的

---

① 关于敬虔主义的历史，普遍的东西参见里敕尔：《敬虔主义的历史》，2卷本；尤里安·施米德：《德国自莱布尼茨到莱辛之死的精神生活的历史》；K.比德尔曼：《十八世纪的德国》，第Ⅱ卷，第1部分。

完全不同的形式，它们就立刻获得一种明确的意义。他在父母家中发现所体现的第一种形式，他即便在自己的直观中内心摆脱了它的情况下也欣赏和尊重。他有一次对林克说："既然当时那个时代的宗教观念和人们称为德性和虔诚的东西的概念是清晰的和充分的，则人们毕竟确实发现了事实。人们跟着敬虔主义说自己想说的，这就够了！认真对待它的人们以可敬的方式出类拔萃。他们拥有人所能拥有的最高的东西，那种不被任何激情扰乱的宁静，那种开朗，那种内心的平和。没有任何窘迫、任何迫害把他们置入沮丧，没有任何争执能够诱使他们产生愤怒和敌意。一言以蔽之，就连纯然的旁观者也不由自主地被吸引产生敬意。我还回想起，关于他们的相互优先权曾经在制革作坊和马鞍作坊之间爆发过争执，我父亲也曾深受这些争执之苦；尽管如此，甚至是鉴于家庭生计，这种纷争被我父母以这样的对于对手的保护和爱来对待……以至于尽管我当时是一个小孩，对此事的回想却仍将永不忘怀。"① 但是，康德任何时候都对虔诚的规章和机械化的反感越来越深，敬虔主义同样被他视为其范例。他不仅——明显地与哈勒相关——谴责了对自己灵魂生活的任何自我折磨的剖析，因为它是"在自以为有更高灵感……的头脑混乱中，陷入顿悟主义和恐怖主义"的捷径，② 而且他在后来的岁月里也把宗教意念的一切外在表示谴责和揭露为虚伪的。他在私人谈话中如在其作品中那样表达的关于祈祷无价值的判断是众所周知的，而在他说出这个判断的地方，人们到处在他心中感觉到一种压抑的情绪，其中还表现出对他的青春时代的"狂热纪律"的回

---

① 林克：《伊曼努尔·康德生活面面观》，哥尼斯贝格，1805 年，第 13 页及以下；参见林克对克劳斯的一种类似表述：《康德学述》，哥尼斯贝格，1860 年，第 5 页。
② 《实用人类学》，第 4 节。

忆。① 我们在这里第一次看到，康德哲学的基本教育剧本，即它在道德性的宗教和"邀宠"的宗教之间造成的对立，如何植根于思想家最早和最深刻的生活经验之一。② 在出版康德的《人类学》时，席勒在一封致歌德的信中抱怨说，甚至这种"开朗和蔼的精神"也不能使自己的翅膀完全摆脱"生活之肮脏"，对他来说某些少年的阴郁印象依然是不可剔除地铭刻在心的。这个判断基于一种正确的情感；但是，它尽管如此却片面地仅仅坚持这种关系的消极因素。康德自己被置入其中的冲突，同时意味着他的性格和意志最初的和决定性的培训；当他把它从自己的意念和自己的生活观中提取出来，他也就由此同时确定了他的本质及其未来发展的基本特征。

就连康德最初的**大学岁月**——根据关于这些岁月保存下来的少得可怜的信息来判断——其意义也更多的是在于意志形成的方向，而不是它们在井然有序的讲演进程中能够使他获得的认识。在这个时代，中学活动和大学活动在普鲁士还几乎没有在根本上分离。到

---

① 参见《希珀尔传》，第34页；特别请参见文章《论祈祷》（第Ⅳ卷，第525页及以下）。

② 毫无疑问，康德自己的少年宗教教育的理想仿佛是 per antiphrasin［说反话］一样产生自他的童年的经验。"就宗教而言"，他在向德绍博爱学院的领导人沃尔克推荐他的朋友莫瑟比的儿子受教育时就此给沃尔克写道，"博爱学院的精神与这位父亲的思维方式完全契合，契合到这种地步，以至于他期望，甚至关于上帝的自然认识，就其随着年龄和理智的增长能够逐渐地达到的而言，也不能径直专注于祈祷活动，除非是在他学会看出这些活动全都只具有手段的价值之后，用于激发对上帝的一种主动的敬畏和遵循自己的作为属神诫命的义务方面的认真精神。因为，认为宗教无非是在最高的存在者那里祈求恩惠和阿谀奉承的一种方式，在这方面人们只是由于对这位最高存在者所最喜爱的方式见解不同才彼此区别开来，这是一种妄念，这种妄念无论是依据章程还是背离章程，都将使一切道德意念变得无所适从、陷入混乱，因为它除了善的生活方式之外，还以某种别的东西为手段来仿佛骗取至高者的恩惠，并由此而有时解除在善的生活方式方面的严谨认真，而且毕竟在必要时备有可靠的遁词。"（致沃尔克的信，1776年3月28日，第9卷，第149页）

了1778年，在腓特烈大帝治下，还对哥尼斯贝格大学的教授们颁布了一个部级公告，明确禁止自由塑形学术课程，并要求最严密地依据某一本教科书：最糟糕的教案无疑好过根本没有教案。教授们如果有如此多的智慧，就可以纠正它们的作者，但讲授自己的讲稿必须绝对禁止。此外，学习秩序对于每个专业来说都确定到细节，而且特别重视讲授者举行定期的考试，"一方面是为了得知其听众是如何理解这种那种东西的，另一方面是为了激励他们的勤奋和注意力，因而结识能干和勤奋的人"。① 因此，学术研究无论对教师还是对学生来说，可以在其中运动的圈子被划得足够狭隘。就连按照其性格的一个基本特征而习惯于适应一旦给定的生活**外部**秩序并相对于它们安分守己的康德，看起来最初也几乎没有有意识地逾越这个狭隘的界限。但更能说明情况的是，他尽管如此，却一开始就仿佛是无意识地突破了它。就像他后来作为讲师扩展了规定的课程框架——上面提到的部级命令明确地排除康德教授先生及其自然地理学课程，因为对此尚无完全合适的教科书——那样，尚未17岁的大学生已经表现出一种早熟的精神独立性的所有特征。"你们给我选一个学科！"这对于当时的大学制度来说还是一个普遍的标语和主题词，对于普鲁士来说，例如还在不久前通过腓特烈·威廉一世于1735年10月25日的一道命令而重新予以提醒。这里说的是："此外，质疑根本不应当有助于某些年轻人在来到大学时还不知道自己会专注于神学、法学还是医学，尤其是这样的东西大学生们必须已经知道，而且如果他们如此糟糕地推进自己的事情，以至于他们在来到

---

① 关于哥尼斯贝格大学的状态和安排，请参见Dan. H. 阿诺尔德:《哥尼斯贝格大学的历史》，1776年。

大学时尚未决定他们在大学要从事的东西，对他们就少有希望。包括这样的异议也是绝不可以接受的，即他们只想专注于哲学或者哲学的一个部分；而是每一个人都应当在这里皈依高等学科中的一个，并且关注至少从该学科有所受益。"① 这种制度在腓特烈·威廉一世的意义上仅仅把大学视为应当使之对某个业务部门可用并培养能干的未来官员的学校。与这种制度相对立，对于康德来说——根据我们在这方面所知道的一切——一开始就固有另一种基本观点，他历经外部状况的所有逼迫而坚持和倡导这种观点。当他于1740年9月14日在哥尼斯贝格大学注册时，他处在极为有限和极为困苦的生活状况的压力之下。根据哥尼斯贝格教会志的登记，他的母亲于3年前"贫穷地""寂静地"下葬，也就是说没有神职人员陪伴并豁免费用，而对他父亲1740年3月14日的葬礼，出现了同样的按语。但是，凭借天才的可靠和不偏不倚，康德似乎当时就已经断然拒斥了纯然为稻粱谋而学习的思想。传说长时间里根据不确定的消息给他打上神学学习的标记；不过，自埃米尔·阿诺尔德对这个问题的详细而缜密的研究以来确定的是，康德至少不曾属于神学院，因而也不曾有过把自己造就成职业神学家的意图。康德自己在审查鲍洛夫斯基的传记大纲时就划掉了关于此事出现在鲍洛夫斯基那里的消息。但在这方面特别说明问题的是康德最亲密的青年朋友之一、哥尼斯贝格的军事顾问和领地顾问海尔斯贝格的报告，其中详细地证明了康德从未是"坐在前排的神学生"。如果他去听神学讲演，那他这样做，也仅仅是因为他持有他也始终提醒自己的同学们的意见：人们

---

① 参见 Dan. H. 阿诺尔德：《哥尼斯贝格大学的历史》；此处及下文特别请参见埃米尔·阿诺尔德：《康德的青年时代》，载《全集》，第Ⅲ卷，第115页及以下。

必须尝试从所有科学汲取知识，因而不可以排除任何一门科学，也不排除神学，"即使人们在这里不是在寻找面包"。紧接着，海尔斯贝格描述了康德与他和第三位少年朋友乌略默一起在康德过去的弗里德里希公学老师 Fr. 阿尔伯特·舒尔茨那里听讲演，在讲演中因热情和理解如此出众，以至于舒尔茨在最后一课结束时把他们请到自己那里，询问他们的个人状况和意图。当康德回答说"想成为一个医生"[①]，而乌略默自承想当法学家的时候，舒尔茨要求进一步知道，既然如此他们为什么还要听神学讲演；康德用简单的话"出自求知欲"回答了这个问题。在这个答复中，有一种特别质朴的力量和明确性。它已经包含着对一个不在任何个别的外在学习目标中表现出来、不被任何这样的目标满足的精神基本方向的最初意识。就像对这种实际状况的一种不情愿的承认造成雅赫曼后来在康德的生平描述中坦承，他曾经徒劳地打听康德在大学所遵循的"学习计划"：甚至康德唯一与之熟识的朋友和称兄道弟的人、哥尼斯贝格的特鲁莫博士，对此也未能给他答复。唯一确定无疑的是，康德在大学里学习了"人文经典文献"，而不曾专注于任何"实证的"科学。[②] 在这里，康德的传记作者及其朋友们所处的窘境，自身包含着一种不自觉嘲讽的特征：它隐藏着常人的实际目的和存在于最思虑周全和最能意识到他自己的天才的生活自身中那种无目的的合目的性之间的全部对立。康德背离他那个时代的大学流传下来的教育和专业框架，

[①] 康德的这个答复是否——如阿诺尔德所认为的那样——包含着一种"狡黠幽默的成分"，还难以确定；更好是假定，它是康德在一度有效的学科划分格式中能够用来表达他对**自然科学**占统治地位的兴趣的唯一一次答复。

[②] 莱茵霍尔德·贝恩哈德·雅赫曼：《在致一位朋友的书信中描绘的伊曼努尔·康德》，哥尼斯贝格，1804 年，第 2 封信，第 10—11 页。

以及他对"人文经典文献"采取的转向，从他的生活史的立场来看，标志着教育自身后来在他的哲学的决定性协助下，在德国达到生效和贯彻的那种更自由的"人文"形态的最早萌芽之一。在这种人文理想的发展中，实际上最个体的东西和最普遍的东西、人格的东西和观念的东西相互介入：康德在讲演中，向刚刚才从其少年和学生岁月的沉重精神压迫中解放出来的赫尔德第一次完全展现出"人类教育"的那个新要求。它此后构成他创造的基础和动力。

除此之外，对于康德自己来说，这些学习岁月的收获在它们就理论认识和见识而言为他促成的东西方面，要少于在它们从早期就培养给他的精神-道德学科方面。这里必须始终不渝地每天在极细微之处克服匮乏，根据我们对这些岁月所知道的一切，从未侵袭过他的内在镇定：它们只是加深了他一开始就怀有的对"斯多亚主义"①的那种吸引。恰恰是因为这种斯多亚主义不是从外部强加的，而是从他自己的本质的一个基本方向产生的，由此这个生活阶段就同时获得了某种天真的活泼和无忧无虑。在康德当时同学的描述中，特别是在80岁的海尔斯贝格称为瓦尔德的康德悼词之材料的回忆中，这种吸引到处都清晰可见。人们看到，在康德和他与之同住的大学同学之间，如何结成了一种亲密的私人联系和精神联系，这种联系同时对外采取了一种原始的财物联系的形式——康德如何以他的建议和讲授来支持其他人，而他也反过来在他的物质生活的小小困顿中从他们那里接受帮助。②这样，在这个圈子里，有一种真正同学情谊的精神，一种"自由的予与取"，在这里毕竟没有人成为别人的

---

① Stoizismus，亦可译为"恬淡寡欲"。——译者注
② 参见海尔斯贝格的报告，载莱克：《康德学述》，第48—49页。

负债人。^①因为在这一点上，康德从他幼童时期开始就对自己严加管束。他早就制定的奠基性"准则"之一就是坚守自己的经济独立性，因为他把这种独立性视为他的精神和他的性格的独立性条件。但是，如果说这种无条件的独立意识随着康德年龄的增长逐渐把某种僵化和排他的东西带入他的生活中，那么，他的青年则在这里还表现出一种更为自由、更为无拘无束的灵活性，就像这种灵活性对于他的合群性格和他的合群才能来说是自然而然的一样。这两种要素——交往和鲜活的传达的渴望与对内在和外在自由的可靠维护，其一致就是给予康德的大学生活以姿态的东西。温克尔曼的求学岁月在精神发展和外部生活的好多特点上与康德的求学岁月异乎寻常地相同，^②关于他的传记写道，在他的性格中，真正说来，除了经受诸多工作的力量之外，没有任何青春的东西。^③人们也可以把这句话用于康德，因为甚至与人们报告给我们他的好多开朗细节的同龄人，其同学情谊的生活也在根本上产生自一种学习关系和工作关系。在这种关系中，就处处表现为精神领袖和优越者的康德而言，人们已经认识到某种预示着未来的大学教师的特征了。一如海尔斯贝格所述，就像康德自己"不爱娱乐，更不爱狂热"一样，他也使自己的听众们——这个表述很说明特点——逐渐地习惯于同样的信念；他给予自己和他们的唯一休息就在于台球和龙勃勒牌戏。这种游戏，鉴于

---

① 参见 E. 阿诺尔德的描绘：《康德的青年时代》，载《全集》，第Ⅲ卷，第 146 页以下。

② 在这方面，特别请把帕佐夫关于温克尔曼的大学岁月给出的报告（载尤思提：《温克尔曼传》，第Ⅰ卷，第 46—47 页）与海尔斯贝格（载莱克：《康德学述》，第 48—49 页）关于康德所叙述的东西相比较；特别有特色的是，就连温克尔曼也反对受制于 3 个"高等学科"之一。

③ 尤思提：《温克尔曼传》，第Ⅰ卷，第 44 页。

他们在其中掌握的重要技能，有时也构成过他们的一个完美的赢利来源。

然而，如果说到这个时期的精神重构，人们比往常更不可以停留在生活的外在轮廓上。有关这方面所报道的一切，在意义上相对于当时为康德所必须首先展现出来的新的内在财富来说，都退避三舍。**科学**的概念，无论是就其抽象的普遍性而言还是就其确定的内容充实性而言，在这段时间第一次对他来说成为真正鲜活的。中小学在认知上向他提供的东西，归根结底并不比纯然的记忆材料多多少，而现在他才遇到"哲学和数学"，确切地说是马上在最亲密的关系和相互作用中遇到的。把二者介绍给他的大学老师，由此同时对他学习的整个未来方向产生了决定性影响。关于这位老师，关于马丁·克努岑及其作为讲师和作家的作用，我们所知道的，当然并不使得这种影响的深度直接令人理解。因为克努岑虽然在他的作品中表现为认真和敏锐的思想家，但他的问题并未在本质上超越当时学院哲学的圈子。在这个圈子内部，他不完全臣服于任何个别的党派，而是致力于自己的判断和独立的决定；但真正独创的理念和决定性的新颖倡议也几乎不能发掘人们把他作为康德的老师献给他的强烈注意。① 如果在康德的所有朋友和学生中对其**哲学**的意义和内容具有最深刻理解的那位 Chr. 雅各布·克劳斯仍然就克努岑说，他在当时的哥尼斯贝格是唯一一位能够对康德的天才施加影响的人，那么，这与其说关涉他的学说的内容，倒不如说关涉讲授他的学说的精神。在哥尼斯贝格的大学教师中，克努岑是唯一一位代表欧洲的一般**科学**概念的人。唯有他的视野超出了传统的纲要式学问的界限，他处

---

① 关于克努岑，参见 B. 艾德曼:《克努岑和他的时代》，柏林，1878 年。

在普遍的讨论中间，这些讨论都是围绕理性认识和现实认识的基本问题展开的，如同他的旨趣同时属于沃尔夫的著作和牛顿的著作一样。因此，凭借这位老师的讲演和作业，康德迈入了一个新的精神氛围。唯一的事实，即克努岑是第一个把牛顿著作借给康德的人，在其传记意义方面不容低估，因为牛顿对于康德来说，毕生标志着科学自身的人格化概念。对他现在首次在精神世界仿佛立定了脚跟的一种感觉，对于康德来说必然一开始就是鲜活的。如鲍洛夫斯基所报道，他从这时开始不间断地参加"克努岑的哲学和数学课"。①这门课既包括逻辑学，也包括自然哲学、实践哲学以及自然法、代数学、微积分和一般天文学。一个新的认识领域为康德打开了，但他为了自己那一开始就指向系统的和有条理的东西的精神，必须同时给予知识一种改变了的内容和意义。

这种内在发展的趋势十分清晰地表现在他用来结束自己的求学岁月的第一部作品中。他必定是作为大学生撰写这部作品的，因为哥尼斯贝格大学哲学系的卷宗关于1746年夏季学期包含如下按语："大学生伊曼努尔·康德"的《关于活力的真正测算的思想》已呈送系主任审查。当然，论文的印刷拖延了很久，从1746年开始，但直到3年后才结束。关于导致康德选择这个主题的思想动机，没有任何更详细的传记说明，但作品自身的内容使人猜测到青年康德被带到了力的度量这个疑难的道路。人们只要通观一下18世纪前10年的自然哲学和物理学文献就会认识到，围绕力的度量的争执，如其在德国特别激烈地进行的那样，是一个普遍的问题的基础。在对莱

---

① 鲍洛夫斯基：同上书（卡西尔前文并未引用鲍洛夫斯基的任何著作。据译者猜测，这里应当指的是鲍洛夫斯基的康德传记《伊曼努尔·康德的生平和性格描绘》，哥尼斯贝格，1804年，下同。——译者注），第28—29页。

布尼茨的**力**的**度量**的捍卫中,人们试图同时维护莱布尼茨的**力**的**概念**。这个力的概念发现自己从四面八方受到了威胁:一方面,笛卡尔的"几何学"的理解与它相对立,对于物质和运动来说无非是纯然"广延"的变更;另一方面,牛顿力学的基本观点越来越强劲和排他地维护自己,它完全摈弃关于力的"本质"的任何裁定,把现象的描述和计算视为经验性科学的唯一任务。① 当然,在争执的进程中,个别对手的角色逐渐罕有地调换和混淆。在这里,绝非——像在讨论开始时还能够显现的那样——清晰地和确定地是"形而上学家"对"数学家",而是双方均为自己引入"形而上学",当然为的是此后又相互指责它的运用。如果说莱布尼茨和克拉克把莱布尼茨的单子概念视为亚里士多德-中世纪的实体概念的一种翻新,违背了现代的、数学-自然科学认识方式的基本规则,那么,另一方面莱布尼茨并未耽误一再重新竭力反对远距作用力的概念,经院物理学的陈旧"野蛮"就是靠它以其实体形式和隐秘的质又复苏的。这样一来,真正的主题就开始越来越从纯粹物理学领域转移到一般方法论领域。而问题的这个方面恰恰就是康德感到内心被它吸引所凭借的。在这里,问题不再是一定的具体事实的获得和确认,而是对运动的已知的和被给予的基本现象的**解释**上的一种基本对立;这里必须斟酌的,并不仅仅是个别的观察和事实,而是自然观察所遵循的**原则**及其各种各样的相互权限。康德处处都鉴于这个普遍的任务塑造了他的特殊问题。这部处女作值得注意之处就是:康德在自然哲学领域迈出的第一步,直接地成为他关于自然哲学**方法**的一次尝试。他

---

① 对此,更详细地参见我(卡西尔)的作品:《近代哲学和科学的认识问题》,第2版,柏林,1911—1912年,第2卷,第400页以下。

对莱布尼茨理解的整个批判都处在这个观点之下：在一个地方明确地宣布，他并不那么否认莱布尼茨的结论，而是否认他的论证和推导的方式，"原本不是否认事情本身，而是否认 modum cognoscendi（认识的方式）"。① 把错综复杂的争执问题确定无疑地和自觉地集中到 modum cognoscendi 上，这就是康德的论文赋予它的独特特色。"人们必须具有一种方法，借助它，通过对某种意见建立于其上的基本原理所做的普遍思考，通过将这些基本原理与从它们得出的结论进行比较，人们在每一个事例中都可以得知，前提的本性是否也包含了就由此推导出的学说而言所要求的一切。如果准确地说明依附于结论本性的那些规定，并且清晰地注意到在建构证明的时候是否也已经选择了局限于蕴含在证明中的特殊规定上的那些原理，就会出现这种情况。如果不是这样做的，那么，即使人们还不能揭示错误究竟何在，即使这一点可能永远不为人所知，人们也只会确信，以此种方式尚有缺陷的推论没有证明任何东西……一言以蔽之：这整篇论文可以被看作是这种方法的一个产物。"② 康德把他的哲学-物理学处女作称为一篇《论方法》——后来，在他的生平和创作的高峰期，他把《纯粹理性批判》称为一篇《论方法》：在这种规定的意义对于他自己来说所经历的转变中，包含着他的哲学及其发展的整体。

当然，康德在这里还远远没有达到他后来的学说意义上的一种"批判的"考察，如果人们要把它穿凿附会地加进这篇论文，那就会是任意妄为了。他心中已经产生对学院形而上学的坚定性和缜密性

---

① 《关于活力的真正测算的思想》，第 2 章，第 50 节（第 1 卷，第 60 页；中文版第 1 卷，第 58 页）。

② 同上书，第 88 节（第 1 卷，第 95—96 页；中文版第 1 卷，第 92—93 页）。

的怀疑；但这种怀疑所依据的更多是一种普遍的感受，而不是以概念的精准和清晰所论证。"我们的形而上学，"这部作品如此判断，"与其他很多科学一样，实际上只是处于一种相当缜密的知识的门槛前；谁知道何时看到这个门槛被跨越。在形而上学所从事的某些东西中，发现它的弱点并不是难事……除了力图扩大人类知识的人们的流行倾向之外，再也没有什么东西应当为此负责了。这些人很乐意拥有一种伟大的世俗智慧，但似乎应当希望它也是一种缜密的世俗智慧。对一个哲学家来说，如果他能够在一项艰难的研究之后最终安心地拥有一种相当缜密的科学，这差不多就是对他的努力的唯一报答。因此，要求他极少信赖他自己的赞同，要求他在自己的发现中不隐瞒他自己不能改善的缺陷……则未免太过分了。知性非常喜欢赞同，长久地克制赞同当然是很困难的；不过，为了把所有自身有一种广泛诱惑力的东西奉献给言之有据的认识，人们最终还是应当克制自己。"① 但是，这种审慎的和早熟的放弃毕竟在康德自己的论文中不断地被冲动和年轻的思辨勇敢所打乱。不仅整篇论文所基于的"活"力和"惰"力的区分甚至远远更是"形而上学的"而不是"物理学的"，而且除此之外，在它里面到处都是从对特殊的东西和现实的东西的纯然描述上升到对最普遍的思维"可能性"的直观的努力。在这方面最具特色的是这样的思想，即我们的经验性世界被给予的三维空间也许只是诸空间形式的一个体系中的一个特例，这些空间形式就其结果和测量而言可能是各不相同的。"关于所有这些可能的空间类型的科学，"一如论文补充说的那样，"显然是有限

---

① 《关于活力的真正测算的思想》，第1章，第19节（第1卷，第29—30页；中文版第1卷，第29—30页）。

的知性所能够从事的最高级的几何学。"它会同时带有这样的思想，即与空间的不同形式相符合的，会有同样多的不同**世界**，但它们彼此没有任何动力学的联结和相互作用。① 总而言之，作品中到处都在追求数学和形而上学的一种复合和结合。当然，康德意识到，它并不符合科学中流行的时尚，尽管如此，他认为它是不可回避的，因为显而易见，"自然作用的第一源泉必然不折不扣地是一个形而上学的题目"。②

然而，从康德的生平史的立场出发，构成《关于活力的真正测算的思想》的本真旨趣的东西，并不那么是作品的内容，而毋宁说是写作它的口吻。它的内容，特别是如果人们把它与较早的和同时代的经典力学著作——欧拉1736年的《力学或运动学》和达朗贝尔1743年的《动力学》——相比较，在纯粹自然科学方面毫无疑问显得是不足的。人们认识到，22岁的大学生尽管有他从数学-物理学文献得来的所有惊人的认识，却依然尚未真正把握时代的数学教养的最深邃内容。康德的考察方式完全基于其上的惰力和活力之间、"惰压"关系和"现实运动"关系之间的区分，在要求所有基本概念的明确定义和所有关系的可精确度量性的现代力学中，已经被抽掉了坚实的基地。在这方面，莱辛关于康德的活力测算的著名辛辣讽刺诗，说康德忘记测算自己的力量，并非没有言中。而尽管如此，在这部作品的几乎所有结论都过时了之后的今天，却从它发出一种特有的魅力，这魅力并不在于它正面包含和给予的东西，而是在于它所追求和承诺的东西。我们在这里第一次以充足的力量和确定性遇

---

① 《关于活力的真正测算的思想》，第8—11节（第1卷，第20页以下；中文版第1卷，第21页以下）。

② 同上书，第2章，第51节（第1卷，第61页；中文版第1卷，第59页）。

到康德思维的主观激情。这种思维仅仅指向**事情**,相对于事情,任何"意见",哪怕它是借着传统和借着一个著称的名字的光辉而显得可信的,也都失去了一切分量。"曾经有过一个时代,人们在如此胆大妄为的时候不得不有很多担忧;但我想,这个时代从此已经结束了,人的知性已经幸运地摆脱了昔日无知和惊赞所加给它的桎梏。从现在起,倘若**牛顿**和**莱布尼茨**的声望与真理的发现相悖,人们也能够敢于大胆地认为它一文不值,并且除了知性的牵引之外,不服从任何其他的劝说。"对活力学说的研究在这种观点下收获了一种新的意义。年轻的评论家不再作为某个党派意见的代言人,而是作为"知性"的代言人出现。"人类理性的荣誉"必须通过把它在机敏人物的人格中与自身统一起来而得到捍卫。① 但是,这种捍卫毕竟依然不仅仅是折中的;当康德把注意力主要集中在某个应当是与两个对手的主张相一致的"中间定理"上时,② 毕竟这种所要求的斡旋不应当意味着对立的观点之间纯然内容上的**妥协**,而是借着仔细的审核和对命题与反命题所遵从并借以得到其特殊有效性的**条件**的区分来获得的。于是,人们在这里就感觉到,在每个个别命题中如何仿佛是塑造着和规定着康德思维方式的普遍风格,尽管这种风格还缺乏一个真正配得上它的主题。在康德自己心中,这种独特性和原创性的意识如此强烈,以至于也直接导致如下主观的表述:"我自负地认为,"这部作品的前言说道,"对自己的力量建立某种无私的信任,有时并不是没有益处的。对方法的深信不疑激活了我们的全部努力,并赋予这些努力以某种非常能够促进真理研究的热情。如果有人处

---

① 前言,一;第 3 章,第 125 节(第 1 卷,第 5、152 页;中文版第 1 卷,第 6、149 页)。

② 第 2 章,第 20 节(第 1 卷,第 31 页;中文版第 1 卷,第 30 页)。

于一种心态中，能够说服自己，相信自己的考察有一些价值，相信诸如**莱布尼茨**这样一位先生有可能犯错误，那么，他就会尽一切努力来使自己的猜想成真。就一件大胆的行为而言，在上千次的失误之后，真理的认识所获得的收益依然要比总是墨守成规巨大得多。我就以此为基础。我已给自己标出了我要遵循的道路。我将踏上自己的征程，任何东西都不应阻碍我继续这一征程。"①

在第一部康德作品的前几句话中，如此纯粹和如此强烈地回荡着应许的声音。在康德作为哲学作家出现的瞬间，他的外部生存的所有窘况和困苦都如同是灰飞烟灭了，以几乎抽象的清晰性出现的仅仅是他的本质和他的思维方式所遵从的规定法则。从现在开始，那种坚定不移的伟大特征进入了他的生活，补偿着它对丰富性和外在多样性的缺乏。他找到的不是某种学术意见的形式，而宁可是自己的思维和意欲的形式。这种形式将得到保持和贯彻；这是他已经作为20岁的人在天才的无条件自尊中意识到的。"*Nihil magis praestandum est*（最需要遵循的是）"——他置于《关于活力的真正测算的思想》之前的出自塞涅卡的题词说道——"*quam ne pecorum ritu sequamur antecedentium gregem, pergentes, non qua eundum est, sed qua itur*（我们不要按照牲畜的习惯追随前面的畜群，走的不是应当走的路，而是他人走过的路）"。康德选为自己的思维之准则的这句话，同时可以表明为其生活准则。康德唯有如此才能争取和确保未来对他的作家职业的自由实施，即他首先长时间地放弃它。还在他的处女作印刷完毕之前，他就离开了哥尼斯贝格，以便——如鲍洛夫斯基所报道——"受其事态状况所迫"接受农村的一个牧师家

---

① 前言，七（第1卷，第8页；中文版第1卷，第9—10页）。

的家庭教师席位。① 这种到"家庭教师"地位的放逐持续了不少于 7 年（如果不是 9 年的话）之久，但康德在这期间获得了社会的独立性和自由的自我规定，这对他来说构成了他在生活幸福方面为自己每次追求或者期待的一切内容。②

二

在随后的岁月里，康德的生活几乎完全退入了晦暗之中——甚至它的外在轮廓也不再能被可靠地描绘，就连这个时期的各个阶段的地点和时间报告也成为没有把握的和动摇不定的。大多数传记作者一致地报道，康德先是作为家庭教师在尤德申村的改革宗布道人安德士那里逗留，并从这里迁徙到萨尔费尔德附近大阿尔恩斯多夫的冯·许尔森先生的庄园。但进一步的消息，即他也在提尔西特附近劳滕堡的约翰·格布哈德·冯·凯瑟林伯爵家中当过家庭教师，就已经不完全可靠和清晰了。克·雅·克劳斯至少明确地报道说，关于一种诸如此类的关系他从未听到过什么东西；而他的见证在这里特别有分量，因为他自己——在凯瑟林伯爵夫人与她的第二任丈夫海因里希·克里斯蒂安·凯瑟林结婚后——就在哥尼斯贝格的凯瑟林家中接受了教育者和家庭教师的职位。无论如何，按照凯

---

① 参见鲍洛夫斯基：《伊曼努尔·康德的生平和性格描绘》，哥尼斯贝格，1804年，第 30—31 页。

② "从青年起，这位伟大人物就有使自己独立且不依赖于任何人的追求，以便他活着可以不是为了人们，而是为了自己和自己的义务。他在老年还声称自由的独立性是一切生活幸福的基础，并保证历来是匮乏比因为享受而成为他人的负债者更使他幸福得多。"（雅赫曼：《在致一位朋友的书信中描绘的伊曼努尔·康德》，哥尼斯贝格，1804 年，第 65—66 页。）

瑟林家儿子们的年龄来判断，康德做家庭教师的时间几乎不会早于1753年，而且康德必定在次年就已经又在哥尼斯贝格了，因为一封信是注明出自此时此地的。无论事情究竟是怎么样的，① 显而易见的是，根据如此不明确、不确定的资料根本得不出任何能够以某种方式为我们澄清康德在这一时期的内在发展的规定。唯有鲍洛夫斯基为我们保留了这方面的一些稀少的消息。"寂静的乡村逗留，"在他那里说道，"有助于他增进自己的勤奋。这时，在他的头脑中已经划出了某些研究的基本线索，某些东西也差不多完全拟好了，由此，他……在1754年及以后几年令许多人惊异地……一下子并且迅速接二连三地出现。这时，他在自己的收藏中从所有学术专业中搜集了在他看来对于人类知识来说有某种重要性的东西，而且今天还让人以诸多愉悦回想到他的乡下逗留和勤奋的这些岁月。"②

倘若这种报道如其能够被肯定接受那样，基于康德自己的通报——康德至少间接地证实了它，因为康德在审阅鲍洛夫斯基的传记大纲时让它原封不动地保留下来——那么就可以得出，就连通过外部状况的强制来逼迫康德的新活动范围也不能打扰他的精神发展的平静和坚持不懈。当然，内与外之间的协调一致尚未像这里康德的老年回忆所表现的那样毫无抵抗地在他心中建立起来；因为家庭教师岁月当然属于当时学者的典型命运，它们对所有更深刻的人物来说在任何情况下都意味着一种精神匮乏的严酷训练。"家庭教师"

---

① 裁定这个问题的全部材料都汇编在埃米尔·阿诺尔德那里（《康德的青年时代》，载《阿诺尔德全集》，第3卷，第168页以下）；也请参见 E. 弗洛姆：《凯瑟琳伯爵夫人的康德肖像》（《康德研究》，第2期，第145页以下）。

② 鲍洛夫斯基：《伊曼努尔·康德的生平和性格描绘》，哥尼斯贝格，1804年，第30—31页。

的外在社会地位在任何意义上都是令人压抑的、难如人意的。戈特谢德夫人的信中写道:"人们不愿给予一个家庭教师多于40个塔勒的报酬,在此他应当也还一起搞到管家的账单。"① 特别是在东普鲁士,何以是这种情况?人们如果想一想25年之后伦茨在他于因斯特堡附近一家庄园上演的喜剧《家庭教师》中关于这些状况所描画的图像,就会获得一个生动的印象。"天哪,牧师先生,"这里枢密顾问对让其儿子做家庭教师的牧师说道,"您岂不是提拔他做仆人?如果他把自己的私人自由卖一把杜卡特,这不是仆人是什么?他就是奴隶,主人对他拥有不受限制的权力,只是他必须在大学学习如此之多,远远地迎合你们不假思索的过分要求,以便掩盖他的奴役地位……你们如此抱怨贵族,抱怨他的骄傲,人们却把家庭教师视为仆人……但是,谁叫你们养成你们的骄傲的?谁叫你们学了点东西却成为仆人,并对一位顽固的贵族成为可纳贡的?他终日对自己家中的人所习以为常的无非是奴隶般的卑躬屈膝。"最高贵和最有力量的性格——例如费希特——总是以深深的痛苦来感受家庭教师生活的这种奴役。当然,就我们所知,康德完全没有受到这类经验所害。他与他的职业、他的职业与他如何不怎么般配,他当然感觉到了,而且他后来还曾微笑着保证,世界上也许从未有过一个比他更差劲的家庭教师了。② 尽管如此,我们关于他与他在其中活动的诸家庭的关系所知道的一切,证实了他在那里所享有的高度个人评价。不久后,他看来是也在这里他生活的圈子内部赢得了精神领导和一种

---

① 《戈特谢德夫人书信集》,第2卷,第97页(转引自比德尔曼:《十八世纪的德国》,第2卷,第1部分,第522页)。

② 参见雅赫曼:《在致一位朋友的书信中描绘的伊曼努尔·康德》,哥尼斯贝格,1804年,第2封信,第11—12页。

道德统治。从他的人格中，无论它如何朴实，自幼就发出一种胜任他被置于其中的任何状况并在任何敬重中自制的力量。如自动一般，他的本性给予他的周围环境和他的外部关系以规定的形式。在康德告别了许尔森伯爵家之后，他还长久与这个家庭保持着友好交往。从这里寄给康德的书信，按照林克的见证，包含着"感激、敬重和挚爱的最明显的表达，这些也由此而大白于天下，即他们让他成为任何有趣的家庭事件的参与者"。"注意到这一点也许并不是完全多余的，"林克补充说，"即许尔森诸领主在现在的普鲁士国王（腓特烈·威廉三世）治下赐给他们的庄园仆从以自由，并且如官方的文告所说，为此被博爱的君主恩准晋升为伯爵等级。"① 尤其是凯瑟林家，在凯瑟林伯爵夫人第二次婚后迁往哥尼斯贝格之后，康德持久地与之保持着极为亲密的私人精神联系；克劳斯报道过，康德如何在席间总是必须坐在紧邻伯爵夫人的贵宾席上，"除非有一个完全陌生的人在场，否则人们不得不按照礼节把这个位置让给他"。② 如果人们总结这些报道的整体，从它们得出的无论如何都是这一点，即甚至从这个家庭教师岁月的时期中，哪怕它对他的真正本质显得如此异样和不适合，却对他自己和对别人来说发出一种深刻和持久的效果。康德原初接受家庭教师地位所承受的逼迫，并未在他心中消除内在自由的感觉；因为对他来说，他为之如此奉献他的最佳青年岁月的目标是坚定不移的。在视野的全面和广阔上，在构思的深邃

---

① 林克：《伊曼努尔·康德生活面面观》，哥尼斯贝格，1805年，第28—29页。
② 参见克劳斯在莱克那里的报告，《康德学述》，第60页；也请参见凯瑟林伯爵女儿雷克的伊丽莎白的叙述（《尼安德传残篇》，柏林，1804年，第108—109页）。关于凯瑟林伯爵夫人及其圈子，更详细的见 E. 弗洛姆：《康德研究》，第Ⅱ期，第150—151页。

和胆识上,在语言的激昂和力量上,必然是大部分还在家庭教师岁月写出,或者是准备出的《一般自然史与天体理论》,① 只被康德的少数几部晚年著作所超越。因此,康德在这些年里所收获的,并不仅仅是"学术随笔";他所赢得的,是自由的理智目光和对科学问题之**整体**的成熟判断,这二者是《关于活力的真正测算的思想》尚缺乏的。凭着内在保障和外在保障的感觉,他如今回到了大学。他成功地"搜集到……资料,没有什么忧虑和压力地迎向他的未来使命",② 同时,他拥有了一个使他有可能在他最初的讲师岁月里讲授逻辑学和形而上学、自然地理学和一般自然史、理论与实践数学及力学问题的知识规模。1755 年 6 月 12 日,康德基于一篇论文《论火》获得哲学博士学位;③ 同年 9 月 27 日,在他的作品《形而上学认识各首要原则的新说明》的公开答辩之后,他被授予举办讲演的许可。于是,康德以一个物理学主题和一个形而上学主题开始了他的新生涯。但是,他那在一切事情上都要求组织和批判划分的精神,并不能停留在不同科学的这种纯然拼凑上。自现在开始,从一个新的方面给他提出了任务,即在其原则上确立物理学和形而上学,并在其问题提出和认识手段的特性上为它们彼此划清界限。唯有在这种划分完成之后,哲学和自然科学、"经验"和"思维"的那种联系才能形成,

---

① 阿图尔·瓦尔达(《老普鲁士月刊》,第 38 期,第 404 页)认为康德很可能直到 1750 年还在尤德申,并自 1750 年到 1754 年复活节在大阿尔恩斯多夫许尔森家的庄园里做家庭教师。由于《一般自然史与天体理论》的题献词所注日期为 1755 年 3 月 14 日,而这部著作毫无疑问需要有多年准备,所以得出结论,它的构思和撰写大部分还是在康德的家庭教师岁月。

② 林克:《伊曼努尔·康德生活面面观》,哥尼斯贝格,1805 年,第 27 页。

③ 在其他文献中,康德所获得的学位不是如卡西尔所说的博士(Dokter),而是硕士(Magister),康德自己也在多种场合自称"康德硕士"。——译者注

批判学说所引入和建立的知识新概念自身就基于这种联系。

然而，如果我们在探讨这种发展之前，在这个点上再次回顾康德的青年时代的整体，这里就不禁产生一个普遍的评论。伟大个人的生平即便在它看起来完全脱离时代的重大历史运动发展的地方，也与民族和时代的整体生活具有内在的联结。普鲁士在18世纪就原初精神力量所拥有的东西，可以总结在三个名字中：温克尔曼、康德和赫尔德。但是，所有这三人的青年历史如其产生自基本方向上的特殊性和每一个人的特殊发展条件一样，无论怎样不同，却都显示出一个共同的特征，一个反映出当时普鲁士的普遍精神和物质状况的特征。普鲁士在腓特烈·威廉一世治下成了什么，这是借着一种铁的纪律，借着限制和匮乏的力量形成的。在一种极严厉的逼迫和极度贫困的政体中，这里却聚集起种种力量，国家的新政治形态就应当由它们来形成。无论这种逼迫如何干预着私人生存的所有具体关系，它却借着教育和讲授的中介，规定着普遍的生活理解，给它打上自己的印记。只是伟大个人的生活必须摆脱这种政治精神环境的平淡、狭隘和不自由。温克尔曼和赫尔德以日益高涨的愤恨领导了这场斗争。温克尔曼在来到罗马之后，以深沉的愤怒来回顾他的青年的奴役和"野蛮国家"普鲁士；就连赫尔德也是在他正要摆脱古老的家乡的瞬间才感到他的精神力量的完全展开。只是在与辽阔的世界和广泛的生活的接触中，他才领悟到自己的本质的整体；只是他的《游记》才给出他人格的和文学的原创性的整体画面。而现在，再没有任何情感把他捆绑在旧的祖国上了。"普鲁士国王的各邦，"他冷漠地宣布，"直至它们在结交中四分五裂，将不会顺利。"如果人们在这方面把康德的信念与温克尔曼和赫尔德的信念进行对比，那么，康德把表明他是成熟的和广博的思想家的第一部作品，即《一般自然史与天体理论》献给腓特烈二世这种情况,就获得了一个普遍的象征意义。这就——如果人们在康德未来生平的整体上考虑这种特征的话——好像是他由此而对故乡就其所有的狭隘和有限而言都永远负有义务似的。他的精神发展与温克尔曼和赫尔德相比由此可能丧失的东西,是不可估量的,但另一方面,他的性格形成和意志形成从这里出发所分得的收获也是极其重要的。康德仍然站在出生和外部生活情状将他置于其上的地基上;但是,他以构成他的理智和道德天赋的独特特性的自制的力量从这个地基获取了他在精神收获方面所包含的一切。就像他作为孩童和少年已经学会履行男人的义务一样,他直到临终也依然忠实于这种义务;而批判哲学的新理论世界观和生活观就是从这种道德意志的潜能生长起来的。

第二章 硕士岁月和康德学说的开端

一、自然科学的世界观——宇宙论和宇宙物理学

　　1755年秋,康德硕士在基波克教授当时居住的家举办了他的第一次讲演。这个家所拥有的宽敞讲堂连同前厅和楼梯"挤满了多得难以置信的大学生"。不曾对听众如此众多有所期待的康德对此极为尴尬。他几乎失去了所有的镇定,说话声音比平时更小,甚至不得不经常纠正自己。但是,讲课的这些失误绝没有损害在人数众多的听众面前讲演的效果,而给予他们对谦虚的思想家的钦佩的,"只是一种更为生动的振奋"。康德的"学识广博的推测"如今一下子就形成了,而且人们耐心地期待着他的展示。实际上,画面已经在下面的讲演时间中改变了:康德的讲授不仅是缜密的,而且是坦率而受人欢迎的,此后也继续如此。

　　我们从自己作为听众于康德的第一次讲演在场的鲍洛夫斯基的生平描述[①]得知这番描绘,因为它也是从青年康德处处发出的强劲人

---

　　① 鲍洛夫斯基:《伊曼努尔·康德的生平和性格描绘》,哥尼斯贝格,1804年,第185—186页。

格印象的一个特色见证。康德在他的听众们那里找到的"学识广博的推测"几乎不可能是建立在他的文献声望之上的,因为恰恰是已经在这个时候一劳永逸地建立他的文献声誉的那部著作,即《一般自然史与天体理论》,因一种独特的厄运而依然完全不为公众所知。出版商在印刷这部著作期间陷入破产,其所有仓库都被封存,以至于作品就根本到不了博览会。① 因此,在康德开始他的讲演这段时间里,他在科学工作方面为人所知的东西——如果不说他的自然哲学的处女作的话——就限于他1754年在《哥尼斯贝格问讯消息周报》上发表的少数几篇短文了。② 激起听众们对年轻的逻辑学和形而上学讲师的期待的,不可能是这探讨自然地理学的不多几个印张。而且毕竟在1755年6月12日的康德硕士论文答辩时就已经来了这个城市的一大批有学识、有声望的人,他们"借着出色的寂静和注意力显明了人们对他抱以的敬重"。③ 给他带来这种敬重的,必然是康德的谈话和交往的效果,就像后来在康德的所有哲学主要著作早已出版之后,他最亲密的朋友和学生们还坚持断言,康德在人际交往和讲演中"远比在他的书中更为机智",他"成千上万地抛出天才的思想",并挥霍着一个"不可估量的思想财富"。他们正是在这里发现了他的原创性的真正标志:在平庸的一般学者那里,书通常比其

---

① 鲍洛夫斯基:《伊曼努尔·康德的生平和性格描绘》,哥尼斯贝格,1804年,第194—195页。

② 《研究这个问题:就造成昼夜交替的地球绕轴自转而言,地球是否从其生成的最初年代以来就经历了一些变化?》(《哥尼斯贝格问讯消息周报》,1754年6月8日和15日);《对地球是否已经衰老这个问题的物理学考察》(同上,1754年8月10日和9月14日);参见第1卷,第189页及以下和第199页及以下;中文版第1卷,第189页及以下和第195页及以下。

③ 鲍洛夫斯基:《伊曼努尔·康德的生平和性格描绘》,哥尼斯贝格,1804年,第32页。

作者更有学识，而真正的"独立思维者"的深邃和特性恰恰表现在，他的作品并不高于其作者，而是滞留在他后面。①

当然，如果可能会有某种东西能够摧毁康德精神的这种新鲜和直接性的话，那就是他如今的、在他教学活动的前几年所进入的生活。他还总是必须与他的生计的无保障、经常与对切近的未来的担忧作斗争。他为自己存下 20 个弗里德里希多尔，为的是防止在患某种疾病时一文不名；但是，为了不动用这笔"财富"，根据雅赫曼的报道，他发现自己被迫"逐渐地变卖他当时可观的、精挑细选的藏书，因为他几年来不能靠自己的收入来支付他最迫切的需求了"。②几十年后，克劳斯还对珀施克说，做出决定献身哥尼斯贝格大学的人由此立下了贫穷的誓愿。③但是，这里真正压迫人的东西，并不是康德早已习惯承受的外在贫困，而是他如今在他的状况的逼迫下所接受的巨大学术工作负担，除了他之外，任何别的人都会一开始就被这种负担压倒的。刚刚第一学期——1755/1756 年冬季学期，他就讲授了逻辑学、数学和形而上学；而下半年，除了重复过去的讲课之外，他已经加上了一门关于自然地理学的课和一门关于一般自然科学的基本特征的课。而由此开始，他的讲课活动的规模继续不断地增长：1756/1757 年冬季学期把伦理学纳入讲课范围，相对于过去几个半年的每星期 12 和 16 个课时，已经显示为每星期 20 个课时。再过几年，例如对于 1761 年的夏季学期来说，除了逻辑学和形而上

---

① 参见珀施克在其康德诞辰上的讲演中的描述和判断，1812 年 4 月 22 日。
② 雅赫曼：《在致一位朋友的书信中描绘的伊曼努尔·康德》，哥尼斯贝格，1804 年，第 13 页。
③ 参见福格特：《克里斯蒂安·雅各布·克劳斯教授传》，哥尼斯贝格，1819 年，第 437 页。

学之外，人们发现也预告了力学和理论物理学。除了自然地理学之外也预告了算术、几何学和三角学，此外每个星期三和星期六早上还有一堂"讨论课"，而两天中的其余读书课"部分用于复习，部分用于解疑"。总的来说，这个预告所包括的，不少于每星期34—36课时；当然，人们在这里可能会怀疑，这个规划是否在其整个规模上得到贯彻。① 如果康德把他极为认真和一丝不苟地、从不中断地从事的这种活动经常仅仅感受和抱怨为沉重的精神劳役，这会令人惊异吗？"至于我，"他在1759年10月写信给林德奈说，"则是每天坐在讲台的铁砧前，以同样的节律，抡着类似讲课的重锤。有时，不知在什么地方有更高贵的偏好刺激着我，想要我超出些这个狭隘的领域，但贫困却立即发出暴躁的声音，当下向我发动进攻，总是威逼我毫不迟疑地退回到艰苦的工作中去——*intentat angues atque intonat ore*（他威吓着蛇，发出雷鸣般的吼叫）。"② 这番表白确实是让人震惊的，不过，人们如果观察一下出自这个时期的康德作品，就差不多倾向于忘记它了。因为无论它们的篇幅多么小——他出自1756—1763年的文献产品只包含不多的几个印张——它们中的每一个却毕竟都表示着对各自主题的一种深思熟虑的精神统治和该主题被探讨由以出发的一个新的原创观点。在《物理单子论》中，他提

---

① 康德在1755—1796年所预告的所有讲课的一个表格由埃米尔·阿诺尔德汇编，并由《阿诺尔德全集》的编者奥托·徐恩德费尔以重要的具体证明来补充；关于上文，参见《阿诺尔德全集》，第5卷，第2部分，第177页及以下、第193页及以下。

② 康德于1759年10月28日致林德奈的信（第9卷，第17—18页；《康德书信百封》，第11页）。对于这封信有关的时间来说，康德预告了——在他的《试对乐观主义做若干考察》的结尾——关于逻辑学（根据迈耶尔的手册）、关于形而上学和伦理学（根据鲍姆嘉登）、关于自然地理学（根据他自己的手稿），以及关于纯粹数学和力学（根据沃尔夫）的讲演；参见第2卷，第37页；中文版第2卷，第38页。

出了"简单"原子和远距离作用的力的一个理论,影响到当时自然哲学的基本问题——如其同时代特别由博斯科维奇所理解和系统阐述的那样;在《为阐释风的理论所做的新说明》中,他为风的马里奥特旋转法则抢先做出了多夫后来在1835年才给出的解释;在1758年的《运动与静止的新学术概念》中,他阐发了运动的相对性的一种观点,与当时处在牛顿的名字和权威保护之下的流行理解完全对立。从这一切当中,流露出一种不被日常的学术工作打断的精神力量,流露出一种普遍的活跃性,它总是仅仅暂时地固守在大学经营的传统形象给它指定的狭窄轨道上。

当然,人们不可以在这个时期寻找奠基性的和最终的哲学决定,因为它就其全部内容而言还属于康德首先要为自己完成的理智**确定方向**。在后来的文章《什么叫作在思维中确定方向?》(1786年)中,康德通过追究该术语的词义,强调了确定方向这个概念的三个不同的基本含义。在第一个含义中,该词的感性根源还清晰可认识,它涉及在**空间**中确定方向;它指出的是我们根据日出的地点做出的对天际方向的规定。然后,给这个**地理学**的概念加上进一步的**数学**意义,依据它,说的是在一个确定的空间中做出方向的区分,此时并不必须有**个别**的客体及其位置(例如日出的位置)必然地构成出发点。在这种意义上,我们在一个我们熟知的黑暗房间里"确定方向",哪怕只是给予我们任何一个对象(随便哪一个)的位置,因为凭借确认这个位置,根据已知的"右"和"左"的关系,所有其他位置也就可以查明了。然而,在这两种场合,我们所利用的行事根据都是纯然感性的:"右"和"左"的方向对立自身仅仅基于自己主体的一种区分的感觉,即右手和左手。最后和最高的级别只是在我们从"地理学的"和"数学的"确定方向过渡到这个词最普遍意义上**逻辑学的确定方向**时才达到,依此,说的不再是确认一个事物在**空间**中的地点,而是确认一个判断或者一种认识在**理性**的大全体系中的位置。①康德在这里所说明的区分和等级序列可以运用于他自己的思想发展。他也是从自然地理学的确定方向开始的:正是地球,就其多样性及其形成的起源而言,以及就其宇宙地位而言,构成了他的自然科学兴趣的第一个对象。《研究这个问题:就造成昼夜交替的地球绕轴自转而言,地球是否从其生成的最初年代以来就经历了一些变化?》,以及对人们是否能够在物理学意义上谈论地球的衰老这个问题的解决,在1754年构成了他作为自然科学作家的活动的开端;作为补充又进一步加上了关于风的理论以及关于地震和火山现象的原因的专门研究。但是,所有这些个别问题都已经是在考虑到当时的重大基本主题,考虑到在《一般自然史与天体理论》中得到其全面阐述的**宇宙论**普遍问题来构思的。而毕竟,如表现出的那样,对**自然现象**做出一种普遍解释的这种尝试,只要自然事件的**原则**和经验性理论"根据"未被清晰地把握,就依然是不充分的。从现在开始,"确定方向"的兴趣首先转向了它们。康德发现自己越来越确定地从自然描述和一般自然史的领域被挤进**自然哲学**的领域。《物理单子论》建立并捍卫一种新形式的原子论,而《运动与静止的新学术概念》则致力于清除在物理学自身的奠基中,在首要的力学基本概念的定义中遗留的模糊。而当分析从物理学的开端追溯到数学的开端时,它再一次得到扩展和深化。对自然科学所探讨的值的关系和值的法则的一种完全的澄清,唯有在值的测算自身的条件、数学规定和测量的前提条件被完全认清的情况下,才是能够期待的。在

---

① 《什么叫作在思维中确定方向?》,参见第4卷,第352页及以下;中文版第8卷,第135页及以下。

这方面，1763年的《将负值概念引入世俗智慧的尝试》获得了一个头等重要的结果："方向"和"方向对立"的概念在这里被在一种新的有益的意义上来规定和利用。但这样一来，就鲜明清晰地标出了在演绎推理思维和数学思维之间、学院逻辑学和算术、几何学和自然科学逻辑学之间存在的对立。数学和形而上学之间的"界限"的古老问题由此就获得了一个新的内容。接下来几年的所有工作都或间接或直接地与这个核心问题相关，它最终在《论可感世界与理知世界的形式及其原则》（1770年）中得到了完备的、系统的表述。当然这再一次表现出，这里最初作为终结性答案呈现出来的东西，马上就又瓦解为一大堆极为困难的问题；但是，普遍的新路向现在被一劳永逸地标出来了，并且被可靠地坚守。"理智"宇宙的规定取代了空间宇宙的规定：经验性的地理学家成了"理性的地理学家"，他从事的是按照确定的原理测量理性的全部能力的范围。[①]

然而，如果我们从对康德的普遍思想发展的展望再返回到标志和充实他的教学活动的第一个十年的特殊课题，这里首先仿佛就是应当为思维获得的世界范围。在康德的生平中，没有一个时期像这个时期那样由纯粹的"材料欲"来规定和标志。现在，一项巨大的工作开始了，它特别指向获得和筛选应当为世界的新整体构思充当基础的直观材料。康德为此在自己的印象和经验方面所欠缺的，必须是所有种类的二手材料——地理学和自然科学著作、游记和研究报告来为他弥补。就连出自这个领域的最微不足道的东西也避不开他那始终绷紧和活跃的注意力。当然，接纳材料的这种方式似乎包含着与一种纯然接受他人观察结合在一起的所有危险；但是，感性

---

① 参见《纯粹理性批判》，第3卷，第513页。

感知的直接性在这里借着康德所特有的"精确的感性想象"的天赋得到补偿。凭借它,就连他起初只是从丰富的零星报告中获得的那些个别特征也对他来说聚合成一幅图画的统一和鲜明。在这方面,已知的首先是雅赫曼关于他"值得惊赞的内在直观力量和表象力量"所报道的东西。"例如,有一天他在一个土生土长的伦敦人在场时描述威斯敏斯特桥,说它的形状和布局、所有个别部分的长宽高和量值规定,如此精确,以至于英国人问他究竟在伦敦生活过多少年,他是否特别从事建筑学。对此,有人向英国人保证,康德既没有跨出过普鲁士的边界,也不是职业建筑学家。据说他同样细致入微地与布莱登聊过意大利,以至于此人同样打听,他在意大利逗留过多久。"① 一个又一个特征,一个又一个要素,他凭借这种精神禀赋,建立起可见宇宙的整体性;表象和思维的内在力量把直接被给予的数据的贫乏材料扩展成一个把丰富和系统完整性结合于自身之中的世界观。在我们身处的时期里——与人们通常关于康德形成的表象相反——综合的力量远远超过分析和批判的力量。在康德的精神中,这种对整体的渴求是如此强有力,以至于建构的想象力几乎完全超越了对个别数据的耐心审核。"给我物质,我就要用它造出一个世界来",《一般自然史与天体理论》的前言所阐述和改动的这句话,在这种意义上不是仅仅标志着康德宇宙起源论的特殊主题,而是标志着在这个时期呈现给他的考察的最普遍任务。天文学的宇宙结构仿佛仅仅是康德思维的某种基本力量的结果和明了表达。在两个不同的方向上,鉴于空间和鉴于时间,这种思维所问超出了经验性已知的和给定的东西的界限。"世界大厦"——《一般自然史与天体理论》

---

① 雅赫曼:《在致一位朋友的书信中描绘的伊曼努尔·康德》,哥尼斯贝格,1804年,第3封信,第18—19页。

第七章"在无限时间和空间的整个范围内论造化"这样开始——"世界大厦以其无比的巨大、无限的多样以及从它向四面八方辐射出的美,使人惊叹得说不出话来。如果说所有这些完善性的表象激发了想象力,那么另一方面,当知性看到如此的宏伟、如此的巨大竟然是以一种永恒的、正确的秩序出自唯一一个普遍的规则时,它会情不自禁地感到心醉神迷。在行星世界中,太阳从所有轨道的中心出发,以其巨大的引力使其星系各个住有居民的星球都以永恒的轨道运转……这个行星世界完全是由世界物质原来分散的基本材料形成的。眼睛在天穹深处所发现的所有恒星,看来多得简直是一种挥霍。它们也都是一些太阳和类似星系的中心……如果所有的世界和世界秩序都有同一种起源,如果引力是不受限制的、普遍的,而各种元素的斥力也同样到处都在起作用,如果在无限面前大和小都同样是小,那么,难道所有的世界相互之间就不应当获得一种有关系的状态和系统的结合,就像在小范围内我们的太阳系的各个天体,如土星、木星和地球,都自成系统,尽管如此却都作为一个更大的系统的成员相互联系吗?……但是,这种系统性安排的结局最终将是什么呢?造化自身将在何处终止呢?人们可以说,要联系到无限存在者的力量来思考它,它必定就根本没有界限。如果把上帝创造力的启示的空间限定在一个用银河的半径画出的球体内,就像要把这个空间限定在一个直径为一英寸的球体中那样,那就无法理解上帝创造力的无限性。"而与世界的持存中的这种不可测度性相符合的,是它的生成的无限性。造化并不是一瞬间的作品。在它以创造出无限多的实体和物质为开端之后,它就会以日益增长的衍生能力在整个永恒的序列中起作用。形成的原则永远不停止起作用,它始终忙碌着创造自然更多的出场、新的事物和新的世界。如果指向过去和事

47

物之起源的思想最终不得不停留在一种无形式的物质这里，停留在借着吸引和排斥的构造力量继续不断地被形构为"世界"，被形构为一种统一的空间状态和整体的力学划分的"混沌"，那么，对生成之未来的展望对我们来说就是不受限制的；因为"永恒的时间序列留下的部分总是无限的，而已经流逝的部分却是有限的，所以已经完全形成的大自然的范围就总是那个总体的一个无限小的部分，后者包含着各种未来世界的种子，力图在或长或短的时间内摆脱混沌的原始状态"。①

48 　　这个理论，这个所谓的"康德-拉普拉斯假说"在整体上对于自然科学意味着什么，在这个地方应当不予讨论。对于康德的精神发展来说，即便是这部作品比其他任何作品都更多地深入经验性自然科学的细节，也很少是因为它的内容，而是因为它的方法而重要。当然，人们如果想描述这种方法的特性，就必须一开始就放弃用某些哲学关键词，例如用"理性论"或者"经验论"这些党派名称来刻画它。尽管人们经常试图把这种图式化的对立用作阐述康德的精神发展的准绳，它却远远有助于把这种发展的画面搅乱，而不是澄清它。因为恰恰这一点标志着康德的研究和思维中的源始基本方向，即他一开始就着眼于"经验性的东西"和"理性的东西"的一种比其迄今为止在哲学学派的争执中被提倡和被承认更深刻的统一。在这种意义上，就连《一般自然史与天体理论》，也如其标题所已经暗示的那样，主张经验与理论之间、"经验"与"思辨"之间的一种普遍的交互关系。这部作品精确地在牛顿放弃世界形成问题的点上

---

① 《一般自然史与天体理论》，第 1 卷，第 309—325 页；中文版第 1 卷，第 289—297 页。

接受了该问题。6个行星连同其10个伴星全都在同样的意义上围绕作为其中心的太阳运动，确切地说是朝着太阳自转所朝着的那一面；而且它们的公转是如此有规则，以至于全部的轨道都在同一个平面上，亦即在太阳延长的赤道面上。人们如果以这种现象为基础，就自动地被导向追问这种普遍的一致的原因，并把行星轨道方向和位置上的和睦追溯到它。然而，看出了这个问题的牛顿却未能解决它；因为当他——确切地说从世界的现今状态的立场出发来判断——有理由把行星在其中运动的空间视为完全空的时，这里就找不到任何"物质的原因"能够借着其在行星世界的空间中的延展来维持运动的共联性了。据此，他必然主张，无须运用自然的力量，上帝直接动手建立了这种秩序。但是，如果他不是仅仅在天文学现象的体系的**当下**状态中寻找其物理学"**根据**"，而是把自己的目光同时指向这个体系的**过去**，如果他从考察世界的系统**持存**推进到其系统生成，他本不需要停留在这个"对一位哲学家来说忧郁的决定"上的。生成的法则才真正阐明存在的持存，并普遍地按照经验性的法则使它成为可理解的。因此，如果说在牛顿那里，经验和形而上学的一种特有的结合依然存在，如果说经验性的因果性在他那里达到了它突然转变和转化为形而上学因果性的那个点，那么与此相反，康德又返回到笛卡尔用来建立近代哲学的那种对方法统一性的要求。运用于天文学-宇宙论问题，已经对这种奠基来说并不陌生：一种世界解释的草案，如其包含在笛卡尔的遗作《论世界》中那样，明确地提出如下命题：我们对世界就其实际的-被给予的结构而言，唯有在我们事先让它为我们**产生**的情况下，才能**理解**它。《一般自然史与天体理论》给予这一思想以"哲学的"自然解释的一个普遍原则的价值。对于物理学家，对于牛顿来说最后在自然中"被给予的东西"，必须由哲学的宇宙观展现在我们的精神眼睛之前，并在起源学上予以推导。假说、思辨自身，在这里不仅可以，而且必须超出被给予的东西的内容，前提条件是，它尽管如此却服从这种内容的监控。这是就可以在思想上从它获得的结果必须与经验和观察的数据相一致而言的。

如果在这种联系中已经清楚，康德无论如何尊重也毕竟绝不排他性地运用和承认经验性个别研究的做法，那么，这一点更为确定地在一无例外地支配着他自己在这一时期的研究方向的普遍**趋势**中显露出来。不仅《一般自然史与天体理论》，而且还有后十年的整个自然科学取向，都为一种伦理的-精神的整体旨趣所引导：它寻找"自然"，为的是在自然中找到"人"。"由于我在自己的学术传授一开始就认识到，"康德在关于他1765/1766年的讲演安排的消息中这样报告，"年轻人学习的一个重大疏忽在于，他们早早地学习**理性思维**，却并不拥有能够代表**博学**地位的足够历史知识，所以我考虑将地球现今状态的历史学或者广义上的地理学，变成能够使他们为一种**实践理性**做好准备并有助于激起一再扩展在其中肇端的认识之兴趣的那种东西的一个适意的、轻松的总体。"① 实践理性在这里是在它的广义上说的：它包括人的普遍道德规定，如那个在启蒙时代的任何教育学规划中都扮演一种如此重要的角色的"世界知识和人类知识"的总和。为了恰如其分地履行自己在创造中的地位，人必须首先认识它，人必须把自己理解为自然的一个环节，而毕竟按照自然的终极目的超越它之上。这样，因果的考察和目的论的考察在这里直接地相互渗透。康德——在《一般自然史与天体理论》的前言

---

① 第2卷，第326页；中文版第2卷，第314—315页。

中——力图使这二者和好,他致力于在宇宙自身的普遍力学合法则性中解释一种属神起源的证明的方式,在这里与 18 世纪的普遍精神流派相对立,还不具有任何独创的特征。在这里,反复出现的仅仅是莱布尼茨哲学的基本思想,即宇宙自身的普遍因果秩序就是对它的内在"和谐"和它理智的和道德的"合目的性"的最高和完全有效的证明。世界充满了奇迹,但充满的却是"理性的奇迹";因为并不是在自然规则的例外中,而是恰恰在这些规则的普遍性和信守不渝的有效性中,有真正的奇迹,有存在的属神性的证明和印记。只要时代的自然科学在哲学上被裁断和论证,它就坚持这种理解;它不仅返回到沃尔夫学派的学院派学说,而且又返回到达朗贝尔和莫佩尔蒂那里的法国哲学。由于康德在这里还没有成见地接受目的论证明的这种形式,对他来说,他的精神努力的整体就由此结合成一种不屈不挠的统一。在这里,还根本谈不上一种存在的世界和应当的世界之间、物理学和伦理学之间的二元论,而到处都是考察在两个领域之间来回游移。这里对于康德自己来说,还没有任何方法论上的转变或者飞跃可被感觉到。

而这种思想上的态度,人们也在这个时代的情调和生活观中找到其颇具特色的表达。康德后来在回顾他的"硕士岁月"这个时期时,把它称为他的生活最令人满意的时期。[①] 当然,他还承受着外在困窘的压力和他因此而承担的过量学术工作;但是,青年岁月值得惊赞的精神活力在不久之后就已经轻易地、完全地克服了这类障碍。如果说对于康德后来的生活时间来说,特别是对于形成和阐述批判哲学的时间来说,所有的思维力量和生活力量都集中在一个点上是

---

① 参见康德于 1790 年 3 月 25 日致拉伽尔德的信(《康德书信百封》,第 180—181 页)。

其特色的话,那么,这里毋宁说还有着对生活和经验的宽广的一种自由奉献。就像康德在自己的研究和讲课中使不同种类和来源的直观材料对自己发生影响一样,他在这段时间里也在寻求社会交往的种种振奋。"以这种方式,"林克这样报告说,"康德早年也许在家外面的社会交往中度过了大多数的中午和晚上,此时他甚至也不罕见地参与一种牌戏,直到午夜才返回。如果他未受邀赴饭局,他就在客栈里一个由许多有教养的人造访的席上就餐。"① 康德就这样无拘无束和毫无保留地沉浸于这种生活方式,甚至他身边最精细的心理学观察家有时也对他感到迷惑:哈曼在 1764 年报告说,康德脑子里有一大堆或大或小的工作,但他在他如今漂泊于其中的"社会消遣的旋涡"中大概很难在某时完成。② 就连康德在这段时间的学术讲授,按照康德自己为自己提出的规范,也带上了这种交际"世故"的特色。至于他"不以各部分中的完备性和哲学上的精确性,那是物理学和自然史的事情;而是以一个旅行家的理性求知欲,他到处寻访奇异的、非同寻常的、美妙的东西,比较自己积累起来的考察,反复思考自己的计划",来探讨"自然地理学"。③ 鉴于他赋予这个学科的大众百科性质,这并不令人惊奇,但是,甚至对于抽象的学院学科中的课程,他也宣布,它应当"把自己的听众首先培养成一个**知性的人**,然后再培养成一个**理性的人**",最后培养成**学者**。特别是对于哲学来说,在他看来习以为常的教学方式的这种转变是不可缺少的;因为人们不能学习"**哲学**",而只能学习"**哲学思维**"。逻辑

---

① 林克:《伊曼努尔·康德生活面面观》,哥尼斯贝格,1805 年,第 80—81 页。
② 《哈曼文集》,罗特编,第 3 卷,第 213 页。
③ 《自然地理学课程纲要与预告》(1757 年),第 2 卷,第 3 页;中文版第 2 卷,第 4 页。

学自身在其作为"**真正的学问**的批判和规定"出现之前,在一个准备性的部分中是被当作"**健康知性**"的批判和规定来对待的,"以及它一方面与粗略的概念和物质,而另一方面与科学和学问毗邻"。就连伦理学也不可以从抽象的和形式的**应当**概念开始,而是必须在它指出应当**发生**的事情之前,任何时候都以历史和哲学的方式思考所**发生的事情**。① 这样,到处都是康德在他自己的教养中和学术讲授中所追求的一个全面的"实践人学"的理想。就像开始时关于自然地理学的讲演一样,后来特别是关于人类学的讲演都是在追逐这个目标。然而,康德的哲学在这个时期所获得的轻松愉快的真正更深刻的根据,就在于这里在"经验"和"思维"之间、在"知识"和"生活"之间所采取的普遍关系。在这两个极之间,还不存在任何内在的张力和对立。思维自身及其体系性正如这里所理解的那样,无非是阐明了的、摆脱迷信和成见的、借着类比推理的力量补充和扩展了的经验。它超越不了这个规定。因此,康德在任何地方都不比在这里更接近 18 世纪的"世俗智慧"的流行理想,即"大众哲学"的理想。当他比这个思维方向的其他代表更为机智、更为生动、更为灵活地说出和阐述它时,他毕竟原则上明显尚未给它以任何新的措辞。似乎就连他也期待"普通知性"的概念的筛选和阐明给予哲学基本问题的解决。在这种意义上,他 1759 年的《试对乐观主义做若干考察》要获得"最好的世界"问题的一个解决,但它当然宁可像是一种 petitio principis(预期原则)。"倘若有人自以为是地断言,"那里说道,"最高的智慧可能认为较坏者比较好者更好,或者最高的

---

① 《1765—1766 年冬季学期课程安排的通告》(第 2 卷,第 319—328 页;中文版第 2 卷,第 308—314 页)。

美善比起同样受它支配的较大的善来说更喜欢较小的善,那么,我就再也抑制不住自己了。如果有人使用世俗智慧来颠覆健康理性的基本原理,那么,这种使用是很糟糕的。而如果有人为了反驳这样的努力而认为还有必要使用它的武器,则毕竟还给它带来少许荣誉。"①

当然,真正的极端主义在这里既远离思维也远离生活。显而易见,康德——即便是在他自己心中久已开始他的思维形式和生活形式的一种完全转变的时间里——还一直被远处的人们当作"世界哲学家",人们通常要求他特别在鉴赏和生活方式问题上做出一种裁定。至于他的大学生们习惯于向他"径直"要求他们在自己的生活和知识中所需要的一切,鲍洛夫斯基报告说:他们不仅在1759年请他开一门"口才和德意志风格"的课——当然康德自己没有接受它,而是把它托付给了鲍洛夫斯基——而且还在1764年一位哥尼斯贝格教授的葬礼上请求他,让他帮他们"极尽奢华"。②哥尼斯贝格有教养的社交试图把他越来越多地拉入自己的圈子:"无论谁不懂得赞赏他的优点,"林克质朴地评论说,"都毕竟至少把在自己的社交圈子中看到一个如此受尊重的人当作自己的荣耀。"③康德与哥尼斯贝格卫戍部队的军官们个人交往频繁,有一段时间几乎每天都与他们一起进餐;特别是迈耶尔将军,一个"思维爽朗的人",喜欢他的军团军官们从他那里了解数学、自然地理学和要塞事务。④他与著名的商人家族,特别是与希珀尔的"守时的人"原型、怪人格雷恩,与后者

---

① 第2卷,第35—36页;中文版第2卷,第36页。
② 鲍洛夫斯基:《伊曼努尔·康德的生平和性格描绘》,哥尼斯贝格,1804年,第189—190页;哈曼致林德奈的信,1764年复活节星期一。
③ 林克:《伊曼努尔·康德生活面面观》,哥尼斯贝格,1805年,第80页。
④ 林克:同上书,第32页;哈曼致林德奈的信,1764年2月1日;莱克:《康德学述》,第11页。

的合伙人莫瑟比的关系是人尽皆知的。康德性格最可爱的特征表现在康德的同时代人就已经喜欢用大量有趣的奇闻逸事来描述这种交往。① 对康德在其硕士岁月里的评价在什么方向上发展，最终普鲁士政府给出了一个值得注意的证明：它在 1764 年博克教授去世后，给康德提供了哥尼斯贝格的诗艺教席；这是所有即兴诗作的审查和为所有的学术庆典撰写德语和拉丁语颂诗的义务与之相结合的职位。② 如果康德不是不顾外在状况困难——他自己还在不久之后谋求一个年薪 62 个塔勒的图书馆副馆长职位时谈到他"在本地大学的很糟糕的生计"③——而拥有拒绝接受这种照顾形式的坚定性，那么，他本来是免不了作为戈特谢德的著名老师 Joh. Val. 皮赤的继任者在哥尼斯贝格活动的命运的。

尽管如此，恰恰在这段时间康德的思想发展已经选取了那个最终应当改造他的思维和生活的整个类型的方向。1763 年，柏林科学院提出了一个论题，它马上吸引了整个德国哲学界的注意力。"诸形而上学科学，"它这样问道，"能够像诸数学科学那样有同样的自明性吗？"几乎所有领军的德国思想家——除了康德，特别是兰贝特、提顿斯和门德尔松——都曾尝试解答这个问题。但是，它给予他们的，大多只是把他们关于这个论题从传承或从自己的研究中形成的固定观点向外面更仔细地展示和论证的机会。与此相反，对于康德来说，对课题的处理成为一个不断向前和持续起作用的思想运动的出发点。疑难在这里并不仅限于他对科学院的问题给出的回答，而

---

① 关于与格雷恩和莫瑟比的交往，请特别参见雅赫曼：《在致一位朋友的书信中描绘的伊曼努尔·康德》，哥尼斯贝格，1804 年，第 8 封信，第 75 页及以下。
② 这方面的档案是在舒伯特的康德丛书（第 49 页及以下）中被告知的。
③ 康德于 1765 年 10 月 24 日致腓特烈二世的信（第 9 卷，第 40 页）。

是在结束这番回答之后对他自己来说才真正开始。当然，他的兴趣和努力的**外在**范围起初似乎由此几乎没有显著的改变。似乎一如既往地是自然科学的、心理学的和人类学的问题吸引着他去考察；① 而且如果这种考察的重点逐渐地从"外在经验"向"内在经验"方面转移，那么，由此毕竟只是它的对象，而不是它的原则变迁了。但是，特色新颖的东西就在于，康德从现在开始无论在什么地方转向某一个客体，都不是独独寻找它，而是他同时要求自己对该客体被呈现和中介给知识所凭借的**认识方式**的独特性做出解释。《一般自然史与天体理论》离认识方式的这样一种区分还很远。它还不偏不倚地并列使用自然科学归纳的做法、数学测量和计算的做法，最后是形而上学思维的做法。物质世界的结构、在它里面占统治地位的普遍运动法则被当作上帝证明的基础，思想从行星不同密度的计算直接跳转到关于其居民的身体和精神差异的思辨和对不死性的展望。② 由于这里因果的观点和目的论的观点还完全相互转化，所以对自然的直观直截了当地导向一种关于人的道德规定的学说，后者在自己这方面又在某些形而上学命题和要求中找到自己的总结性表达。"如果人们以这样的考察，"康德这样结束他的《一般自然史与天体理论》，"充实自己的心灵，那么，在晴朗的夜晚遥望繁星密布的天穹，就会是只有高贵的灵魂才能感到的一种享受。在大自然万籁俱寂、感官歇息的时候，不朽精神的隐秘认识能力就会说出一种无法名状

---

① 参见《试论大脑的疾病》（1764年），第2卷，第301页及以下；中文版第2卷，第258页及以下；《莫斯卡蒂〈论动物与人之间身体上的本质区别〉一文述评》（1771年），第2卷，第437页及以下；中文版第2卷，第435页及以下；等等。

② 参见《一般自然史与天体理论》附录，载第1卷，第353页及以下；中文版第1卷，第327页及以下。

的语言,给出一些未展开的概念,这些概念只能感受,却无法描述。如果在这些行星上能思维的存在物中间有一些低贱的存在物,他们不顾一个如此伟大的对象能够用来吸引他们的所有魅力,依然能够顽固地受虚荣心役使,那么,这颗行星居然培育出这样的可怜虫,该是多么不幸啊!但另一方面,由于在一切最值得设想的条件下,为它开启了一条通达幸福和崇高的道路,这种幸福和崇高远远超过了大自然在所有天体中最有利的安排所能达到的优越性,它又是多么幸运啊!"①但是,这位康德的精神不能久久地停留在只能"感受"不能"描述"的概念上。他即便在自己设定和承认概念把握的界限的地方,也要求这种"不可把握性"的证明和论证。因此,把无以名状的情感语言转换成明确清晰的知性语言并使得"隐秘的认识能力"对自己清晰透彻的要求,就必然日益迫切地表现出来。形而上学的方法——现在必须这样问——与数学和经验科学的方法是一回事,还是在它们之间毋宁说有一种原则的对立?如果是后一种情况,我们对思维、对纯粹的逻辑"概念"和逻辑"结论"能够完美地表达"现实"的结构,到底有没有一种保障?对于康德来说,对这些问题的终极有效的解决尚在遥远的地方;但它们被提出来,就已经标志着他的体系进一步发展的一种新的整体取向。

二、形而上学方法的疑难

《一般自然史与天体理论》的建筑耸立于其上的基础逐渐松动的第一步就在**目的论**疑难的方向上。康德在其宇宙论思想创作中受其

---

① 第1卷,第369—370页;中文版第1卷,第342页。

统治的基本观点，完全带有乐观主义的性质。康德相信以牛顿物理学和力学还认识到的，正是莱布尼茨的"和谐"体系。一种隐秘的计划就是力学的世界产生和毁灭的基础；这样一种计划，我们虽然在细节上不能追溯，但我们确信，它将引导宇宙的整体日益接近其最高的目标，即一种不断增长的完美性。即便是在这种信念穿上目的论上帝证明的传统形式的外衣的地方，康德最初对它也没有任何抗拒。"我承认这些证明的全部价值，"他在《一般自然史与天体理论》的前言中这样明确说明，"人们为确证一个最为睿智的创造者而从世界结构的美和完善安排得出这些证明。人们只要不是蓄意地反对一切信念，就必须承认各种如此无可辩驳的理由已经取得了胜利。但是我要说：宗教的捍卫者们由于笨拙地使用这些理由而与自然主义者们争吵不休，他们毫无必要地把弱点暴露给自然主义者们。"这个弱点就在于"质料的"目的论和"形式的"目的论、内在的"合目的性"和外在的"有意图性"的混淆。并非在我们发觉各部分对一个整体的和谐和它们对一个共同的目的一致的地方，我们到处都有权假定，如此协调一致的东西是由于一个在各部分之外和之上的理智才艺术性地相互适应的。对象自身极有可能按照其"自然"就必然带有这样一种协调一致，一个逐渐地分置在结果的多样性之中的形成**原则**的源始统一性自动地造成特殊的东西的这样一种内在联结。这后一种方式的联结，我们不仅在所有的有机造型中发现，而且在**空间**的逻辑学-几何学合法则性使我们熟知的纯粹形式中发现：因为即便在这里，从任何一种个别的基本规定或基本关系中也都得出大量新的和令人惊喜的结论，它们全都像借着一个最高的"计划"那样聚合在一起，并适用于解决最杂多的课题。借助对"形式的"和"质料的"、"外在的"和"内在的"合目的性的区分，康德主要是得以使目的思想避开与有用性的日常概念的任何混同。《一般自然史与天体理论》就已经抨击了这种混同，并用所有讽刺挖苦的武器予以反对。康德后来喜欢援引的伏尔泰的"甘第德"①由此在这个方面不能教导他任何新的东西。在自然和"天意"的基本计划中，任何还如此无足轻重的造物都与人相同，因为造化的无限性把它那无穷无尽的财富所创造的一切物种都以同样的必然性包括在自身之内："从能思维的存在物中最高贵的品级直到最受轻蔑的昆虫，没有一个环节是无关紧要的，没有一个环节可以缺少，否则就会由此损害在联系中呈现出来的整体美。"②

然而，这与其说是把康德导向对大众哲学的目的论考察方式之拒斥的严格逻辑学-体系性审核，毋宁说是一种亲身的反应。只是逐渐地，也在这一点上开始了对概念和证明的更为鲜明的批判分析，它在这个场合也许是从外部获得最初的决定性推动的。就像作为7岁幼童的歌德感到被里斯本地震的"非同寻常的世界事件"所攫住，并且第一次被激起做出更深刻的精神考察一样，就像卢梭和伏尔泰之间关于"最好的世界"的争执在这个事件上燃起一样，康德也发现自己受到敦促在思想上做出解释。对外，他试图在3篇文章中履行教诲和启蒙的义务，这些文章于1756年一方面刊登在《哥尼斯贝格问讯消息周报》上，另一方面独立出版；③但是，普遍的疑难由此对于他自己来说并没有沉默下来。就连1759年的只是

---

① 参见第2卷，第138页、第390页（中文版第2卷，第376页；卡西尔说的另一个出处无法查考。——译者注）。

② 《一般自然史与天体理论》，第3部分（第1卷，第355—356页；中文版第1卷，第329—330页）。

③ 参见第1卷，第427页及以下、第439页及以下、第475页及以下；中文版第1卷，第409页及以下、第418页及以下、第447页及以下。

一篇匆匆写就的学术即兴文章《试对乐观主义作若干考察》，也不能持久地让他满意。4年之后，他在《证明上帝存在唯一可能的证据》中再次重拾这个问题，为的是既在积极的意义上也在消极的意义上，以系统的完备性阐述和论证他对神学的态度。通常被从世界合目的的安排为属神的元始存在者的实存得出的证明，他在这里认为是"既最符合人类知性的尊严也最符合其弱点"的。但是，比迄今更为尖锐地强调的毕竟是后一点，它被称为自然神学的整个方法论所带有的原理上的缺陷。从它产生的信念可能"完全是感性的，从而是非常生动的、受人欢迎的，据此也通常是知性的、易于领会的"；但它们从来经受不起概念认识的严格要求，因为假定已经证明，借着特殊的属神影响从无序中产生秩序，从"混沌"中产生一个"宇宙"，则毕竟正是因此，应当被设想为无限和充足的元始存在者受到了一种从外面加给它的源始限制的牵累。如果"原生的"物质就是这个存在者要解决并在其克服中才能显示其自己的美善和智慧的对立面，那么，毕竟在另一方面，如果证明不想丧失其全部意义和效力的话，恰恰这种物质就必须依然被承认为一种独立的东西，被承认为一种被给予的材料，追求目的的力量在它上面证实自己。因此，这种做法总是只能有助于"证明世界的联系和艺术性结合的创造者，但不能证明物质自身的创造者和宇宙构成部分的起源"。沿着这条途径，上帝总是只能被证明为世界的工程师，而不是其创造者；物质的秩序和造形，但并非其产生表现为被归给他的作品。但这样一来，在根本上恰恰这里要证明的世界普遍合目的性的思想受到极度损害，因为现在进入世界的是一种源始的二元论，无论人们如何试图掩盖它，它归根结底毕竟是无法剔除的。存在的纯然材料借着设定目的的意志的造形永远不是一种绝对的造形，而始终是一种相对的和有条件的造形：在这种直观方式中，至少有存在的某个**基底**，它作为这样的基底不是自身带有"理性"的形式，而毋宁说是与这种形式相对立。自然神学的证明的漏洞在这个点上清晰可见；唯有在成功地指出，我们要假定为物质自己的和独立的"本质"并能够从中引申出普遍的运动法则的那种东西与理性的规则并不相异，而恰恰是这些规则的一种表达和一种特殊的证明的情况下，这个漏洞才能被弥补。①

但是，如今对于康德来说，因着对课题的这种理解，上帝证明的整个目标和整个形式就被改变了，因为现在，我们将不再从**现实的东西**的塑造出发，以便在它里面揭示一个按照自己的心意形成它的最高意志的证据，而是依据最高的真理的纯然效力，并力图从它们出发接近一个绝对的存在的确定性。我们今后将不是在经验性偶然**事物**的王国，而是在必然**法则**的王国；不是在实存者的领域中，而是在纯然"可能性"的领域，选择我们的出发点。当他以这种方式说出疑难的时候，康德当然意识到，由此逾越了迄今在他的作品中所遵循的对哲学基本思想的通俗阐述方式的界限。"我也还会担心，"他说明道，"伤害那些特别对单调乏味表示不满的人们的温情。然而，我并不是把这种指责当作不屑一顾的东西，而是必须要求得到这一次如此做的允许。因为尽管我和其他人一样，对那些在其逻辑熔炉中一直提炼、蒸馏和锻造可靠的和可用的概念，直到它们化为蒸气和挥发性盐而烟消云散为止的人过分讲究的智慧并不怎么欣赏，但我为自己选定的考察对象却具有这样的特性，即或者必须完全放弃每次都达到一种明显的确定性，或者必须容忍把它的概

---

① 就整体而言，参见作品《证明上帝存在唯一可能的证据》，载第2卷，第122—144页；中文版第2卷，第114—143页。

念分解成这些原子。"① 在这里,抽象在没有一方面推进到"存在"的纯粹和单纯的概念,另一方面推进到逻辑"可能性"的纯粹和单纯的概念之前,不可以停下来。以对对立的这样一种表述,康德同时清晰地返回到这里作为基础的疑难的历史起源。这是他在《证明上帝存在唯一可能的证据》中到处都在说的莱布尼茨哲学的语言。但以这种语言,"现实的东西"和"可能的东西"之间的区别回溯到了"偶然的"认识和"必然的"认识之间、"事实真理"和"理性真理"之间的更为深刻的方法区分。逻辑学和数学的一切命题所属的理性真理不依赖于各自实存的东西的持存;因为它们并不表达一次性的、这里和现在在空间的某个位置和某个时间点上存在的东西,而是表示完全普遍有效的、对于任何特殊的内容都有约束力的关系。7+5=12,贯穿半圆的角是一个直角,这就是"永恒的真理",它们不依赖于空间-时间的个别**事物**的本性,因而即便没有诸如此类的事物存在,没有物质和物体世界存在,它们也会依然是真的。据此,在逻辑学中,在纯粹几何学中和数学中,进一步在纯粹运动学说的原理中,所涉及的认识都是表达一般内容之间的一种纯粹理想的依赖性,而不是经验性现实的对象或者事件之间的一种联结。如果我们把这种逻辑学的认识翻译成莱布尼茨形而上学的术语,那么也可以说,第一等的命题,纯粹的理性真理对属神理智中所包含的所有可能世界都有效,而纯然的事实真理则仅仅与独一的"现实"世界的规定相关,这个世界是借着一个属神的意志决定而从这个普遍可能性的圈子中提取出来并"允许"其现实存在的。只是从这里出发,人们才完全把握了康德赋予上帝证明的疑难的特殊形式。他要

---

① 第2卷,第79页;中文版第2卷,第81—82页。

用"非道德的"（准确地说是"道德之外的"）依赖性来取代人们在这个证明中通常所意在的事物对上帝的"道德的"依赖性，也就是说，他不想从似乎包含着对某个属神的**意志行为**的指示的特殊现象之圈子中获取他的论据，而是依据自身是每个有限知性的、也是无限知性的坚守不渝的规范的普遍必然联系。① 他不想从作为一种已经被给予的秩序的"事物"出发，而是追溯是所有观念的真理的持存的、因而间接地当然也是所有"实在的东西"的持存的前提条件的普遍"可能性"。就此而言，康德所尝试的证据完全带有"先天的"性质，因为它不是从一个个别事物的"偶然的"、纯然事实的实存中，或者哪怕从我们习惯于用"世界"这个名称来称谓的经验性个别事物的整个序列中得出的，而是从与几何学和算术的概念一样构成一个不变的、不依赖于任何任性的、系统的结构的概念的一种联系得出的。② 现在，康德的问题是这样的：如果在我们这方面无非是预设了观念的真理或者"普遍的可能性"的确定性，则前进到一个绝对的存在的确定性——如将表现出的那样，到上帝的确定性——是可能的吗？上帝是确定的，不是就另外一个事物是确定的或者诸事件的某个偶然序列是现实的而言，而是就只是一般而言真和假被区分开来而言，就有着某些**规则**，根据它们一种一致以无可争辩的必然性存在于某些概念内容之间，而它在另一些概念内容之间就应当自明地和必然地被否定而言吗？

如今，康德相信能够实际上肯定这后一个问题，因为他这样推论：如果没有任何绝对的存在，也就不可能有任何观念的**关系**，不

---

① 参见《证明上帝存在唯一可能的证据》，第 2 章，考察二；载第 2 卷，第 106 页；中文版第 2 卷，第 107 页。

② 同上书，第 1 章，结束语；载第 2 卷，第 96 页；中文版第 2 卷，第 98 页。

可能有纯粹的概念之间的一致或者对立。也就是说，人们注意到，这样的关系绝非通过在逻辑学的同一律和矛盾律中得到表达的纯粹形式的统一来充分确立和保障的，而是它必须预设某些质料的思维规定。一个四角形不是圆，我当然凭着矛盾律就确知这一点；但是，一般而言"有"四角形和圆这样的产物，对内容的一种诸如此类的区分是可以进行的，教导我这一点的，却不是完全普遍的和形式的逻辑学原理，而是我们以"空间"这个名称所称谓的那种特别的合法则秩序。如果没有像空间和空间中的形象、数字及其差异、运动及其大小差别和方向差别这样的规定性，也就是说，如果它们不能被作为纯然的**思维内容**彼此区别开来和彼此对立起来，那么，就连质料也会下落成一切"可能的东西"，绝不仅仅是没有经验性的存在，而且也没有真的命题可以主张。思维在这种情况下就会被取消，不是因为它毁灭于一种形式的矛盾，而是因为不再有"材料"能够被给予它，从而不再有任何能够与它矛盾的东西被设定。因为可能性自身不复存在，"不仅是当可以发现一种作为不可能性的逻辑上的东西的内在矛盾的时候，而且当不存在质料的东西，不存在材料可以设想的时候；因为在这种情况下，没有任何可设想的东西被给定；但所有可能的东西都是某种可以被设想的东西，并且具有符合矛盾律"——不仅仅是通过矛盾律就已经具有的——"逻辑关系"。而这里面就有康德式证明的脉络：应当指出的是，实际上随着取消，不是仅这种或者那种存在，而是彻头彻尾所有的存在，就连思维的所有"材料"，都在上述意义上被取消了。"如果所有的存在都被取消，那么，也就没有任何东西被绝对设定，根本没有任何东西是给定的，没有任何质料的东西成为某种可设想的东西，一切可能性都完全不复存在。虽然在对一切存在的否定中并不包含任何内在的矛盾，这是因为，由于为此会要求必须设定并同时取消某种东西，而这里却在任何地方都没有设定任何东西，所以当然不能说这种取消包含着一种内在矛盾。然而，有某种可能性但根本没有任何现实的东西，这却是自相矛盾的，因为如果没有任何东西存在，也就没有任何在此可设想的东西是给定的，如果人们尽管如此还期望某种东西是可能的，就会陷入逻辑自相冲突。"①

当然，看起来由此并没有结束康德的证明，因为即便人们承认迄今为止的论证令人信服，它在任何情况下也只是表明，"某种东西"，某个一般而言的内容必须绝对必然地存在，但并未表明，这个内容——"上帝"——存在。但是，康德推理的这个部分得到了相对简短的补充。只要我们一般而言确知一种绝对必然的实存，那就可以证明，这个实存必须是唯一的和单纯的，必须是不变的和永恒的，必须自身包容一切实在，必须是纯精神性的，简而言之，它必须具有我们习惯于在上帝这个名称和概念中概括的所有那些规定。②据此，这里就不从上帝概念出发，以求随后在它里面除其他谓词之外证明实存的谓词了，因为存在一般而言不表示任何概念性的谓词，能够附加到别的谓词之上的，而是包含着对一个事物的完全单纯的、不可进一步分解的"绝对肯定"。③ 证明的进程毋宁说是反过来的进程：在获得和确保绝对存在之后，就尝试推导出它的进一步规定性，即它的特殊的"什么"，并在此时揭示和证明，它的这种性状证明着对于我们来说构成上帝概念的本真内容的所有特殊的标志。于是，

---

① 第2卷，第82—83页；中文版第2卷，第85页。

② 参见《证明上帝存在唯一可能的证据》，第1章，考察三；载第2卷，第86—95页；中文版第2卷，第88—95页。

③ 载第2卷，第76页以下；中文版第2卷，第80页以下。

这里当然在坚持**本体论的论据**，而且宇宙论的证明和自然神学的证明一样回溯到本体论的论据。但是，在本体论思维的方法论中，尽管如此出现了一种使将来对它的完全克服有望发生的变化。如果本体论的证明在坎特伯雷的安瑟尔谟给予它并还由笛卡尔更新了的形式中是以无比完美的存在者的概念开始，以便从中演绎出它的存在，如果它是从"实质"综合地推论出"实存"，那么，康德毋宁说是以纯粹的观念可能性、以一般**永恒真实性体系**开始的，为的是此后在进展着的分析中指明，必须要求有一个绝对的存在来作为**这个体系**的可能性的条件。这是我们在这里眼见的未来的"先验方法"的一个独特的前奏，因为对实存的设定是绝对的肯定的最后辩护已经在这里：没有这种设定，认识的可能性就会是不可理解的。只不过，从后来的批判体系的立场出发来判断，沿着这条途径所获得的一切"肯定"都不是绝对的肯定，而是相对的肯定；它们同时在其效力和使用上依然受限于使它们成为可能的**经验**。

然而，我们暂时可以放弃对《证明上帝存在唯一可能的证据》的基本疑难的更精细的实际思考，尤其是康德自己对这个疑难的不断阐发将自动地达到更大的清晰性和确定性。如果我们先停留在这种阐发已把我们带到的点上，则《证据》对康德所有此前作品的区别首先在于，它属于反思和批判的自我规定的一个更高的阶段。现在，康德不再满足于顾及呈现给他的某个对象来讲述考察和证据，而是同时始终追问它们的逻辑起源以及它们具有的特殊真理性质。因此，这一时期的任何别的思想家都不像康德那样对回答柏林科学院在该年提出的问题做好了准备并装备起来。为了处理这个课题，他实际上显得没有直接被悬赏自身所规定，而是在完成《证据》之后才感到被他在这部作品的疑难和科学院的问题之间所揭示的实际联系所打动。① "人们想知道，"该问题说道，"一般形而上学真理，特别是自然神学和道德的首要基本原理是否能够正像几何学真理那样得到清晰的证明，而且如果它们不能得到上述证明，则它们的确定性的真正本性是什么东西，人们能够使所说的确定性达到什么样的程度，以及这种程度是否足以得到完全的确信。"关于所提交的作品的裁定是在1763年5月的科学院会议上做出的。一等奖授予莫色斯·门德尔松的论文，不过关于康德的作品明确地宣布，它与夺冠的作品"极尽可能地接近，值得最大的奖励"。两篇论文，即康德的论文和门德尔松的论文，被一起发表在科学院的《作品集》中。②一个独特的讽刺在于，弗尔美作为科学院的常务秘书，是第一个在1763年7月的一封信中为其成绩祝贺康德的，因为这个科学上的折中主义者把自己的哲学声誉归功于他在一部多卷本的、肤浅且饶舌的著作中所尝试的对沃尔夫体系的大众化。③如果他想赞赏康德论文的内容，那么，他必定曾有一种预感，即他受科学院的委托促成刊印的这部作品自身包含着哲学的一种改造的萌芽，通过这种改造，应当有朝一日清除独断论形而上学的"自吹自擂、态度傲慢的知识"。④

---

① 科学院的悬赏在1761年6月就已经公布，而康德是在1762年底提交期限之前不久才着手处理这个题目。他自己称他的论文为"仓促写就的文章"（第2卷，第322页；中文版第2卷，第311页。也请参见第2卷，第202页）。《证据》已经在1762年12月底出版；在1762年12月21日，如从哈曼在这一天致尼古莱的信中得出，它已经在哈曼的手中。因此，这部作品的手稿据猜测至迟是在1762年秋撰写的（参见库尔德·拉斯维茨和保罗·门采尔在《康德著作全集》科学院版中的注释，载第2卷，第470、492—493页；也请参见哈纳克：《普鲁士王家科学院的历史》，柏林，1901年，第315页）。

② 参见第2卷，第475页。

③ 弗尔美：《华美的沃尔夫学说》，1741—1753年。

④ 参见康德于1766年4月8日致门德尔松的信（第9卷，第55页；《康德书信百封》，第27页）。

至于康德自己，他从一开始就意识到这里有风险的东西。"摆在面前的问题，"他这样开始自己的讨论，"具有这样的性质：如果它得到恰如其分的解决，那么，更高的哲学就必然由此获得一种明确的形象。如果能够达到这种知识的最大可能的确定性所遵循的方法已经确定，如果这一信念的本性已被清楚地认识到，那么，就必然不是各种意见和学术宗派永恒的变幻无常，而是对学术风格的一种不可改变的规定，来把思维着的大脑统一到同样的努力上，就像在自然科学中，牛顿的方法把物理学假设的无拘无束改变成为一种遵照经验和几何学的可靠程序一样。"但是，牛顿借以实现这种改造的决定性思想究竟是什么？是什么把他思想中面对的物理学**假设**与他提出的规则和法则区别开来的？如果我们提出这个问题，我们就认识到，"共相"与"殊相"相关并联结的方式在近代的数学物理学中成了与它在亚里士多德和中世纪的思辨物理学中不一样的方式。伽利略和牛顿并不从重力的普遍"概念"出发，以便由此"解释"重量的现象。他们并不从物质和运动的本质和本性推论出在物体自由坠落时必然发生什么，而是满足于首先确证问题的"数据"，如经验所呈现的那样。向地球中心的坠落、投掷运动、月球围绕地球的运动，最后是行星以椭圆轨道围绕太阳的公转，所有这一切都是起初自身被查明并在其纯量上的规定中**被确认**的现象。而现在问题才开始：这整个从现在开始确证了的事实群是否不能够导向一个共同的"概念"？也就是说，是否不存在一种数学关系、一种分析的函数，把所有那些特殊关系包含在自身并表达之？换句话说，这里不是从一种编造出或者虚构出的"力量"出发，以便从它推导出某些运动（例如在亚里士多德的物理学体系中，是从把材料的每个部分都引向其"自然位置"的自然追求出发来"解释"物体的坠落的）；而在这里，我们称为"重量"的东西，只是已知的和可测量的量值关系的另一种表达和概括而已。如果我们把这种关系教给我们的东西从现在起运用于**形而上学**，则我们当然就看到，这是一个与形而上学与之相关的数学、物理学的事实圈子不同的事实圈子。因为构成其对象的，不那么是外部经验，而毋宁说是"内部经验"；并非物体及其运动，而是认识、意志行为、情感和偏好，才是作为主题成为其根据的东西。① 但认识的方式并不为**客体**的这种差异所规定或者改变。即便在这里，所说的也仅仅是把被给予的经验组合化为简单的基本关系，并停留在这些关系上，当作最终的、不能进一步推导的数据。至于那些因为我们不能分解成更简单的成分而对于我们来说也不再能做出合乎学术规范的定义（根据 genus proximum［最近的种］和 differentia specifica［属差］）的规定进入这些数据，在这里是无所谓的。因为有一种"规定性"和"明晰性"——而且正是它们处在基本概念和基本关系之中——它们不能再通过一个逻辑定义在这种意义上被提高，而是只能被遮蔽。奥古斯丁说过："我清楚地知道时间是什么，但如果有人问我，我就不知道了。"这样，普遍地在哲学中，关于一个对象，人们在拥有它的定义之前，甚至在根本不着手给出它的定义的情况下，就能够经常清楚地和确定无疑地认识很多，也能够从中推导出可靠的结论。"对于任何一个事物来说，尽管我并没有充分地认识它们，还不能给出事物的详尽规定了的概念，即定义，我也都可以直接确切地知道各种不同的谓词。虽然我从未解释

---

① 原书第69页的下方有两个注（注1：第2卷，第184页；注2：第2卷，第186页。关于这几句话与牛顿及其学派的方法论的历史联系，更精确的东西参见《认识问题》第2版，第2卷，第402页及以下、第590页），但译者无论如何也无法在正文中找到相应的标注处。——译者注

什么是**渴望**,但我可以确定无疑地说,每一种渴望都以被渴望者的表象为前提,这种表象是对未来事物的一种预见,与这种表象相联结的是快乐的情感,等等。然而,这是每一个人在对渴望的直接意识中都经常觉察到的。从这些相互比较的说明出发,也许最终会得出渴望的定义。不过,只要人们所寻求的东西在没有这个定义的情况下还可以从该事物的一些直接确定无疑的标志推理出来,冒险进行一种如此棘手的工作是不必要的。"① 因此,就像我们在自然科学中不再以关于力的"本质"的说明开始,而是充其量让我们称之为力的东西被视为运动的已知测量关系的最终分析表述一样,就连形而上学所追问的**逻辑**本质也不可以构成研究的开端,而是只能构成其终端。但是,任意一种形而上学的纲要都表明,在形而上学中流行的且通过习惯和传承被圣化了的研究进程与这种规定是多么相矛盾。对最普遍的东西的说明——对此,特别是康德作为自己讲演之根据的亚历山大·鲍姆嘉登的《形而上学》很有特色——存在、本质性、实体、原因或者冲动和一般的欲望的定义,在这里被置于顶端,并试图从这些规定的联结中推导出殊相。然而,如果人们更锐利地看一眼这种所谓的推导,就当然将认识到,它实际上到处都悄悄地预设着它断言演绎出的对殊相的认识,并利用着后者,以至于所谓的哲学"论证"纯然是在兜圈子。在这里,如果我们想就被归给和未被归给形而上学的东西达到真正的清晰性,就只有返回到虽然更谦虚但同时更真诚的物理学做法能够给我们提供帮助。关键在于,在两种场合里并不是我们试图不顾一切代价扩展我们认识的内容,而是我们严格坚守已知的和未知的东西、被给予的和寻求的东西的界

---

① 第2卷,第184页;中文版第2卷,第285页。

限，不对别人隐瞒这个界限。在这种那种场合都一样，我们只是通过对现象的耐心和持之以恒地进步的分析来达到"本质"的。这时，我们当然要满足于：由于我们至少对于形而上学的当前水平来说绝不能有把握地断言这种分析的完成，所以我们在这个领域的一切本质规定都不是绝对的本质规定，而依然是一种相对的和暂时的本质规定。"形而上学的真正方法，"——获奖文章如此简明扼要地概括这一考察的整体——"与**牛顿**引入自然科学中并在那里获得了有益结果的方法在根本上是一回事。在那里，人们应该借助可靠的经验，必要时借助几何学，来搜寻自然的某些现象所遵照的规则。尽管人们在物体中并没有洞悉这方面最重要的根据，但确定无疑的是，它们是按照这一法则起作用的。如果人们清楚地指出它们是如何被包摄在这些详尽地证明了的规则之下的，也就解释了错综复杂的自然事件。在形而上学中也是一样，人们借助可靠的内在经验，即直接的明显的意识，搜寻无疑包含在某种普遍性质的概念之中的那些标志，尽管人们并不认识事物的全部本质，但人们可以利用这些标志，从中推导出事物的许多东西。"①

这首先是康德现在在其中与传统的形而上学，就像与他自己开始时所采取的做法那样区别开来的一种特征。形而上学不能"杜撰"任何东西，而是只能**说出**经验自身的纯粹基本关系。它使最初只是作为一个还隐晦和复杂的整体被给予我们的东西达到清晰和明白，并且使我们透视后者的结构；但是，它并不从自己的绝对权力出发给后者附加任何要素。即便是康德思维的那个在《一般自然史与天体理论》中得到其表达的较早的时期，也相信是完全站在"经

---

① 第2卷，第186页；中文版第2卷，第287页。

验"的地基之上；但它并不放弃在经验的材料不足的地方借助想象和知性推理的综合力来补充和超越经验性地被给予的东西。它从世界、从自然研究者的宇宙出发，但它从这里被以连续的、对它自己来说无法察觉的步骤引向关于属神的元始存在者、关于万有的目的秩序、关于人的精神的持存和不死的假说。只是现在，康德才意识到这整个思维方式的全部内在疑难。究竟——他这样问道——形而上学能够**综合地**、能够建构地行事吗？而在问题被以这种确定性提出的时刻，它也被以确定性否认，因为"综合"仅仅在所涉及的内容是知性的自造产品而尽管如此却纯粹地仅仅服从知性的法则的地方才有地盘。在这种意义上，数学，首先是纯粹几何学可以且必须"综合地"行事；因为它所探讨的形象只是在构图的行为中并且随着构图的行为才产生。它们并不是任何一个物理学上被给予的东西的印象，即便没有任何物理学的东西，没有任何物质-现实的东西实存，它们也会保有自己的意义和真值。什么是一个圆，什么是一个三角形，二者都唯有借助我们在其中通过空间个别要素的一种结合使其产生的理智和直观行为而是的；而且这些构成物没有任何一种特征，没有任何从外部附加的规定不是包含在这个基本行为之中并可以从它完备地导出的。"一个圆锥可以意味着随便任何东西；在数学中，它产生自绕一条边旋转的直角三角形的任意表象。在这里，以及在所有其他例子中，解释明显地都是借助于**综合**产生的。"但是，"世俗智慧"的概念和说明显然完全是另外一回事。如果说在数学中，某个应当予以说明的对象，如椭圆或者抛物线，在这个构成物的发生学构图之前根本不是现存的，而毋宁说是通过构图才产生的，那么相反，形而上学一开始就受制于它所面临的固定的**材料**。因为它想展示给我们的精神的，不是纯粹观念的规定，而是"实在的东西"的属性和关系。因此，它很少像物理学那样能够产生自己的对象，而是只能在其实际形状中把握对象；它不是在几何学描述，亦即通过构图生成某个图形的意义上"描述"对象，而是只能改写对象，亦即突出和单独理解它的某一个独特的特征。唯有通过与内部经验和外部经验的"被给予者"的这种普遍关系，形而上学概念才获得它的相对的有效性。形而上学的思维在任何方面都不是一种"编造"；它不像在几何学中那样，从一个原初的定义出发一再向前形成新的结论，是向前推理的，而是向后推论的，以至于它为了一个现存的事态寻找其由以产生的条件——为一个现象整体寻找可能的"解释根据"。① 这些解释根据起初当然只是假设的，但它们将在成功地用它们囊括已知显象的全体并借助它们将之展现为法则规定的统一体的程度上成为确定性。至于这个课题在形而上学迄今的理解和行动中当然还没有以任何方式解决，这对于康德来说是没有疑问的："形而上学无疑是人类所有知识中最困难的一种，然而还从未有一种写出来的形而上学。"②

而实际上，只要思维在这里所使用的装备无非是学院派哲学中常用的那种习惯的推导和推论的方法，它就不能被写出来，因为这种做法根本上并且差不多仅仅使用的手段就是**三段论法**：当世界被化解为一串理性推理时，它就被视为已知的和被把握的。在这种意义上，沃尔夫在当时被视为经典的多部教科书中阐发了他关于上帝、世界和灵魂，关于法权、国家和社会，关于自然的作用和精神生活的联系，简单地说就是"一般而言关于所有事物"的"理性思

---

① 关于整体，特别请参见获奖文章，考察一，第1节和第3节，载第2卷，第176页及以下；中文版第2卷，第277页及以下。

② 第2卷，第183页；中文版第2卷，第284页。

想"。康德赞赏过给予这些著作以其特色的方法严谨和客观冷静,且在其批判体系的巅峰时期还针对折中主义的大众哲学和时尚哲学的指责为其辩护。还是在《纯粹理性批判》的前言中,沃尔夫被赞颂为"德国迄今为止尚未熄灭的缜密精神的创始人",因为他通过合法则地确立原则,清晰地规定概念,在推论中防止大胆的跳跃,率先试图使形而上学走上一门科学的可靠道路。①尽管如此,在康德的全部哲学发展中,不存在任何征兆表明他与沃尔夫的学术体系像对于门德尔松和苏尔策来说特有的那样曾经处在精神依赖性的关系之中。三段论法证明的高超技艺从未使他眼花缭乱,而且他于1762年在自己的一部作品中试图阐明它里面所包含的"错误烦琐"。②但康德现在从他对一般形而上学的任务的新基本理解中得出的指责却比这种形式的阐明更加深入。三段论法的做法是"综合的",是在关于"自然神学与道德的原理之明晰性"的获奖文章所赋予这个术语的确定意义上。它从前提条件进展到结论,从被置于开端的普遍概念和定义进展到特殊的规定。然而,这样一种做法适合在对**实在者**的所有研究中如我们所见规定给我们的认识道路吗?此外,所有逻辑学推理做法依据的**原则**是同一律和矛盾律——如康德在自己的逻辑学作品、1755年的《新说明》中所示,前者是所有肯定判断的最高原理,后者是所有否定判断的最高原理。③一切推理所追求的目的不是别的,而是在两个内容 a 和 b 之间的同一性并非直接可见的地方通

---

① 第3卷,第28—29页;中文版第3卷,第21页。
② 《四个三段论格的错误繁琐》,见第2卷,第49页及以下;中文版第2卷,第51页及以下。
③ 《形而上学认识各首要原则的新说明》,第一章,命题二(第1卷,第393页;中文版第1卷,第367页)。

过插入一系列概念环节来**间接地**证明它。按照理性主义的基本思想，事物和事件的体系应当沿着这条道路得到展现，比一个前提和结论的体系更为精确和确定。在对哲学的任务的这种把握中，沃尔夫显而易见地回溯到莱布尼茨；但他在自己的体系的进一步完善中却抹掉了在莱布尼茨那里还存在于"矛盾律"和"充足理由律"之间的清晰的方法界限。在莱布尼茨看来，矛盾律是"必然"真理的原则，充足理由律是"偶然"真理的原则；前者关涉逻辑学和数学的命题，后者则在特别的意义上应当为物理学的命题做担保。但在沃尔夫的学术体系内部，已经有证明格式的单一性在越来越多地要求着原理自身中的一种单一性了。这样，在此到处都流行这样的努力，即通过力图将其追溯到逻辑学的同一律并由此出发"证明"之来克服"质料的"认识内容和认识原则的特殊化。在这种意义上，例如沃尔夫就着手做出过"理由律"的一个证明，这个证明当然是兜了一个纯然的圈子；他是这样推论的：如果存在着某种没有理由的东西，那么，无就必然是某种东西的理由——这是自相矛盾的。甚至显象的空间秩序的必然性，人们也曾试图沿着这条道路，借助最高的逻辑原则的效力演绎出来；因为我们设想为与我们不同的东西——人们这样推理——我们必然设想为现存于**我们之外**，因而是**空间上**与我们分离的。"praeter nos〔异乎我们〕"在这里被直接改释为"extra nos〔外乎我们〕"，相异的抽象概念被直接改释为空间位置的具体直观的"相外"。

这种考察方式中的缺陷在德国学院派哲学中当然也并非依然未被察觉。沃尔夫最重要的对手之一克鲁修斯就在他的批判中极力强调，矛盾律作为纯然形式的原则，根本不能独自给出任何确定的和具体的认识，而是为此无条件地需要一系列源始的和不可推导的、尽管如此仍是确定无疑的"质料原理"。① 但是，在这个方向上的最后决定性步骤，只是康德才在大概紧接着获奖文章的撰写之后的文章，即《将负值概念引入世俗智慧的尝试》② 中走出的。在这里，一开篇就表达了**逻辑**对立和**实在**对立之间的清晰区别。前者出现在凡是两个谓词彼此的关系如 A 和非 A 的地方——因而是对一个东西的逻辑设定包含着对另一个东西的逻辑否定的地方。因此，这种对立的结果就是纯粹的无：如果我试图把一个人设想为有学问的，而且同时在同一关系中设想为无学问的，把一个物体同时设想为运动的和不运动的，那么，这种思想就表明为完全空洞的和无法实施的。但在实在对立的所有场合里，在那些通俗地说不涉及概念特征和规定的对立，而是涉及"力"的对立的场合里，情况就不同了。一个向前运动、不遭受任何外部障碍的物体所拥有的速度，能够被另一个同样大小却方向相反的速度所抵消；但由此得出的，却不像在前一种场合里那样是一个逻辑**矛盾**，而是我们用"静止"或"平衡"这种表述来表示的那种完全确定的和有特点的物理学状态。如果以前一种形式，在 A 和非 A 的一种思想联结的尝试中，结果是一个**荒唐**，那么在这里，它就是一个固定的和完全明确的**数值规定**：因为"零"这个数值是确定的，并不亚于任何别的用一个正数或负数表示的数值。这样，不同的实在原因相互规定并联结成一个作用的统一体的方式——最好用运动或者力的平行四边形来直观化的一种关

---

① 见《近代哲学与科学中的认识问题》第二版，卷 2，第 527—534 页，第 587 页以下；参见康德在获奖文章中关于克鲁修斯的表述，考察三，第 3 节（第 2 卷，第 194 页及以下；中文版第 2 卷，第 295 页及以下）。

② 这篇论文的呈递信存于哥尼斯贝格大学哲学系档案，注明日期为 1762 年 6 月 3 日，而获奖文章是于 1762 年年底完成的。

系——就绝不能与存在于纯然的逻辑谓词和判断之间的关系意义相同了。"实在理由"是一种独立的、质上独特的关系，不仅不能被逻辑理由与结果、推理中的"前提"和"结论"的关系所穷尽，而且连被其表达也不能。这样一来，形而上学的方法就与三段论法的方法最终分开了，因为按照康德给它的规定，形而上学是关于"实在理由"的学说。对复杂事情的解析在它里面如同在自然科学里面一样导向某些最简单的关系，不过这些关系只是还在其纯粹的实际性中被领会，但不再能从纯然的概念出发使人理解了。

这一点首先适用于因果性的关系，它对于我们来说虽然是无可置疑的，但尽管如此却不再是逻辑上可证明的；甚至对于它的规定来说，在逻辑学的形式概念体系中根本没有依据，没有思维手段。如何按照同一性的规则通过其概念性理由设定一个结果，通过一个前提设定一个结论，这当然是很容易看出的，因为我们在这一场合只需要解析两个应当在这里相互关联的概念，以便在它们里面重新发现同一个特征。但是，某种东西如何从**某种别的东西**产生，但并不按照同一性规则产生，这是一个完全不同的问题。关于它，康德承认，迄今为止没有一位"缜密的哲学家"能够给他讲清楚。"原因"和"结果"、"力"和"行动"这些词在这里并不包含解答，而是仅仅重复疑难。它们都表述的是，由于某种东西存在，另一种与此**不同**的东西必然存在；而不是说，由于某种东西**被思维**，另一种与此在理由上**同一**的东西必然被思维，这如何仅仅符合逻辑学的证明进程。① 由此，在康德体系的发展中，出现了第一个鲜明的二元论。认为逻辑学以其传统的形态，作为三段论法，能够足以"引导

---

① 特别参见第2卷，第240页及以下。

出"现实性的体系,这种观点一劳永逸地失效了,因为它和它的最高原则矛盾律根本不足以哪怕只是就其特性而言描述最简单的实在关系,即原因和结果的关系。但是,思维因此就应当根本放弃理解存在的状态和结构——我们就应当听凭一种满足于让印象接着印象、让个别事实接着个别事实的"经验主义"吗?无疑,这不可能是康德的意思,在他的思想发展的任何一个时期都不是。对他来说,对三段论法及其仿效几何学的综合证明进程的方法的放弃绝对不包含对哲学的一种"理性"奠基的放弃:他从这时起把经验的分析自身视为一切形而上学的根本任务,经验的分析自身对他来说还完全是

79 **理性**的一个事工。如果人们总结理性按照这个时期的整体直观对现实所能够做的事情,则据此就得出一种双重的关系。它在一方面要解析经验的被给定性,直到它揭示自己由以建立自己的最终的简单关系——它此时当然能够根据其纯粹的持存来表述、但不能进一步引导出的关系。但另一方面,它能够——而且这是在这里归给它的决定性任务和特权——论证和证明一个绝对存在自身的必然性;因为从构成其独特领域的纯粹观念可能性中,如《证明上帝存在唯一可能的证据》所示,得出最高的、无所不包的、我们用上帝的概念来称谓的实在的实存和规定。人们如果把这两种功能进行对比,当然就将发现,它们属于思维的完全不同的方向。如果康德一方面要理性在规定实在时到处去看经验的材料,而另一方面却相信理性有力量使一种自身超越一切经验的无限存在对于我们来说具有无条件的确定性,这就是一种独特的分裂。试图按照牛顿方法的榜样来成长的"内部经验"分析家和尽管以变化了的形式却坚持一切理性形而上学的核心、坚持本体论的上帝证明的思辨哲学家,在这里尚未清晰鲜明地分道扬镳。在这种对立中,就有康德进一步的哲学发展

的萌芽和条件：一旦他清楚明白，他也就要求一种明确的决定，这个决定必然使康德越来越远离学院派哲学的体系。

三、独断论形而上学的批判
——《一位视灵者的梦》

凭借1763年的诸作品，康德建立了他在德国文献界和哲学界的声誉。《证明上帝存在唯一可能的证据》在《文献通信》上受到门德尔松的评判，门德尔松虽然并未完全正确评价这部作品的思想进程和证明进程中的独特性，但即便是在他不能跟随康德的地方，也毫不妒忌、毫无保留地承认"独立思想家"康德。康德后来关于这篇书评说过，它率先把他引介给公众。此外，柏林科学院对《关于自然神学与道德的原则之明晰性的研究》所做出的判断，以及这篇论文与门德尔松的获奖文章一起在科学院的论文集发表这个事实，使康德的名字也超出德国的国界而为人所知。从这时起，虽然他相对于同时代的哲学的地位对于普遍的判断来说还绝不是清晰明确和界限分明的，但他在文坛受到的尊重使其位列德国领军思想家之中。像毫无疑问属于这个时期最有原创性的思想家并被康德自己赞赏为形而上学专业中"德国头号天才"的兰贝特这样的人物都与他有学术通信，并将其哲学构思交给他评判。人们现在开始普遍地把康德视为一个新"体系"的未来创造者，门德尔松早在1763年——《纯粹理性批判》出版18年前——就已经在上述《文献通信》的书评中敦请他制定这个体系了。

然而，康德在1763年的诸作品之后，在他作为思想家和作家的发展中进入的下一个阶段，却以极其引人注目的方式令世人和朋友们的这种期待落空了。人们希望和要求他拿出一种新的、更为缜密的、可靠的形而上学的构想，对其前提条件的一种抽象的、分析的解析和对其最普遍的结果的一种特别的、理论的检验，而人们最先从他那里得到的，是一部已经在其文献形式上和在其文风表述上颠覆了哲学科学文献一切传统的作品。《用形而上学的梦阐明的一位视灵者的梦》（《一位视灵者的梦》），这便是1766年匿名在哥尼斯贝格出版的这部作品的标题。确实博学的硕士康德、科学院获奖论文的撰写者是这部作品的作者吗？人们尽可以怀疑这一点。陈述它的语气就已经必定令人感到如此奇特和惊讶了，因为这里关涉的不再是对形而上学及其基本原理的一种理论审核，而是一种从容不迫的幽默在用形而上学的所有概念和划分，用它的定义和高雅，用它的范畴和逻辑推理进行着一种纵情的游戏。而尽管如此，在另一方面，不管讽刺怎样无拘无束，贯穿作品的是一种严肃的特征，它经由所有的嘲弄和所有的自嘲而清晰可辨。毕竟，事关触及人类最高的精神和宗教疑难的怀疑和疑虑——事关一些问题，如不死和人格延续的问题，康德在其思维的每一个时期，无论他对这些问题的理论回答怎么说，都始终赋予它们一种决定性的**道德**旨趣。"有人会说，"在这部作品自身的一段话说道，"这是一种很严肃的语言，针对的却是像我们所讨论的这样一个无关紧要的课题，它更应当被称作一场儿戏，而不是一项认真的工作；他做出这样的判断，并没有错。然而，尽管人们可以不为一桩小事而大动干戈，但人们却完全可以借这种机会这样做……我没有发现，某种执着或者在其他情况下一种在检验前就产生的倾向从我的心灵夺去对一切赞成或反对的理由的顺从，只有一种执着除外。知性的天平毕竟不是完全公正的，铭有未来之希望的题词的秤臂具有一种机械的优势，它造成就连落入附属于它的秤盘的轻微理由都使得另一端本身较重的思辨向上翘。这是唯一我无法消除的不正确,事实上我也绝不想消除。"①

但是,什么东西在诙谐与严肃的这种悖谬的混合中是真正的决定性因素?什么在这里是作者的真实面容?什么是他戴上的面具?这部作品只是心血来潮的一时怪胎,还是在这种思想滑稽剧背后毕竟隐藏着某种东西,如一种形而上学的悲剧?康德的朋友和批评者们没有人能够肯定地回答这个问题。最善意的评判者,例如门德尔松,也不禁对这种模棱两可感到惊异。但是,康德回应他们的,最初甚至是如同一个谜。"您对拙文的语气表示惊讶,"他写信对门德尔松说,"我认为,这恰好证明了您对我的正直性格的好评,甚至您对看到这种性格在其中只是得到模棱两可的表达而深感不满,我也觉得是可贵可亲的。事实上,您也将永远不会有机会来改变对我的这种看法,因为在我经过了大半生,学会了避开和蔑视大多数腐蚀性格的东西之后,无论有什么样的失误,即使这些失误是最为坚定的决心并非每次都能完全避免的,毕竟反复无常、弄虚作假的心性是我肯定永远不会沾染的东西。因此,自我认同产生自对纯正意念的意识,失去这种自我认同会是最大的不幸。这种不幸即便在我身上有可能发生,也完全肯定永远不会发生。尽管我对自己思索的许多东西会有最清晰的信念和极度的满意,却永远没有勇气说出来,但是,我永远不会说出我没有思索过的东西。"②

---

① 《一位视灵者的梦》,第一篇,第四章(第Ⅱ卷,第365页;中文版《康德著作全集》,第二卷,第352—353页)。

② 致门德尔松,1766年4月8日(第Ⅸ卷,第55页;参见《康德书信百封》,第26页)。

如果人们试图更贴近显而易见地处在康德作品背后的思维和生活疑难,那么,《一位视灵者的梦》的外在发生史对此最初只能提供少许促进。康德自己在一封著名的致莎洛特·冯·克诺布洛赫的信中详细地叙述了他最初是如何注意到关于"视灵者"施维登伯格所流传的神奇故事,以及是什么打动他更深刻地研究施维登伯格的代表作《秘密的天象》(*Arcana Coelestia*)的。我们不需要在这里重述这篇报告,而是指出它就够了。① 但是,谁会认真地相信,康德会仅仅因为他耗费诸多精力和金钱才搞到施维登伯格著作的 8 张四开本,就决定与这部作品展开一场文坛的争辩?或者,人们要在这方面相信《一位视灵者的梦》的诙谐的准备性报告的话吗?"作者,"那里说道,"怀着某种屈辱来承认,他曾如此真诚地探究一些上述那类故事的真实性。他发现——就像通常人们什么也不想寻找时那样——自己一无所获。如今,这也许自身就是写一本书的一个充足的理由;不过,还得再加上那个已经多次驱使谦逊的作者们去写书的因素,即熟识的和不熟识的朋友们的热烈请求。"所有这一切,如果不是康德在其中发现的东西与他自己的内在发展在此期间把他引向的决定性哲学基本问题有一种令人惊讶的、间接的联系的话,很难会使不那么容易被任何"成名欲"引诱② 的康德去如此深入地研究施维登伯格的"大幻想"和"所有梦幻者中最恶劣的梦幻者"。施维登伯格对于康德来说就是超感性的东西的所有形而上学的讽刺画,但恰恰借助对其所有基本特征的这种歪曲和逾越,他适宜于给这种形而上学

---

① 致莎洛特·冯·克诺布洛赫(1763),参见第Ⅸ卷,第 34 页(参见《康德书信百封》,第 16—21 页)。

② 参见康德 1773 年致马库斯·赫茨的信,第Ⅸ卷,第 114 页(《康德书信百封》,第 50 页)。

照镜子。如果它没有在"获奖作品"的平静中肯的分析中认识自己，那么，它就应当现在在它的这种漫画中认识自己。实际上是什么把梦幻者与习惯于把自己的创造称为哲学体系的"各种思想世界的空中楼阁建筑师"区别开来的？把幻想家的想象与像沃尔夫那样"用少数经验的素材，但更多是剽窃来的概念构建，或者克鲁修斯凭借一些关于可设想者与不可设想者的箴言的魔力"如同从虚无中创造的那种事物秩序分别开来的边界在哪里？① 如果哲学家在这里思考援引经验，那么——且不说对这种要求的审视足够经常地导向可疑的论证漏洞——梦幻者并不缺少任何经验实例，并不缺少有可靠保证的超感性材料和"事实"。或者，体系的形式，即概念和命题的"理性联系"在这里应当是决定性的？但是，正是这种体系性，即便是在明显悖谬的东西中也能够推进到多远，恰恰是对《秘密的天象》的深入研究重新给予康德以教诲。就像按照1763年作品的结论，所有的三段论都不足以使我们获得对一个唯一的实在根据的洞识那样，另一方面，无论真实的实在根据怎么缺席，都不妨碍用推理链条的一个表面上确凿无漏洞的图式来表达。因此，在这方面"理性的梦"一点也不好过"感觉的梦"：最高明的建筑术并不能弥补"建筑材料"的缺失。即便是对于哲学的体系家来说，除了最仔细地和最有耐心地检验他为每个具体问题可支配的"材料"之外，也不存在其推论的"实在性"的任何其他标准。但是，当我们把这个标尺用在传统形而上学上面时，它采取的却是什么形象？我们在这里到处遇到的都是并非仅仅表明未被理解的、而是更仔细地看表明不可

---

① 《一位视灵者的梦》，第三章（第Ⅱ卷，第357页；中文版《康德著作全集》，第二卷，第345页）。至于如何理解克鲁修斯的"关于可设想者与不可设想者的箴言"，获奖作品的一段话（第Ⅱ卷，第196—197页）给出了说明。

理解的问题,因为疑难提出的形式就已经具有一个模棱两可的概念或者一个骗取来的假定。① 人们说灵魂在身体中的"在场",人们研究"精神的东西"对"物质的东西"或者后者对前者能够起作用的方式,但人们并未注意到,在这里人们关于精神的东西的全部表象与其说是依靠精密的科学分析,倒不如说是依靠习惯和成见。这种自我欺骗虽然粗劣,但另一方面却足以理解:"因为早在童年时代就知道很多的东西,人们却可以保证后来到老年时一无所知,而缜密之士最终充其量成为其少年时代幻觉的诡辩家。"② 然而,康德在关于"负值"的论文结尾处就已经自嘲地承认"自己见识上的弱点","通常极少领会所有人认为轻而易举就能理解的东西"。③ 由于这种弱点,他越是深入同时代的形而上学,整个同时代的形而上学"连同其如此着了魔的能产性"就越是对他成为一部七封印之书。④ 对他来说,同时代的形而上学化解为人们与施维登伯格关于灵神世界给出的报告那样能够历史性地学到但并不能从最初的根据开始来理解并达到真正的确信的意见的交织。在这里,对于他来说由此只剩下唯一的一个立场:唯有真诚坦率地承认无知。灵神世界的整个疑难,但由此还有所有与经验彼岸的对象相关的其他课题,从现在开始作

---

① 参见康德致门德尔松的信(1766年4月8日):"我对精神性存在的一种现实的道德影响与万有引力具有相似性的研究,真正说来并不是我的一个认真的看法,而只是一个例证,说明人们在缺乏材料的哲学虚构中,究竟能够畅通无阻地走出多远;在完成这样一种任务时,澄清解决问题所需要的东西是多么必要;以及是不是缺乏为此必需的材料……这里的关键在于澄清是否真的有某些界限,这些界限不是由我们的理性的局限性,也不是由包含着理性所需材料的经验的局限性规定的。"(第Ⅸ卷,第55页;参见《康德书信百封》,第29页。)

② 中文版《康德著作全集》,第二卷,第323页。——译者注

③ 中文版《康德著作全集》,第二卷,第201页。——译者注

④ 参见《圣经新约·启示录》,5—10章。——译者注

为理论思辨的内容对他来说都不再成问题了。哲学在这一点上能够提供的东西，实际来看当然显得微不足道；但是，它在方法的意义上却对知识和生活的整个态度来说是决定性的。"在科学走完其全程之后，它自然而然地抵达了一种谦逊的疑惑之点，并且对自己不满地说：我不了解的事物真多啊！但是，通过经验而成熟起来成为智慧的理性，在一个年市的商品中间借苏格拉底之口心情愉悦地说道：我一概不需要的事物真多啊！两种本性极为不同的努力虽然由于第一种是自负和不满足的，第二种却是成熟老练和知足的，从而一开始就是向着极为不同的方向出发的，但最终以这样的方式汇合为一种努力。因为要做理性的选择，人们必须事先就知道非必需的东西，甚至不可能的东西；但科学最终将规定人的理性为它确立的界限；不过，所有深不可测的构思自身也许并不是毫无价值的，却处在人的领域之外，它们都逃逸到了虚荣的边界上。在这种情况下，就连形而上学也成了它如今尚距离相当遥远、人们极少猜想它会成为的东西，即智慧的女伴。"①

对于康德的整个发展来说，这几句话具有双重的旨趣。它们一方面表明他还处在与启蒙在内容上的基本趋势的紧密联系之中；但另一方面，它们尽管如此却指出，这种内容在其精神上获得了一种新的形式，因为它获得了一种新的**论证**。如果启蒙哲学在对超感性的东西的抵御中，在把理性限制在经验性可把握的东西和"此岸的东西"时幼稚地行事，那么在康德这里，同样的结果就是一个贯穿批判反思的所有阶段的思维过程的成果。他不是仅仅出自谨慎或者惬意而站在"经验"的地基上，而是他有意识地置身于这地基上。

---

① 第Ⅱ卷，第385—386页（中文版《康德著作全集》，第二卷，第372页）。

这样，形而上学即便对他来说也还是科学，却是关于人类理性的界限的科学。① 它使人返回到自己独有的、配给人的圈子，因为这个圈子是人为自己的道德规定、为行动的规定所需要的唯一圈子。启蒙的整个道德氛围，如它在其最纯粹和最伟大的精神中鲜活的那样，在这里通过康德经历了其理论上的辩护。"不；它将来临，它肯定将来临：完成的时刻，"莱辛在《人类教育》的结尾呐喊，"因为人的知性越是确信地感到一个越来越好的未来，人就没有必要仍然从这个未来借取其行动的动因；他将行善，是因为这就是善，并不是因为对此设定了任意的奖赏，这些奖赏以前是应当纯然锁定和加强其轻浮的目光来认识内在的更好奖赏的。"从同样的伦理学基本观点中，从同样的理智激情中，康德在《人类教育》之前15年就做出了他赞同和反对形而上学的决定。"怎么？难道只是因为有另一个世界，有德才是善的吗？或者毋宁说是，行为有朝一日得到酬报，岂不是因为它们本身是善的和有德的？"② 为了论证道德的东西还需要指望形而上学的人，自己还没有在构成其真正内容的那种纯粹的自给自足和自守本分中认识它。在伦理的内在性的这种意义上，《一位视灵者的梦》以援引"诚实的甘第德"的话结束："让我们关照自己的幸福，走进花园工作吧。"

新的学说理想由此在这个地方直接转化为一种新的生活理想。二者当时如何在康德自己的精神整体态度和在他对别人施加的影响中显示出来，我们在康德的任何传记都不能无视赫尔德一番著名描述中拥有一种决定性的和经典的见证："我有幸认识一位哲学家，他就是我

---

① 第Ⅱ卷，第384页（中文版《康德著作全集》，第二卷，第371页）。
② 第Ⅱ卷，第389页（中文版《康德著作全集》，第二卷，第375页）。

的老师。他正值鼎盛之年，却具有一个青年人的蓬勃朝气，我相信，这种朝气也将伴随他到垂暮之年。他为思维而生的额头是不可摧毁的爽朗和欢快的驻地，思想极为丰富的言辞从他的双唇溢出，诙谐、风趣和机变随手拈来。他的学术报告就是最令人愉快的交往。以他检验莱布尼茨、沃尔夫、鲍姆嘉登、休谟，并追究开普勒、牛顿、物理学家们的自然发展的同样精神，他也接受当时出版的卢梭的作品，他的《爱弥儿》和他的《新爱洛伊丝》，以及每一种为他所知的自然发现，并且赏识它们，总是回到无偏见的自然知识，回到人的道德价值。人-民族-自然史、自然学说、数学和经验是他使自己的报告和交往生动起来的源泉；没有任何值得知道的东西对他来说无足轻重；没有阴谋诡计、没有教派、没有成见、没有成名欲对他来说具有丝毫的魅力来对抗真理的扩展和澄明。他鼓励和适意地强制自己思维，专制主义与他的心灵格格不入。我以极大的谢意和崇敬说的这个人就是伊曼努尔·康德，他的形象就安立在我面前。"① 即便是在《游记》中，赫尔德在回顾他最初的少年和青年课程的枯燥、抽象和支离破碎的方式时，也是以康德的"生动的授课"和纯粹的"人性哲学"与之相对立。然而，在他一再强调灵魂的自由和爽朗是康德之本质的基本特征时，似乎他自己并未完全意识到，这种和谐的平衡对于康德来说并不是自然和命运的直接赐予，而是在艰苦的心智斗争中获得的。当然，随着《一位视灵者的梦》这个时期，这些斗争似乎最初得以结束。康德在理论意义和伦理意义上，在认识和行动中，获得了朝着纯粹的"此岸"的方向。现在，他相信永远而坚定地站在了"人的立场"上，并免受能够使他超离这种立场的任何骗人诱惑。② 这种趋势在他心中如此坚

---

① 赫尔德：《促进人道书简》，第 79 封信。
② 参见《遗稿残篇》（《全集》，哈滕施泰因版，第Ⅷ卷，第 625 页）。

定地产生,以至于传达给当时与他有较密切接触的每一个人。"他已经使得众目睽睽,**思维中的淳朴和生命中的自然**"——年轻的莱茵霍尔德·米夏埃尔·伦茨在 1770 年"以在哥尼斯贝格学习的全体库兰人和里夫兰人的名义"撰写并值其就任新职务之际呈交康德教授的一首诗如此说道。① 在这个时期的康德身上,实现着一种生活的理想,它既是安逸的又是积极的,既局限于最切近的日常义务的圈子,又能够有最遥远的展望,始终指向最普遍的精神联系,尽管如此又意识到人类见识在每一刻的界限。康德自己在 1768 年寄往里加的赫尔德的一封信中刻画了这样一种生活的形象:"鉴于您过去的才华施展,我更加高兴地瞩望着才华横溢的精神不再被年轻人情感的热烈冲动所驱使而谋求安宁的时刻,这种安宁是温存的,但又是感情丰富的,仿佛是哲学家的沉思的生活,恰恰是神秘主义者所梦想的东西的对立面。根据我对您的认识,我满怀信心地期待着您的天才的这个时期,期待着这个时期为您的天才所拥有的一种心境。在所有的心境中,这种心境对世界最有益。其中,蒙台涅地位最低,而据我所知,休谟地位最高。"②

在康德于这一时期所接受的所有精神影响中,这种"心境"的参与决定性地凸显出来;或者正确地说,正是这种心境,他由以出发考察哲学文献,并根据它来采取自己对哲学文献的态度。在康德和蒙台涅之间,在"批判家"和"怀疑论者"之间,在最严格的体系思想家和曾经有过的最无体系的思想家之间,初看起来对立似乎当然是不可克服的。不过,在我们这里所处的精神阶段中,他们之间却有一种植根于他们对博学的共同态度的结合性特征。蒙台涅一

---

① 例如,该诗刊印在由 A. 绍尔编的《狂飙与突进》文集中,第 Ⅱ 卷,第 215—216 页(屈尔施讷德意志国民文学,第 80 卷)。

② 参见第 Ⅸ 卷,第 60—61 页(参见《康德书信百封》,第 31—32 页)。

再重新提醒，我们如果要求我们的理解力理解过多的东西，就会削弱我们的理解力——我们虽然能够通过外来的知识受教，却只能通过我们自己的知识成为睿智的。就像蒙台涅那样，就连康德的《一位视灵者的梦》也完全被这样的见识所贯穿，即真正的智慧是淳朴的女伴，而且既然对于真正的智慧来说，心灵为知性提供规范，那么这种智慧也就往往使庞大的博学装备和所有喧嚣的学说体系成为多余。① 就像蒙台涅把"Que sçais je［我知道什么］"提升为自己生命哲学的格言一样，康德看到"高等学府有条理的废话往往只不过是一种默许，凭借多变的词义来逃避难以解决的问题，因为在学院里不大容易听到我不知道这句方便而且大多数情况下合理的话"。② 当蒙台涅作为现代思想家中第一批的第一个要求道德性摆脱所有宗教桎梏时，当他要求一种并非通过法律或者宗教规范所强制，而是"从自己的根，从普遍理性的种子"生长出来的道德时，康德也不满地问道，人心是否包含着直接的道德规范，而为了使人在此世行动符合其使命，人们是否就绝对必须到另一个世界发动机关。③ 但是，当他补充说，人真正的和本质性的目的不可以被设想成依赖于这样一些再也不能控制所有人的手段时，在这里面就同时有另一个思想世界和生活世界触及我们；这样，我们就直接被置身于萨伏伊牧师的信仰告白的基调之中了。这并不需要那个向我们叙述康德如何在1762年因读刚出版的《爱弥儿》而第一次不信守他习惯的日程，令他的邻人惊异地发现他放弃了下午散步的逸事，以便告诉我

---

① 第Ⅱ卷，第389—390页（中文版《康德著作全集》，第二卷，第375页）。

② 第Ⅱ卷，第333页（中文版《康德著作全集》，第二卷，第375—376页）；参见蒙台涅：《随感录》，Ⅲ，12。

③ 第Ⅱ卷，第389页（中文版《康德著作全集》，第二卷，第322页）。

们卢梭的著作一开始就对他意味着什么。卢梭出现的历史新奇之处也许最重要的在于,这个时期所拥有的一切固有判断标尺对于他来说都首先表明为完全不充分的。依个别人物的特性而定,他对此施加的是一种完全相反的影响。至于真正的启蒙哲学,对于它来说卢梭——如此多的线索还把他与启蒙哲学相联结——在根本上始终依然是一个不可公约的量。如果德国启蒙在此并不直截了当地赞同伏尔泰的声音,如果审慎老练的门德尔松追求一种平静公正地权衡的判断,那么,毕竟即便对他来说,对卢梭的真正历史的原创性的任何关注也都是失败的。门德尔松在《文献通信》中对《新爱洛伊丝》的书评,就"对人心的认识"而言,把卢梭远远置于理查森之下,该书评对于那个时代的中等鉴赏力来说是典型的:唯有哈曼,当时在他的《奇幻的念头》中以其全部的激情和其刻毒幽默的全部力量与它对立,最有效地嘲讽了它。对卢梭里面的艺术家的理解才拥有了下一代,即年轻的"天才们"的一代。这一代心甘情愿地被卢梭的感觉和卢梭的语言的力量所俘获;相信在每一个语词中都听到生命和"自然"本身的声音。但是,在卢梭这里点燃的这种情感崇拜中,也有所有更清晰的区分在沉沦,所有概念辩证的疑难在沉沦,它们对于他的人格性的整体来说,对于他的历史使命来说同样是本质性的。这是康德相对于对卢梭的本质的两种典型的理解和评价而在他自己的判断中坚守的一种完全独立的立场。如果针对卢梭捍卫一种僵化的和过时的知性文化的权利的启蒙仿佛是以老人的目光看待他,如果"天才们"是以年轻人的目光看待他,那么,康德——即便在这里也只有莱辛可以与他媲美[①]——则一开始就同时

[①] 参见莱辛关于卢梭的第戎获奖作品的通告(《出自机智王国的最新产品》,1751年4月,拉赫曼-蒙克尔版,第Ⅳ卷,第388页)。

以**成年**的易感性和成熟判断对待他。就连康德，在他认识卢梭的几年里处在自己写作能力的巅峰——出版于 1764 年的《关于美感和崇高感的考察》①是除了《一位视灵者的梦》之外最清晰地指出他作为**修辞学家**能够做什么的作品——对于卢梭引入哲学文献的新个人风格拥有最生动的情感和兴趣。但是，他并不对这种魅力举手投降。"我必须"——他这样命令自己——"一直读卢梭，直到表述之美根本不再干扰我，然后我才能以理性纵观他。"但是，卢梭作品的审美魅力当然不是使审慎清醒的审视变得困难的唯一东西，而是在它背后有他的辩证法的同样危险的魅力。"一位读者，不全是出自虚荣和为了消磨时间来读，从让-雅克·卢梭的作品获得的第一印象就是，他在一种如此高的程度上遇到的是一种非凡的精神敏锐、一种高贵的天才勃发和一个情感丰富的灵魂，也许从未有任何一位作家，无论在哪个时代，出自哪个民族，能够结合起来拥有。然后继之的印象，是对奇特的、悖谬的意见的惊讶，这些意见与普遍通行的东西如此对立，以至于人们很容易陷入猜想，作者只是想借助他的非凡才能和能言善辩的魔力来证明并制造通过一种吸引人和令人惊喜的新奇来超越机智的所有竞争者的怪人。"但是，康德并未停留在这两点，而是在"魔术师"卢梭背后寻找哲学家卢梭。表述和成人本质中的悖谬并未使他眼花缭乱，并未迷惑他；他坚信，这种不归摄在任何惯例和成规之下的奇特现象尽管如此却必定有自己的内在**法则**，他致力于揭示这种法则。在这里，康德如今从他那里获得了一种全新而独特的理解。如果同时代人在自己关于卢梭的判断中在某一点上是一致的，那么，这就在于他们在他身上看到了

---

① 第 II 卷，第 243 页及以下（中文版《康德著作全集》，第二卷，第 207 页及以下）。

对抗"规则"的专制的先驱。作为这样的先驱,他被一些人以大众"理性"和市民道德的理由来反对,一如他被另一些人狂热地当作解放者来欢迎。返回"自然"表现为返回有人格的-内在的生活的自由,返回主体情感和情绪的不受束缚。然而对于来源于牛顿理论的康德来说,自然概念一开始就有另一种声音。他把自然概念视为最高的客观性的表达——秩序和合法则性自身的表达。而且在这种意义上,他也给自己以解释卢梭的思想基本倾向。就像牛顿寻找和提出天体轨道的客观法则一样,卢梭寻找和提出人的偏好和行动的客观道德规范。"牛顿率先在他面前能够遇到的就是无序和胡乱搭配的杂多的地方看到秩序和合规则性与极大的简单相结合,自此彗星运行在几何轨道之中;卢梭率先在人所采取的形象的杂多之下揭示了人的隐秘的本性和隐匿的法则,按照这法则,天命借助他的考察得到了辩护。"这种纯正的、固定的、在自身保持不变的"本性"既不依赖于主观偏好的变化,也不依赖于理论"意见"的变迁,它是在其纯粹不变的有效性和约束力之中的独立的道德法则。在这种法则的淳朴和崇高的单纯和千篇一律面前,单个的人仗着出生和地位的特权或者仗着精神和博学的才能,相信对所有其他人出类拔萃所凭借的差异都必须销声匿迹。康德自己承认"出自偏好是一个研究者"并在自身觉察到对认识的全部渴望和在其中继续前进的贪婪不安。但是,对于真正的道德价值和"人类的尊荣",他不再想在其纯粹理智的能力和其理智的进步中寻找:是卢梭"纠正"了他。"这种炫目的① 优势消失了;我学会尊重人,而且如果我不相信

---

① 本书原文为 Verblendete,但在科学院版《康德全集》中,该词为 verblendende,即"炫目的",这似更合乎本意,故从之。参见 *Kants gesammelte Schriften*, Akademieausgabe, Bd. XX, p. 44.——译者注

这种考察能够给予所有其他人以一种确立人类权利的价值的话，我就会认为自己比一般劳动者更无用。"① 现在人们就理解了，在致门德尔松的向他承认自己非常反感，甚至还怀有一些憎恨地看待现在流行的这类整卷整卷充满形而上学知识的自吹自擂、态度傲慢的同一封信中，康德却同时声明，他还远远没有发展到那种地步，客观地说，居然把形而上学本身看作是渺小的或者多余的，他甚至确信人类真正的、持久的安康也取决于形而上学。② 形而上学自身的目标和取向从现在起发生了变化。取代学校里在本体论、理性心理学和神学的题目下探讨的多种多样疑难的，是伦理学的一种新奠基的根本要求，在这里而不是在逻辑学的学院概念中寻找解释精神世界的真正钥匙。康德是从卢梭获得这种基本认识，或者毋宁说是他把这种基本认识置入卢梭的吗？这个问题是多余的，因为恰恰是在这些最细腻的精神和观念类的关系中，适用康德为理论认识的先天性说出的那个命题：我们对于事物真正认识的，就是"我们自己置入它们里面"的东西。就像席勒后来在第一次短暂结识之后马上看透了康德哲学的复杂结构，因为他是从它的独特中心、从自身是他生活的基本理念的自由理念出发把握它的一样，在这里康德是在他的这种本质上属于他思想的引导下阅读和理解卢梭的。就像牛顿曾帮助他解释世界的现象一样，卢梭使他能够更深刻地解释自由的"本体"。但是，在这种对比中，当然已经有一种新的基本疑难的萌

---

① 这里引用的康德关于卢梭的表述见康德记在他的《关于美感和崇高感的考察》（1764年）的手书本之中的（最初由舒伯特发表的）注释。在大多数的康德著作版本中，这些注释是以"出自康德遗稿的断篇"的标题被接纳的。参见哈滕施泰因版，第8卷，第618、624、630页。

② 康德于1766年4月8日致门德尔松的信（第9卷，第55页；《康德书信百封》，第27页）。

芽了。现在要指明的是，如何可能坚持纯粹"内在性"的立场，尽管如此却维护道德规范的无条件性；我们如何能够纯粹地获得伦理学的"理知的东西"，且毕竟或者正因为此而放弃神秘主义的狂想和思辨的形而上学的超感性的东西。

　　从自此以后越来越清晰地进入中心并规定着从《一位视灵者的梦》到《论可感世界与理知世界的形式及其原则》这部作品的整个思想进程的这个基本问题出发，康德在这段时间，无论在积极方面还是在消极方面，对**休谟学说**所采取的态度也就清楚了。① 至于他现在感觉自己接近他在休谟之后的纯粹理智情调，1768年致赫尔德的信说出了这一点：休谟在真正的哲学"基本心境"的教师和大师们中间地位最高。② 即便是在纯粹理论的关系中，至少这是休谟学说的一个决定性基本结果，康德从这时起直截了当地和没有限制地接受了这个结果。至于从根据同一律和矛盾律进行的一种纯然的概念解析并不能获得对某种"实在理由"的极小认识：关于负值的作品已经表述过的这种认识现在对于康德来说还进一步巩固和加深。"某物如何能够是一个原因或者有一种力量"，这就像他从这时起坚信的那样，绝不能靠理性，亦即靠按照同一和矛盾的标志对概念进行比较来认识，而是对这种基本关系的认识"只能从经验得出"。③ 但是，根据两个方面，对休谟学说的这种赞同具有其界限。这是从康德吐露和从休谟吐露的一种完全不同的理论旨趣和伦理旨趣。休谟

---

　　① 关于休谟对康德的影响的方向、规模和时间点的争议问题，我在这里就不详细谈了；为了避免重复，请参见过去的阐述（《近代哲学和科学的认识问题》，第2版，第2卷，第606页及以下）。

　　② 参见上文（边码）第89页。

　　③ 第2卷，第387页；中文版第2卷，第373页。

的"怀疑"实际上是他整个精神品类的完备和适当的表达。这是一种为怀疑而怀疑的乐趣,是无限制地证实他的优越的分析知性的乐趣,这种乐趣完全统治和充斥着他。虽然在他那里——特别是在《自然宗教对话录》中——也有启蒙运动哲学家们的大众道德倾向在起作用;但在整体上,他也以冷淡的、半嘲弄的优越感来与伦理学基本问题相对。与此相反,康德虽然对于所有宗教的和神学的独断论,就它们表现为道德性的**论证**而言,越来越怀疑,但他对伦理学内容自身的态度和他对其无条件的效力要求的承认却终其一生没有改变。在这方面,甚至《一位视灵者的梦》也承认,康德所使用的"知性的天平"绝不可能是完全公平的,不可能放弃一切道德的"旨趣"。对他来说,反对形而上学及其上帝概念和一个超感性世界的概念的措辞的斗争同时意味着主张自主道德性的一种新的**实证**奠基的斗争。即便是在纯粹逻辑学领域内部,也表现出一种类似的关系;即便是康德的经验概念也包含着任何怀疑都够不到的一种实证的持存,因为任何经验知识自身都包含着数学的运用。对于休谟来说,他所援引的经验化解为纯然的表象游戏,这种游戏是由想象力的主观规则和联想的心理学机制结合起来的。对于康德来说,我们关于"实在理由"的所有知识都应当植根于其中的经验则是物理学归纳的方法,如它由牛顿借助一种精确规定的实验方法论并在始终运用数学分析和计算下建构的那样。这样,即便是在康德通过休谟感到自己被激励去与形而上学作斗争并反驳任何"超验性"的地方,他的思想也立刻针对休谟采取了一种新的和独立的措辞;因为他越是纯粹地从现在起致力于仅仅守在"经验的肥沃洼地",[1] 他就越是同时更

---

[1] 参见中文版第 4 卷,第 379 页注。——译者注

加清楚,经验的这种深度自身乃是基于一种并非植根于感性感受自身,而是植根于数学概念的要素。这样,恰恰是对经验概念自身的更为鲜明的把握,导致了更为精确地区分它所基于的不同条件,并把它们按照其特殊的效力彼此划清界限。

四、可感世界和理知世界的分离

康德青年时代历史的一位描述者曾经说明,通常的观点认为康德的生活极其单纯、合乎规则地进行;人们越是深入地熟悉这一生活的细节,这种观点就越是很少得到证实。毋宁说,此后以越来越令人惊异的方式表现出,康德的生活甚至在其外在的进程中也绝不能用日常的尺度和规则来衡量。"就连康德也不走平常路……从他的独立发展开始直到他的老年,他从未做过在他的场合通常的人会做的事情。"因此,他的生活更仔细地看绝不是"以完美的合规则性向前进的",而是以完全不合常规的方式向目标运动。它的进展总是违背人们的通常观点,使围绕他和观察他的人的期待落空。人们作为活动期待于他的,他要么不做,要么在人们已经放弃期待之后才做,而在这种情况下,他把事情办理得如此有派头和完备,以至于他的成就激起惊讶,又格外与所有的期待相矛盾。①

如果说这种观点就它涉及康德外部生活经历的进展而言带有一种悖谬的假象,那么,它毕竟在所有的点上都适用于康德的体系形

---

① 埃米尔·阿诺尔德:《康德的青年时代》(《阿诺尔德全集》,第3卷,第205页)。

成的思想工作。这种工作在其最深刻的主题上越是有条有理，它在其结论上就越少简单地、合规则地和"直线性地"进展。人们在这里到处都遇到思想刚要在某个答案中结束之后就突然采取一种反向运动的点。一个疑难被接受，被彻底思考和被引向其解决，但一下子就表现出，它处于其下的诸条件并没有恰如其分地、足够完备地得到考虑，因此，与其纠正解答的个别步骤，毋宁全新地塑造提出问题的整个方式。康德的书信尽管通常对内在发展问题沉默不语，却一再对同样的"突变"有所报道。这里，不是在始终不间断的进步中逐渐建立起一个概念的整体，而是仿佛总是接上新的线索，却马上就又拆掉。如果说康德在达到批判学说的完善之后以无条件的信念力量坚持和捍卫其每一个根本性的原理，那么对他来说，在这个准备时期里，毋宁说对所有纯然是"结果"的东西的某种漠视是特有的：他担心过早地结束一个思想过程，甚于他寻求这个过程。"就我而言，"他在1768年给赫尔德写道，"由于我无所眷恋，对自己的或者别人的意见都深感无所谓，时常把整个大厦翻转过来，从各种角度进行考察，以便最终找到我能够希望由以出发真实地描绘这座大厦的角度，所以，自从我们分手以来，在许多问题上，我都给其他见解以地位。"① 一个后来的说明更为确定地强调指出了康德思维的"准则"。"我不认同一位杰出人物的意见，他建议，人们一旦确信了什么，就不要事后再怀疑它。**在纯粹哲学中**，这样不行。甚至知性也已经对此有一种自然的反感。人们必须在各种各样的运用中衡量这些命题，甚至在这些命题缺少一种特殊的证明的时候，尝试采用其

---

① 康德于1768年5月9日致赫尔德的信（第9卷，第59页；《康德书信百封》，第32页）。

反面，并且就这样更久地推迟，直到真理从所有方面显现。"①

人们只是在想到康德的这个普遍做法时才把握到他的学说再次于1766—1770年，于《一位视灵者的梦》和《论可感世界与理知世界的形式及其原则》之间的那个时期所采取的完全令人惊异的转变的第一个、仿佛是主观的理由。在这里，世界可以与康德的进一步发展相联结的期待又不得不失望。我们回忆一下，在撰写《唯一可能的论据》和"获奖论文"之后的1763年，哲学行家们都把康德视为一种新的、更缜密的形而上学的未来创造者，这是一种其基础经过批判地检验和保障的形而上学，但它毕竟应当大体上是按照旧的"理性"模型建立起来的。但现在，他们惊讶地发现，他们完全算作自己人的康德居然选取了一条似乎永远把他与形而上学分开的道路。虽然他还一直承认一种旧有的忠诚和因一种弱点对它有过错，但他这样做，却有一种如此讽刺的优越感，即人们在此只是更强烈地感到他从现在开始相信终于为自己赢得的主观解放。"尽管我罕能自诩从形而上学那里得到了几分青睐，但我注定已经迷恋上了它；它提供了两项好处：第一项好处是完成了探究的心灵在凭借理性探索事物的隐秘性质时提出的课题。但在这里，结果欺骗希望是太经常的

---

① 《康德对批判哲学的反思》，卷2：《对纯粹理性批判的反思》，本诺·艾德曼编，莱比锡，1884年，第5篇。这些"反思"（就它们而言，关涉康德给他所阅读的各种教科书文本，特别是鲍姆嘉登的形而上学教科书的文本附加的手写批注）曾在对批判哲学的发展的一个较早的阐述中被我深入探究和利用，在这里却有意仅仅在其撰写日期能够可靠确定的地方予以引用——要么是它们自身包含着一个明确的时间说明，要么是从其内容就能直接无疑地得出时间说明。在这种日期确定成问题或者毕竟只能通过复杂的实际回溯来获得的地方，我宁可放弃这些证据，也不愿让首先依赖于精确和清晰的时间说明的传记描述受一种对它来说并非必不可少的、在许多方面成问题的材料的拖累。对于"反思"的日期确定来说更精确的依据预计将由康德全部"手写遗稿"的出版来提供，埃里希·阿迪克斯在康德著作的科学院版已经开始做了。

事情了，而这一次也逃脱了我们热切的手……另一项好处更合乎人类知性的本性，它在于了解：课题是否也可以从人们能够知道的东西出发加以规定？这一问题与我们的判断在任何时候都必须依据的经验概念有什么关系？就此而言，形而上学是一门关于**人类理性的界限**的科学……我在这里虽然没有精确地划定这个界限，但在很大程度上已经指明了它，以至于读者在进一步思考时将会发现，就一个材料需要在与他进行感觉的世界不同的另一个世界去寻找的问题而言，他可以免去所有徒劳的探究。因此，为了获得这个界限，我已经浪费了自己的时间。我欺骗了我的读者，为的是有益于他；尽管我没有给他提供新的认识，我却清除了妄想和无用的知识，这种知识使知性膨胀，在一个狭小的空间里盘踞智慧和有用的教导的学说可能占有的位置。"形而上学被理解为理论问题和课题，似乎就以此告别了。康德明确地宣布，他从现在开始把关于灵神的全部材料作为已了结和完成了的搁在一旁。它今后不再与他有关，因为凭借先行的考察，关于诸如此类的存在者的所有哲学洞识都已经完成，人们今后对此也许还能有各种各样的**意见**，但绝不能再有**知识**。这一断言——他这样补充说——当然显得大言不惭，但它并非如此，因为这里所说的完成仅仅是一种**消极意义**上的完成，通过它并没有给出对象的一种规定，而是仅仅确定无疑地设定了我们认识的界限。根据这一点，人的灵神学可以称为在一种猜测的存在者方面必然无知的学说，并作为这样一种学说轻而易举地与课题相符。①

在这番自白之后，必定令人完全出乎意料的是，康德1770年8

---

① 《一位视灵者的梦》（第2卷，第367—368页；第384—385页。中文版第2卷，第354—355页；第370—371页）。

月20日在接受他作为逻辑学和形而上学编内教授的新学术职务之际，为一篇论文辩护，这篇论文在其题目中就已经承诺要确切地建立理知世界的形式，并就一切本质性的特征把它与可感世界的形式划清界限。这里在理知世界的总概念下所概括的，实际上无非是那个非物质实体的王国，我们似乎刚刚被禁止进入这个王国。而且在这里，所关涉的不再是一部产生自一时心血来潮的文学应景作品，而是一个严格的系统思想家在精确的解说中一步一步地展开他未来教学和研究活动的全部纲要。理知事物的一个深入的理论，建立在对理知事物的原则和前提条件的一种研究之上，被已知的形而上学的所有主要部分所贯穿，就是现在呈现给我们的这种。至于这整个研究完全是在资料位于另一个世界、位于一个不同于我们在其中感知的世界里面的问题中运行，这是康德没有一刻怀疑的，但他现在远远没有达到把这种研究当作一种"徒劳的探究"放弃掉的地步。他信心十足、坚定不移地向前进，而且当他像在一部准备作品中自然而然的那样，未拟出理知世界的一个详尽的整体画面时，他毕竟坚信规定和清晰地画出了它的总体轮廓。而且在这种刻画中，没有任何东西再回溯到过去的设想和尝试：就像出自无一样，感性世界和超感性世界的新画面就竖在我们面前。

而毕竟，我们必须也为这部作品寻找一个思想中介，它允许我们如果不把这部作品与过去的答案相联结，却毕竟可与康德思维过去的疑难相联结。在《一位视灵者的梦》的否定和关于"可感世界和理知世界的形式及其原则"的作品的肯定之间存在着什么关系？是二者涉及同一个对象，还是形而上学的主题也许变成了另一个主题？而如果是这样，这期间在康德心中变得鲜活、现在处于他的理论旨趣中心的，是什么样的新课题呢？对于所有这些问题，我们关于康德在1766年到1770年的发展所拥有的见证没有给予我们任何直接的回答,至少没有任何完备的回答。但是,就职论文自身的内容填补了这个漏洞,因为它清晰无误地指向了康德现在所进入的新思想域。在这里,**莱布尼茨哲学**第一次表现为一种内在地规定他的力量。这个断言当然显得是悖谬的,因为岂不是康德关于活力的估算的处女作就已经在探讨一个出自莱布尼茨自然哲学的主题,而且莱布尼茨学说的整体岂不是继续,至少以它通过沃尔夫和学院哲学获得的形象,一步步地伴随着他吗?但实际上,恰恰是在康德那里频频提到这些学说的内容,表明它们最独特的哲学精神最初对他来说依然是封闭的。甚至似乎最接近让人联想到莱布尼茨的《物理单子论》,也不构成这方面的任何例外,因为作为**物理的**单子论,它试图获得**形体**存在领域的最终统一。单子在这里被理解为力的中心,从它们的相互作用中,从它们的吸引和排斥中,构成作为有广延的质量的物质。因此,这种动力学的结构处处利用在莱布尼茨的意义上会完全可以被称为杜撰的概念(如形体元素的概念、远程力和物理影响的概念)。但按照其本真的形而上学内容,单子概念在《关于自然神学与道德的原则之明晰性的研究》中被视为康德所反对的那种形而上学"综合"做法的范例。在这种做法中,基本概念不那么是通过把显象解析为其元素而导出的,而毋宁是任意地"想出"的。① 就连这一判断也表明,康德当时还根本不能综览和评价莱布尼茨从对**现象**的考察中获得作为其"原则"和"基础"的实体概念的巨大分析的思想工作。② 人们必须想到迄今对莱布尼茨学说的这种态

---

① 第2卷,第177页。

② 更为详细的请参见我的作品:《莱布尼茨体系的科学基础》,马堡,1902年,特别是第6章。

度，以便权衡，莱布尼茨的《人类理智新论》在康德最初认识到它时，从此在他的体系整体观上必然产生什么样的决定性转变。这部著作逾 60 年之久依然隐藏在汉诺威图书馆的手稿中，直到 1765 年被拉斯博在他的《哲学著作集》的版本中促成刊印。但现在，它必然以一个全新印象的全部力量作用于这个时期。如同从死里复活一般，莱布尼茨再次伫立在同时代人中间。如今，他的思维到现在为止被学院传统遮蔽的整个宽广和原创性才清晰确切地显出来。在这部著作中——人们普遍地感受到这一点——所关涉的不是一个个别的学术产品，而是一个决定性地介入普遍的精神史及其所有的疑难和旨趣的事件。以这种方式，赫尔德和计划并开始翻译《人类理智新论》的一个德文译本的莱辛① 理解和接受了这部著作。除此之外，也正是 1765—1770 这些年，对于在德国普遍地认识和更深刻地理解莱布尼茨学说所做最多，因为只是自 1768 年杜腾斯的大版本出版以来，人们才能够以一些精确性和完备性来综览莱布尼茨之前零散的或者不为人知的哲学工作和科学工作的整体。即便是对于康德来说，也是由此打开了一个全新的源泉。至于他曾经特别地深入研究《人类理智新论》，他出自这段时间的札记为此提供了诸多无可置疑的证据。② 在这里，莱布尼茨第一次不是仅仅作为自然哲学家或者思辨形而上学家，而是作为认识的批判者迎向他。现在他理解到，关于天赋观念和真理的学说在什么样的意义上与单子论的体系相联系；它如何一方面奠立这个体系，另一方面应当在这个体系中找到它充分

---

① 参见《莱辛全集》，拉赫曼-孟克尔版，第 15 卷，第 521—522 页。
② 参见康德的《反思》，第 513 篇，第 273—278 页；关于这些反思的时间确定，参见阿迪克斯：《康德研究》，第 164 页以下；《近代哲学和科学的认识问题》，第 2 版，第 2 卷，第 622—623 页。

具体的证实。康德再一次发现自己由此置身于科学认识的方法论和形而上学的方法论之间关系的重大问题面前。莱布尼茨把他带回到他自己的基本疑难，但这个问题现在脱离了与具体的个别问题的一切联结，获得了一种彻头彻尾普遍的措辞。

如果人们想到这个过程，那么，人们当然就不可以从莱布尼茨的体系按照其实际的历史持存所意味着的东西出发，而是从它如何展现在康德的精神之中出发。康德对个别莱布尼茨概念和命题的诠释不无误解；而且它几乎不可能没有误解，因为尽管有杜腾斯的全集版本，我们今天所拥有的莱布尼茨哲学的最重要的源泉，特别是绝大部分哲学和数学的**往来书信**，在18世纪尚未披露。但对于康德的精神发展的历史来说，这一点无关紧要，因为在这里，关键不在于莱布尼茨是什么，而在于康德如何解释和看待他。当康德后来在《自然科学的形而上学初始根据》中再次就总体联系来综览莱布尼茨的体系时，他刻意强调，单子论不可以被评判为一种解释自然的尝试，而是"**柏拉图主义**关于世界的概念罢了，只要这个世界根本不被作为感官的对象，而是作为物自身来看待，仅仅是一个知性的对象，那么这个世界概念本身就是正确的。但知性毕竟是感官显象的基础"。① 实际上，他一开始评判莱布尼茨的学说，正是在这个观点之下。单子是事物的"单纯的东西"，但它们的这种单纯绝不表示一个作为成分进入物体的复合的物理部分的单纯，而是那种最后的不能再进一步分解的单一性，我们在**自我**的思想中意识到这种作为精神实体的单一性。② 在**自我意**

---

① 《自然科学的形而上学初始根据》，第2章，定理4，附释2（第4卷，第413页；中文版第4卷，第520页）。

② 参见《纯粹理性批判》，第二个二论背反的附释（第3卷，第318页；中文版第3卷，第298页）。

识的行为中,我们被给予一种单一性,它不可以被进一步推导出,而毋宁是一切推导的原则,它不再从一个更源始的远远落在后面的多样性得出,而是构成那个多样性的表象的必要前提条件。为了思维或者表象的一个多,就必须把它的不同要素相互关联起来且设想成一个有联系的整体,但正是这种复合唯有在我们已经以我们习惯用"感知"或者"意识"的名称来称谓的那种"多中见一"的普遍可能性为基础的情况下才是可实施的。由此,这是世界的两个面,它们虽然在我们经验的具体整体中是彼此联结的,却在其原则和起源上彼此对立。按照一个面,我们把我们自己理解为精神的存在体:在其杂多性中全与同样的同一自我相关并由此仅仅构成一个唯一的经历序列、一个统一的"实体"的灵魂现象的一个总和;按照另一个面,我们把自己就像我们的周围世界一样视为一个有联系的形体整体,它受力学法则、受重压和碰撞的法则支配。在前一种理解形式中,我们称为"世界"的东西对我们来说是纯粹内在的状态的一个整体,是表现和努力的总和。在后一种理解形式中,我们观察这些状态,正如它们仅仅对于一个外部的观察者能够展示的那样。对于这个观察者来说,内聚的杂多性必须转化为一种外扩的杂多性;内在现象的相互依赖性及其质的相近或者相似必须对他来说表现为一种外在的地位秩序,就像我们在空间和时间概念中思维它们那样。但是如果我们问,现实的两个面中哪个具有更高的"真理",那么,答案并不能是毫无疑问的,因为在前者中,我们理解自己是按照我们纯粹对于我们自己是什么;在后者中,只呈现出我们的存在当仿佛是从外部被理解的时候所落在其下的观点。在一种场合,一种纯粹精神的存在也通过纯精神的概念——如一种状态以另一种状态为动力学条件的概念——得到表达和展示;在另一种场合,为了使实际上是一种内在关系的东西一般而言成为可认识的,我们必须把它转换成为空间形式和时间形式的外在性。这样,我们有一次是获得一个纯粹的知性世界的图像,即不同精神实体之间的一种共联性的图像;另一次是获得一个感官世界的图像,即其共在和相继能够经验性地观察和描述的显象的一种联结的图像。在这种基本构想中,康德从现在开始——如他对莱布尼茨和柏拉图的比较所示——从一个新的方面领会和解释了"现象"和"本体"的古老对立。在这种普遍的精神史联系——此外,莱布尼茨自己曾强调指出这种联系①——中,康德从现在开始看到了单子论的体系。理知世界和可感世界之间的"古典"区别② 在这里似乎是从认识的基本法则导出,并由此才在其必然性中被把握的。就连康德自己对这个问题的立场也由此转移了。他在自己对形而上学的批判中——从获奖论文到《一位视灵者的梦》——始终在问对一个超感性世界的认识能够依据的"材料",而且他从未在学院形而上学的传统定义中、遑论在一位施维登伯格的理论中发现这种材料。但现在,他找到了一个新的出发点:决定性的材料——这是康德在研究莱布尼茨时才完全意识到的——就在**我们的认识的诸原则**的不同来源和不同生效方式中。在这里,如果是不知什么地方的话,可以开始对形而上学的考察。真正精神的东西不是溢出的、超出我们知识的一切形式的东西,而是包含在知识的这种形式自身之中。普遍有效的东西和局部的东西之间、必然的真理和偶然的真理之间的区别是"被给予的",是无可置疑地确定的;人们在尝试,是否有可能无须预设与这种区别不同的某种东西,

---

① 参见《致韩修斯论柏拉图哲学或论柏拉图的狂热》,《全集》,杜腾斯版,第2卷,第1页。
② 参见《论可感世界与理知世界的形式及其原则》,第7节(第2卷,第411页),以及《纯粹理性批判》(第3卷,第212页及以下)。

就规定可感世界和理知世界的界限。

在莱布尼茨和洛克之间的争执中，康德马上——似乎是毫不犹豫地——站在了莱布尼茨一边。洛克从"经验"导出纯粹的知性概念，对他来说总是表现为一种"*generatio aequivoca*[多元生殖]"：在他的思维的任何时期，他都没有对这种"出生证"平心静气。① 如果说康德当时是"经验主义者"，那么，这对他来说仅仅意味着这样的要求，即概念的有效性在对经验的**客观**内容的分析中被表明为有根据的；但是，他从未把一个概念的主观心理学来源和它从简单的"感觉"导出视为它的真理性的必要条件。至于像可能性、实存、必然性、实体、原因等等特殊的概念，连同与它们相联系和从它们得出的一切，沿着这条途径都绝不能获得和推导出来，他现在对此完全清楚。既然它们所表述的关系并非自身具有可感的本性，那么它们也就绝不能通过可感的个别内容的纯然相加就从感知的材料中抽出。② 如果人们在这里想说，这些纯粹的关系概念是"通过抽象"从视觉、听觉等等的特殊感觉中获得的，那么，事先就必须清除"抽象"这个概念自身所带有的模棱两可。真正的逻辑学的或者数学的概念并不是从可感显象**抽象**出来的（因为那样的话，它就不包含任何不作为某种在场的成分现存于它们里面的东西），而是它毋宁说相对于它们表现为**进行抽象的**，也就是说，它确立一种普遍的关系，却不关心这种关系是否能够在某个可感的具体实例中得到证明和展示。据此，不把它称为"*conceptus abstractus*[被抽

---

① 参见《纯粹理性批判》，第二版，第 119 和 167 页（第 3 卷，第 106 和 135 页；中文版第 3 卷，第 96 页）。

② 《论可感世界与理知世界的形式及其原则》，第 8 节（第 2 卷，第 411 页；中文版第 2 卷，第 401 页）。

象出来的概念]",而是称为"*conceptus abstrahens*[进行抽象的概念]"会更正确。在这种意义上,就连几何学的基本概念也被康德——与他在答辩论文中为空间和时间获得"纯直观"的有特色有条理的称谓——有一段时间还称为"纯粹知性的理念",因为就连它们也是我们为了一般地认识而不需要事先在特殊的具体事例中检验的关系的表述。当然,我们也在某种意义上"通过抽象"获得它们;但是,作为这种抽象的基础的,却不是感觉,而是精神自身的活动,我们在其内在的合法则性、因而在其必然性中把握它们。"一些概念,"出自这一时期的一篇札记中写道,"是从感觉抽象出来的;另一些纯然是出自知性对抽象出来的概念进行比较、结合或者分离的法则。后一种起源就在知性中,而前一种起源是在感官中。所有这种类型的概念都叫纯粹的知性概念,即 *conceptus intellectus puri*[纯粹理智概念]。虽然我们只能借感性感觉的机会推动知性的这种活动,并且意识到抽象出来的观念按照知性法则的普遍关系的某些概念;这样,即便在这里,洛克的规则也是有效的,即没有感性的感觉,我们心中就没有任何观念是清楚明白的;但是,*notiones rationalis*[理性知识]也许是借助于感觉产生的,并且也只是在运用于从它们抽象出来的观念时才能被思维;但是,理性知识并不在它们之中,不是从它们抽象出来的;如同我们在几何学中不是从对有广延存在者的感觉得出空间的观念一样,尽管我们借对形体事物的感觉的机会才能够澄清这个概念。因此,空间的观念是 *notio intellectus puri*[纯粹理智认识],它能够被运用于山和桶的抽象观念之上。关于 *intellectus puri*[纯粹理智]的概念的哲学就是形而上学,它与其余哲学的关系就如同 *mathesis pura*[纯粹数学]与 *mathesis applicata*[应用数学]的关系。存有(实在)、可能性、必然性、根据、同一性和多样性、部分、一切、无一、复合的东西和单纯的东西、空间、时间、变化、运动、实体和偶性、力和行动这些概念，以及一切属于真正的本体论的东西，都在与其余的形而上学的关系中，如同一般算术在 mathesis pura［纯粹数学］中一样。"①《论可感世界与理知世界的形式及其原则》这部作品随后为这些思想补充了结论性的术语规定，借着它就避免了"天赋观念"这个模糊概念。就知性的基本范畴而言，说的不是"生而具有的概念"(conceptus connati)，却是**精神源始的法则**(leges menti insitae)，它们当然唯有通过注意精神的行动、因而借着经验的机会才被意识到。②即便在这里，康德实际上也没有超越莱布尼茨；但从现在开始，他为莱布尼茨所主张的基本思想锻造了一种新的特色表述，它就其重要性和确定性而言自动地进一步导向对"先天性"的一种尖锐化和深化。

---

① 《对纯粹理性批判的反思》，第 513 篇（至于时间的确定，参见上文（边码）第 104 页注 1）。为了解与莱布尼茨的历史联系，人们可以把出自《人类理智新论》前言的话与这几句话对比："也许我们这位高明的作者意见也并不完全和我不同，因为他在用整个第一卷来驳斥某种意义下的天赋知识之后，在第二卷的开始以及以后又承认那些不起源于感觉的观念来自反省。而所谓反省不是别的，而是对于我们心中的东西的一种注意，感觉并不给予我们那种我们原来已有的东西。既然如此，还能否认在我们心灵中有许多天赋的东西吗？可以说我们就是天赋于我们自身之中的。又难道能否认在我们心中有存在、统一、实体、绵延、变化、行为、知觉、快乐以及其他许许多多我们的理智观念的对象吗？这些对象既然直接而且永远呈现于我们的理智之中（虽然由于我们的分心和我们的需要，它们不会时刻为我们所察觉），那么为什么因为我们说这些观念和一切依赖于这些观念的东西都是我们天赋的就感到惊讶呢？"对于空间和时间，特别请参见《人类理智新论》，II，5："这些观念……如空间、形状、运动、静止的观念，毋宁是来自……心灵本身的，因为它们是纯理智的观念，但和外界有关而且是感官使我们察觉到的。"

② 《论可感世界与理知世界的形式及其原则》，第 8 节（第 2 卷，第 411 页；中文版第 2 卷，第 401 页）。

但是，事先要触及康德在比莱布尼茨和洛克的对立远为复杂得多的问题上不得不引入的另一种批判裁定。要说他的判断反对洛克，这对他自己来说是毫无疑虑的：他自己一直很明确地在"经验主义"和"经验"之间做出区分。但是，他可以在他现在所从事的纯粹理智认识的建构中除洛克之外还放弃牛顿吗？而在牛顿和莱布尼茨之间岂不同样存在着极为严重的、尚未调和的、看起来无法调和的对立吗？自从这些对立在莱布尼茨和克拉克之间的论战书信往来中达到其最尖锐的形式以来，它们就没有再平息过。18世纪的全部哲学和科学文献都被它们所充满。这里，到处都是形而上学家和本体论者的世界概念和数学物理学家的世界概念截然对立，不可调和。这种分离成为一种普遍的口号，时代的精神斗争在这种口号下血战到底。德国最伟大的科学天才莱昂哈德·欧拉刚刚于1768年在一部通俗的著作中，在《致一位德国公主的信》中再次极为详尽地展现了这种争执。当形而上学家——这里如此阐述——为了理解世界而把世界分解为最后的单纯部分时，数学家们就必须反过来坚决要求物质的可分性如空间的可分性那样进行到底，因而在这里永远达不到一种不可分解的单纯东西。如果前者是把现实的东西分解成一大批独立存在的点状实体，这些实体毕竟在其复合中应当产生广延的现象（或者毋宁是假象），那么，后者则知道，凭借空间和时间的连续性，总是只能从一个比较复杂的空间或者时间关系后退到另一个比较简单的关系，但绝不能成功地让广延从点产生，让外扩的东西从非外扩的东西产生。此外，如果按照通常的形而上学学说，纯粹的空间和纯粹的时间独自什么也不是，相反二者永远只能被设想为唯一现实的物体及其运动的规定、设想为它们的"偶性"，那么，数学家和物理学家在自己这方面当然就不掺和要确定属于空间和时间的实在性的种类了；但应当归给它们某种这样的实在性，由此广延和绵延也脱离有广延者和绵延者而拥有一种独立的存在，这一点是他无条件地坚持的，因为没有这种假定，他就无法成功地给予最高的运动法则以一种清晰确定的意义。例如，如果人们不把纯粹的，或者如牛顿称呼它的那样绝对的空间与它里面所包含的一切区别开来，并且承认它是一个独立的整体，与它相关才能谈论一个物质体系的静止或者运动，那么，惯性定律就不能得到明确清晰的表述。①

112　　针对形而上学的一切僭妄在自然理论问题上参与意见的最明确和最确切的要求，在这里是由康德始终感到最深刻的敬意的一位思想家提出的，康德在牛顿之后习惯于把他视为精密科学和经验科学的一切问题上的真正仲裁者。康德在《将负值概念引入世俗智慧的尝试》的前言中已经援引过欧拉的做法，即把数学的可靠结果当作普遍的哲学命题的试金石，后者的真或者不真必须依它们来决定；他在明确表现为他"关于空间和时间的反思"的一个扩展的1768年的论文《论空间中方位区分的最初根据》中就是依据欧拉，而且在《论可感世界与理知世界的形式及其原则》中，欧拉再次被赞美为"一位伟大的现象研究者和观察者"。②据此，有一点对于康德来说，即便现在当他自己着手他的似乎使他又接近形而上学的学说的完善时，也是毋庸置疑

---

① 莱昂哈德·欧拉：《致一位德国公主的信》，彼得堡，1768年；《固体或者坚硬物体运动的理论》，罗斯托克和格赖夫斯瓦尔德，1765年；《对空间和时间的反思》（《科学和美文学学院的历史》，柏林，1748年）；《分析地讲述的机械学或者运动学》，2卷本，彼得堡，1736—1742年。关于欧拉及其与"形而上学的"空间和时间学说的斗争，更详细的参见《近代哲学和科学的认识问题》，第2版，第2卷，第472页及以下、第501页及以下。

② 第2卷，第206、394、431页；中文版第2卷，第425页。

地确定不移的：无论人们要赋予形而上学的原理以什么样的效力，数学作为纯粹的科学和应用的科学，就其无条件的效力而言都必须得到保障，并针对形而上学的一切"强辩"而受到保护。但是，如果人们像康德从现在开始所做的那样，极为尖锐地坚持可感世界和理知世界之间的对立，那么，这个目的如何才能达到呢？有可能承认数学的东西在物理学的东西上面完备的**可运用性**，而不由此使二者就其本性和本质而言被宣布为**同类的**吗？在这里，思想陷入了一个独特的两难境地。如果它决定断言数学的东西和经验性的东西之间完全**符合**，以至于因此就不存在任何纯粹数学的命题不也在应用数学中拥有其完全的有效性，那么，看起来就连数学概念的**起源**及其认识价值也不能是不同于经验性概念的起源的其他起源了。与此相反，如果数学真理被视为并非从事物、而是从"理智自身"的法则和活动导出的纯粹知性真理，在这种情况下，是什么向我们保证事物完全符合纯粹的概念、可感的东西完全符合理知的东西呢？如果我们在这里回溯到两个领域之间的"前定和谐"，那么，我们由此实际上所获得的就会只是一个词，但达不到疑难的解决。①

而实际上，莱布尼茨的形而上学体系恰恰失败在了这一点上。按照康德的判断，这个体系的基本确信正是，在它里面所确立并唯一受到它承认的"理性事物"的形式，唯有通过强加给经验性存在一个错误的概念才能断言自己在它上面的可运用性，因为经验性的-现实的事物处于其下的形式就是空间和时间。但二者在莱布尼茨的体系中不是被当作独特的和纯粹的认识手段，而是仅仅当作

---

① 参见康德在后来于1772年2月21日致马库斯·赫茨的信中的判断（第9卷，第102页；《康德书信百封》，第43页）和《论可感世界与理知世界的形式及其原则》，第22节，说明（第2卷，第426页；中文版第2卷，第419—420页）。

"模糊的表象"。真正的、严格的"真理"在这个体系中仅仅属于实体之间的动力学关系,即单纯单子的关系,而我们在空间和时间的语言中所表述的一切,都绝不给予我们真理自身,而是仅仅给予它的一个间接的、混浊的图像。但如果这种观点有效,那么,莱布尼茨-沃尔夫学说就在这个点上扬弃自己了。如果实体是第一,但空间和时间是第二和派生的东西(确切地说是绝不能完全符合其原型的派生的东西),那么,数学的所有内容都将依赖于事物的现实性。但这样一来,实际上如果我们追随思想的结论,并且不愿蛮横地歪曲它们的话,我们就又被带回到了数学的经验性论证的观点;就事情本身而言,它在这里从与洛克那里完全不同的前提出发获得,这不构成任何区别,因为在"事物"规定"概念"、不是"概念"规定"事物"的地方,到处都只能达到一种偶然的知识,不能达到一种普遍有效的和必然的知识。因此,如果莱布尼茨-沃尔夫体系的前提条件有效,而且空间和时间表达着"现实"的结构——不是以适当的方式,而仅仅是以晦暗和模糊的方式——那么,一切数学的东西的精密性和无条件的确定性就遭殃了。在这种情况下,数学的命题会始终只能为自己要求相对的和"比较而言的"普遍性和真理性,但不能要求绝对的,而且几何学公理和定理的内容某个时候可能被进步的经验所改变或者反驳的思想就会不再是悖谬的。① 我们只还留下一条路,来避开所有这些困难,来给予数学以其完全的自由、其对于经验性的-现实的东西的**不依赖性**,且毕竟在另一方面

---

① 特别请参见《论可感世界与理知世界的形式及其原则》,第15节(第2卷,第420页);要再次强调的是,这里说的当然不是莱布尼茨关于空间和时间与关于数学的认识价值所持有的现实的、历史的观点,而是假说的推论,康德关于这些推论断言,它们是建立在莱布尼茨体系的前提之中的。

保证它与这种经验性的-现实的东西的完全一致。它必须依然属于纯粹精神形式的领域，且毕竟以独有和特殊的方式，如它除此之外不归属任何纯然的"知性概念"那样，与感性事物的领域**相关**；它必须依据一个认识原则，这个原则要同时是"理性的"和"感性的"，同时是"普遍的"和"个别的"，同时是"全面的"和"具体的"。

但是，说我们在这里并不是纯然与一个任意和悖谬的要求打交道，而与这里所要求的东西相应的也是一个真正的认识"材料"。这一点，当我们从现在起接近对空间形式和时间形式的精确批判分析时，就表现出来了，因为在这种形式中，实际上所有刚刚被当作纯然的公设所确立的东西都得到了其完全的和精确的实现。空间和时间是"普遍的"，因为它们是一般的造型和排位的所有可能性所依据的东西，因而是关于一个确定的和特殊的存在形象，关于一个个别的经验性的结构的任何说法都必须已经预设的东西。但它们同时是"具体的"，因为在它们里面，我们并不与能够在个别实例的多样性中得以实现的**类概念**打交道，而是我们倘若想就其特有的规定性来把握二者，就必须把它们完全设想为个别的和"唯一的"。类概念"在自身之下"包含着不同的纲目：例如树的概念就包含着冷杉、椴树、橡树等等亚种；但在这里，就空间和时间而言，就不存在这样一种向从属的品种的下降。我们尽可以把空间和时间的整体一直分解下去，这毕竟不把我们带回到思想上"更单纯的东西"，带回到少复杂一点的内容，而是在每一尺和每一寸，在每一分和每一秒，我们为了一般地把握它们，都必须一起想到空间的共在和时间的相继的整体性。如果不是这个要求得到满足的话，寸就会不"在"空间中，秒就会不"在"时间中，因为为此它就必须被与空间和时间的所有其余部分划清界限，这些部分因此就被表象为与它同时的。对于这种把个别与普遍相关并把后者与前者相关、把整体放在每个部分中并与每个部分一起来把握的独特方式来说，如今出现了一个新的心理学和认识批判术语。在这种把握方式被要求和可能的地方，我们到处都不是与纯然概念的形式，而是与**直观**的形式打交道。①而现在，对于康德来说，决定性的思想已经找到，它对他来说包含着所有过去的怀疑的解答。人们必须承认空间和时间的直观是认识的一种独立、独特的"给定性"，这种直观实际上为迄今必须表现为相互排斥的要求才创造了真正的中介。在它里面，纯粹性的元素与感性的元素联结起来。空间和时间是感性的，因为共在和相继不能通过任何无论推进到多大程度的分析而在某个时候被分解为纯然概念的规定。二者是"纯粹的"，因为我们即便不着手任何诸如此类称为概念要素的分析，也能够使自己对于它们作为整体所具有的功能达到完全"明晰"，就其无条件的、优于一切实际的和经验性的东西的效力把握它们。现在，当我们前进到这一点之后，对我们来说才有一门**感性事物的科学**，有数学及其必然规定在现象及其变迁和流逝上的一种严格的和精密的运用。纯粹认识的两个基本类型对于我们来说分离了。一个是我们借以规定"理知的事物"的关系，另一个是我们借以规定可感事物中的秩序。唯有前一个、唯有纯粹的理智概念才教我们认识事物如其所是，而第二个、空间和时间中的直观认识，则仅仅使得"显象"的世界对我们来说成为可接近和可解释的；但是在它的这个领域里，依然对它保存着完全的普遍性和必然

---

① 参见《论可感世界与理知世界的形式及其原则》，第 13—15 节（第 2 卷，第 414—422 页；中文版第 2 卷，第 405—415 页）。

性，以及不受限制的精确性和确定性。①

由此，同时对于康德来说，最终在莱布尼茨和牛顿之间的对立中做出了裁决，尽管它在这里并不是以像在莱布尼茨和洛克之间的争执中那样简单的形式说出的。在后一种争执中，康德能够在所有根本性的点上赞同莱布尼茨的判断：如果他抛弃"天赋的"这种称谓，并以断言源始的精神法则取而代之，然而这种法则只是在其行使中才被认识到，那么，这宁可是对术语的一种改善，而不是他给予莱布尼茨思想的一种全新的实际措辞。但在莱布尼茨和牛顿之间的斗争中，对于他来说不再可能宣称完全赞同两个党派的某一个，因为他现在在提出疑难的方式上既超出一方也超出另一方。如果说欧拉在他赞同牛顿时仅仅代表了受保护免于一切异质要求的经验性研究的旨趣，那么，在这个地方就对康德的哲学批判产生了一个更为困难和更为复杂的疑难。因为它要用积极的裁定取代消极的裁定；它不是仅仅要确保和维护科学在它自己的界限中，而是同时要精确地规定作为形而上学的独特领域处在这个界限彼岸的东西。唯有以这种方式，才能成功地不仅防止形而上学侵入自然理论，而且反过来也防止后者侵入前者。但即便是对于后一种干预来说，数学、物理学在18世纪的发展也提供了诸多警示人的例子。康德很愿意承认几何学家和物理学家在引导出他们的定理时使用**"绝对空间"**的概念，因为在根本上，这种使用毕竟仅限于主张，我们在几何学和物理学中称为"空间"的那个总和与我们称为物质世界整体的总和并不叠合，而是作为一个不可混淆的特有者与它相对立。但是，康德

---

① 参见《论可感世界与理知世界的形式及其原则》，特别是第11、12节（第2卷，第413页及以下；中文版第2卷，第403页及以下）和第4节（第2卷，第408—409页；中文版第2卷，第398页）。

自己的观点与这个论题完全合拍,而且他自己在1768年的论文《论空间中方位区分的最初根据》中试图通过对纯粹几何学关系的考察来支持它。① 与此相反,他不能承认的则是:就像同样地到处发生的那样,人们从这种纯粹的数学空间得出关涉思辨宇宙论和神学的基本疑难,关涉上帝和世界、创造和永恒的关系的结论。即便在这里牛顿也是被预设的:他给《自然哲学的数学原理》和《光学》的计算和实验附加了章节,其中他讲述了他关于空间是神祇的"感觉中枢"和属神临在的器官的学说,虽然在形式上小心翼翼和矜持,但毕竟在内容上很坚定和独断。② 而且此后,在莱布尼茨和克拉克之间的争执作品中,这类问题最终几乎遮盖和排挤了所有其他问题。但是,人们由此所陷入的辩证矛盾已经由莱布尼茨清晰明确地指明。如果人们假定——他是这样推论的——空间和时间是无区别地涉及一切存在、因而能够以同样的方式运用于精神的事物和形体的事物,运用于上帝和世界的谓词,那么,必然就是创造表现为在绝对空间中和在绝对时间中实施的一个行为。由此,它就有自己确定的"何地"与"何时",也就是说,有一个固定的时刻,创造以它开始;有一个固定的地点,即无限的世界空间的一个有界限的部分,为创造充当基础,即充当要接受的物质的容器。但如果人们着手在思想中以某种方式规定这个地点和这个时间,那么,人们将马上卷入二论背反之网。因为既然在一般"空的"空间和在"空的"时间中,没有任何部位证明对其他部位有某种优势或者对它们有一种内在的区

---

① 参见第2卷,第391页及以下;中文版第2卷,第379页及以下。
② 牛顿:《自然哲学的数学原理》,第3卷(Le Seur 和 Jacquier 版,日内瓦,1739年,第3卷,第673页及下);《光学》,拉丁语版,回应撒母耳·克拉克,洛桑,1740年,第297—298页。

别，所以，我们在这里以假说的方式能够假定为创造的"开端"或者空间"界限"的那个点就可以任意地与另一个点替换。据此，在这整个考察方式中，不可能设定某个"这里"，而不使它对我们来说直接转化为一个"此处"和"彼处"，不可能设定某个"现在"，而不使它对我们来说仿佛私下转化为其对立面，即转化为一个"较前"或者"较后"。① 康德对所有这些疑难有着极为强烈的兴趣——莱布尼茨和克拉克之间的书信往来因 1768 年杜腾斯的莱布尼茨版本出版而重新使他了解，而他在自己的鲍姆嘉登形而上学手册中写入的札记表明，他从此是多么深入地研究这些书信——他抓住了这里所提出的问题；但是，他给予这个问题以一种远为普遍得多的意义。这里由莱布尼茨所揭示的矛盾并不是个别的矛盾；相反，它在感性谓词并运用于理知对象或者理知谓词被运用于可感对象的地方到处出现。每当发生这种情况，对于我们能够提出的每个"命题"来说，都马上有它的"反命题"与之对立，且二者能够以表面上同样的确凿性和必然性得到证明。康德自己报道说，他在先行于就职论文的时期里练习过这样的二论背反证明，在它们那里才完全意识到新的学术概念的独特之处：感官世界的内容与知性世界的内容在原则上和方法上的分离。"我起初只是在一片朦胧中看到这个学术概念。我十分认真地试图证明命题和它们的对立面，不是为了达到一种怀疑论，而是因为我猜测到知性的一种幻觉，要揭示它在何处。69 年给我一片光明。"② 一旦认识到，任何判断的对象要成为完全确定的，就

---

① 参见莱布尼茨和克拉克之间的书信往来（见我的版本《莱布尼茨关于哲学奠基的代表作》[《哲学丛书》, 107—108]，第 1 卷，第 134—135、147—148、188、190 页）。

② 《对纯粹理性批判的反思》，第 4 篇。

总是还需要一个特殊的标志，它向我们说明，该对象对我们来说处于什么认识条件之下，那么，这个幻觉就烟消云散了。如果做不到这一点，如果植根于我们的主观"禀赋"（indoles）而且当然在这种禀赋中必然有其根据的法则被错误地当作一般事物的规定，它们因此而必须在任何种类的考察中都属于事物，那么，就产生出意识的一种独特的"劫夺"。当认识方式的界限消失时，对我们来说对象的一切清晰性和明确性也就消失了：我们不再有固定的判断主词，而是行走在主词不同的解释和意义之间，没有可靠的引导来来去去。人类精神成为一盏魔灯，按照投在事物上面的光，罕有改变和扭曲事物的轮廓。对于这样的"精神障眼法"，唯有对我们所有的判断运行于其中的两个领域的可靠划界才可避免。如果这种分别得以实施，那么，我们就不再可能陷入把"何地"和"何时"的谓词运用于纯粹知性世界的对象如上帝和非物质实体的诱惑，就像我们另一方面不再可能除了在感性的特殊条件下、在空间和时间的纯粹直观形式下之外而以别的方式理解可感客体一样。①

而现在，由此就提供了一个双重的东西。理知的东西被可感的东西所"侵染"，即 contagium，如其清晰地在牛顿的上帝说中出现那样，② 已经被清除；但另一方面，感性的形式在自己的领域内部，因而是对于经验对象的整个范围来说，被保障了无条件的确定性和普遍的可用性。形而上学和数学、物理学以同样的方式得到了满足；

---

① 参见《论可感世界与理知世界的形式及其原则》，第五章："就数学中感性的东西和理性的东西而言论方法"（第 2 卷，第 427 页及以下；中文版第 2 卷，第 420 页及以下）。

② 参见《论可感世界与理知世界的形式及其原则》，第 22 和 23 节（第 2 卷，第 426 和 428 页；中文版第 2 卷，第 418 和 420 页）。

每一个都在自身之内找到了自己的重心和其独特的确定性原则。对于康德自己来说，他的就职论文的主题和真正核心就在这里。"第一章和第四章，"他把这部作品寄给了兰贝特，并在1770年9月2日致兰贝特的信中这样写道，"可以看作是微不足道的而跳过去，但在第二章、第三章和第五章中，尽管我由于不适，写得连我自己也不满意，但我还是觉得包含着一个大概值得仔细地、详尽地阐述的题材。最普遍的感性法则在毕竟仅仅取决于纯粹理性的概念和原理的形而上学中不适宜地扮演了一个重要的角色。看来，必须有一门完全独特的、尽管纯然是否定性的科学（一般现象学）走在形而上学前面，其中为感性的原则规定其有效性和界限，以便它们不至于像迄今几乎总是发生的那样，搅混了关于纯粹理性的对象的判断。空间、时间和在其关系中考察一切事物的公理，就经验性认识和所有的感官对象来说，都是非常实在的，确实包含着一切显象和经验性判断的条件。但是，如果某种东西根本不是作为感官的对象，而是通过一个普遍的和纯粹的理性概念，作为一个一般的物或者实体等被思维，那么，倘若人们想把它们归摄在上述感性基本概念之下，就会产生出非常错误的立场。我也觉得，而且也许我如此幸运地通过这些尽管还很不完善的尝试而争取到您的赞同，即这样一门将使真正的形而上学避免感性事物的所有这样一些混入的预备学科，不必费太大的力气就能够轻而易举地达到一种适用的详尽性和自明性。"① 康德在这里还视为一种轻松的努力之对象的，当然应当要求长达10年的极深刻和极紧张的思想工作：只是在致兰贝特的这封信之后11年出版的《纯粹理性批判》，才使得此处浮现在康德眼前的那

---

① 第9卷，第73页。

种形而上学思维的预科得到真正的"详尽性和自明性"。

然而，在我们走上这条经过就职论文的道路之前，我们再次回顾这部作品的结论在其中产生的思想发展。对于《一位视灵者的梦》和就职论文之间的这个时间段来说，能够可靠地确认的只有相对少的外在事实；但是，如果人们把它们汇聚起来，仍然可对这些年的思想进步获得一个清晰的画面。我们知道，康德在这段时间里了解了莱布尼茨的《人类理智新论》；他紧随其后构思出一种纯粹理智概念的理论，其中空间和时间最初还直接与实体、原因、可能性和必然性等纯粹的"理性概念"并列；只是逐渐地对他来说，"感性的基本概念"，即"直观的纯粹概念"的清晰分离才开始。我们可以追踪，他是怎样特别是依据欧拉的作品，并且在兼顾莱布尼茨和克拉克之间的讨论时试图为自己裁定"数学家"和"形而上学家"围绕空间疑难和时间疑难的争执，他又是怎样在这时越来越深地卷入辩证矛盾，直到最终在1769年**二论背反**以其决定性的意义出现在他眼前。① 但是，以对问题的这种尖锐的理解，如今同时给予他新的解答。二论背反的"正论"和"反论"唯有在人们懂得二者是与不同的世界相关的时候才能够统一起来。确认这两个世界之间的分离，并由此才真正建立和保证每一个在其自身之中，这从此构成形而上学的真正任务。因此，对于形而上学来说需要的是"使用给出方法"，我们能够像在其他科学中那样，以个别的尝试和思维步骤开始，以便事后，在已经获得一定量的洞识之后，才追问引导我们认识的原则。方法的问题在这里毋宁说是一切认识的真正的和唯一合法的**开端**：*methodus antevertit*

---

① 关于二论背反疑难对于康德的发展史的意义，更详尽的东西见本诺·艾德曼《反思》版本的前言，第24页及以下。

omnem scientiam［方法先行于一切科学］。①不回答这个基本问题和前置问题就被做出独断论裁定的东西，应当作为精神的一种空洞的玩具予以抛弃。在这个点上以特别的清晰性表现出，康德在为自己争得一个新的思维立场的时候，在多大程度上毕竟没有同时跳出他迄今的思想发展的连续性。哲学对他来说还一直是一门"关于人类理性的界限的科学"；但他此前既未就其整个范围也未就其整个效能来把握的一种新的"材料"，现在是作为这种界限规定的基础而获得的。先天认识的体系是可感世界和理知世界的任何分离所必须依据的基础。莱布尼茨给出了这个体系的一个最初草案，但他没有看到和说明它更精细的划分和复杂，因为关于共同的原则，关于这个总和的所有要素、逻辑学本体论的概念如数学概念一样同等特有的"合理性"，他忽视了这里仍然存在的特殊效力区别。就职论文在澄清这些区别的时候迈出了决定性的第一步：现在需要的是不停留在这里，而是越来越鲜明和确定地划出个别的边界线，直到"理性"作为完善的统一体却毕竟同时以其所有个别要素的区别和划分凸显出来。

五、批判的基本疑难的发现

当康德在46岁之际以《论可感世界与理知世界的形式及其原则》这部作品履新他的学术职务时，这可能显得好像他的哲学发展达到了其真正的巅峰，面临着其直接结束似的。他从这时起重新与时代的所有伟大思想势力相对立，而且针对它们大家，他获得了一种特

---

① 《论可感世界与理知世界的形式及其原则》，第23节（第2卷，第427页；中文版第2卷，第421页）。

别的和独立的态度。除了巩固和朝着所有方向扩展已经获得的精神财产之外，没有任何别的东西是必需的。康德自己相信，所有随后的工作都只能还是针对这个目标，都只能是针对更详细地阐述和论证已获得的洞识的。但正是在这个点上，现在出现了给予他的生活和思维以真正深度的转变。对于其他人，甚至对于哲学天赋来说构成终点的东西，对于康德的哲学天才来说只是构成了一条全新的轨道上的第一步。康德自己后来把他作为思想家和作家的原创成就的**开端**置于1770年——而实际上，在这个时段之前的一切，如果人们按照由从就职论文到理性批判的发展新创造出来的尺度测量，则无论多么富含独特的内容，都具有次要的意义。

然而，在我们进入对康德的内在自我完善的这个最重要时期的考察之前，有必要还短暂地回想涉及康德的生平和学术职业中的进展的一些外在材料。就任逻辑学和形而上学编内教授在这方面构成一个重要的篇章，因为唯其如此，康德才获得撰写自己哲学著作的不受干扰的闲暇。尽管他完全无欲无求，随着岁月的进展，对保障自己未来的忧虑如何开始沉重地压在康德心头，他在谋求教席时写给大臣和国王的信告诉我们。"我在今年春天，"他这样写道，"已进入我的年龄的第47个年头了，年龄的增长使得对未来匮乏的忧虑越来越令人不安……我的年龄，如果附上仅仅申报自己能够光荣地担负的职位这种认真精神则使得在大学谋职成为可能的情况的罕见性，都会在我至为恭顺的申请达不到目的的情况下，必然在我心中根除和取缔今后在我的家乡维持生计的所有进一步希望。"① 实际上，

---

① 康德于1770年3月16日致大臣冯·菲斯特；于1770年3月19日致腓特烈二世（第9卷，第68和70页）。

过去康德在这个方向上采取的所有步骤都是毫无效果的。在他最初的硕士岁月里，甚至他所谋求的哥尼斯贝格的科奈普霍夫主教堂学校一位教师的席位也被拒绝。如瓦尔德在其回忆文中所写，它被一个名叫卡内特的"声名狼藉的无知者"所占据。① 在马丁·克努真去世几年之后取代他得到逻辑学和形而上学编外教席的尝试也同样落空；当康德在1756年4月递上他的申请时，战争又迫在眉睫，所以普鲁士政府出自节约的理由让这个位置空着。② 康德两年后递交的与逻辑学和形而上学编内教授相关的下一份申请情况也不怎么妙。这个席位因基波克教授于1758年去世而空缺，这是在整个东普鲁士被俄国人占领并由其军事当局治理的时候。这样，申请书就必须不仅递交给哥尼斯贝格的哲学院，而且同时递交给"至为尊贵、至为强大的女皇和全体俄罗斯人的独裁者"，递交给伊丽莎白女皇。然而，女皇的代表、哥尼斯贝格的俄国总督的决定不利于康德；不是他，而是他的同事布克获得了这个席位。布克是由大学评议会优先推荐的，确切地说有他比康德履职早多达两年的论证。③ 但是，即便在哥尼斯贝格又回到普鲁士治下之后，在自七年战争结束以来较高

---

① 参见莱克：《康德学述》，第7页；鲍洛夫斯基：《伊曼努尔·康德的生平和性格描绘》，哥尼斯贝格，1804年，第31页；自从阿图尔·瓦尔达（《关于康德在科奈普霍夫学校谋求教职的问题》，载《老普鲁士月刊》第35期，第578页及以下）从科奈普霍夫学校的档案出发证明，卡内特自1757年始在那里受聘为教师以来，就再也没有理由怀疑这些报道的内容了。当然，康德曾谋求这个席位的正面证据不存在于档案中。

② 康德于1756年4月8日致国王腓特烈二世的申请书见第9卷，第2页（《康德书信百封》，第5—6页）。

③ 康德致校长和评议会、致哥尼斯贝格哲学院、致俄国伊丽莎白女皇的信见第9卷，第3—5页（《康德书信百封》，第7—9页）。至于此信必须递交给俄国女皇，这是俄国当局明确要求并且在一项特别规定中重申的形式；这方面更详细的东西参见阿图尔·瓦尔达，《老普鲁士月刊》第36期，第498页。

课程的事务又能被更热心地照料之后，对于当时治理大学事务的法务部来说，也没有呈现出提拔康德的任何机会。虽然在 1764 年 8 月 5 日给哥尼斯贝格的东普鲁士政府的一道批示中明确注明，人们注意到"那里有某位名叫伊曼努尔·康德的硕士，他凭借自己的一些作品而出名，从他的作品中表现出一种很缜密的学识"，但人们当时能够提供给他的唯一席位，是哥尼斯贝格的诗艺教席。当康德拒绝接受这个席位时，他至少获得保证，一旦出现另一个机会，他"应当得到安置"；而且一份特地颁布给哥尼斯贝格大学评议会的手写文件规定，"应当首先提拔非常合适的、讲课普遍受欢迎的康德硕士"。①但到这个机会出现，还经过了逾 6 年之久。在此期间，康德不得不满足于应其申请授予他王家宫廷图书馆一个年薪 62 塔勒的副馆长职位；关于这个数额，尽管它如此微薄，康德毕竟在其申请书中说道，它"会给自己很没有保障的学术生计提供一些帮助的"。②这个职位，由于他的上司馆长博克的无能，把为图书馆应当付出的全部工作几乎仅仅加给了他，他以到处既在微观上也在宏观上遵循的谨慎和认真执掌这个职位数年。只是在 1772 年 4 月，在他担任他作为编内教授的学术职位之后两年，他才请求解除他副馆长的职务，因为它与自己的新学术职责和自己的时间的分配无法很好地统一。③至于康

---

① 关于将诗艺教席交给康德的计划和批示以及与此相关的指令，请参见舒伯特的康德传记，第 49 页及以下。

② 1765 年 10 月 24 日和 29 日致国王腓特烈二世和致大臣菲尔斯特男爵的申请书见第 9 卷，第 40、41 页（也请参见阿图尔·瓦尔达，《老普鲁士月刊》第 35 期，第 477 页以下）。

③ 康德于 1772 年 4 月 14 日致国王腓特烈二世的信，第 9 卷，第 109 页；关于康德作为副馆长的地位和活动，更详细的见弗兰德的《康德传》，莱比锡，1911 年，第 79 页及以下。

德除此之外还在其硕士时代的最后几年为自己老年的物质保障操心，以下的情况比其他所有东西都更清晰地证明了这一点，即在1769年向他呈现出被聘往埃尔兰根的前景时，他不想仓促地拒绝这个"微小却可靠的幸福的机会"。但是，当根据这样一种表达，大学立刻宣布他的任命并通过数学和物理学教授西蒙·加布里尔·苏考夫邀请他尽快就任职位时，他害怕了。现在他才感觉到他的环境和他习惯的生活方式的改变会对他意味着什么。"经过重申并且颇有力度的保证，"他这样给苏考夫写信说，"本地一个空缺也许临近已表现出来的迹象，对家乡城市的眷恋和一个相当广泛的熟人和朋友圈子，但最多是我虚弱的体质，在我的心灵中突然如此强烈地反对这个计划，以至于我唯有在我尽管处境困难也迄今随时能找到心灵的平静的地方来希望它……我很担心，由于我所引起的一种徒劳的期待会给我招致至为尊贵的阁下……的不满。然而，至为尊贵的阁下太了解人们性格中的弱点了，以至于您不会不以一种宽容的方式，把一个对于别人觉得只不过微不足道的变化也决定不了的心灵，算作虽然其后果经常有害、人们却像对待幸运一样无法掌控的障碍。"① 在随后的几年里，康德在取得逻辑学和形而上学编内教席之后已不再被任何物质忧虑的强迫所约束，但这种思维方式却更多地在他心中固定下来。当不仅把他当作学术老师来尊敬，而且当作哲学家来敬仰的大臣冯·策德利茨在1778年试图促使他接受哈勒的教席的时候；当策德利茨根据他的第一次拒绝不仅向他算计会与他的地位的这种变动相结合的"一个如此思虑正确的改善"，而且提醒他，不拒绝呈现给他的更大的影响范围是像他这样一个人的义务的时候，康德依然坚

---

① 康德于1769年12月15日致苏考夫的信（第9卷，第66页）。

持自己的决定。"我要期望,"策德利茨当时这样写道,"在您的专业里具有您的知识和天赋的人会不那么罕见,我不想如此折磨您,但我要您别认错在创造如您借提供给您的机会能够创造的福利的义务,而且您要考虑,在哈勒上大学的 1000 至 1200 名大学生有权利要求您的指导,我不想为其未果负责任。"① 实际上,沃尔夫在被腓特烈大帝聘回之后效力 14 年之久的哈勒,享有德国第一哲学大学的声望,而即便是在其余的专业里,热心地致力于提高这所大学的策德利茨也能够给康德列举一些伟大的名字。伏尔泰就已经说过,要看到德国学者们的翘楚,就必须去哈勒。然而,康德不仅抵制一切虚荣的诱惑——策德利茨也为他提供了宫廷顾问的头衔,如果"就连哲学家也不能摆脱的附带情况"能使他乐意接受这个头衔的话,而且,这对他来说肯定更加重要,即抵制策德利茨建立在他对普遍性和对大学学习的年轻人的义务之上的所有观念。"在一个大舞台上捞好处、出风头,"他当时对马库斯·赫茨这样写道,"如您所知,这并不能打动我的心曲。一个和平的、恰恰符合我的需求的环境,替换着进行工作、思辨和交际活动,同时毫不费力地使我那颗极易受到刺激但通常又无忧无虑的心灵与时好时坏却又从不生病的身体保持活动,这就是我所希求和维护的一切。一切变更,即使它们能够使我的状况得以改善,也会使我感到惊恐不安。我相信,如果我还想延长命运女神为我纺织的这根纤细柔韧的线,我就必须尊重自己身体的这种本能。因此,我的保护人和朋友们对我如此善意,关注着我的幸福,对此我非常感谢。但同时,我也有一个至为恭顺的请求,即把这种意向用于在我目前的状况中为我排除一切干扰……针

---

① 策德利茨于 1778 年 3 月 26 日致康德的信(第 9 卷,第 171 页)。

对它们来保护我。"① 人们经常哀叹这个决定,人们大概也嘲笑哲学家在关涉外在生活的所有问题上过于细腻的敏感和怯懦的态度。但在这两种场合,人们更多的是从抽象的和普遍的理由出发,而不是从康德做出自己的决定由以出发的对具体生活状况的考虑出发做出判断的。康德当时直接面临着一部著作的撰写,这部著作在思想方面和文字方面一样,加给他的工作也许比从未有一个思想家能够提供的还要大。从康德构思这部著作的那一刻起,仿佛他的生命对他来说就不再具有独立的和分离开来的意义,而只还是要完成的精神任务的基底。一切个人的力量都独一无二地与抽象的思想过程相关,并为它服务。他在这段时间总是抱怨他那虚弱的、"不停地被打断的"健康;但是,他的身体由于一种细心的、极其严格地衡量的养生学而经受住了严重的,甚至对康德来说闻所未闻的劳累。人们理解到,康德在这个时期是怎样把任何变更,即便它在外部的意义上可能表现为他的状况的改善,都仅仅感受为侵害和干扰。康德致马库斯·赫茨的信在某些具体特征上,特别是在其整个基调上让人想起笛卡尔在法国驻斯德哥尔摩大使夏努邀请他到瑞典克里斯蒂娜的王宫时与他的通信。即便是在笛卡尔那里,也有对这一邀请的一种强烈的抵触,它强求笛卡尔放弃他有条理地选择并迄今为止极为严格循规蹈矩地贯彻的生活计划,这是他最终很少出自内在的确信,而是出自外在的理由放弃的抵触。与此相反,康德即便是在这里也毫不迟疑地忠实于内心的法则——人们实际上可以坚信,他所援引的"他的身体的本能"就是这位伟人的守护神,这个守护神清晰且

---

① 康德于1778年4月致马库斯·赫茨的信(第9卷,第174页;《康德书信百封》,第72—73页)。

可靠地按照他的著作的纯粹实际要求规定着他的外在生活进程。

这部著作在他心中，无论有多少内在的困难和障碍，是怎样以均衡的思想进步形成的，我们在他于1770—1780年这10年间与马库斯·赫茨的往来书信中拥有一份价值无可比拟的证词，一份当然也必须自言自语的证词，因为关于这个时段的其他消息差不多完全匮缺。如果人们试图通过从康德关于形而上学的演讲保存下来的笔记进行反推来获得这个时期的哲学整体观点的一幅图像，那么，这种做法在不止一个方面是不可靠的；且不说这些笔记的日期很难以足够的确定性来确认，在它们里面，部分是由于做笔记的人的过错，部分是出自康德按照传统作为他的演讲的教科书，涌入了如此之多的异质成分，以至于它们作为康德哲学的源泉的价值极成问题。与此相反，致赫茨的书信不仅再现了康德思想自身的客观进程，而且也是陪伴着他的相互人格情调和理智情调的一面忠实的镜子。马库斯·赫茨曾在关于康德作品《论可感世界和理知世界的形式及其原则》的公开讨论中合作充当"辩护人"，并被康德的个人教诲引入这部作品的所有细节。因此，如果要期待某个人，康德就能够期待赫茨来理解紧随这部作品的进一步思想发展了。这方面的书信报道经常被中断，似乎有一段时间完全停止了；但是，在其中仿佛是在自己面前解释自己思维进展的康德感到了重拾它们的需求。就连老师和学生之间的个人关系也在这种书信交往中越来越亲密和交心。"杰出的和珍贵的朋友""至为尊敬和至为尊贵的朋友"——总是少用这个头衔的康德在他的信中是这样与赫茨打招呼的。在这种意念中，他允许赫茨对他思想的作坊有一种更深入的窥探，超出之前允许的任何人。出自1771年6月的第一封信就已经不仅描述了他在这期间所达到的新结果，而且同时明确地阐述了他今后所使用的思维主观方法。"对于合理的质疑,"康德在为自己迟迟不回答兰贝特和门德尔松对就职论文的异议而辩护时这样给赫茨写道,"我并不是仅仅从如何能够反驳它们的方面来审视,而是在反复思考中,随时把它们编织进我自己的判断之中,并且使它们有权利推翻我先前臆想的一切意见,即使这些意见是我过去所喜爱的。这一点,他们是知道的。我总是希望,能够通过从他人的立场出发,无偏见地审视我自己的判断,从而得出某种比我先前的判断更好的第三者。此外,甚至人们对这样的见解仅仅缺乏确信,任何时候对我来说也是一个证明,即我的理论必定至少欠缺明晰性、自明性,甚或欠缺某种本质性的东西。现在,长期的经验已使我懂得,在我们所计划的题材中,认识根本不可能勉强得出,也不可能通过努力来加速实现,而是需要一个相当长的时间,此时人们时不时地在各种各样的关系和尽可能广泛的联系中考察同样的概念,在这里,主要是怀疑精神保持着清醒,它要试一试,构想出来的东西是否经得住最尖刻的怀疑。基于此,我利用了甘冒被人指责为失礼而给自己空出的这段时间,实际上如我所认为,我很尊重这两位学者的判断。他们知道,确定地、清晰地认识到建立在不仅感性的而且还有知性的人类心灵力量的主观主义原则之上的东西与恰恰涉及对象的东西之间的区别,在整个世俗智慧中,甚至对于人们一般而言最重大的目的,具有什么样的重大影响。如果人们不为建立体系的欲望所着迷,那么,人们对同一个基本规则在最广泛的运用中所进行的研究就可以互相印证。因此,我现在正在忙于详细地撰写一部作品,标题是《感性和理性的界限》,它应当包含着为感官世界规定的基本概念和法则的关系,以及对鉴赏学说、形而上学和道德的本性的构思。整个冬天,我翻阅了所有的资料,对所有的东西进行了筛选、权衡、组合。但是,这个计划只是在不久前才完工。"①

把这个计划与就职论文中给出的草案区别开来的新元素是什么东西呢?尽管康德就就职论文的特殊阐述而言已经认识到它是有缺陷的,但它也为康德现在所展望的未来作品构成了真正的基础文本,这一点,是从康德致赫茨的同一封信里面的进一步说明中毋庸置疑地得出的。因此,这里必须既假定一种积极的关系,也假定一种消极的关系——一种洞识,它证实《论可感世界与理知世界的形式及其原则》这部作品的奠基性做法,并仍然取消这部作品以之结束的结果。至于这种洞识在何处,人们如果想到兰贝特和门德尔松的那些对于康德的进一步考察构成了出发点并最初用来在他心中唤起"怀疑的精神"的异议,就会获得一个清晰的指点。两位思想家的反对一致地针对他们在就职论文中发现关于"空间和时间的观念性"得以表达的方式。当然,本来这个学说对于二人来说并不包含任何令人惊奇或者悖谬的东西;因为空间和时间只是"现象"的秩序,这被视为莱布尼茨形而上学的一个固定的命题,它在18世纪的哲学文献中以极为多样的措辞一再重新出现。因此,兰贝特和门德尔松有异议的,只是空间和时间的这种观念性在就职论文中被转化为二者的一种纯然的"主体性"。"时间,"门德尔松这样写道,"据莱布尼茨是一种现象,而且就像一切显象那样具有某种客观的东西和某种主观的东西。"而兰贝特也强调,他迄今为止不能相信时间"不是什么实在的东西"的主张,因为如果变化是实在的(如一位唯心论者也必须承认的那样,因为他在自己观念的内在变迁中直接觉察到

---

① 康德于1771年6月7日致马库斯·赫茨的信(第9卷,第96页;《康德书信百封》,第38—39页)。

第二章 硕士岁月和康德学说的开端

这些变化），那么，时间也必须是实在的，因为一切变化都受制于时间，如果没有时间是"不可想象的"。[①]至于两个异议都没有击中康德学说的真正更深刻的意义，用未来体系的语言来表达，就是它们把"先验"唯心论与一种"心理学的"唯心论混为一谈。这一点对于我们来说今天很容易看透，而且康德自己在《纯粹理性批判》的一段著名的话中指出过。[②]但是，假如这种误解不是可以原谅的，那么，如果人们以就职论文中讲述空间学说和时间学说的形式为基础，这就是几乎必然的了？在这里，虽然数学和自然科学的确定性建立在直观形式之上，直观形式的"主体性"却必然尽管如此却表现得像一个污点，把直观形式与"纯粹知性概念"与它们不利地区别开来吗？因为后者被明确承认其使得事物被认识不仅如其显现，而且如其本来所是。因此，如果总还是强调，尽管空间和时间不是绝对的对象，它们的概念却仍然是"最真实的"，[③]那么，毕竟这种真就永远是次等的真，只要存在着别的概念能够提出要求"直接与事物"，而不是仅仅与"显象"及其联结相关。

康德致赫茨的信向我们展示，他那进展着的考察精确地用在这个最困难的点上。作为无可辩驳地确定的结果，他牢牢地抓住"感性"概念和"理知"概念的区分；但同时，他从现在起把基于"主观原则"的东西和"直接关涉对象的东西"的区别也扩展到后一个、

[①] 门德尔松于1770年12月25日致康德的信（第9卷，第90页及以下）；兰贝特于1770年10月13日致康德的信（第9卷，第80页及以下）。

[②] 参见"先验感性论"第7节（第3卷，第67页及以下；中文版第3卷，第56页及以下）。

[③] 参见就职论文，第14节，6："不过，虽然**时间**就自身并且无条件地来说是想象的存在物，但如果它自身属于感性事物的不变规律的话，它就是最真实的概念，就是直观表象的通过感官的所有可能对象向无限开放的一个条件"；也请参见就职论文对于空间的类似命题：第15节，E。

迄今未被批判涉及的领域。不单是感性、而且是知性的"主体性"现在开始越来越确切和清晰地呈现给他；但是，并非他由此会卷入一种普遍的怀疑论，毋宁说，反过来知性概念与纯直观的形式采用相同的"真理"特色。即便是对于它们来说现在也有效的是，它们之所以是真的，并不是因为它们给我们反映了对象的世界，而是因为它们在认识体系中，在经验现实的结构中，作为条件是必不可少的，因而是具有普遍和必然的效力的。至于是这种情况，就是论文就已经认识到并且说过了；但是，它仅仅承认知性概念的这种纯然"逻辑的"应用相对于指向超感性客体之认识的"实际的"应用有一种相对从属的意义。① 然而现在，疑难的重点开始转移。取代对象中的分离的，取代感性世界和超感性世界的二元论的，是建立或者为自己要求某种"客观性"的认识功能中的分离。界限不再划在"理知世界"和"可感世界"之间，而是划在"感性"和"理性"之间。而后者在这里还是就其最广的、全面的意义而言的。就像我们能够问，空间和时间所拥有的客观性的独特形式是什么东西，以及我们是怎样在澄清纯粹数学和纯粹力学的结果和认识方式的时候揭示了这种形式，我们在另一方面也能够且必须追问纯粹的知性认识的必然性或我们首要的道德或审美基本判断的权利和效力所基于的原则。一部回答所有这些问题，应当在理论认识内部，既在伦理学领域也在审美领域确立不同的效力要求并将其彼此划清界限的著作，现在以最初的轮廓清晰地出现在康德眼前；要完成这种著作，看来只不过还需要更详细地阐述就其所有基本特征而言已经被清晰把握的计划而已。

---

① 关于知性概念的"逻辑的应用"和"实际的应用"的对立，参见就职论文第 5 节（第 2 卷，第 409—410 页；中文版第 2 卷，第 398—400 页）。

第二章 硕士岁月和康德学说的开端

但是，在我们一直前进到这个点上之后，从现在起毕竟才开始真正决定性的问题。假设我们规定了感性和知性之间的界限，并进一步规定了理论判断、伦理判断和审美判断之间的界限，那么，我们在这种情况下就真的达成了一个理性的"体系"，而并非也许是一个纯然的"集合体"？把这杂多且异质的东西简单地并置和处理就够了吗？或者，我们并不必须寻求一个作为所有这些不同问题提出之基础的共同**观点**？任何界限设定都在它所实施的分离中同时预设着被分离者的一种源始的联结，任何分析都预设着一种综合。当我们要按照我们直到现在前进所达到的结果，不再直截了当地在事物的世界里，而是在"纯粹理性"的结构和合法则性中寻找结合的环节时，这个环节在于何处？对于所有这些问题，康德于1772年2月21日致马库斯·赫茨的信给出了答案，一个一下子澄清并从内部照亮了所有先行的和所有未来的发展的答案。关于这封信，人们不无道理地说，它标志着《纯粹理性批判》的真正生辰。"如果您由于迟迟不见我的回信而感到愠怒，"康德如此开始，而且在这里，人们如果想牢牢把握思想进程的所有细微变化的话，就必须让他的信以其整个规模自身说话，"那么，您在这件事情上虽然没有冤枉我，但是，倘若您从中得出了不愉快的结论，则我还是期望您能够以您自己对我的思维方式的认识为依据。我不想再做任何申辩了，只想简单地给您谈一谈我的思想活动的方式，正是这些思想活动，使我甚至在闲暇之时也把写信这件事向后推迟。自您离开哥尼斯贝格之后，在工作和我不得不做的休息之间的间隙里，我再次审视了我们所讨论过的研究计划，**为的是使它与整个哲学以及其他知识相和谐，并且掌握它的范围和界限**。在把道德以及由此产生的原理中的感性东西和理智东西区别开来这方面，以前我已经进行过相当多的研究。

至于情感、鉴赏和判断力的原则,连同它们的结果,即适意者、美者和善者,很久以来,我也已经构思得相当满意了。现在,我正着手把这个计划写成一部作品,标题可以是《感性和理性的界限》。我想其中有两个部分,一个理论部分和一个实践部分。第一个部分包含两章:1. 一般现象学;2. 形而上学,确切地说只是依据其本性和方法。第二个部分同样包含两章:1. 情感、鉴赏和感性欲望的普遍原则;2. 道德性的最初根据。在我对理论部分就其整个范围连同所有部分的相互关系进行透彻思考时,我发现自己还欠缺某种本质性的东西。我在长期的形而上学研究中,与其他人一样忽视了这种东西,而实际上这种东西构成了揭示这整个秘密的钥匙,这个秘密就是至今仍把自身藏匿起来的形而上学。我反躬自问:我们里面人们称之为表象的东西与对象的关系是建立在什么根据之上的?"这种关系——讨论是这样继续的——可以在两种情况下轻易看出:如果对象产生表象,或者反过来,如果表象产生对象。我们在这种情况下就理解二者之间的"同形"源自何处;因为我们相信能看出,任何结果都符合其原因,并且必须在一定意义上"反映"其原因。因此,无论是当我们仅仅从感性感知的立场出发考察时,还是当我们置身于一种自己产生其所认识的对象的知性的观点之中时,疑难都已解决。在前一种纯粹被动性的场合,可以说不产生"外部"被给予的东西和在我们里面所造就的东西之间的任何差异:客体仿佛是按照其完满的持存施压于我们,留下一个使我们获知它的感性印痕。但在第二种场合,即在"属神知性"的场合,又可以轻而易举地看出认识和对象之间的一致:因为在这里,是属神本质的同一种源始同一性均衡地展现和显示在认识和构成、观看和创造中。据此,无论是一种纯粹的创造性知性,即一种 *intellectus archetypus* 〔作为原型的理智〕的可能性，还是一种纯粹接受的知性，即一种 *intellectus ectypus*［作为摹本的理智〕的可能性，都至少总的来说是可以理解的。然而，我们的知性却既不在这两个范畴的前一个之下，也不在其后一个之下，因为既不是它自己产生它在自己的认识中与之相关的客体，也不是它简单地接受客体的作用，就像它们在感性印象自身中直接展现的那样。至于第二个选择被排除，就职论文就已经详尽地阐明了。"因此，纯粹知性概念，"从这时起康德继续推论说，"必须不是从感官感觉抽象出来的，也不表述借着感官的表象的感受性，而是虽然在灵魂的本性中有其源泉，但毕竟既不是就它们受客体的作用而言，也不自己产生客体。我在答辩论文中满足于仅仅否定性地表述了理智表象的本性，亦即它们不是灵魂由对象引起的变化。但若不然，一个没有以独特的方式受到对象刺激但又与对象相关的表象如何可能，我却未置一词地跳过了。我说过：感性表象来表象物如其所显现，理智表象来表象物则如其所是。但是，如果这些物不是通过其刺激我们的方式被给予我们的，如果这样的理智表象是基于我们的内在活动的，那么，这些物究竟是通过什么被给予我们的？理智表象与毕竟绝不是由此产生的对象应当具有的一致来自何处？"

当然，在数学中这也许可行，因为在这里，实际上对象是在直观的和概念的设定中才"产生"。什么"是"一个圆或者一个圆锥，1763年的获奖论文就已经有了教导，对此除了这种构成物在其中产生的构图行为之外，我不需要查询任何东西。但是，如果我们也为"形而上学的"概念允许一种诸如此类的"构图"，如果我们想在这种意义上"不依赖于经验"塑造它们，我们将陷入何种境地！量的概念可以是"能动的"，因为只是在杂多的综合中，"当我们若干次取一时",量的整体才对我们来说建构起来,纯粹的量的学说的原理据此可以先天地并且以无条件的必然性有效。"然而,在质的关系中,我的知性应当如何完全先天地自己构造物的概念,而事物又应当必然与这些概念一致呢?它应当如何构思关于事物的可能性的实在原理,而经验必须忠实地与这些原理一致,但这些原理毕竟不依赖于经验呢?这个问题就我们的知性能力而言总是留下一片晦暗,即与物本身的这种一致对它来说来自何处。"整个迄今为止的形而上学面对这个问题都对我们失效,因为如果人们相信通过把谜推回到事物的最终起源,推回到"存在"和"思维"尚未分离开来的那个深奥莫测的统一点就解开了谜,这有什么用呢?如果柏拉图使过去对神性的一种精神性直观成为纯粹的知性概念的源泉,如果马勒伯朗士在属人的精神和神的精神之间假定一种还在延续的、当下的联结,这种联结保存和启示在对一个纯粹的理性命题的每一种认识之中,如果莱布尼茨或者克鲁修斯让事物的秩序和知性规则的秩序之间的一致根据在于一种"前定的和谐",这对我们有什么促进?在所有这些虚假的"解释"中,毋宁说岂不是把一个绝对未知的东西用于解说一个相对已知的东西,把一个在我们的概念中不可领会和不可理解的东西用于解释一个纯然成问题的东西吗?"然而,这种救急神,"康德这样质疑所有这类尝试,"是在规定我们的认识的起源和有效性时人们能够选择的最荒唐不过的东西。除了我们的认识的推理序列中迷惑人心的循环论证之外,它还具有助长某些怪念头、某些或庄重或苦思冥想的虚构的弊病。"认识所提出的问题,即什么确保它的客观有效性、它与对象的关系的问题,必须在认识自身的地基上来解决,必须在理性的明亮光照中和在对其特别的条件和界限的承认下来回答。

第二章　硕士岁月和康德学说的开端

实际上，自从对于康德来说提出问题的这种形式确定下来之后，《纯粹理性批判》的入口就已经给出。在致赫茨的信的进一步阐述中，他自己报告，他是怎样从这里出发构思"先验哲学"的一个完整体系的。他把"完全纯粹的理性的所有概念"归结为某个数量的范畴——但不是像亚里士多德那样把自己的范畴仅仅偶然地并列，而是如范畴自己通过少数几个知性基本法则而自动地分成几个组那样排列。他自己继续说道："关于这种一直深入最终目的的研究的整个序列，我在这里暂不详细解说，我能够说的是，就我的意图的本质性的东西而言，我已经成功了，现在我已经能够提出纯粹理性的一种批判了，它既包含理论认识的本性，也包含实践认识的本性，只要它是纯然理智的；其中我将首先完成第一部分，它包含形而上学的源泉、方法和界限，然后再完成道德的纯粹原则；至于前一部分，大约将在3个月内出版。"康德相信能够在3个月内结束他本应还专门从事8年到9年的一部著作，这种幻想无论初看起来多么奇特，却依然是可以理解的：谁以这样的确定性和清晰性领会了新的**任务**，他就可以希望已经仅仅在其中就拥有了解决的所有根本条件，因为确实是这里已经获得《纯粹理性批判》的形成由以出发的所有基础性洞识。康德后来称为"思维方式的革命"的东西，他称为认识疑难的"哥白尼式"转变的东西，① 在这里都已完成。考察不再从作为已知者和被给予者的对象开始，以便此后指出这个对象是如何"移到"我们的认识能力之中并在其中得到反映的，② 而是它追问对象

---

① 参见《纯粹理性批判》，第2版前言（第3卷，第15页以下；中文版第3卷，第6页及以下）。

② 参见《任何一种能够作为科学出现的未来形而上学导论》，第9节（第4卷，第31页；中文版第4卷，第283—284页）。

概念自身的意义和内容，追问"客观性"的要求，或者是在数学中，或者是在自然科学中，或者是在形而上学中，或者是在道德和美学中，一般而言意味着什么。在这个问题中，已经找到中介的环节，它从此以后把"纯粹理性"的所有概念和疑难结合成为体系。如果说所有先行的形而上学都从对象的"什么"开始，那么，康德则以对象判断的"怎样"开始。如果说前者首先并且原本就善于报告事物的某个质，那么，他首先仅仅研究和解析对象认识的**主张**，以便确认以它、以它所言说的"关系"设定和意指了什么。

在问题的这种转换中，"形而上学"成为"先验哲学"——在严格的意义上；后来《纯粹理性批判》在这种意义上规定了新的术语："我把一切不研究对象、而是一般地研究我们关于对象的认识方式——就这种方式是先天地可能的而言——的知识称为**先验的**。"①一个并非事物的、而是认识方式的整体——就连道德的、目的论的、审美的"判断能力"也归属在它之下——竖立在我们面前，要求联结和分离、在一个共同的课题中的联系以及对特殊成就的承认。而且同时，这里即便不是达到了理性批判的另外一个重大基本问题，即"先天综合判断何以可能？"这个问题的表述，但毕竟达到了其内容。因为正好这一点，才是康德致赫茨的信所提出的疑难，即我们有什么权利能够谈论一种超出了感知和感性的被动因素中一切被给予性以及任何纯然的概念分析的"先天"认识，一种作为关于"实在的"联结和实在的冲突的言说必然与经验相关、但另一方面由于想适用于"所有一般的经验"而根据不在于任何**特殊的**经验的认识。不仅存在于各种量的认识中，而且存在于各种质的认识中，不

---

① 《纯粹理性批判》，导论，七（第3卷，第49页；中文版第3卷，第40页）。

仅出现在空间中相邻或者时间中相继的关系的发展中，而且出现在"动态的联结"中，出现在关于事物和属性、关于原因和结果的言说中的普遍有效的和必然的东西，成为了疑难，成为一种唯有以"对象概念"的新措辞才能予以解释的疑难，在这种新措辞中普遍地要寻找"至今仍把自身藏匿起来的形而上学这整个秘密的钥匙"。

然而，康德从这时起越是接近对个别东西的掌控，他就越是清晰地面对他所接受的任务的整个复杂化。在每一个解决背后，对他来说都产生新的问题；在每一次按照固定的类别和"能力"对理性概念进行的划分的背后，都又得出别的再划分，其中每一个都导向一种新的和精细的研究。他的工作的计划已经公之于众，而特别是赫茨以可以理解的不耐烦敦促他完成所承诺的著作。但是，康德不愿被他自己怀有的或者在别人心中激起的任何期待所强制而离开事情的纯粹要求及其不断的进步。康德在致赫茨的、与前一封信几乎相隔两年之久的下一封信中这样写道："由于我力图改造长期以来半个哲学界劳而无功地研究的那门科学，并且在这方面已经有所收获，以至于我自认为已经掌握了那个学术概念，它将完全解开以往的谜，把自我孤立的理性的方法置于可靠的、易于运用的规则之下，所以我至今仍然固执地坚持我的计划，在我把我布满荆棘的坚硬地基平整完毕、为普遍的研究做好准备之前，绝不受任何成名欲的引诱，去到一个比较轻松、比较随意的领域中寻求荣誉。"康德还是希望能够"在复活节"完成这部著作，或者"几乎可以肯定地"承诺复活节后不久完成；但同时他毕竟强调，就方法、分配和恰如其分的命名而言，"依照理念构建一门全新的科学，同时也完全地实现这些理念"，要付出多少劳累，花费多少时间。他打算先结束"先验哲学"，然后他要转入形而上学，他想分两个部分阐述形而上学，即

"自然形而上学"和"道德形而上学";他补充说,他将首先发表后者,并且已经在为它而高兴不已了。在这里,具有特别的体系旨趣的是,伦理学的问题从现在起与纯粹理论认识的问题一样是从同样的前提条件出发并按照同样的基本计划来探讨的。康德似乎接近伦理学的像被英国人采用的那样的心理学方法,并把诸如莎夫茨伯利、哈奇森和休谟的做法赞扬为"我们时代的一个美好发现"[①]的时期现在已经远远抛在后面了。就职论文就已经把道德性的疑难完全移到了"理知的东西"一边,并明确地与莎夫茨伯利相对立,把它与快乐和不快的一切感性规定根据分开。[②] 康德就像在寄送就职论文时给兰贝特写的那样,鉴于形而上学如今已经改变了的形式,把伦理学的基础的这种改造同时视为极为重要的意图之一。[③] 伦理学如同关于空间和时间的学说一样,如同关于纯粹的理智概念的学说一样,成了一个"先天的"学科:"应当"的独特客观性一方面与存在的客观性有别,就像它另一方面从自己的光接受这种被照亮的和交互的客观性一样。

然而,对于康德与赫茨之间的书信往来的进一步细节,在这里就不应探讨了;因为在所有这些书信中,总是一再重复着同样的整体画面。对于一位外部的观察者来说,这里很可能会显得好像康德眼前的计划无非是一团鬼火,无目标地把康德诱导到思维的未知远方似的。他一再地相信已处在终点,但他前进得越远,他所还要丈

[①] 参见《1765—1766年冬季学期课程安排的通告》(第2卷,第326页;中文版第2卷,第314页)。

[②] 《论可感世界与理知世界的形式及其原则》,第9节(第2卷,第412页;中文版第2卷,第402页)。

[③] 康德于1770年9月2日致兰贝特的信(第9卷,第73页;《康德书信百封》,第35页)。

量的路在他面前就伸展得越远。在他于1773年年底"几乎可以肯定地"相信能够承诺1774年复活节时最终完成他的著作之后，又3年过去了。在这3年中，他在日益更新的问题的持久涌入的情况下，明显连一次开始第一个系统处理和撰写也没有。种种期待越来越不耐心，出自德国写作界和学术界的圈子对他提出的问题越来越迫切。"那就请您哪怕只用几行字告诉我，"拉法特于1774年2月写信对他说，"您对这个世界消失了吗？为什么如此多不能写的人在写，而您这个如此特别能写的人却不写？为什么您沉默不语——在这个**新的**时代——您一言不发？您在睡大觉吗？康德——不，我不想赞扬您——但请您告诉我，您为什么沉默不语？或者毋宁说，请您告诉我，您愿意说话。"① 当拉法特写下这些话时，他当然没有预见到，在这种沉默不语中预示的，正是这个"新的时代"的开始。康德于1776年11月24日给赫茨写道："长期以来，我似乎无所作为，因而受到了各方面的指责。其实，我的确从来没有比您没有看到我的这几年来更加系统地、顽强地工作过。就像人们在获得了一些有益的原则之后所通常发生的那样，我现在手头堆满了材料，把它们写出来，我希望可以获得一阵短暂的掌声。但它们全都被一个主要的对象像一座水坝那样阻拦住了。我希望自己能够就这个主要的对象获得一种持久的成就，我相信自己已经确实占有了这个对象，因此，从此以后需要做的不是把它想出来，而是把它写出来……应当说，要坚定不移地实行这样一个计划，需要有一种百折不挠的精神，而我经常受到困难的冲击，总想去献身于别的更适意的题材。但是，有时是对一些障碍的克服，有时是这项工作自身的重要性，又把我

---

① 拉法特于1774年2月8日致康德的信（第9卷，第117页）。

从这种不忠实的表现中拖回来。您知道，独立于一切经验性的原则做出判断的、亦即纯粹的理性的领域必然会被忽视掉，因为它先天地存在于我们自身之中，不可以期待从经验得到任何启发。现在，为了根据可靠的原则勾画出这个领域的整个范围、划分、界限和全部内容，并且立下界标，使人们今后能够确切地知道自己是否置身于理性或者理性思维的基地上，就需要有**纯粹理性**的一种批判、一种训练、一种法规和一种建筑术，因此，也就需要一门正式的科学。为了它，人们不能够利用现存的那些科学的任何东西，它为了自己的奠基甚至需要完全独特的技术表述。"因此，不仅理性批判的体系的基本计划，而且其技术的基本计划，现在都在康德眼前；而尤其是，"分析论"和"辩证论"、"理性"的领域和"玄想"的领域的分别确定无疑地对他产生了。但是，他还始终绝对不能忽视**写作**任务的整体，因为接踵而来的又是那个如今已经有点成问题的保证，即他虽不希望在复活节前，但也在次年夏天完成全部工作。无论如何他请求赫茨，对此不要抱任何期望，期望"有时候是令人难受的，通常还是很有害的"。① 三个季度之后，在1777年8月，他报告说，"纯粹理性的批判"始终还像一块"绊脚石"那样妨碍他脑中所怀的所有其他计划和工作，而他正在清除这个绊脚石；他现在相信，他还将在"今冬"完成。还妨碍他的东西，如今无非是要努力给予他的所有思想以对于别人来说极大的清晰性，因为根据经验，即便是人们使自己熟悉并且相信极为清晰地表述了的东西，倘若完全违背习以为常的道路，通常也要被行家们误解的。② 但在1778年4月，

---

① 康德于1776年11月24日致赫茨的信（第9卷，第151页；《康德书信百封》，第64页）。

② 康德于1777年8月20日致赫茨的信（第9卷，第158页；《康德书信百封》，第67页）。

他就不得不再次面对他"手头的作品"已经印出了几个印张的传闻。但是，如果人们想从后一种表述推论出，当时这部著作的最初轮廓及其未来的文字形式对于康德来说必然已经确定，那么，人们可以通过以下明确地谈到一部"印张数不多的"作品的几句话而得知另一部著作。在同年8月，我们听说他还总是不知疲倦地撰写的著作是一部"世俗智慧手册"，而且又在一年之后，它的完成被确定在1779年的圣诞节。① 润色工作必定在当时也开始了，因为在1779年5月，哈曼就已经写信向赫尔德报告，说康德正在写他的《纯粹理性的道德》；1780年6月，则进一步说他为延迟而有点得意，因为延迟将有益于他的意图的完善。② 当然，真正的落笔——且不说做准备的大纲和草稿——可能只要求很短的时间；康德口气一致地向伽尔韦和门德尔松报告说，他"在大约4—5个月的时间内简直是飞速地"完成了对逾12年之久反复精心思索的材料的陈述。在最深刻的10年沉思之后，在总是重申的延期之后，这部著作的完成毕竟只是借着强行打断思想的继续编织的一个突然决定达到的。只有对死亡或者年老体衰会在润色时突袭他的担心，才能使得康德最终给予他的思想以一种外在的结束，他自己觉得这种结束是暂时的和不足的。③ 但是，即便在这一点上，《纯粹理性批判》也是一部经典著作，因为大思想家的著作在没有像伟大的艺术品那样被打上完成的印记，而是反映着思想的不断生成和内在躁动时，显现着其最真实的形态。

---

① 康德于1779年7月4日致恩格尔的信（第9卷，第191页；《康德书信百封》，第90页）。

② 哈曼于1779年5月11日、1780年6月26日致赫尔德的信；《全集》（洛特编），第6卷，第83、146页。

③ 康德于1783年8月7日致伽尔韦的信；于1783年8月16日致门德尔松的信（第9卷，第223和230页；《康德书信百封》，第104页和第111页）。

在我们还拥有的理性批判的个别前期工作中,这个过程极为清晰和生动地显现出来。鲁道夫·莱克作为《出自康德遗稿的散页》出版的草稿,以及 B. 艾德曼出版的《反思》,都包含着明白无误的属于这个准备阶段的札记;莱克的散页之一尤其可以相当精确地确定日期,因为康德在这里是利用一页信纸的空白处写下的,这页信纸上的日期为 1775 年 5 月 20 日。人们如果从这页纸出发,并围绕它对其余与它的内容共属一体的表述进行编组,就可获得一个按照不同的方向对我们澄清康德在这个时期达到的思想地位的整体。① 我们在这个地方不能更详细地探讨这些札记的内容:如果人们以《纯粹理性批判》的问题提出和基本概念为前提条件,这种内容就可以理解了。但是,几乎与这些散页的纯粹实际内容同样重要的,是它们在康德的工作方式中开启的洞察。"康德,"鲍洛夫斯基关于这一点报告说,"事先形成普遍的设想,然后更详细地处理这些设想;把这里或者那里尚待插入或者做出更详细阐明的东西写在小字条上,然后把它加进那个只是匆匆拟就的手稿。一段时间之后,他再次修订整体,然后将之誊清,如他始终写的那样,送交印刷。"② 我们拥有的出自 1775 年的札记还完全处在那个最早的准备阶段,其时康德不考虑读者和这部著作的未来文字形态,试图仅仅为自己记下思想并转变为极为多样化的表述。在这里,占统治地位的不是确定的、被严格遵循的阐述图式,不是受一种固定的"布局"或者术语约束。极为不同的方案和尝试相互交织和相互排斥,它们中没有一个获得

---

① 对此,更详细的,见编纂和注释相关散页的特奥多尔·海灵:《杜伊斯堡遗稿和康德 1775 年的批判主义》,蒂宾根,1910 年。

② 鲍洛夫斯基:《伊曼努尔·康德的生平和性格描绘》,哥尼斯贝格,1804 年,第 191—192 页。

了终极的优势和最终的固定形象。谁能够把康德的思维想象成定义、合乎学术的概念规定和概念分析的一个重装结构，他就必然对他在这里所发现的运动的自由感到惊讶。特别是所有的术语问题，他以一种真正信心十足的漠然来面对。视当时疑难的实际要求而定，由它塑造出种种称谓和区别，此后一旦思想所采取的一个新措辞有要求，就将马上又放弃。在任何地方，事情的进展都不被回顾一个曾经采用的模子所阻碍，而是内容在任何时候都为自己创造符合它的形式。这样，就像顺便和偶然的那样，就得出大量的理念，它们即便是相对于后来的、《纯粹理性批判》中最终的思想措辞，也还拥有独特的和独立的价值。当然，谁在这里以某些人似乎视为真正的和"精密的"康德语文学之标志的那种学究气来追踪康德的确定，以便在所使用的个别概念和表述上证明差异和"矛盾"，对他来说，这些散页可能就无非意味着一团异质念头的混沌。然而，如果人们像它们必须被读作的那样把它们读作记录生成着的思想并给予它一个最初的临时轮廓的不同种类的尝试，那么，人们就将从它们获得康德思维的特性和风格的一个比从某些成熟的和完成了的著作所获得的更为鲜活的图像。另一方面，人们当然也理解到，在一种诸如此类的思想材料能够取得我们在理性批判中所遇到它时的固定结构之前，必须克服什么样的巨大的内在困难和外在困难。这样，当康德最终要阐述的困难为这部著作的缓慢进展负责时，他实际上也许不无道理。早在1775年——就我们从这个时代的札记出发能够判断的而言——批判体系的总轮廓就确定下来了；但是，只是在1780年12月，根据哈曼与哈特克诺赫的书信往来所包含的暗示，《纯粹理性批判》才开始付印。1781年5月1日，康德在致赫茨的一封信中通报这部著作即将出版："这次复活节博览会将出版我的一本书，书名为

《纯粹理性批判》……我们曾在'可感世界与理知世界'这个名称下共同讨论了一些概念,这本书就包含了所有从这些概念开始的各种各样研究的关键。对我来说,一件重要的事情就是把我的努力的这全部总和交给同一位有见识的人物评价,他不仅认为值得研究我的理念,而且能够机敏地深入这些理念之中。"这样,康德回顾性地把他的著作与他的哲学过去联结起来。但是,当这位 57 岁的人想把从 12 年的反复思考中产生的作品视为他毕生工作的结束时,他仍然在这个判断中对自己不公,因为它对他自己,与对哲学的历史一样,成为一个全新的发展的**开端**。

第三章　纯粹理性批判的建构和基本疑难

一

倘若即便是伟大的思想家，文如其人这句话也是适用的，那么在这方面，《纯粹理性批判》已经使康德的传记作家面临着一个严重的疑难。文献史和哲学史没有在任何地方显示过一种比在康德那里1770—1780年这10年间所完成的更深刻和更有影响的文风转变，甚至在柏拉图那里也没有，虽然柏拉图在《斐莱布篇》《智者篇》或者《巴门尼德篇》中的老年文风毕竟如此有特色地与早期对话的阐述方式区别开来。人们只能费力地在《纯粹理性批判》的作者身上还认出那个撰写了《关于美感和崇高感的考察》或者《一位视灵者的梦》的作家。取代机智和想象力的自由运动的，是抽象的概念分析的严谨；取代这些作品的从容优雅和开朗的，是沉重的合乎学术的严肃。当然，谁懂得正确地阅读《纯粹理性批判》，谁就在它里面除了思维的锐利和深邃之外，也会发现直观的一种特别的力量和语言的一种非同寻常的形象性。歌德说过，每当他读康德的一页书，就总是感觉好像进入一个明亮的房间似的。除了透彻地划分极为错综复杂的思想纠结的艺术之外，这里还有以特别的图像、令人不可磨灭地铭记的言简意赅的措辞一下子就描述了一种枯燥的演绎和概念分析的整体结果,并将之压缩在一个点上的天赋。但在整体上,毕竟就大多数读者而言,占优势的是这样的印象,即康德所选用的阐述形式宁可说是给他的思想套上了枷锁,而不是有助于它获得适当的和纯粹的表达。在对术语的稳定性和确定性、对概念规定和概念划分中的精确性、对图式的一致和对应的担忧中,康德自然的、精神的和个人生活的表达形式显得僵化。他自己感到并且说出了这一点。"我的陈述的方法,"他在自己的一篇日记中这样评论道,"有一种不利形象;它看起来是经院哲学的,因而是苦思冥想的、枯燥的,甚至是贫乏的,与天才的语气远为不同。"但这是自觉的意图,在这里阻止着他对"天才"语气的任何接近、任何承认。"我选用学院方法,"在另一个地方说的是,"而且偏爱它甚于精神和机智的自由运动,尽管我由于想让每一个反复思考的人都参与这项研究,而发现这种方法的枯燥会吓退径直寻求与实践的东西的结合的那类读者。我即使极大地拥有机智和作家的魅力,也会就此排除它们,因为我很关心的是不留下嫌疑,好像我要吸引和说服读者似的,而是我要么根本不去期待他们的赞同,要么是借着认识的强大来期待。就连方法对我来说也只是借着尝试产生的。"① 严格概念演绎和概念体系性的要求现在构成唯一的理想,面对它,所有其他要求都必须让位。

尽管如此,康德并没有轻松愉快地放弃这些要求。在直接先于撰写《纯粹理性批判》的几年里,他不断地忙于思考,是否和在多大程度上有可能在不损害哲学思想的缜密性的情况下给予它们以"通俗性"的形式。"一段时间以来,"他在1779年1月就已经给赫茨这样写道,"在某些闲暇之时,我总在考虑一般科学中,尤其是哲

---

① 《对纯粹理性批判的反思》,第9和14篇。

学中的通俗性的原理（在那些能够使用通俗性的科学中，这是不难理解的，因为数学并不是这样的科学），而且我相信，不仅能够从这个视角出发规定另一种选择，而且能够规定一种与哲学所要求的、毕竟总是作为基础的循规蹈矩的方法完全不同的秩序。"[1] 实际上，就连理性批判的最初一些草稿也是受这种观点支配的。它们除了"凭借概念的推理的（逻辑的）明晰性"之外，也追求"凭借直观"和具体实例的"直觉的（感性的）明晰性"。成文著作的前言说明了是什么理由最终推动康德放弃这种计划的。"明晰性的辅助手段虽然**在各个部分中**有所助益，但往往**在整体**上分散精力，因为它们不能足够快地使读者达到对整体的概观，并且凭借其所有鲜亮的色彩粘住了体系的关节或者骨架，使它们面目全非，但为了能够对体系的统一性和优异性做出判断，最关键的就是这骨架。"[2] 这样，这里取代最初一种直观的、普通知性的阐述之尝试的，是有意识的放弃：一条"王者之道"——康德现在如此看出——不可能存在，对于先验哲学来说与对于数学来说一样。

但是，这种文风转变的更深刻的理由当然在于，康德现在相对于他自己的过去，相对于启蒙时代的哲学，相对于他曾为其既高雅又缜密的写作方式而羡慕的休谟和门德尔松所代表的，是一种全新的**思维类型**。在康德为自己确立其独特的方法和问题提出而离群索居寂寞沉思的10年里，他逐渐地越来越远离时代的哲学思维和科学思维如同在一种默契中那样所依据的共同基本前提。当然，他还经常说着这个时代的语言，还使用它所铸造的概念和它在自己的本

---

[1] 康德致赫茨的信（第9卷，第188页；《康德书信百封》，第87—88页）。
[2] 《纯粹理性批判》，第一版前言（中文版第4卷，第11页）。

体论、理性心理学、宇宙论和神学的教科书中所倡导的合乎学术的划分，但这整个表达素材和思想素材现在被用来为一个完全不同的目标服务了。确立了这个目标的作者也并不鄙弃这样的严格说来不再完全适合他自己的思想的称谓和阐述手段；他甚至经常喜欢追溯这些手段，因为他最希望的是找到与读者习惯的概念世界的一种直接的联结。但恰恰是这种迁就，从现在起成为诸多困难的源泉：恰恰在康德下降到他的时代的立场的地方，他没有做到把时代提升到他自己。还有一个要素这里要予以考虑，它对于同时代人来说给研究康德的基本观点造成困难，就如同它自此以后依然是诸多错误和误解的源泉一样。只要人们贯穿一下康德给予他的作品的外在形式，再清楚不过地显现出来的就是，这里在我们面前展开着一个固定的和封闭的、一个在整体上及其所有细节上都完成了的学术体系。建构的材料显然已经完全齐备，图纸直至所有的特殊之处都已清晰精确地画出，此时要做的只是按照这个确定的计划拼合各个部分。但是，在这一尝试进行之际，任务的整个宏大现在才完全显现出来。到处都遇到新的怀疑和问题，到处都表现出，我们相信能够当作**前提条件**来使用的个别概念，毋宁说自身才需要规定。这样，概念变了又变，全视它们在整体的不断系统建构中所处的位置而定。它们不是作为思想运动的静止基底一开始就在，而是发展着并在这个运动自身中才固定下来。谁不注意到这个特征，谁相信某个基本概念的意义在其最初的定义中就穷尽了，谁试图在这种意义上把它当作一个不变的、不为思想的进步所触及的东西来把握，他在自己的理解中就必然走错路。康德的作家特性在这里与关于他作为学术教师的特性报告给我们的东西是一致的。"他的陈述，"雅赫曼这样报告说，"总是完全适合对象，但是它并不是一种记忆下来的精神倾泻而

第三章　纯粹理性批判的建构和基本疑难

是一种始终新想出的精神倾泻……就连他的形而上学课程，抛开对象对于初学思想者的困难，也是明白易解和吸引人的。康德在提出和定义形而上学概念时，表明了一种特殊的艺术，他在听众面前仿佛做试验，就好像他自己开始反复思考对象似的，逐步附加上新的规定概念，渐渐改善已经试过的解释，最终过渡到完美地阐明了的和从所有方面探讨过的概念的完全结清，而且这样不仅使聚精会神的听众熟悉对象，而且也把他引导到有条有理的思维。谁不从他学会他的陈述的这种进程，把他的第一个解说就立刻当作正确的和完全详尽的解说，不紧张地继续跟随他，谁就像在这方面他的听众的更多消息让我坚信的那样，仅仅是搜集到不完全的真理。"① 康德听众的这种命运也成了他的许多注释者的命运。如果人们接近分析判断和综合判断的定义，接近经验和先天的概念，接近先验和先验哲学的概念，就像它们在《纯粹理性批判》的开篇出现的那样，想的是这里遇到的是铸好的硬币，其价值是一劳永逸地确定的，那么，人们在这部著作的进一步发展中就必然迷失方向。因为一再表现出来的是，一项表面上完全结束了的研究被重新拾起，一个过去的说明被补充、扩展，甚至完全重塑，起初分别探讨的疑难一下子进入一个全新的关系，在其中就连它们自己起初的意义也转变了。但在根本上，恰恰这种转变能力是唯一自然的和必然的关系：它是我们这里还处在有活力的过程和思维自身的不断进步中间的见证者。许多在得出的结果中可能表现为矛盾的东西，只是在人们将它再置入这种运动之中并从其整体性出发来解释的时候才得以澄清。在康德借

---

① 雅赫曼：《在致一位朋友的书信中描绘的伊曼努尔·康德》，哥尼斯贝格，1804年，第28页及以下。

助他在理性批判中运用的"综合的"方法渐渐地、逐步地从个别东西前进到整体的地方，体系的自由再生产就因此而可以与他在《导论》中指出的道路相似以整体的思想开始，并尝试在朝着它的方向上确立个别东西的意义。如果在那里总是有新之又新的线索相互缠绕，直到最终在我们面前出现一个极具艺术性的概念织品，那么，对于回顾的分析来说，关键就反过来在于从各种各样的概念组合中仅仅理出重大的决定性的基本特征，并确定思想在其所有的分岔和纠葛中都依然受其引导的最普遍的指导路线。批判哲学体系自身包含的个别问题的整体性由此当然未被穷尽；如果康德自己为了对他的学说的统一性和优异性做出判断而视为根本的要素和决定性标准的那个普遍的"骨架"成为可见的和清晰的，就必须够了。

二

理性批判的考察是从形而上学的概念和这个概念在时代的变迁中所经受的命运出发的。这是贯穿形而上学全部历史的内在矛盾，即提出要求要作为"存在"和"真理"之疑难的最高层级的它，在自身中却尚未达到确定性的任何规范。体系的变迁似乎在嘲笑将它带入"一门科学的可靠道路"的任何尝试。尽管形而上学按照其历史的经验来判断作为科学显得不可能，它却毕竟作为"自然禀赋"仍旧是必然的，因为任何相对于它的基本问题断念的尝试都马上表明为自欺欺人的。意志的任何决定和无论多么敏锐的逻辑推演都不能使我们放弃这里给我们提出的任务。不教导我们任何东西的独断论和根本不在任何地方许诺我们任何东西的怀疑论，作为对形而上学疑难的解决，以同样的方式表明为有欠缺的。在数个世纪的所有精神努力之后，我们达到了一个点，在这里对我们来说看起来既不再有一种前进也不再有一种后退，在这里无论是满足形而上学的概念和名称中汇合的要求还是放弃它们都不可能。"数学家、美的精神、自然哲学家，当他们放肆嘲弄形而上学时，他们做到什么了？在他们的内心里，有任何时候都要求他们尝试进入形而上学领域的呼声。如果他们作为人而不是在此生意图的满足中寻求他们的最终目的，他们就不得不问：我来自何处？整体来自何处？天文学家对这些问题来说被要求的还要更多。他不得不寻求某种在这里满足他的东西。就他对此做出的第一个判断而言，他是处在形而上学领域。他在这里愿意不要任何引导，尽管他没有他要漫游的领域的地图，却仅仅听凭可能对他形成的游说吗？在这种晦暗之中，纯粹理性批判举起火炬，但并不照亮感官世界彼岸我们未知的区域，而是照亮我们自己的知性的晦暗空间。"① 因此，并不是形而上学的**对象**应当通过纯粹理性批判经历一种新的考察和澄清，但应当是我们比以前更深刻地把握它的**问题**，并从其在我们的"知性"中所拥有的最初起源来认识。

由此就说出了把康德的学说与过去的诸体系分别开来的第一个特殊对立。旧形而上学是**本体论**，它以关于不折不扣的"存在"的某些普遍信念开始，并试图由此出发推进到对事物的特殊规定的认识。这在根本上适用于那些自称为"经验主义"学说的体系，就像适用于信奉"理性主义"的体系一样。"经验主义"和"理性主义"虽然在关于我们占有存在的特殊**认识手段**的观点上有分歧，但"有"这样一种存在，精神应当接纳入自身并在自身中反映的一种事物现实性是存在

---

① 《纯粹理性批判的反思》，第128篇。

的，这种基本观点对二者来说是共有的。因此，不管这里如何在细节上把握关系，毕竟总是有一点是存在的：二者都以关于现实、关于事物或者灵魂的本性的某个主张开始，并从它推导出所有进一步的命题作为结论。康德的第一个疑虑及其第一个要求就是在这个点上开始的。自以为能够在一个系统的学说中关于"一般而言的物"提供普遍有效和必然的认识的本体论，其自负的称号必须让位于仅仅一种纯粹知性的分析论的谦逊称号。① 如果在本体论中，首先问存在是什么，以便随后指出它如何"达到知性"，亦即它如何在概念和认识中被阐述和表达，那么在这里，应当反过来以确定关于**一般存在的问题意味着什么**开始；如果在那里存在被视为出发点，那么在这里它就是疑难和结果。如果此前对象世界的某个确定的结构被当作可靠的开端，而且任务仅仅在于指出"客观性"的这种形式如何过渡到"主体性"的形式，它如何过渡到认识和表象；那么，这里是要求，在提交某种关于这种过渡的理论之前，首先就现实性的概念说的是什么、一般客观性的要求说的是什么给出一个说明。"客观性"——这是现在所认识的——并不是一个原初确定不变的、不能进一步分解的事实，而是"理性"的一个源始的问题，一个可能无法完全回答的问题，但关于它的意义，无论如何是必须能够给出完备和详尽的说明的。

当然，这一点可能还总是显得晦暗不清；但是，如果人们一直返回到在康德于1772年致赫茨的信中展示给我们的那个理性批判的最初萌芽，它就立刻明朗起来。康德在这里称为"至今仍把自身藏匿起来的形而上学的整个秘密的钥匙"的，就是这个疑难：我们里

---

① 《纯粹理性批判》，第303页（第3卷，第217页；中文版第3卷，第201—202页）。

第三章　纯粹理性批判的建构和基本疑难

面人们称之为表象的东西与对象的关系是建立在什么根据之上的？他发现自己没有受到迄今为止关于关系的理论的教诲，因为它们要么导向精神纯然的"接受性"，这种接受性无法解释它上升到普遍的和必然的认识的能力，要么在它们向他承认这些能力的时候，最终以把这些能力追溯到某个"救急神"结束，这个救急神把这些能力源始地、在与"事物本性"的一致中移植给他。① 但是，自从某个时候理解了，在关于认识对象的普遍问题中并不那么关涉一个形而上学的问题，而毋宁说关涉一个**逻辑学**的问题以来，这种神秘主义的解决在根本上就既不必要，也不令人满意。在我们于"表象"和"对象"之间制造的对立中，并不关涉绝对存在的两个根据不同的特性，而是关涉**判断**的某个质和方向。我们归于内容的某种联结以"客观性"，我们把它视为"存在"的表述，如果我们有假定这种联结的形式不是仅仅偶然的和任意的，而是一种必然的和普遍有效的形式的话。给予我们这种假定之权利的，暂时还在于，在任何场合它都是不仅我们关于一种说法的真理性和对象有效性的整个意识所基于的东西，而且是这种意识真正所在于的东西。并不是"事物"换句话说被给予我们，然后能够关于它们获得某些必然的认识，而是恰恰这种认识的可靠性在一种"存在"、一个"世界"和一个"自然"的断言中只是给出了另一种表述。当然，致赫茨的信尚未推进到提出疑难和解决疑难的这种尖锐性，只是《纯粹理性批判》才在关于"范畴的先验演绎"的决定性章节中达到这种尖锐性。"而在这里，有必要，"在这个地方再次以特别强调的明确性说道，"说明人们用表象的对象这一表述究竟指的是什么……当谈到一个与认识相

---

① 参见上文（边码）第138页及以下。

应的、从而也与认识有别的对象时,人们究竟理解的是什么呢?很容易看出,这个对象必须被设想为一般的某种东西=X,因为在我们的认识之外,我们毕竟没有任何东西是我们能够作为相应的而与这种认识相对立的。但是我们发现,我们关于一切认识与其对象相关的思想带有某种具有必然性的东西,因为对象被视为这样一种东西,它防止我们的认识是碰运气的和任意的、而不是先天地以某种方式确定的:因为认识既然应当与一个对象相关,它们也就必须必然地在与这个对象的关系中相互一致,也就是说,具有构成一个对象的概念的那种统一性。……在这种情况下,当我们在直观的杂多中造成了综合的统一性时,我们就说我们认识这对象。……这样,我们通过意识到三条直线按照这样一种直观在任何时候能够表现出来都遵循的一条规则的组合,来设想作为对象的一个三角形。这种**规则的统一性**规定着一切杂多,把它限制在使觉的统一性成为可能的种种条件之上;而这种统一性的概念就是我通过一个三角形的上述谓词来思维的对象=X 的表象。"① 因此,判断的必然性不是源自认识背后和彼岸的一个客体的统一性,而是这种必然性就是对我们来说构成关于对象的思想的唯一可领会的意义的东西。谁理解了这种必然性基于何处以及**根据**在于什么样的建构性条件之中,他就会由此而如此看透和解决存在的疑难,如它从一般认识的立场出发可解决的那样。因为并不由于存在着一个事物的世界,就对我们来说作为它的印痕和反映,存在着一个认识和真理的世界,而是由于存在着无条件地确定的判断——这些判断的有效性既不依赖做出它们的经验性个别主体,也不依赖做出它们的特殊经验性的和时间性的条

---

① 《纯粹理性批判》,第一版,第 103—104 页(第 3 卷,第 615 页及以下;中文版第 4 卷,第 74—75 页)。

件——对于我们来说就现有一种秩序,它不仅可以被称为一种印象和表象的秩序,而且可以被称为一种对象的秩序。

康德学说的出发点和它感到与形而上学疑难迄今的措辞的对立,由此一下子就表明了。康德自己在《纯粹理性批判》的第二版前言中为这种对立的表达创造了那个著名的画面,在其中他把自己的"思维方式的革命"与哥白尼的行为相比较。"迄今为止,人们假定,我们的一切认识都必须遵照对象;但是,关于对象先天地通过概念来澄清某种东西以扩展我们的认识的一切尝试,在这一预设下都归于失败了。因此,人们可以尝试一下,如果我们假定对象必须遵照我们的认识,我们在形而上学的任务中是否会有更好的进展。这种假定已经与对象的一种在对象被给予我们之前就应当有所断定的先天认识所要求的可能性有更好的一致。这里的情况与**哥白尼**最初的思想是相同的。哥白尼在假定整个星群都围绕观察者旋转,对天体运动的解释就无法顺利进行之后,试一试让观察者旋转而星体静止,是否可以更为成功。"① "观察者的旋转"如其在这里被理解的那样,将在于我们让人把一般"理性"所支配的认识功能的整体拉到我们面前,并就其必然的、但也就其特别规定的和限定的生效方式来着想每一种个别的认识功能。即便是在理性认识的宇宙中,我们也不可以僵直不动地守在一个个别的点上,而是必须逐次穿越我们相对于真理和客体能够给予我们自己的种种位置的整个序列。对于我们来说,有某种客观性的形式,我们称它为事物的**空间秩序**:我们必须尝试理解它和规定它,不是在我们此处从一个"绝对的"世界空间的实存出发的时候,而是在我们询问和分析几何学构图的法则的

---

① 《纯粹理性批判》,第二版前言,第XVI页(第3卷,第18页;中文版第3卷,第10—11页)。

时候；就是对我们来说在不断的建构中点、线、面和体的产生所遵循的那些法则。对于我们来说，在**数字构成物**之间有一种联系和一种系统的联结，以至于任何个别的数字都在一般数字的全部总和内部拥有固定的位置和它与这个总和的所有其他构成物的关系：我们必须把这种联系理解为必然的，因为我们为此除了从"一"出发按照一个保持不变的原则用其最初的元素建构整个数字王国所遵循的普遍做法之外，不把任何别的资料奠定为基础。而且最后，存在着我们在狭义上通常称为"自然"世界的那个物理物体和物理力量的整体；但是，即便在这里，我们为了理解它，也不应当从对象的经验性实在，而应当从经验性的认识功能的特性，从存在于经验自身及其每一个判断之中的"理性"出发。而即便是这样，批判的"转变"引导我们的道路也还没有结束。形而上学作为存在的学说，作为普遍的本体论，在根本上只承认一种对象性的方式，只承认以某种形式"在此"并且坚守的物质实体和非物质实体。但对于理性体系来说，存在着纯粹的内在必然性，因而存在着客观的生效要求，它们自身根本不可以再用"此在"的形式来表述，而是属于一个完全不同的新类型。具有这种性质的，是在伦理判断或者审美判断中表现出来的那种必然性。就连伦理学勾勒其画面的"目的王国"，就连在艺术中对我们展开的纯粹形象和形式的王国，也在某种意义上"存在"，因为它有一种稳定的、不依赖于任何个人任性的持存，但这种持存既不同于事物经验性的、有空间时间的实存，也在根本上不以某种方式可比较，因为它基于独特的塑形原则。从这种特别的原则差异得出，对我们来说应当的世界和艺术形式的世界必然是一个与此在的世界不同的世界。人们看到，正是这种杂多性，位于理性自身、位于它的奠基性方向和问题提出之中，这才给我们引介和解释了对象的杂多性。但关于这种杂多性，必须能够获得一种普遍和详尽的系统认识，因为理性的概念正是在于，我们"能够说明我们的一切概念、意见和主张，不论是出自客观的根据，还是当它们是一个纯然的幻相时出自主观的根据"。①思维方式的革命就在于，我们以理性对自己本身，对它的前提条件和原理、疑难和任务的反思开始；一旦这个出发点得到确立，关于"对象"的反思将继之而起。

同时，在这个开端中表明了对于理性批判的问题提出具有决定性意义的两个重要基本概念的特性。人们如果牢牢把握康德的"哥白尼式转变"的独特之处，那么，在其中就获得了康德的"主体性"概念和"先验"的概念的完备和详尽的解释。而且人们由此出发才完全理解，二者必须相互联手和相互渗透地来规定：正是它们相互达成的**新关系**，构成了它们通过理性批判获得的新内容的根本之处和独特之处。如果我们以"先验"的概念开始，那么，康德的解释就是，他把一切不研究对象，而是一般地研究我们关于对象的认识方式——就这种方式是先天地可能的而言——的认识都称为先验的。"因此，无论是空间还是空间的某个几何学的先天规定，都不是一种先验的表象，而唯有关于这些表象根本不具有经验性的起源的知识，和它们尽管如此依然能够先天地与经验的对象发生关系的可能性，才可以叫作先验的。"②同样，如果我们进一步阐发这一思想——例如量和数、持久性或原因性的概念在严格的意义上都不能被称为"先验"概念；而是这种称谓又应当归于向我们指出所有的自然认识的可能性如何基于作为必然条件的它们的那种理论。甚至**自由**的

---

① 《纯粹理性批判》，第642页（第3卷，第423页；中文版第3卷，第401页）。
② 《纯粹理性批判》，第25页和第80—81页（第3卷，第49和83页；中文版第3卷，第40和72页）。

思想独自来看也不能被称为"先验的",而是这个称谓必须保留给这样的认识,即义务意识的独特性和由此"应当"王国的整个结构是以及如何在自由的给定之上建立起来的。而且由此我们现在才理解,从严格的"先验"考察的立场出发,在什么意义上能够和必须把"主体性"的因素归给所有这些概念:空间和时间的概念、量和数的概念、实体性和因果性的概念等。这种主体性无非意味着一般而言哥白尼式转变所说的东西。它表示着出发,不是从对象出发,而是从认识的一种特殊的合法则性出发,对象性(无论它是理论的还是伦理的还是审美的)的某种形式应当追溯到这种合法则性。一旦人们领会了这一点,那么,"主观"的那种带有个人和任性假象的附带意义就立刻消失了。在我们此处所处的联系中,主观这个概念始终是根据在于一种必然的做法和一种普遍的理性法则的表达。例如,康德赋予空间学说的主观转变说的就不是这种东西,即空间的"本质"应当由对"空间表象"的一种分析和对组合成它的个别心理学元素的一种列举来规定;而是对这种本质的洞识从对几何学认识的本性的洞识产生,并依然依赖于后者。空间必须是什么呢?先验阐明这样问道——为的是关于空间的这样一种认识,为的是一种**知识**是可能的。这种知识像几何学公理的内容一样同时是普遍的和具体的,也是无条件确定的和纯粹直观的。①以认识**功能**的特性开始,以便在它里面规定认识**客体**的特性,这因此就是这里唯一要考虑的"主体性"。就像数的总和从计数的"原则"推导出来一样,空间中的对象和时间中的事件的秩序从经验认识的原理和条件、从原因性和相互作用的"范畴"推导出来——在另一个问题领域,对于我们

---

① 《纯粹理性批判》,第40页(第3卷,第59—60页;中文版第3卷,第49页)。

来说所有的应当所基于的伦理命令式的形式从在自由思想中展现给我们的基本确定性中得到说明。"理性"的主体性与任性或者心理物理"组织"的主体性的一种混淆不再可能，因为正是为了取消后者，才接受和指明前者。

这种基本关系比在理性批判自身中还更清晰地出现在康德的一些反思和札记中，根据它们可以在细节上追踪主要概念的新意义和关系是如何建立起来的。这些反思中一些看起来还属于《纯粹理性批判》最终完稿前的时间，看起来更多地表示生成着的思想而不是定型的思想的阶段；但即便是在一种诸如此类的时间关系不可证明的地方，在来来去去的权衡和考察中，个别概念的发展也比成熟结果的阐述中表现得更生动和更鲜明。这些反思的其中一个这样说道："能够通过形而上学发现点什么吗？能，是在主体方面，但不是在客体方面。"① 但是，这句话显然是仅仅不完善地表示新的转变，因为人们如果仅仅遵循它，就会去期待一种虽然不能指望有关于事物的新洞识却能指望有关于"灵魂"的新洞识的形而上学——关于这种形而上学，由此并不能看出它原则上与过去的"唯灵主义"独断论体系如何区别开来。因此，如果在另一个地方言简意赅地说出，形而上学探讨的**不是客体，而是认识**，那么，它就是对基本对立的一种本质上更为鲜明的表述。② 只是由此，形而上学所向往的"主体性"

---

① 《反思》，第102篇。

② 《反思》，第91篇。至于这篇反思属于艾德曼以批判的经验主义这个名称来表示的时期，因而属于60年代这个时间，这是极其不可能的。艾德曼为这种观点所援引的1763年的"获奖论文"的那段话，对此绝不能有证明力，因为在这个地方，虽然形而上学（在自亚里士多德以来对"第一哲学"的流行理解的意义上）被称作一种关于我们认识的最初根据的哲学，但它探讨的"不是客体"，这却是康德在此处不可能说的，就像他一般而言在1772年致马库斯·赫茨的信中的决定性转变之前不可能说一样。

才获得了其补充和更进一步的规定：它不是像洛克和休谟所理解的那样的"人的本性"的规定，而是在诸科学中，在几何学构图的方法中或在算术的计数做法中，在经验性的观察和测量中或在物理学实验的确立中显示出来的规定。"在所有的哲学中，"另一个考察这样宣称，"真正哲学的东西都是科学的形而上学，所有在其中运用理性的科学都有自己的形而上学。"① 而且由此才最终表明，在什么样的意义上离开了过去的、独断客观的旧本体论道路，尽管如此却坚持形而上学的概念，并在"主观东西"的方向上深化之。② 科学的"客观东西"——从现在起可以在康德的意义上说——是它们的定理；"主观东西"是它们的原理。当我们纯粹按照其理论内容把几何学视为一个关于空间形象和空间关系的命题的整体时，我们就是"客观地"考察几何学；当我们不是追问其结论，而毋宁是追问其建构的原则，追问并非对这个或那个空间构成物而是对每个空间设定自身有效的那些基本公理时，我们就是"主观地"考察它。而正是这一点，是从现在起毫不动摇地坚持的问题的方向。"形而上学是关于所有先天认识的原则的科学，而且是所有从这些原则得出的认识的原则的科学。数学包含着这样的原则，但不是关于这些原则的可能性的科学。"③

但在这里面，同时有一个新元素，它对康德的概念规定来说是独特的。就连先验哲学也想并且必须探讨对象性的不同形式；但任何对象形式都唯有通过某个认识形式的中介才能够为它所领会和接

---

① 《反思》，第129篇。
② 还请参见《反思》，第215篇："形而上学中的步骤迄今为止都是徒劳的；人们在其中没有发明任何东西。尽管如此人们不能放弃它。主观的取代客观的！"
③ 《反思》，第140篇。

近。因此，它所涉及和关联的材料永远是一种已经以某种方式被赋予形式的材料。"现实"如何透过几何学或者数学物理学展现出来，或者它从艺术直观来看或从伦理应当的立场出发意味着什么，这是先验分析论要揭示和阐明的东西。然而，对于这种现实"自在地"、摆脱与特殊的精神理解方式的任何关系是什么这个问题，它却不再有任何回答。因为随着这个问题，哲学就已经又会感到被置入抽象的空旷空间了，它会失去脚下任何稳固的根据和地基。"形而上学"必须是诸科学的形而上学，必须是数学和自然认识的原则学说，或者它必须是道德、法、宗教、历史的形而上学，如果它一般而言要求自己有一种确定的内容的话。它把这些各种各样的客观精神方向和活动结合成为一个疑难的统一体——不是为了让它们在这个统一体中消失，而是为了把它们中的每一个都就其特别的特色和其特殊的有条件性而言予以说明。这样一来，哲学仍然依赖于给定的精神文化的整体作为必要的**出发点**；但哲学却不再想把它当作给定的，而是阐明它的建构以及支配和引导它的普遍有效的规范。只是现在，人们才完全理解了康德的话，即理性批判的火炬应当照亮的不是感官世界彼岸的我们未知的区域，而是我们自己的知性的晦暗空间。"知性"在这里绝不能被理解为人的心理学思维能力，而是要在纯粹先验的意义上被理解为精神文化的整体。它起初代表我们以"科学"这个名称称谓的那个总和，代表它的公理系统前提条件，但此后就在扩展的意义上，代表在理性中可以证明并借着理性可以实施的所有那些理智的、伦理的或者审美的性质的"秩序"。在人类的经验性历史生活中被个别化和被隔离并被各种各样的偶然性拖累、出现的东西，应当通过先验的批判被视为出自其最初的"根据"而必然的，并被理解和阐述为**体系**。就像空间中的任何个别形象都受已经根据在于"并存"的纯粹形式、在于直观的形式的普遍法则制约一样，理性成果的所有"什么"最终都追溯到理性的一种独特的"如何"，追溯到它在自己所有的成果中实现和保存的一种奠基性的特性。哲学现在再也没有私有领地，再也没有仅仅并且排他性地与其他科学有别属于它的内容和**对象**的特别区域；但唯有它是理解精神的**基本功能**才是就其真正的普遍性和深刻而言的：就这些功能中的每一个别的都不具备的深刻而言的。**世界**被丢给了理论的个别学科，被丢给了精神的特殊生产力量，但这些力量的宇宙自身、它们的杂多性和它们的划分构成了哲学为此获得的新"对象"。

如果我们为了在细节上弄清楚这一点而从数学的建构开始，那么，这里就将关涉不那么在特别之处阐发数学原理的内容，而毋宁是揭示普遍的做法，唯有借助它对于我们来说才可能有"原理"，也就是说，借助它我们就能够看出，每一项特殊的空间设定或者每一项特别的计数和测量活动都怎样受制于它们并不能从中产生的原初普遍条件。任何几何学命题或者证明都奠立一个具体的、因而是"个别的"直观；但是，毕竟没有一个这样的证明是探讨个别的东西，而是立刻从个别的东西过渡到关于构成物的一种无限全体性的判断。某个属性被说出，不是关于这个或者那个三角形，不是关于某个圆，而是关于"这种"一般的三角形或者"这种"一般的圆。是什么赋予我们权利在这一场合从只能在感性表象中被给予我们的个别性超越到诸可能场合的那种作为无界限的在任何经验性的表象中都无法把握的总体性的？我们如何得以使有限制的部分内容成为一个自身不是要适用于它，而是要适用于由它"体现"的无限总和的陈述的载体？为了回答这些问题，在康德看来，我们仅仅想到科学几何学如其实际上被实施和得到历史发展那样的特性就够了。至于几何学从其无非是一种实践的测量术的发育不良状态提升到一种奠基性的理论认识的级别,这要仅仅归功于一场"思维方式的革命",它与我们此前在先验哲学中考察的思维方式革命完全类似。"这场比发现绕过著名海角的道路重要得多的思维方式的革命,以及实现这场革命的幸运者的历史并没有给我们保留下来。然而,**第欧根尼·拉尔修**提到过据称是几何学证明的那些最微不足道、按照常人判断根本就不需要证明的原理的发现者。他留给我们的那些传说表明,对于由发现这条新道路的最初迹象所造成的这场变革的怀念,必定对于数学家们来说显得极为重要,从而变得难以忘怀。在第一个演证**等腰三角形**的人(无论他是**泰勒士**还是任何其他人)的心中升起了一道光明,因为他发现,他不必探究自己在图形中看到的东西,或者也不必探究图形的纯然概念,仿佛从中学到它的属性似的,而是必须把他根据概念自身先天地设想进去并加以表现的东西(通过构图)创造出来,而且为了可靠地先天知道某种东西,除了从他根据自己的概念置于事物之中的东西必然得出的结果之外,不必给事物附加任何东西。"① 如果我们为了做出几何学的证明而必须探究图形,如果我们把图形当作处在我们面前的一个现成客体,我们必须简单地通过观察来学到特殊的属性,那么,关于特殊形体的客观个别内容的几何学判断就永远不可能产生;因为在这种情况下,有什么权利从已被给予的推论到未被给予的,从眼前的特殊案例推论到未在眼前的案例的整个总和呢?但实际上,一个诸如此类的推理在这里既不可能也无必要,因为几何学个别案例的总体性并不实存于构图之前和之外,而是对于我们来说只是在构图的行为自身中才产

---

① 《纯粹理性批判》,第二版前言,第XI—XII页(第3卷,第15页;中文版第3卷,第8页)。

生。不是在我仅仅一般抽象地思维抛物线、椭圆时,而是在我通过某个规定(例如通过其作为圆锥曲线的定义)使二者以构图的方式产生时,我才由此创造出唯有在其下才能思维**个别**的抛物线或者椭圆的条件。现在我们就理解,构图的几何学概念如何不是追随个别案例,而是**先行于**它们,因而它如何相对于这些案例必须被视为一个真正的"先天"。在这个联系中来看,这个称谓显然绝不是与一个经验性的心理学主体、时间中的前后相继、它的个别表象和认识的之前或之后相关,而是纯粹且排他地表达着认识中的一种关系,一种"事情自身"的关系。几何学的构图"先于"几何学的个别构造物,因为个别构造物的**意义**是通过构图才确定的,并非构图的意义通过个别构造物来确定。几何学判断所具有的一切必然性都基于这个真实状况。在几何学的东西里面,众案例不是作为法则**之外**的一种特立独行的东西和独立的东西实存,而是在它里面才从法则的意识产生;在它里面,"个别的东西"并不构成"普遍的东西"的前提条件,而是它唯有通过对普遍的东西的限定和更精确的规定才一般而言能够被思维。处在空间设定的做法或者计数的综合之中的东西,不能被任何特殊的形象和特殊的数字所反驳,因为唯有在这种做法中,一切分有空间概念、数字概念的东西才对我们生成和产生。在这种意义上,几何学和算术就为康德现在普遍地当作"思维方式改变了的方法"的规范和"试金石"而提出的原理提供了直接的证实:"我们关于事物只是先天地认识我们自己置于它们里面的东西。"①

由此,与"主体的"和"先验的"这两个基本概念并列的,同

---

① 《纯粹理性批判》,第二版前言,第XVIII页(第3卷,第19页;中文版第3卷,第11—12页)。

时有理性批判的第三个核心概念和主要概念："先天综合"。这种综合说的是什么？只要我们把几何学和算术的做法如其迄今被确定的那样与通常的经验性概念形成的做法——例如形式逻辑的做法——做对比，就立刻清晰地表现出来。在经验性的概念形成中（特别是在纯粹描述和分类的科学里面实施的概念形成中），我们满足于把案例与案例、个别性与个别性排列，并考察由此产生的总和，乃是根据在其中是否出现所有特殊的东西都具有的一个"共同的"特征。至于存在着一个此类联系，这里显然只是在我们的问题所关联的特殊性确实被我们经历和检验之后，才能够做出一种裁断。既然我们无非是把我们在这里所断言的规定认作在一个被给予的事物上观察到的"属性"，那么就很清楚，在"事物"自身确实被给予，亦即在经验中被确定之前，关于它也没有更精确的特征可以言明。认识在这里显得结果是一种联合，是诸元素的一种纯然集合体，这些元素**即便在这种结合之外**和之前也拥有一种独立的存在和一种独立的意义。①当然，对形式逻辑的考察交到我们手中的普遍命题最初显得完全不同，因为在这种逻辑的真正的"全称判断"中，全体性不是从对特殊性的考察派生的，而是先行于特殊性并规定着它们。从所有人都会死这种情况中，并且从包含在这个普遍的大前提里面的确定

---

① 当然必须强调，在对经验性认识（"后天综合"）的这种阐述中不那么关涉对认识的一种现实状况的描述，而毋宁是关涉一个边缘案例的建构，我们利用这种建构，为的是通过先天判断的对照和对立来更清晰地表明先天判断的特性。康德自己在他对知觉判断和经验判断的区分中以及在他对前者的"主观"性质的强调中利用了这种建构（参见《未来形而上学导论》，第18节）。但就自身而言，在他看来没有任何一个"单称判断"不已经对"普遍性"的某种形式提出了要求；没有任何一个"经验性的"命题自身不包含着某种"先天的"主张，因为判断自身的形式就已经包含着这种"客观的普遍有效性"的要求了。

性中，卡尤斯的可死性被"证明"为必然的结论。但是，逻辑学满足于阐发这种证明的形式和公式，在此并不反思认识的**内容**及其起源和法据。因此，它假定自己在进行某种推理时由以出发的全称大前提是被给予的，并不进一步追问它们生效的根据。它指出，如果所有的 A 都是 b，这也必须适用于某个个别的 A；而假定的大前提是否以及为什么有效，这个问题在它的旨趣范围之外。因此，一般逻辑学在根本上所做的，无非是把它事先通过联结形成的某些概念组合再分解成其部分。它通过告知某些内容上的特征来"定义"一个概念，然后它从如此创造的逻辑总体中强调一个它与其他要素分别开来的个别要素，以便用它"谓述"整体。这种言说由此并未创造任何新的洞识，而是仅仅把我们已经事先拥有的东西再次拆散，以便阐明和澄清之；它有助于"分析我们关于对象已经拥有的概念"，此时它并不进一步研究这些概念对我们来说出自认识的什么源泉。①

人们从现在开始在产生出来的双重对立上认识到标志着"先天综合"的特殊性质。如果就纯然的经验判断而言，就后天的联结而言，我们试图获得的"整体"是纯粹从必须事先独立现存的个别元素收集起来的——如果在形式逻辑的判断中一个被给予的逻辑整体仅仅被分析和肢解为它的部分，那么，先天综合就表现出一个完全不同的架构。在这里，由以出发的是某种建构的联结，在它里面并通过它对于我们来说同时产生大量的以联结的普遍形式为条件的特殊元素。我们在一个唯一的、无所不包的、创造性的规则中综合思维通过一个锥体作出切面的各种可能性；而且我们由此同时造就了

---

① 参见《纯粹理性批判》，导论第三节，第 9 页（第 3 卷，第 39 页；中文版第 3 卷，第 31 页）。也请参见《未来形而上学导论》，第 2 节 b（第 4 卷，第 15 页；中文版第 4 卷，第 267—268 页）。

我们称之为二阶曲线，称之为圆、椭圆、抛物线和双曲线的那些几何学构成物的总体——我们根据一个奠基的原则思维"自然的数字体系"的建构，而且我们在其中同时一开始就把在这个总和的各环节之间可能的关系都纳入一定的条件之中。但是，对于"各部分"和"整体"之间关系的这种形式来说，康德的教授就职论文已经采用了"纯直观"这个独特的表述。由此得出，所有先天综合都与纯直观的形式不可分割地相联系，它们要么自己就是纯直观，要么毕竟间接地与这样一种纯直观相关并基于它。当埃贝哈德在他针对康德的论战中认为《纯粹理性批判》中缺少综合判断的一个统一的、清晰规定的原则时，康德指点他注意这种联系。"理论认识的一切综合判断，"康德现在如此表述这个原则，"只是由于给定的概念与一个直观的关系才是可能的。"① 因此，空间和时间依然是真正的范型和原型，在任何先天综合认识中存在于无限的东西和有限的东西、普遍的东西和特殊的东西以及个别的东西之间的独特关系依之得到纯粹和完全的展示。空间和时间的无限性所说不是别的，而是所有确定的空间和时间个别值都只是由于对"唯一的"无所不包的空间或者统一的、不受限制的时间表象的限制才是可能的。② 空间不是在我们把点复合成它的时候产生的，时间不是我们把瞬间仿佛当作物的成分那样复合成它的时候产生的；毋宁说，点和瞬间（以及由此间接地一般而言空间和时间中的所有构成物）唯有通过一种综合才

---

① 参见康德于1789年5月12日致莱因霍尔德的信（第9卷，第402页；《康德书信百封》，第151页）；也请参见反驳埃贝哈德的作品（第6卷，第59页及以下；中文版第8卷，第187页及以下）。

② 参见《纯粹理性批判》的先验感性论部分，第4节，第47—48页（第3卷，第64页；中文版第3卷，第52—53页）。

可设定,在这种综合中,一般的同在或者一般的相继的形式源始地对我们产生。因此,我们不是把这些构成物设定到现成的空间和现成的时间里面,而是我们借助"这"空间和"这"时间——如果人们把二者理解为直观自身的建构性基本行为的话——才产生出它们。"数学必须首先在直观中,而纯粹数学必须首先在纯直观中展示自己的所有概念,也就是说,构造这些概念。没有这种直观(因为纯粹数学不能分析地、亦即通过分析概念来行事,而是只能综合地行事)……它就一步也不能前进。几何学以空间的纯直观为基础。算术甚至是通过各单位在时间中的渐进相加来完成其数字概念的;尤其是纯粹力学,唯有借助时间的表象才能完成其关于运动的概念。"① 由于几何学、算术和力学所探讨的内容是以这种方式完成的,由于这不是我们事后从其学得其属性的物理学的**物**,而是我们在直观和绵延的观念整体中所实行的**界限设定**,所以,已经蕴含在这些基本形式中的所有命题也都必然地和普遍地对它们有效。

但是,如果这番考察看起来为我们解释了先天综合在数学中的运用和有效性,那么,它看起来就正是因此而同时截断了任何为现实的东西的领域、经验科学的领域要求一种诸如此类效力的道路。因为正好这一点,是康德指点给我们的"试金石":"我们关于事物只是先天地认识我们自己置于它们里面的东西。"法则到客体之中的这样一种"置入",在观念上的数学构图中是可以理解的。但是,如果我们也以某种方式为经验性的对象允许这样做,我们会陷入何种境地?这岂不正是表明这些对象作为实在的、作为"现实的"对象的基本特征,表明它们就其所有特殊性而言在思维的所有阐发和设

---

① 《未来形而上学导论》,第 10 节(中文版第 4 卷,第 284—285 页)。——译者注

定之前就"存在",因而它们原初地规定着我们的表象和思维,但不是被后者所规定吗?而且我们一旦试图颠倒这种关系,岂不必然立刻失去我们脚下的地基吗?既然空间和时间无论如何就其普遍的原理而言对我们来说是可把握的,因为是通过这些原理可构图的,事物在空间和时间中的存在、物体及其运动的实存似乎就对所有诸如此类的构图构成了无法逾越的界限。这里,就像看起来那样,没有别的道路,唯有等待事物的作用并仅仅在感性感受中觉察它。客体对我们来说叫作现实的,在于只要它们以这种对我们生效的形式喻示自己并由此使我们知晓属于它们的个别属性。因此,即便总是有关物理实存的一种普遍说法是可能的——无论如何也看不出,它们如何不同于通过个别案例的累积,通过我们借事物经验到的各种印象的排列和比较就得以可能。

而实际上,康德的"先验唯心论"并不打算抹煞经验性认识的特性,而是要在对这种特性的维护中寻找他的根本功绩。康德的话,即他的领域是"经验的肥沃洼地"[①],已为人所知。但当然,即便对于经验概念自身的新批判规定来说,如下普遍的指令也是有效的:我们即便在这里也不能是以对象的考察开始,而是以经验的分析开始。什么是经验性的客体,什么是自然的个别事物,以及除了对它的个别特征的直接感知之外,它是否以别的方式为我们所接近——这个问题就因此必须暂时搁置了。在它一般而言能够被有意义地提出之前,我们必须对自然科学的"认识方式"意味着什么、**物理学**就其建构和体系性而言是什么达到完全的清楚明白。而在这里,如今它立刻对我们表现出传统考察方式的一种奠基性困难。我们且遵循这

[①]《未来形而上学导论》(中文版第4卷,第379页注)。——译者注

种考察方式到这样的程度，即我们假定，数学的对象实际上基于思维的纯粹规章，就此而言仅仅具有"观念的"有效性，而"物理学的"对象则仅仅是借助不同品类的感性感受被给予我们并且是可把握的。这样，在这个基础之上才可以理解，何以一方面一种纯粹的力学理论是可能的，另一方面一种"纯粹的经验认识"是可能的。也就是说，何以一方面能够有一个命题群，不依赖于所有的经验而仅仅探讨我们在自由的构想中就能够造就的这样一些内容，而何以另一方面可以建构一种描述的科学，清一色由对被给予的事物的个别实际考察构成。与此相反，在这个前提条件之下依然完全无法解释的，是我们在数学自然科学的实际结构中遇到的两个要素的特有互渗。因为在这个结构中，并不是"测量"简单地与"观察"并行，在其中"实验"和"理论"并不仅仅是彼此相对或者相互取代，而是它们互为条件。理论导向实验，并规定着实验的品性，就像实验规定着理论的内容一样。《纯粹理性批判》第二版的前言又在其对知识的整个领域的普遍先验综览中以典范的、不可超越的清晰性阐述了这种关系。"当**伽利略**让他的球以他自己选定的重量向下滚过斜面时，当**托里拆利**让空气托住一个他事先设想与一个他已知的水柱的重量相等的重量时，或者在更晚近的时候，当**施塔尔**通过抽出和归还某种东西而使金属变成钙盐，又把钙盐再变成金属时，在所有的自然研究者心中升起了一道光明。他们理解到，理性只洞察它自己根据自己的规划产生的东西，它必须以自己按照不变的规律进行判断的原则走在前面，强迫自然回答自己的问题，必须不让自己仿佛是被自然独自用襻带牵着走；因为若不然，偶然的、不按照任何事先制订的计划进行的观察就根本不在理性寻求和需要的一条必然规律中彼此关联。理性必须一手执其原则（唯有依照其原则，协调一致的显象才能被视为规律），另一手执它按照其原则设想出来的实验走向自然，虽然是为了受教于自然，却不是以一个学生的身份让自己背诵老师希望的一切，而是以一个受任命的法官的身份迫使证人们回答自己向他们提出的问题。这样，甚至物理学也应当把它的思维方式的这场如此有益的革命归功于这样一个灵感，即依照理性自己置入自然之中的东西在自然中寻找（而不是为自然捏造）它必须从自然学习它本来可能一无所知的东西。由此，自然科学才被带上了一门科学的可靠道路，它在这里曾历经许多个世纪，却无非是来回摸索。"① 因此，即便个别的感性知觉或这样的知觉的一个纯然总和能够缺少理性的先行"规划"，这种规划也毕竟是规定着实验、规定着物理学认识意义上的"经验"并使之可能的东西。为了能够从孤立的感性印象产生出物理学的"考察"和"事实"，必须首先把知觉的最初纯粹质的多样性和差异性转化为一种量的多样性，必须把感觉的集合与一个可测量的值的体系关联起来。这样一个体系的思想是任何个别的实验的基础。在伽利略能够"测量"自由落体加速度的值之前，加速度仿佛是作为工具，其观念必须先行于测量；而这种数学的观念正是已经把它纯然的问题提出与中世纪经院哲学的物理学永远地分离开来的那种观念。实验的结果现在仅仅还对哪些值对自由落体有效做出裁决，但一般而言，这样的值必须被寻找和要求，这对伽利略来说是在事前，在实验能够被想出和被安排由以出发的那种"理性规划"之后就确定的。由此出发，数学物理学的建构才真正是显而易见的。科学的自然理论不是逻辑上的雌

---

① 《纯粹理性批判》，第二版前言，第Ⅻ—ⅩⅢ页（第3卷，第16—17页；中文版第3卷，第9页）。

雄同体，不是从认识论上异质的成分的折中主义合并产生的；相反，它构成一种自成一体的、统一的方法。把握这种统一性，并与纯粹数学的统一性相类似地从一个普遍的基本原则出发解释它，这是先验批判给自己提出的任务。在这个任务的措辞中，它同时克服了理性论和经验论的片面性。一如现在所表现的那样，自然科学理论的本质既不涉及诉诸概念，也不涉及诉诸知觉和经验，因为二者总是仅仅抓住一个个别的**要素**，不去规定各要素的特殊**关系**，而这里整个裁定都取决于这种关系。

但是，由此还没有解决问题，而只是在最一般的轮廓中提出了它。解释和说明纯粹数学内部的先天综合的是这一点：直观形式的"整体"、纯粹空间和纯粹时间的整体先行于一切特殊的空间和时间构成物，并作为其基础。我们能为自然的领域也断言一种同类的或者类似的关系吗？关于**作为整体的自然**，也可能有一种说法，它不是个别观察的纯然事后的概括，而毋宁说它才使对个别东西的观察成为可能吗？即便在这里，也有一种特殊的东西，它只能通过"限制"一个源始的总体性来获得和确立吗？只要我们在习惯的意义上把"自然"思想为物理学物质**事物**的总和，我们就必须必然地否定所有这些问题；因为不经历和检验个别的事物，如何能够关于事物的一种整体性言说某种东西呢？但是，在自然概念的内容里，就已经有一种给我们的考察指出另一个方向的规定。我们并不把任何事物群都称为"自然"，而被理解为自然的，乃是有秩序的、由普遍的规则来规定的要素和事件的一个整体。"自然，"因此，康德如此定义说，"就是事物的存在，这是就存在按照普遍的法则被规定而言的。"如果它由此在物质意义上意味着经验的所有对象的总和，那么，它在另一方面从形式上来看就意味着所有这些对象的合法则性。总的课题由此就获得另一种形式：不问作为经验对象的**事物**的必然合法则性基于什么，我们问的是认识**经验**自身在其一般对象方面的必然合法则性何以可能。"因此，我们在这里，"《导论》中写道，"将仅仅讨论经验及其可能性的普遍的、先天地被给予的条件，并由此出发把自然规定为一切可能经验的整个对象。我想，人们将理解我：我在这里所理解的不是**考察**一个被给予的……自然的种种规则……而是经验的可能性的先天条件如何同时是一切普遍的自然规律必须由以产生的源泉。"① 由此，问题被从经验的内容、经验性的客体引回到经验的功能。这种功能拥有一种源始的被规定性，它可以与在空间和时间的纯形式中展示给我们的那种被规定性媲美。如果不是已经在任何科学实验自身的安排中，已经在我们以它对自然提出的问题中，包含着自然的一种值的被规定性的预设、自然中某些元素的恒定和维持的预设和事件的一种合规则的相继的预设，它就不能得到实施。没有一个规定着坠落空间和坠落时间之比例的方程式的思想，没有运动量**保持不变**的思想，没有**测量**和**计数**的普遍概念和普遍做法，就不会有伽利略的任何个别的实验是可能的；因为没有这些前提条件，伽利略的整个**疑难**就依然是完全不可理解的。这样，经验自身就是一种"知性所要求的认识方式"，也就是说，是一个基于某些逻辑前提条件的推理和判断的过程。② 而这样一来，实际上就又对我们表现出一个"整体"，不是它由个别的部分集合而成，而是根据它，"各部分"、各种特殊内容的设定才是可能的。就

---

① 《未来形而上学导论》，第14节、第17节（第4卷，第44页、第46页及以下；中文版第4卷，第296页、第299页）。

② 参见《纯粹理性批判》，第二版前言，第XVIII页（第3卷，第18页；中文版第3卷，第11—12页）。

连自然也必须在它能够就其具体性被考察之前就**被思维成体系**。就像此前特殊的空间构成物表现为"唯一空间"的限制,某个时间段表现为无限绵延的限制一样,在这一联系中来看,如今所有的特殊自然法则都仅仅表现为普遍的知性原理的"特殊化"。有许多法则,我们唯有凭借经验才能知道,"但是,显象的联结中的合法则性,亦即一般而言的自然,我们却不能通过任何经验来认识,因为经验本身需要这样的法则,它们先天地是经验的可能性的基础"。① 因此,说知性本身是自然法则的来源,因而是自然的形式统一性的来源,无论这听起来多么夸张,多么悖谬,这样一种主张却仍然是正确的,是符合对象亦即经验的。"尽管经验性的法则作为这样的法则绝不能从纯粹知性推导出其起源,就像显象无穷无尽的杂多性不能从感性直观的纯粹形式来得到充分的把握一样,但一切经验性的法则都只不过是知性的纯粹法则的特殊规定罢了,唯有服从后者并按照后者的规范,前者才是可能的,而显象才表现出一种合法则的形式,就像一切显象尽管其经验性的形式有别,却依然在任何时候都必须符合感性的纯粹形式的条件一样。"② 对于一个特殊的自然领域来说具有特色的某些常数,我们当然只能通过经验性的测量来确定,个别的原因性联结只能通过观察来查明;但是,我们一般而言寻求这样的常数,我们在事件的相继中一般而言要求和预设一种因果的合法则性,这源自那种"理性的设计",我们不是从自然得出这种设计,我们是把这种设计置入自然里面。至于什么包含在这种设计里面,只有一种"先天的"知识。

---

① 《未来形而上学导论》,第36节(第4卷,第71页;中文版第4卷,第322页)。
② 《纯粹理性批判》,第一版,第127页及以下(第3卷,第627页以下;中文版第4卷,第87页)。

"先天综合"的第二个基本方向，即纯粹知性概念或者范畴的综合，由此得以确立，而且它就是从与纯粹直观的原则相同的原则出发得到辩护的。就连纯粹的概念展现它真正的和特色的成果，也不是在它仅仅描述经验的被给予的东西的地方，而是在它建构经验的纯粹"形式"的地方；不是在它对经验的内容进行分列和分类的地方，而是在确立其认识方式的系统统一的地方。也就是说，绝不是像人们惯常想象的那样，对于经验来说对知觉进行比较并借助判断把它们联结在一个意识之中就够了；因为仅仅由此，绝不会超越知觉意识的特殊效力，绝不会达到一个科学原理的普遍有效性和必然性。"因此，在知觉能够成为经验之前，还有一种完全不同的判断先行。被给予的直观必须归摄在一个概念之下，这个概念规定着一般就直观而言做出判断的形式，把直观的经验性意识联结在一个一般意识之中，并由此使经验性的判断获得普遍有效性；这样的概念是一个先天的纯粹知性概念，它所做的事情仅仅是给一个直观规定它能够用来做出判断的一般方式。"甚至纯粹数学也不是这种条件的例外，例如"直线是两点之间最短的线"这个命题就是以一般而言线被归摄在量的概念和观点之下为前提条件的：这个概念"无疑不是纯然的直观，而是仅仅在知性中才有其位置，用于就从（线的）直观出发做出的判断而言，在判断的量的方面，亦即在复多性方面，对直观做出规定，因为这些判断被理解为，在一个被给予的直观中包含着许多同类的东西"。① 这种联系更为清晰地出现在并不关涉对象的一种仅仅数学的规定，而是关涉对象的一种"动力学的"规定的地方，也就是说，出现在不仅通过同类东西的渐进综合产生一个

---

① 《未来形而上学导论》，第 20 节（第 4 卷，第 51—52 页；中文版第 4 卷，第 303—304 页）。

作为量的个别空间-时间构成物,①而且确定它与另一个构成物的关系的地方。将表现出的是,任何诸如此类的关系规定,我们给予空间中个别物体和时间中个别事件的秩序始终依据我们在它们之间假定的一个作用形式:但效用的思想是以功能依赖性的思想,从而是以一个纯粹的秩序概念为前提条件的。

然而,如果已经在这些简单的例子上表明了先天综合的两个基本形式的合作和相互关系,却毕竟在此期间还缺少任何更切近的原则,以便完备地展开第二种形式的体系性,我们大可以特别地指出和列举纯粹知性概念的个别运用案例,但我们并不拥有任何使我们在这个点上确信我们的见识的完整性和完备性的标准。但恰恰这后一种要求,正是康德如我们所回忆,在紧随就职论文所开始的思想发展中被导向的。1772 年致马库斯·赫茨的信就已经作为"先验哲学"这门新发现的科学的任务提出,"把完全纯粹的理性的所有概念归结为一定数量的范畴,但不是像亚里士多德,如他发现范畴那样,把范畴仅仅偶然地并列在他的 10 praedicamenten[十范畴表]中,而是如范畴自己通过少数几个知性基本法则而自动地分成几个组那样排列"。②但是,对于这个远远滞后的要求,如今在完成了的体系中获得了一个新的 fundamentum divisionis[划分基础]。"因此,**经验的可能性**,""论一切综合判断的至上原理"这一章如此称谓这种划分根据,"就是赋予我们一切先天知识以客观实在性的东西。现在,经验依据的是显象的综合统一,也就是说,依据的是一种按照一般

---

① 参见《纯粹理性批判》,方法论,第 751 页:"我们可以在先天直观中规定我们的概念,因为我们在空间和时间中凭借齐一的综合,通过把对象本身仅仅视为量来为自己创造它们。"(第 3 卷,第 491 页;中文版第 3 卷,第 465 页。)

② 参见上文(边码)第 139 页。

而言关于显象对象的概念进行的综合,没有这种综合它就连认识也不是,而会是一部知觉的狂想曲,这些知觉不会服从一种依照无一例外地结合起来的(可能的)意识的规则产生的联系,从而形成统觉先验的和必然的统一。因此,经验以其先天形式的各原则为根据,也就是说,以显象的综合中的统一性的各普遍规则为根据,这些规则的客观实在性作为必然的条件任何时候都可以在经验中,甚至在经验的可能性中指出来。但在这种关系之外,先天综合命题是完全不可能的,因为它们没有第三者,也就是说,没有它们的概念的综合统一能够在其上呈现出客观实在性的对象。……因此,既然经验作为经验性的综合,就其可能性而言,是唯一给其他一切综合提供实在性的认识种类,所以,后者作为先天认识,也唯有通过除一般经验的综合统一所必需的东西之外不包含任何其他东西,才具有真理性(即与客体一致)。……以这样的方式,如果我们……说:一**般经验的可能性**的种种条件同时就是**经验对象的可能性**的种种条件,因而在一个先天综合判断中具有客观有效性,那么,先天综合判断就是可能的。"① 纯粹理性批判的整个内在架构在这些命题中被揭示在我们面前。由以出发的是经验——不是作为既成的事物连同某些同样既成的属性的一个总和,也不是作为一部知觉的纯然狂想曲,而标志和规定其概念的,是联结中的必然性、客观法则的统治。直到这里,先验方法论只是确定了在数学物理学中长久以来有效和在它里面或自觉或不自觉地被承认的东西。康德的命题,即任何真正的认识判断都必须包含着知觉综合中的必然性,实际上就只是给予伽

---

① 《纯粹理性批判》,第195页及以下(第3卷,第152—153页;中文版第3卷,第139—140页)。

利略已经说出的一个要求以最简洁和最中肯的表述。在它里面，简直就是哲学上的感觉主义的经验概念被数学经验性的概念所取代。①但现在，在这个点上同时开始了特别的"思维方式的革命"。如果迄今必然性被视为根据在于对象，并且由对象只是间接地过渡到认识，那么现在就看出，毋宁说反过来从认识自身中的一种源始的必然性产生出所有关于"对象"的思想："因为这个对象不过就是其概念表示综合的这样一种必然性的某种东西。"② 由于在我们的感觉和表象的相继中不是任性在统治，而毋宁说这里是一种严格的合法则性在主宰，它排除了任何主观的喜好，因此，而且仅仅因此，对于我们来说就有了现象的"客观"联系。作为"认识方式"的经验所标榜和建构的东西，规定着经验性客体的设定，并由此才使之可能。至于在这种关系之外对于我们来说是否还可能存在别的对象，这个问题对我们来说起初完全是多余的；而且它按照先验的基本思想来说也必定是多余的，只要对于客体的这种所谓别的方式来说不指出一种别的、其结构与经验的结构特色有别的认识方式。但在这里，在一种诸如此类的认识方式尚未为我们自己所理解或者毕竟至少其履行还成问题的地方，除了至上原理得出的结论之外，没有别的结论是可能的。经验作为功能所基于的条件，同时就是我们作为结果能够从它获得的一切东西的条件；因为一切**成为客体的规定**都基于纯粹直观形式和纯粹知性概念的相互啮合，通过它，纯然感觉的杂多才在一个规则的体系中结合起来，并由此被塑造为"对象"。

---

① 《未来形而上学导论》，第 22 节；参见《纯粹理性批判》，第 218 页（第 3 卷，第 166 页；中文版第 3 卷，第 152 页）："经验唯有通过知觉的一种必然结合的表象才是可能的。"

② 《纯粹理性批判》，第一版，第 106 页（第 3 卷，第 616 页；中文版第 4 卷，第 75 页）。

三

如果说我们在先行的考察中仅仅说出了《纯粹理性批判》的重大经典基本思想的话，我们以纯粹知性概念的分组和系统划分的问题首次进入了它的工作的细节。但是，似乎是我们由此也立刻站在了另一个地基上；这里进行统治的不再纯粹和仅仅是事情的客观必然性，而是一种阐发和阐述的方式，它最终唯有在人们把它回溯到康德精神的某些人格属性时才能被完全理解和欣赏。对一目了然的建筑学结构、对系统的艺术形式的平行论、对概念的统一图型论的喜好，看起来超乎合理地参与了范畴学说的特殊阐述。实际上，人们历来针对理性批判的整体形象提出的根本异议之一就是，它关于纯粹知性概念所拟出的表，即逻辑学的判断表，虽然是以伟大的分析艺术，但也是以不小的人为性仿制的。就像按照康德所遇到的传统逻辑学的观点，判断分为**量**、**质**、**关系**、**模态**四个组一样，知性概念也应当呈现同样的划分；就像在判断那里每个大组中都被假定一个特殊设定的三项制，其中第三个始终是从第一个和第二个的综合统一中产生一样，在知性概念的结构中，这一观点也被极为严格地坚守和贯彻。这样，在量的内部，就产生出**单一性**、**复多性**、**全体性**这些亚种；在质的领域里，是**实在性**、**否定性**和**限定性**，而关系则分解为**实体**、**因果性**和**共联性**，模态分解为**可能性**、**存在**和**必然性**。

然而，无论人们对推导的这种形式提出什么样的质疑，却毕竟任何一般而言针对"范畴"和"判断"之间的系统关系的论战都错失了自己的目标。它在这种情况下使先验的主要问题和基本问题的真正意义被视而不见，它忽略了康德赋予判断的优先和杰出地位已经必然地奠基在它的问题提出的最初前提条件之中了。判断是"对象"自然的、实际要求的相关物，因为它不仅在最普遍的意义上说出了对我们来说对象的概念归结而成的那种"联结"的实施和要求。"在这种情况下，当我们在直观的杂多中造成了综合的统一性时，我们就说我们认识这对象。"①但正是综合的统一性的方式和形式，用某些逻辑学称谓来说，产生出判断的形式。在这里，唯有一种质疑还能够提出，那就是即便人们承认这种联系，"形式逻辑"的体系也不能是对象性联结要为自己辩护所面对的法庭，因为岂非这种逻辑及其基本做法的本质毋宁说是分析，而不是综合？它不是恰恰抽象掉那种关系，抽象掉认识的那种对于我们来说必然是决定性的和本质性的东西的"内容"吗？这里与此相反，要的是想到，这样一种抽象在康德看来虽然存在，但它总是只能在相对的意义上、不能在绝对的意义上来理解。一种分析，完完全全仅仅是不至少间接地与作为基础的综合相关并依据它的分析，是不可能的："在知性事先没有把任何东西结合起来的地方，它也就不能分解任何东西，因为这东西唯有**通过知性**才能作为结合起来的东西被给予表象力。"②这样，"一般逻辑学"当然致力于"分析我们关于对象已经拥有的概念"，③并阐发当我们把诸如此类的对象仿佛预设为言说的既成基底时所产生的判断；但是，一旦我们——这当然超出了它的领域——反思这个基底自身的起源并追问从逻辑学接受的"库存"的可能性，我们由此就进入了另一种考察的领域，它要求对判断自身的一种更深刻

---

① 《纯粹理性批判》，第105页（中文版第4卷，第74页）。——译者注
② 《纯粹理性批判》，第130页（第3卷，第113页；中文版第3卷，第102页）。
③ 《纯粹理性批判》，第9页（第3卷，第39页；中文版第3卷，第31页）。

的说明和一种更基础的推导。现在表现出的是，给予一个判断中不同的表象以统一性的功能与也把感性元素的杂多性如此联结起来，以至于它们由此获得客观有效性的功能是一回事。"因此，同一个知性且通过它在概念中凭借分析的统一而造成一个判断的逻辑形式的同一种行动，也凭借一般直观中杂多的综合统一把一种先验的内容带进它的表象，因此这些表象叫作纯粹的知性概念，它们先天地关涉客体，这是普遍的逻辑所不能提供的。"[1] 如果一般的逻辑仍然能够被用作"发现所有的纯粹知性概念的导线"，那么，这并不是以用"形式的"概念支撑"先验的"概念的意图发生的，而是要反过来用后者支撑前者，并由此按照其效力的最终根据来更深刻地理解它们。"亚里士多德，"康德自己在《未来形而上学导论》中这样概括这种阐发的整体，"以范畴为名，搜集了 10 个这样的纯粹基础概念。这些范畴也被称为陈述词，他后来认为有必要再附加上 5 个后陈述词，它们部分地已经包含在前者之中了（例如 Prius［在先］，Simul［同时］，Motus［运动］）。然而，这种随想更多地可以被视为对未来的研究者的一种提示，不能被视为一种合规则地阐述的思想……在对人类认识的纯粹的（不包含任何经验性的东西的）要素进行研究时，我经过长时间的反复思索，才得以把感性的纯粹基础概念（空间和时间）可靠地与知性的纯粹基础概念区别开来并分别出来。这样一来，第 7 个、第 8 个、第 9 个范畴就被从那个表中排除了。其他的范畴对我也没有什么用处，因为手头没有什么原则，可以根据它对知性进行全面的衡量，对知性的纯粹概念由以产生的一切功能进行全面、精确的规定。但是，为了找出这样一个原则，我曾经寻找一

---

[1] 《纯粹理性判断》，第 105 页（第 3 卷，第 98 页；中文版第 3 卷，第 87 页）。

种知性的行动,把表象的杂多置于一般思维的统一性之下。这一行动包含着其余一切行动,并且唯有通过不同的变态或者要素才有区别。这时我发现,这种知性的行动就在于判断。在这里,已经有逻辑学家们的现成的、虽然还不是完全没有缺陷的工作展现在我面前。借助于这种工作,我就能够列出一个完备的纯粹知性功能表,但这些纯粹知性功能就一切客体而言还是未被规定的。最后,我把这些判断功能与一般的客体联系起来,或者毋宁说与把判断规定为客观有效的条件联系起来,这就产生出纯粹知性概念。对它们来说我能够毫不怀疑,恰恰就是这些,而且不多也不少恰好就是这么多纯粹知性概念,就能够构成我们仅仅从知性出发对事物的全部知识。"① 康德在这里所描绘的推导进程完全产生自他的一般奠基性倾向。如果亚里士多德规定了认识的"元素",那么,他是想为这些元素发现"原则";如果亚里士多德是从存在的源始属性出发的,那么,他就是回溯到判断,亦即回溯到逻辑**行动**的统一性。② 在这个行动中,表象的内容对于我们来说才获得稳定性和必然性,从而获得客观有效性。

每一个个别范畴的真正意义,如果人们仅仅以这种方式回溯把它关联到与它相应的逻辑判断的形式,当然是不能完备地衡量的,而是人们必须在这里同时前瞻预览在对象性经验中归属它的成果。然而,这种成果并不属于抽象的范畴本身,而是它在纯粹知性的**概念**通过转变为纯粹知性的**原理**而获得的那种具体的含义中才出现的。柯亨的康德研究著作的基础性功绩之一就是,它们第一次充分

---

① 《未来形而上学导论》,第 39 节(第 4 卷,第 75—76 页;中文版第 4 卷,第 326—328 页)。

② 特别请参见《纯粹理性批判》,第 93—94 页(第 3 卷,第 90—91 页)和第 140 页及以下(第 3 卷,第 120 页及以下;中文版第 3 卷,第 80—81 页和第 107 页及以下)。

清晰地规定了这种关系。综合原理的体系——这在此处总是被重新提醒①——构成了范畴体系的有效性和真理性的真正试金石。综合原理之产生,是在于通过某个范畴表示的功能与纯粹直观的形式相关,并与它渗透成为系统的统一性。经验性的对象——这一点自"先验感性论"的最初几句话以来就确定了——只能通过直观的中介,通过空间形式和时间形式的中介被给予我们。但是,这个必然的条件绝不是充分的,因为直观自身仅仅包含相邻和相继的纯粹**杂多性**;但为了一定的、彼此划界的构成物在这个杂多中显示出来,就要求它们的元素贯通,按照某个观点并根据一个稳定的规则联结起来,并以这种方式结合为相对独立的统一体。但恰恰这一点,是知性的成果。知性绝不是由此已经发现空间中和时间中杂多的结合,而是自己首先通过"刺激"二者而产生它们。②如果为产生具体的几何学形象,就已经要求有诸如此类的综合,③那么,尤其是在关涉物理对象的规定时,这种综合就表现为必不可少的。要规定一个物理学的客体,我就必须告知它的"何地"和"何时",我就必须给它在空间和绵延的整体中指出一个固定的"位置"。但是,这一点之可能,又唯有通过我告知一个固定的规则,或者诸规则的整个结构和体系,通过这些规则,这里应当固定下来的特殊内容在与其他内容的普遍联系中和在对其他内容的功能依赖性中被认识。空间中的地点、时间中的瞬间在物理学的意义上唯有根据"力"和力的比例才是可规

---

① 特别请参见《康德的经验理论》,第二版,第 242 页及以下(中文版第 3 卷,第 166 页及以下)。

② 《纯粹理性批判》,第 155 页(第 3 卷,第 128—129 页);尤其请参见第 160 页注释(第 3 卷,第 132 页(中文版第 3 卷,第 116 页))。

③ 特别请参见《未来形而上学导论》,第 38 节(第 4 卷,第 73 页;中文版第 4 卷,第 324 页)。

定的；并存和继起的秩序唯有通过我们在经验的个别元素之间预设某些普遍有效的动力学关系才能够在法则上确定。确定这些预设的形式，并由此指明一般而言"客体"在空间和时间中的一种相互联结有可能的条件，这是综合原理的体系给自己提出的普遍任务。如果人们坚守这个目标，就同时暴露出这个体系有条理所遵循的、它从单纯的东西前进到复合的东西所依据的原则。

第一个步骤毫无疑问必须在于，一般而言对象如果应当在空间和时间中被直观，就分享着两个秩序的基础特性，也就是说，它被规定为外扩的**量**。但是，如果按照通常的考察方式，具体的、物理的内容"具有"量，那么在这里，按照批判的-先验的观点的独特性，这个句子就必须毋宁说被颠倒过来。不是量的谓词作为事物最普遍的和本质的属性属于事物，反而对于我们来说量的概念在其中产生的综合，就是纯然知觉的杂多性成为一种在自身中有规则和有划分的杂多性、它由此才成为客体的一种秩序所借助的综合。量不是我们能够接受性地通过比较和抽象从对象分离出来的一个本体性基本规定；它也不是像颜色和声音的感知那样被给予我们的一个简单的感知。毋宁说，它是思维自身的一个工具：一个纯粹的认识手段，我们用它才为我们构建起作为显象之普遍法则秩序的"自然"，因为"除了通过使一个确定的空间或时间的种种表象得以产生的杂多综合，也就是说，通过同类东西的组合与这种杂多（同类东西）的综合统一的意识，这些显象不能以别的方式被把握，也就是说，被接纳入经验性的意识"。然而，恰恰这种杂多同类东西的意识，如果**一个客体的表象**首先由此成为可能，就是一般量的概念。"因此，甚至对一个作为显象的客体的知觉，也唯有通过被给予的直观之杂多的这种综合统一性才是可能的，通过它，杂多的同类东西之组合的统一性在**量**的概念中被思维;也就是说,显象全都是量,而且是**外扩的量**,因为它们作为空间或者时间中的直观,都必须通过一般空间和时间由以被规定的这种综合被表象。"① 把精确的数学概念**运用**于自然的显象之可能性的问题——这个不仅整个哲学的过去,而且康德自己在其前批判时期都持久地探讨的问题——由此就一下子解决了。现在已经知道,它是错误地提出的:关键不是把被给予的概念运用于同样被给予的、与它们异类地对立的事物的世界,而是我们使"简单的"感知服从的、我们由以把这些感知改造成客观的直观的那种塑造的一种特殊方式。"在哲学的历史上,这将永远是一个值得注意的现象,"康德在《未来形而上学导论》中这样评说,"即曾经有过一个时代,甚至一些同时是哲学家的数学家也居然开始怀疑起来,他们虽然不怀疑自己的几何学命题——就这些命题仅仅涉及空间而言——的正确性,但怀疑这个概念本身及其一切几何学规定对自然的客观有效性和运用;那时他们担心,自然中的一条线很可能是由一些物理学的点构成的,从而客体中的真实的空间是由一些单纯的部分构成的,尽管几何学家思想中的空间绝不是这样构成的。"② 人们在这里没有认识到,正是这种"思想空间"使得物理的空间,亦即物质自身的广延成为可能:我们在纯粹几何学中构思"理想的"空间的图像所借助的那种做法,也有助于我们在感性经验性的元素之间建立一种量的联系和一种量的关系。对此的一切疑虑都只是"一种受到错误教导的理性的无理取闹",③ 这种理性不能找到它

---

① 《纯粹理性批判》,第 202—203 页(中文版第 3 卷,第 143 页)。——译者注
② 《未来形而上学导论》,第 13 节,附释一(第 4 卷,第 37 页;中文版第 4 卷,第 289—290 页)。
③ 《纯粹理性批判》,第 166 页(中文版第 4 卷,第 109 页)。——译者注

自己的认识的真正根据,因为它错误地在一个超验事物的世界里而不是在它自己的原则中寻找这种根据。只要我们把纯粹的数学规定视为经验的**数据**,由于一切经验性的测量都必然是不精确的,并自身包含着某些错误的源泉,我们对于这些规定的精确性就不可能获得完全的确信;但是,一旦我们学会不是把量理解为属性,而是理解为**原理**,我们就将马上分享这种确信。至于空间是外部经验的一个先天形式条件,我们在想象力中构思一个三角形所借助的同一种构成性综合与我们在一个显象的把握中为使我们对它获得一个经验概念而实施的综合是一回事,唯有这才是把这样一个**事物**的可能性的表象与这个**概念**相联结的东西。①

康德称之为"知觉的预先推定"原则的第二综合原理的演绎看起来更为困难:在这里,如这个称谓已经暗示的那样,关键不是标出知觉的纯然形式,而是也预先在一个普遍的命题中标出它的内容。但是,由于知觉是地地道道的"经验性意识",任何诸如此类的要求都必然显得是悖谬的:怎么可能在只能后天地给予我们的东西上也"预先推定"某种东西呢?量可以有普遍有效的理论命题,但关于仅仅在感知中为我们获得的质的这样一些命题应当如何可能,暂且根本无法看出。而毕竟存在着某种元素,关于自然的所有的质我们都断言了它,它却毕竟严格来说绝不是可感知的。如果我们按照其在空间和时间中的扩展来研究外扩的量,如果我们把不同的"广延"和"绵延"归属给它们,这种测量和比较的手段在质这里就对我们来说不管用了。因为如果我们思维这样一种质(例如一个物体的速度或"温度"、它的电能或者磁潜能等等),那么,它并不受制于对

---

① 参见《纯粹理性批判》,第 202—207 页(第 3 卷,第 157—159 页;中文版第 3 卷,第 143—145 页)、第 271 页(第 3 卷,第 198 页;中文版第 3 卷,第 183 页)。

空间和时间来说根本性的"**分离**"的形式。我们可以在从一地到另一地、从一瞬间到另一瞬间的非齐一运动中变化地思维一个运动物体的速度，并不因此就不再把它在任何不可分的空间和时间点理解为**量**，并且鉴于其他速度赋予它某种尺度。而同样，我们称为一个物体的温度、电能的东西，能够在一个纯然的点上被视为有规定的，并且从一个点到另一个点被视为不同的。因此，质的这个在点上固定下来的量并不像分段量那样由个别彼此分离的"部分"复合而成；而是在这个点上完整地和不可分地一下子现存的，此时它毕竟在与这个类的其他量的关系中表现出某种"更多"或者"更少"，因而允许一种精确的**比较**。在这里，与外扩的量相对的是强度的量，与广延或者绵延的量相对的是**程度**的量，它也对空间差别和时间差别拥有一种固定的可告知的值。至于这种值，即特殊的质只能通过经验性的测量在特殊的物体上确定，当然是直截了当地显而易见的。而尽管如此，如果我们分析我们的自然认识的整体，就将表现出，虽然不是个别的质和程度的被规定性，却是一种普遍的基本关系，一种它们都符合的普遍要求在它们身上都可以证明。我们预设，从一个程度到另一个程度的**过渡**不是跳跃地而是连续地进行的；取代某个程度 a 的，并不直接是另一个或更大或更小的程度，而是就一种诸如此类的变化而言，在 a 和 b 之间可以思维的所有中间值都被经历和实际上曾经假定过。就连这个命题也基于经验性的观察。它能够被**感知**证明或者反驳吗？显然不能，因为无论人们怎样规定感知与"客观的"质的关系，毕竟在任何情况下有一点是清楚的，即感知的报告总是只与刚刚被给予的个别状态相关，而且即便我们从它搜集到如此之多的材料，它也从不超出种种断定的某个有限范围。但是，**所有物理变化连续性的命题**就是一个不探讨有限元素的一个和,而是探讨无限多的元素的一个总和的说法。在我们思维为某个变化过程的始点和终点的任两个时间点之间,无论它们相距多么近,都能够根据时间的不受限制的可分性而始终插入无限多的瞬间;与这些瞬间的每一个相应的,如变化的连续性的主张所说,是可变的质的某个单义的量值,它在整个过程的进展中实际上曾被假定。无论这在经验性上被证明或者能够被证明是多少值,总还是留下值的一种无限性,对于它来说这个证明不曾进行,尽管如此关于这些值我们还断言,它们服从同样的普遍规则。如果我们设想变化的连续性在某个地方被中止,那么,我们就再也没有办法把变化联结在一个统一的、同一的主体上。假定一个物体在瞬间 a 显示出一个状态 x,在瞬间 b 显示出一个状态 x',而它并不经历二者之间的中间值,那么,我们就会从中得出结论,即说的不再是"同一个"物体;我们就会断言,在瞬间 a,一个具有状态 x 的物体消失了,而在瞬间 b,**另**一个具有状态 x' 的物体产生了。人们由此看出,在物理变化的连续性的假定中,说的不是观察的一个个别结果,而是一般自然认识的一个前提条件,即在它里面说的不是一个**定理**,而是一个真正的**原理**。就像第一个综合原理、"直观的公理"的原则把物理学对象置于几何学和算术的量的条件之下一样,在这第二个原理之中,自然的客体被置于在对无限者的分析中找到其表述和科学阐发的条件之下。这种分析是真正的 "Mathesis intensorum",即强度的量的数学。① 如果事先显象被规定为空间和时间中的量,那么现在,它们在感知中拥有其主观心理学表述的质就被纳入一个纯粹的概念,并由此才使显象的"实在的东西"得到科学的称谓和客观化。

---

① 特别请参见柯亨:《康德的经验理论》,第二版,第 422 页;《微积分方法的原则及其历史》,柏林,1883 年,第 105 页及以下。

"在一切显象中,"因此,康德这样表述知觉的预先推定的原则,"作为感觉对象的实在的东西都有强度的量,即一种程度。"① 由于纯粹空间和纯粹时间的普遍同源性,空的空间位置和时间位置是彼此完全同类的,因而作为这样的位置是无法区分的。只是当我们把某种**内容**置入它们,并在这种内容上思维"大的"和"小的"、"更多"或者"更少"的一种差异的时候,对于它们来说的一种区分的标志才被获得。但是,仅仅凭借感觉做出的把握严格来说只占用一个瞬间:与一个不可分的"现在"相应的,是一个不可分的感觉内容,人们能够从瞬间到瞬间交替地思维这个内容。"作为现象中的某物,其把握不是从各个部分前进到整个表象的那种逐渐的综合,所以感觉没有外扩的量:某一瞬间感觉阙如,则该瞬间就被表象为空的,因而等于零。在经验性直观中与感觉相应的东西,就是实在性(*realitas phaenomenon* [作为现象的实在性]),而与感觉的阙如相应的东西,则是等于零的否定性。但如今,任何感觉都能够减弱,以至于它能够消减,并这样逐渐地消失。因此,在现象中的实在性和否定性之间,有许多可能的中间感觉的一种连续的联系,这些中间感觉彼此的差异总是小于被给予的感觉和零或者完全的否定性之间的差异。这就是说,现象中实在的东西任何时候都有一个量……但不是外扩的量。"② 因此,一切感觉自身虽然都只是后天被给予的,但感觉的属性,即它们有一个程度,而且进一步说,这个程度如果经历一种变化,就必须是连续改变的,却能够先天地被视为必然的。因此,在这种意义上,经验性的东西的形状、知觉的特殊被规定性自身就能够"预先推定"。"值得注意的是,"康德这样结束对这一

---

① 《纯粹理性批判》,第 207 页(中文版第 3 卷,第 146 页)。——译者注
② 《纯粹理性批判》,第 209—210 页(中文版第 3 卷,第 147 页)。——译者注

原理的阐明,"我们关于一般而言的量只能先天地认识唯一的一种**性质**,即连续性,但对于一切性质(显象的实在东西)来说能够先天地认识的也无非是其强度的**性质**,即它们有一个程度,其余的一切都有待于经验。"① 就像前面适用于空间量和时间量的概念一样,现在也适用于程度的概念:即便它也并不是那么使人在事物上认识一种普遍的属性,而毋宁说是一个建构性条件,在它之下经验性对象自身的设定和区分才成为可能。

然而,如果个别对象仅仅在它的特别化中被采用,那么,它由此还没有充实真正的"自然"概念,因为自然的体系要是一个**诸法则**的体系,从而不是旨在孤立的客体自身,而是旨在显象的普遍联结,旨在它们彼此处于其中的相互依赖性的形式。以这种思想,我们被导向新的一组原理,它们应当不那么是阐述设定个别事物的原则性前提条件,而毋宁说是阐述设定**关系**的前提条件。当康德把这些原理称为"经验的类比"时,他在这里是追随了时代的数学用语,其中"类比"被用作任何种类的**比例**的普遍表述。但这里要确定的奠基性比例就是个别显象在空间和时间里所拥有的相互地位,因而是它们的彼此并在和相继的客观关系。为了这样一种关系能够得到阐述,似乎首先需要把个别事物逐一独自地仿佛置入空间和时间,也就是说,在一般空间和时间的被给予的杂多性之中,给它们指定某个点,这个点标志着它们个体的"此地"和"此时"。但是,在这里我们立刻遇到一个真正的困难。为了把空间特别是时间以这种方式用作规定的基础,我们必须首先拥有二者来作为绝对和固定的秩序。我们必须被给予"地

---

① 《纯粹理性批判》,第 217—218 页(第 3 卷,第 166 页;中文版第 3 卷,第 152 页)。

点"的一个恒常的划分、"瞬间"的一个恒常的相继，我们能够把空间中的一切运动和一切质的变化与其相关联，仿佛是与一个静止的基本刻度相关联。但是，假定这样一个刻度是**现存的**，那么，它对于我们来说是以某种方式**可认识的**吗？当然，牛顿曾说过绝对的、真实的和数学的时间，并且它自身凭借其本性齐一地并且不与任何外部对象相关地流逝。但是，如果我们承认他自己这种解释，这个齐一的时间的诸瞬间也都能不依赖与物理对象的任何关系而区分开来吗？我们直接地知道时间的瞬间及其顺序吗？或者不是毋宁说，我们对此相信拥有的所有知识都是由我们对空间时间内容的认识和我们在它们之间假定的动力学联结促成的吗？并非事物绝对的"何地"与"何时"就是我们能够从中推论到其作用方式的东西；而是反过来，它是我们在事物之间根据经验或者推论所假定的作用形式，这使得我们赋予它们以空间和时间中的某种秩序。依据万有引力法则，因而依据关于"力"的分配和依赖性的一种主张，我们在思想上勾勒出宇宙的图像，如它在空间中实存，并在时间中发展那样。在这一理论构建中，某些在最初的感性知觉中、在印象的纯然并在和相继中直接相互接触的东西在空间和时间上分离开来（例如，消失了的恒星的光的印象与某个现在的物体的印象同时抵达我们，在我们符合知性的解释中，我们把它与一个落后数百年或者数千年的"对象"关联起来）；另一方面，许多在感觉中被分开的东西通过客观科学的判断被理解和改建成一个统一体。

但是，如果以这种方式表现出，我们赋予空间和时间中的内容的**特殊**秩序实际上总是基于我们在它们之间假定的某些特殊作用法则，那么，现在从先验的观点出发，要做的就是形成对普遍者的认识。三个不同的基本规定、三个模态就是我们在时间上区分开来的东西,而且在它们里面,时间思想才得以完成:**持久性**、**相继**和**并存**。我们必须看出,这三个规定自身并不是直接被给予的,它们不是简单地从印象读出的,而是它们中的每一个为了对我们来说成为可理解的,都需要某个**知性的综合**,这个综合在自己这方面是经验自身的形式的一个普遍前提条件。"因此,就有显象的一切时间关系的三条规则先行于一切经验并使得经验成为可能。"① 这三个基本规则是康德在他的三个"经验的类比"中提出的。它们构成我们一般而言达到**客观**的时间关系之规定的前提条件,也就是说,我们不是仅仅按照联想的纯然游戏听凭印象在我们里面的偶然相继,这种游戏对于每个个人来说视其处于其下的条件而不同,而是能够对时间关系做出普遍有效的判断。例如,为了在客观的意义上确定一种变化的出现,我们设定不同的内容并把它们仿佛是直接粘贴在不同的瞬间上是不够的。时间和瞬间自身并不是可能知觉的对象,而是我们必须为此**在显象自身中**证明一种持久和并存的东西,通过与它的关系,在某些其他规定中的变迁才是可确定的。这种在现象中一个相对恒常和相对可变的东西的思想,这个"实体"和"偶性"的范畴,由此就是必要的条件,在它之下对于我们来说才从我们一般表象的整体中产生出时间的统一性、变迁中的绵延的概念。持久的东西乃是"时间本身的经验性表象的**基底**,一切时间规定唯有借着它才是可能的"。② 当然,我们能够把自然中**什么样的**量视为保持不变的,这依然是一个我们必须听凭实际观察来裁决的问题。但无论如何,必须假定**某种**量,它以这种方式保持恒常,这是一个基

---

① 《纯粹理性批判》,第 219 页(第 3 卷,第 167 页;中文版第 3 卷,第 153 页)。
② 《纯粹理性批判》,第 226 页(中文版第 3 卷,第 157 页)。——译者注

本前提条件，没有它，对于我们来说"自然"和自然认识的概念自身就会失去效用。

同样的思考适用于在第二个和第三个"经验的类比"中得到规定的因果性和交互作用的关系。休谟对原因概念的感觉主义批判是从否认这个概念的客观必然效力出发的，因为它试图把这个概念所包含的一切都还原为关于表象的或多或少合规则的相继的说法。按照这种观点，我们相信在原因性的思想中所领会的显象的共属性实际上无非是它们经常彼此相继，并且由此对于我们的"想象力"来说融合成相对固定的心理学表象联结。要在原则上和从根本上反驳这种观点，又只能通过对于先验的基本理解来说特殊的那种问题反转来进行：必须指出，并非我们的感觉和表象的彼此相继中的合规则性产生出因果性的概念，而是反过来，这个概念、一种我们运用于知觉的规则的思想和要求，才使得我们有可能从流动中总是相同的序列中提取出某些"构成物"、某些实际必然的联结，从而给予我们的表象以一个"对象"。实际上，如果我们研究一番，与一个对象的关系究竟给予我们的种种表象以一种什么样的新性状，以及这些表象由此获得的尊严，即特殊的逻辑效力是什么，我们就发现，"这种关系所造成的无非是以某种方式使种种表象的联结成为必然的，并使它们从属于一条规则；反过来说，只是由于我们的种种表象的时间关系中的某种秩序是必然的，这些表象才被赋予客观的意义"。①但恰恰这一点是原因概念提供的，因为如果我把两个现象 a 和 b 设定在"原因"和"结果"的关系中，那么，这无非意味着断言，从一个到另一个的过渡不能任意地进行（就像我们在梦中或者在主观

---

① 《纯粹理性批判》，第 242—243 页（中文版第 3 卷，第 166 页）。——译者注

的幻想活动中任意地把个别元素如同一个万花筒的小石子一般挪来挪去，以这种或者那种方式分组一样），而是它服从一个固定的法则，据此 b 必须总是并且必然地跟随在 a 后面，但并不能也先行于它。因此，当我们把一个经验性地被给予的关系置于因果性概念之下时，我们由此才真正固定和**清晰地**规定了它的各环节的相继中的时间秩序。"人们可以假定，在一个事件之前，没有任何该事件根据一条规则必然跟随的东西先行，这样，知觉的任何相继就会仅仅在把握中，也就是说，就会仅仅是主观的，但这样一来就根本没有客观地确定，何者真正说来必须是种种知觉先行的东西，何者必须是后继的东西。以这样的方式，我们就会只有一种表象的游戏，它根本不与任何客体发生关系，也就是说，凭借我们的知觉将根本不会有一个显象根据时间关系与任何别的显象区别开来……因此，我将不说在显象中两个状态前后相继，而是仅仅说一个把握跟随另一个把握，这仅仅是某种**主观**的东西，并不规定客体，因而根本不被视为某个**对象**的知识……因此，关键就在于……指明：除非有一条规则作为基础，它迫使我们遵循种种知觉的**这种**秩序而不是别的秩序，**以至于这种迫使真正说来就是使客体中的一种演替的表象成为可能的东西**，否则，即便是在经验中，我们也绝不能把相继……归于客体，并把它与我们的把握的主观相继区分开来。"① 而且由此才解决了休谟的疑难——当然是很"针对它的首创者的猜测"的。休谟就他整个心理学分析而言毕竟毫不迟疑地预设着这一个东西：无论如何，某些印象是在客观的、合乎规则的彼此相继中被给予的。因为如果不是这种情况，则按照纯粹的任性，就会时而内容 a 先行于内容 b，

---

① 《纯粹理性批判》，第 239—242 页（中文版第 3 卷，第 164—166 页）。——译者注

第三章 纯粹理性批判的建构和基本疑难

时而根本不与后者联结,或者毕竟是在别的相继中联结。这样,就不可能在 a 和 b 之间建立起以同样的经验内容在同类的结合中反复出现为条件的合乎习惯的"联想"了。① 但是,在经验元素的一种客观相继的这一个前提条件中——如康德所反驳——已经承认了被否定的原因概念的真正内容,以至于后来对这个概念所尝试的所有怀疑论批判都变得失效。唯有通过运用原因和结果的观点,唯有通过"显象"不依赖于个别主观观察者的意识而独自服从的一个规则的思想,才能与"我们里面"的表象的纯然马赛克相对立来谈论"自然"或者"事物"中的一种相继。"这里的情况,"康德这样说明,"与其他先天纯粹表象(例如空间和时间)的情况是一样的,我们之所以能够把它们作为清晰的概念从经验中抽取出来,乃是因为是我们把它们置入经验中的,从而经验乃是通过它们才得以实现的。"② 对于独断论形而上学来说,原因性被视为客观的势力,被视为一种其根源在于事物自身或者在于事物的最终根据的事实。怀疑论-心理学的批判取缔了这种观点;但是,更仔细地看,它只是用蕴含在表象和表象联结的机制中的强制取代了事物的强制。与此相反,批判的方法论把我们在原因和结果的关系中所思维的必然性无非建立在知性的必然综合之中,凭借这种综合,起初互不相干的、孤立的印象形成"经验"。当然,它并不能提供另一种更确凿和更稳定的客观性;但是,为了这种客观性也不需要这一点,因为它的至上原理说的是,对我们来说"对象"永远只在经验中并凭借其条件而存在。原因的概念并非通过许多事件的被知觉到且比较出来的一致相继而从"经

---

① 特别请参见《纯粹理性批判》,第 100 页及以下(第 3 卷,第 613—614 页;中文版第 4 卷,第 71—73 页)。

② 《纯粹理性批判》,第 241 页(中文版第 3 卷,第 165 页)。——译者注

验",也就是说从感性印象获得的;毋宁说,因果性的原理表明,"人们最初如何能够关于发生之事获得一个确定的经验概念"。①

  同样的原则性的思想是第三个"经验的类比"所基于的思想,康德把它称为"根据交互作用或者共联性法则并存的原理"。"一切实体,就其在空间中能被知觉为同时的而言,都处在无一例外的交互作用之中",因为就像相继的客观化唯有通过我们用一个因果规则把其相继应当被视为必然的元素联结起来才有可能一样,并存的客观性只能由此得到保证,即我们言说这种关系的两个环节处于一种动力学的关系中,凭借这种关系一个既表现为另一个的原因,也表现为其结果。只要我们仅仅听凭感觉和印象之流,对于我们来说在严格的意义上将没有"并存",因为我们的"把握"仅仅是一种流动和渐进的东西,在它内部一个内容唯有通过排挤和排除在它之前存在的另一个内容才能"存在"。"因此,想象力在把握中的综合就会只把这些知觉中的每一种说明成这样一种在主体中存在的知觉,而其他知觉则不在其中,反之亦然,但并不说明种种客体同时存在,也就是说,如果一个存在,则另一个也在同一时间存在……。因此,要能够说知觉的交互继起在客体中有根据,并由此把同时存在表现为客观的,就要求有关这些彼此外在地同时实存的事物之知觉交互继起的一个知性概念。"这个知性概念的普遍特性已经由先行的原理确认:"作用"或者功能上的依赖性的形式就是对于我们来说为假定对象自身中的某种时间联结提供"根据"的形式。但在这里,诸元素并不像在因果性那里一样处在一种单方面的依赖性的关系之中,

---

  ① 《纯粹理性批判》,第357页(第3卷,第249页;中文版第3卷,第233—234页)。关于整体,参见第232页及以下(第3卷,第175页及以下;中文版第3卷,第160页及以下)。

以至于一个元素 a 无论在时间意义上还是在实际意义上都"预设"另一个元素 b，而是就它们是"同时的"而言，二者之间的过渡必须既从 a 到 b 来进行，也从 b 到 a 来进行。这样，我们就达到了一个因果体系，在它里面两个环节被如此理解，以至于既能够从前者过渡到后者，也能够在相反的方向从后者过渡到前者。一个诸如此类的体系就表现在例如从牛顿的万有引力法则派生的数学-物理学方程的总和中。通过它，宇宙的每个环节在它的空间位置和运动中都被解释为其余所有环节的功能，而其余所有环节又被解释为它的功能：在这种从质量到质量进行的无一例外的交互作用中，才对我们来说建构起物理空间自身的客观整体和它的个别部分的排序和划分。①

但是，这最后一个重大实例对于康德自己来说早就意味着一切自然认识的真正范例，它同时也是以我们在这里眼见的原理，规定自然对象的任务达到其终结的征兆。现在还后续、康德在"经验性思维的公设"名下概括的原理，实际上不再为这种规定增添新的东西，因为它们——如这个称谓已经说出的那样——并不那么关涉客观显象自身的内容，而毋宁说关涉我们在经验性思维中对它给出的关系。我们是否把一个内容仅仅视为"可能的"，我们是否把它视为"经验性现实的"或者视为"必然的"，这对它的性状自身没有任何改变，对它的概念没有附加任何新的标志；但它包含着我们在我们认识的整体中给予它的一种不同的**地位**。这样，就连这种三重设定在其中得到其表达的模态范畴，自身也具有特殊的东西："它们作为客体的规定丝毫不扩大它们作为谓词所附属的概念，而是仅仅表示

---

① 《纯粹理性批判》，第256页及以下（第3卷，第189页及以下；中文版第3卷，第174页及以下）。

与知识能力的关系。即使一个事物的概念已经是完全完备的，我毕竟还是能够就这个对象而追问：它是仅仅可能的抑或还是现实的？或者，如果它是后者，那么，它是否也是必然的？由此并没有在客体本身中再思维任何规定，而是仅仅问道：该客体（连同其一切规定）与知性及其经验性应用、与经验性的判断力以及与理性（就其应用于经验而言）的关系是怎样的？"① 因此，更仔细地考察和更精确地表示，与"知性"的关系意味着与**经验体系**的关系，在这个体系中，唯有客体能够被认识为被给予的对象，从而也被认识为"现实的""可能的"或者"必然的"。凡是与经验的**形式**条件（按照直观和概念）一致的——现在三个模态公设这样说——就是**可能的**；凡是与经验的质料条件（感觉）相关联的，就是**现实的**；凡是其与现实的东西的关联被按照经验的**普遍**条件规定的，就是**必然的**（或者实存的）。人们认识到，这里绝不是要定义可能的、现实的和必然的东西的纯然形式逻辑概念，而是三个级别的对照在一个完全**专业的**认识旨趣下进行。在"一般逻辑学"的意义上，任何自身不包含截然对立的标志，从而不包含内在矛盾的内容都叫作"可能的"；但是，根据我们在这里眼见的标准，说不是这种情况的保证远远不够，因为即便是不带有一种诸如此类的形式缺陷，某个内容对于我们来说仍可能是完全空的，以至于用它未明确地规定任何认识客体。这样，在一个用两条直线围成的图形的概念中就没有任何矛盾，因为两条直线及其相交的概念不包含对一个图形的任何否定；而毕竟，用这个概念未表示任何特殊的、与其他东西特色有差异的空间**构成物**。为了达到这样的构成物，我们毋宁说必须从逻辑学的分析规则

---

① 《纯粹理性批判》，第266页（第3卷，第195页；中文版第3卷，第180页）。

继续前进到在纯粹直观中构图的综合条件。但是，甚至与后面这些条件的可统一性也还不足以得出可能的东西的那种这里应当规定的完全的、**具体的**意义。这种意义毋宁说只有在我们获得如下的洞识时才能达到，即空间的**纯粹**综合自身并不必然地包含在一个物理感性"事物"的思想对我们来说所借以产生的每一种知觉的**经验性**综合之中；因此，例如我们在想象力中借以勾勒一个三角形的形象的构图行为，就与我们在对一个显象的把握中为对它形成一个经验概念而实施的行为是一回事。① 因此，并非这个或者那个特殊条件的满足，而是对于经验客体来说本质性的**所有**条件的满足，构成了"可能的东西"的真正概念。

但当然，唯有经验的"形式"条件，唯有纯粹的直观和纯粹的知性概念，才是第一个模态原理维护其效力的。与此相反，如果我们从可能的东西的维护继续前进到对"现实的东西"的维护，那么，我们就发现自己由此被指向一个完全不同的认识因素。一种具体的实在，某个个别事物既不通过纯粹的概念也不通过纯粹的直观被给予我们。在一个事物的纯然概念中，根本不能发现它的存在的任何特性；而且就在其中对于我们来说产生几何学形象的建构性综合来说，它也从未一直推进到我们在谈论一个特殊的客体的"实存"时所指的**个体**规定。我们构思出"这个"三角形和"这个"圆，作为能够在无限多的、个体的-不同类的个别样品中被实现的一个图形和普遍的模型；但是，一旦我们想从可能的东西的这个典范得出一个现实的个别实例，一旦我们根据其元素，例如边的

---

① 《纯粹理性批判》，第271—272页（第3卷，第198页；中文版第3卷，第183页）。参见上文（边码）第190页。

长短和角的大小的所有特殊性或者就其"在此"、其在绝对空间中的位置的被规定性来理解一个形象，我们就由此超越了一般数学事物的疑难提出和认识基础。唯有**感觉**自身才包含着单个事物的这样一种设定的指示。"认识事物**现实性**的公设，要求有知觉，从而要求有人们意识到的感觉；虽然不是直接关于其存在应当被认识到的对象本身的，但毕竟是关于对象按照说明一般经验中一切实在的结合之经验类比与某一个现实的知觉的关系的。"① 这样，某个内容为了被称为现实的、"存在的"，虽然绝不需要是可感觉的，但它必须至少与某些被给予的知觉表明我们称为经验性因果性（在最广的意义上）的体系和秩序的那种联结。例如，一种渗透一切物体的磁性物质的存在当然不能通过直接的感性感觉来证明；但是，根据可观察的材料（例如对铁屑的吸引）借助因果法则"阐明"它就够了。因此，知觉与诸如此类的法则的关系，以及反过来法则与知觉的关系，就是对我们来说构成经验性现实的真正基本特性的东西。"说月球上可能有居民，虽然没有一个人曾经见过他们，这一点当然也必须给予承认，但这仅仅意味着：我们在经验的可能进展中有可能遇到他们，因为凡是按照经验性进展的法则与一个知觉相联结的东西就都是现实的。"② 即便是对于梦和醒之间的区别，我们也除了在这个命题中所确定的之外，没有别的、更稳定的标准。因为在意识内容自身的纯然性状中，在一种或者另一种状态中被给予我们的单个表象的特性中，这种区别绝不能证明，因为这些材料毋宁说在两方面是相同的材料；而只有这一点才构成了决定性的差异，即我们

---

① 《纯粹理性批判》，第 272 页（第 3 卷，第 198 页；中文版第 3 卷，第 183 页）。
② 《纯粹理性批判》，第 521 页（第 3 卷，第 350 页；中文版第 3 卷，第 330 页）。

在一种场合能够把这些材料的全体性概括成一个自身一致的法则性整体，而它们在另一种场合则依旧纯然作为相互排挤的个别印象无联系的混合体处在我们面前。①

在这种规定中，同时有现实性的公设紧接必然性的公设，因为必然性如这里所理解的那样，绝不应当意味着概念联结中的形式的、逻辑的必然性，而是应当表示在**经验性**思维，因而在物理学思维中设定和建立的一种认识价值。但在这种思维内部，我们把某个事实称为"必然的"，是就我们并非仅仅根据观察而维护它的实有性，而是把这种实有性的出现视为和证明为出自一个普遍**法则**的结果。在这种意义上，例如行星运动的规则以开普勒表述它们的形式就意味着一种纯然实际的确定；但当牛顿成功地发现万有引力法则的普遍公式、那些规则作为特例包含在其中并能够以数学的方式从中推导出来的时候，它们就被提升到经验性的"必然性"的等级了。至于这种必然性当然不是"绝对的"必然性，而是一种纯然"假说的"必然性，这是明摆着的。它始终是仅仅在推导的大前提——因此，在我们的实例中就是牛顿的引力与质量成正比和与距离的平方成反比的法则——被视为成立和有效的前提条件下有效。当然，这样就没有任何感官对象的实存能够被完全先天地被认识，"但毕竟能够以比较的方式先天地、与另一个已经被给予的存在相关地被认识"。②因此，在必然性的公设中，与在现实性的公设中一样关涉知觉与法则的关系，但这种关系的方向在两个场合却是不同的。如果一次是从"特殊"上升到"普遍"，那么，另一次则是走的从普遍到特殊的

---

① 参见《未来形而上学导论》，第13节，附释三（第4卷，第40页；中文版第4卷，第292页及以下）。

② 《纯粹理性批判》，第279页（第3卷，第203页；中文版第3卷，第187页）。

道路；如果前者被与个别实例相联结，如其在感觉和知觉中展现的那样，后者则是考察从整体达到个别实例。现实的东西的原理由此表示物理学的归纳的形式，必然的东西的原则则表示物理学的演绎的形式。当然，这里要坚持的是，二者并非独立的行事方式，而是交互相关，在这种相互关联中才规定"一般经验"的基本形式。人们在这种联系中再次认识到模态公设在综合原理体系内部所占有的独特地位：它们不再直接关涉经验性对象的联结，而是关涉经验性**方法**的联系，要规定这些方法的每一个的相对权利和在经验认识的整体中的意义。

四

先验考察以其为自己开端的"主体性"迄今在一种精确规定的、术语上界限清晰的意义上展现给了我们。它绝不意味着从认识个体的器官组织出发，也不意味着从对于个体来说感觉、表象和表象联结的世界在其中产生的心理学过程出发。毋宁说，唯有这一点是在它里面所坚持的：纯粹认识形式的规定必须先行于认识对象的一切规定。当我们把"空间"理解为统一的综合做法时，由此展现给我们的就是几何学的和几何学-物理学构成物的合法则性；当我们分析实验的方法论，并在它里面证明量和尺度的纯粹概念、持久性和因果依赖性的普遍前提条件时，我们由此就认识到经验判断就其真正的起源而言的普遍性和客观有效性。因此，这里到处都谈到的"主体"并不是与就其普遍的基本功能而言和就其特殊的基本功能而言的"理性"自身不同的主体。而且仅仅在这种意义上，我们才能把康德的体系称为"唯心论"的体系：它所关联和依据的观念性,就是至上的理性原理的观念性,所有特殊的、派生的结果都必须已经以某种方式在它里面预先构成,并由它"先天地规定"。

但是,就不存在着"主体性"的一种完全不同的意义,它虽然对于纯粹理性批判来说不构成出发点,却毕竟至少要求纯粹理性批判予以关注?就不存在着"唯心论"的另一些形式,它们从哲学的历史中充分为人所知,而且新的学术概念如果不愿蒙受持久的误解,就必须与它们清晰可靠地划清界限?康德未曾像对这点那样深刻且持久地研究他的思想的**阐述**疑难。他一再试图把自己的"批判"唯心论的特点与笛卡尔的"怀疑的"或者"成问题的"唯心论,如与贝克莱的"独断的"唯心论一样划清界限,试图维护他自己的仅仅关涉经验之"形式"的规定的基本思想,以免与"平庸的"和"质料的"心理学唯心论混淆。但是,如果康德自己只能够从一种"差不多蓄意的误解"来解释每一种诸如此类的混淆,那么,它对于纯粹历史的判断来说,却当然表现出另外一种样子,因为正是这一点构成了理性批判的一个独特的基本元素:它自身既包含着一个关于**意识**的新学说,也包含着一个关于**对象**的新学说。如果同时代人首先把这第一个成分从批判体系的整体中剥离出来,如果他们试图从这个整体出发弄明白它,那么,之所以如此,乃是因为他们在这里重新发现一种哲学的概念语言,它显得最为允许与已知的表象方式接轨。康德在范畴的"客观演绎"中——在经验的可能性的条件同时是经验对象的可能性的条件这一证明中——要独立地不仅创造概念自身,而且创造概念的逻辑表述,而在"主观演绎"中,他却到处与他那个时代的心理学流行称谓相联系。至于特滕斯的代表作《关于人的本性的哲学尝试》在撰写理性批判期间翻开放在他的书桌上，这是哈曼在一封致赫尔德的信中提到的。① 这样，它就可能获得这样的印象，就好像这里唯有经验性心理学创造了一个新的"先验"基础，具体心理学的事实和关系在这里仅仅被翻译成了另一种形而上学语言似的。

但实际上，理性批判既反对心理学的"唯心论"，也反对独断论的"唯心论"；因为它想是**自我概念**的批判，不亚于它想是对象概念的批判。在贝克莱的体系中找到其典型的历史特色的心理学形而上学是以此为标志的，即它断言自我的确定性是源始的事实，而"表述"的确定性是一个仅仅派生的事实。在自我的实存中，我们拥有一种直接的、无可置疑的存在，而我们除此之外用实在的名称称谓的一切，如特别是事物在空间中的存在，都依赖于自我的基础性事实。这样，"灵魂"（以及与它相对的无限的上帝之灵）就构成了唯一真正"实体性的"现实。我们称为存在的东西的全部内容无非是被表述和理解为灵魂的内容，被表述和理解为"感觉者"或者"被感觉者"。康德首先由此与这种理解撇清，即就连"自我"、自我意识的心理学统一对他来说也构成演绎的一个目标，而不是其出发点。如果人们不是从一种绝对的形而上学的立场，而是从经验及其可能性的立场出发做判断的，那就表现出，自我的事实对于其他的、用知觉和经验性思维的手段使人相信的事实并不具有优先地位和特权，因为即便是自我，也不是作为单纯的**实体**源始地被给予我们的，而是它的思想唯有根据感觉内容成为经验内容，"印象"成为"对象"所凭借的同一种综合、同一种结合杂多的功能才对我们产生的。经验性的自我意识并不在时间上和实际上先行于经验性的对象意识，

---

① 参见《哈曼著作集》，第6卷，第83页。

而是在客体化和规定的同一个过程中，对于我们来说经验的整体分化成"内在"和"外在"、"自我"和"世界"的领域。①

先验感性论就已经把时间称为"内感官的形式，即直观我们自己和我们的内部状态的形式"。② 在这个首要条件中，根本上已经包含着所有进一步的条件，因为现在只是还关涉**分析时间自身的意识**，以便在个别事物中提取所有构建它的规定性瞬间。至于这里有一个疑难，这最清晰地出现在我们提出在思想上领会一个时间**整体**并把它当作某种统一体来坚持的可能性基于何处这个问题的时候。在空间这里，这种可能性会是可以理解的，因为既然按照其真正的概念，它的各部分应当是"同时的"，所以在这里除了把同时现存的东西也归纳进表象中，以便获得关于某个空间广延的直观之外，似乎没有什么是进一步必要的了。与此相反，时间的个别瞬间正是以此为特征，即它永远只是作为过去和未来之间的转瞬即逝的、点状的界限被给予的；因此，它在根本上始终只是作为**个别的**瞬间存在，并排斥所有其他的时刻。唯有不可分的当下的"现在"在这里是现实的，而任何别的时间点都必须被视为一个尚未存在或者一个不再存在的东西。因此，这里显然并非集合体、并非个别元素的总和在通常的意义上可能，因为如果在我们前进到第二个环节时，第一个环节就消失，怎么能够构成一个总和呢？尽管如此，如果在时间中应当有一个整体，如果在它里面一个**完整系列**的总体性是可以设定的——而且正是这一点对于我们称为自我意识的统一性的那种统一性来说构成了必要的前提条件，那么，坚守时刻，不让时间作为不断的前

---

① 参见"对唯心论的驳斥"，《纯粹理性批判》，第274页及以下（第3卷，第200页及以下；中文版第3卷，第184页及以下）。

② "先验感性论"，第6节（第3卷，第65页；中文版第3卷，第54页）。

进和过渡的普遍特性就此丧失,就必须至少是间接地可能的。时间的各时刻不可以简单地被设定和"把握",而是必须被重复和新创造:"把握的综合"必须同时并且在同一个不可分的基本行为中作为"再生的综合"起作用。① 唯其如此,当下的才能接续上过去的,过去的才能被保存在当下的之中并一起被思维。但在根本上,如果不是再生在实施时同时**也作为再生被意识到**,也就是说,如果不是多次并在不同的时间点被设定的东西通过思想仍被规定为一,被规定为**同一的**,时间过程也不会由此就被领会为统一体。超出质上的感觉内容的所有不同,超出位置对于纯粹直观来说根本性的所有杂多,知性综合的统一性必须随之产生。"如果不意识到我们现在所思维的东西与我们一个瞬间前所思维的东西是同一个东西,那么,在表象序列中的一切再生就都是徒劳的了。在现在的状态中就会有一个新的表象,它根本不属于应当逐渐地产生它所凭借的那个活动,而表象的杂多就会永远构不成一个整体,因为它缺乏唯有意识才能给它带来的那种统一性。如果我在计数时忘记现在浮现在我心目中的各个单位是由我逐渐地加在一起的,那么,我就不会认识数量通过从一个到另一个的这种渐进的附加的产生,从而也不认识数字;因为这个概念仅仅在于对综合的这种统一性的认识。概念这个语词自身就已经能够引导我们达到这种说明了,因为正是这种**统一的**意识,把杂多、逐渐地直观到的东西,然后还把再生出来的东西结合成一个表象。这种意识可能往往只是微弱的,以至于我们只是在结果中、但并不在活动本身中亦即直接地把它与表象的产生联结起来;尽管有这些区别,毕竟总是必然遇到一种意识,即使它缺乏凸现的

---

① 参见《纯粹理性批判》,第100页及以下(第3卷,第613页;中文版第4卷,第71—73页)。

明晰性,而没有这种意识,概念连同关于对象的知识就是完全不可能的。"① 只是在这综合的最后一个等级中,在这种"概念中的认知"中,对于我们来说产生出我们作为"固定的和常驻的**自我**"与感性印象和表象的流动和变迁相对立的那种内容。如果感觉主义相信通过把自我称为灵魂个别内容的一个松动的结构,纯然是"一束感觉",就给出了自我概念的充分说明,在这里像现在所表明的那样,是以一种极为粗糙的、不完备的分析为基础的。且不说甚至最松动和最外在的结合形式自身也会已经包含着一种认识批判的疑难,即便是这里也又要有先验的颠倒。自我不是出自个别感觉的成果,它毋宁说构成了某种东西一般而言能够被称为"感觉"的基础性前提条件。"自身"的同一性关联点才给予特殊的和不同类的东西以其质的**意义**作为意识的内容。在这种意义上,纯粹**统觉**的自我就构成"我们所有表象的相关物",只要有可能意识到它们,"而且一切意识都属于一个无所不包的纯粹统觉,正如一切感性直观作为表象都属于一个纯粹的内直观亦即时间一样"。② 在时间的统一性里面并借助这种统一性,对我们来说才有了一种经验性意识的统一性,因此,时间的统一性在这里被引回到普遍的条件;而这些条件连同从它们得出的原理,就在更清晰的分析时表明为就连对客观有效的联结的所有设定、因而"关于对象的所有认识"都基于的**同样**条件。只是现在,内部经验和外部经验之间、"自我意识"和"对象意识"之间的关系才澄清了。二者并不构成整个经验的独自现存的、相互独立的"两半",而是都与普遍有效的、必然的逻辑前提条件的总和相联

---

① 《纯粹理性批判》,第一版,第 103—104 页(第 3 卷,第 614—615 页;中文版第 4 卷,第 73 页)。

② 《纯粹理性批判》,第一版,第 123—124 页(第 3 卷,第 625 页;中文版第 4 卷,第 85 页)。

结,并通过这个总和彼此不可分解地相关。我们现在不再问自我如何达到绝对的事物,也不问绝对的事物如何开始呈现给自我:"自身"和"对象"二者对我们来说从现在起都是一般"经验"的同一种在先验统觉的概念中描述的合法则性的表述,唯有通过它的中介,对于我们来说才有某种方式的内容,无论是内部感官的内容,还是外部感官的内容。

当然,一旦自我概念的这种意义和这种起源被忽视,那么,我们就必然马上发现自己被牵连进了所有那些在任何形而上的心理学中都重现的无法解决的疑难之中。如果我们不再以纯粹条件的形式来思维"统觉的先验统一",如果我们试图把它作为一个被给予的、独自现存的事物来直观和表现,我们就将陷入一种一步步地、一个推论又一个推论地变得越来越困难和越来越复杂的辩证法的轨道。在所有地方,如果我们试图使某一种在经验**内部**并且对联结它的各个别环节有效的关系成为一种先行于一切经验的独立本质,我们就会遇到这种辩证法。当然,在一种纯粹的关系向一种绝对的本质的这种转变中,并没有应当让个别的经验性主体为之负责的纯然偶然的或者个体的欺骗;而是我们这里在与理性自身的一种诡辩打交道,这种诡辩直到它被先验的批判完全揭露并就其最终的动机而言被看透之前,是不能避免的。一个新的问题和任务领域由此呈现给理性批判。如果说先验感性论和分析论指向的是证明在经验中并凭借其原理发生的**真正对象**设定的条件,那么,**先验辩证论**就要在否定的方向上抵制从超越这些条件而对我们来说产生的错误的"客体";如果前者是"真理的逻辑",后者就是"幻相的逻辑"。[①] 如果我们

---

① 《纯粹理性批判》,第85—86页、第348页及以下(第3卷,第86页、第244页及以下;中文版第3卷,第75页、第229页及以下)。

把这种概念规定最初仅仅运用于心理学疑难,那么,这里所关涉的将是标明从意识的普遍统一功能的实体化为灵魂的一个特殊的单纯"实体"中产生的幻觉。理性心理学的所有谬误推理、纯粹的形而上学灵魂学说的所有错误推论的根源都在于这种实体化,因为全部传统的灵魂概念都基于我们把一个**在意识现象自身的序列中**可以指明、其必然性在这个领域内部可以表明的统一性从这个序列自身的整体中抽取出来,并把它赋予一个原初独立持存的**基底**,意识的特殊显象只应当是这个基底的一个间接结果而已。因此,不是仅仅就其联系而言来思维现象自身,我们现在为它们想出一个超经验性的"根据",我们试图从这个根据出发解释和推导出现象的杂多性。一个单纯的、不可分的和不朽的"某物"被设定,它即便按照其普遍的事物形式类似于空间事物且可以与之比较,却仍然按照它特别的性状而与它们本质不同,因而据说对它们除了一种纯然偶然的、可以又取缔的关系之外,绝不承诺另一种关系。但是,在这种断言——以及由此关于灵魂的"非物质"本性和关于其延续的所有命题——的基础之上,总是有同一个无法解决的矛盾。理性心理学的"唯一解说词"是"我思"这个命题,它当然必须能够伴随我们的所有表象,这是就它们唯有通过它——无论它是明确地被一起设定在它们里面,或只是隐秘地包含在它们里面——才能被解释为属于同一个自我意识的。但是,通过所有的灵魂内容与一个共同的中心的关联,既没有关于它们所指向的某种持久的存在实存说出任何东西,也没有规定属于这个存在的任何一个现实的谓词。至于自我的**概念**,作为一种恒常的、与自身同一的统一性的概念,在所有的特殊表象和思维时总是再现,这当然是无可置疑地确定的;但是,对一个符合这个概念的独立持存的对象的直观,由此却一点也没有获得。任何从思维功能的逻辑统一性到灵魂实体的实在的和形而上学的统一性的推理,都意味着到另一个类的过渡,即到一个完全不同的疑难域的不合法的过渡。"由此得出:先验心理学的第一个理性推理在把思维恒常的逻辑主体冒充为依存性的实在主体的知识时,只不过是在用一种被信以为真的新洞识来欺骗我们罢了;关于这个实在的主体,我们没有也不可能有丝毫知识,因为意识是唯一使一切表象成为思想的东西,从而作为先验的主体,在它里面必然发现我们的一切知觉,而且在我的这种逻辑意义之外,我们对于作为基底构成这一思想以及一切思想的基础的主体自身没有任何知识。然而,人们尽可以承认'**灵魂是实体**'这个命题,只要人们满足于,我们的这个概念并不使人前进一步,或者能够告诉人玄想的灵魂说的种种通常的结论中的任何一个,例如告诉人灵魂无论人有什么变化,甚至死亡也永久持存,因此,它只不过表示**一个理念中的实体**罢了,**但并不表示实在性中的实体**。"① 而正是在这里,如今有先验辩证论在这个点上应当做出的工作:它无例外地把灵魂实体的传统形而上学规定转化为灵魂理念的认识规定。"自我""先验统觉"是持久的和不可变的,但它只是意识内容*之间*的一种不可变的关系,不是这些内容所源自的一个不可变的基底。它是"单纯的"和"不可分的",但这只与联结杂多的综合行为相关联,这行为当然是完完全全或者根本不能被思维的。从这个行为的不可分性到一个处在它背后并作为它基础的不可分的事物的断言,是没有桥梁的。因此,我自己(作为灵魂)的单纯性不是从"我思"的命题**推出**的,而是已经在那个思想之中。"'**我是单纯的**',这个命题必须被视为统觉的一种直接的表

---

① 《纯粹理性批判》,第一版,第350—351页(第3卷,第637页;中文版第4卷,第218—219页)。

达，就像被信以为真的**笛卡尔式推理**'*cogito, ergo sum*［我思，故我在］'事实上是同义反复一样，因为 *cogito*［我思］（*sum cogitans*［我是思维者］）直接陈述着现实性。但'**我是单纯的**'却仅仅意味着，'**我**'这个表象在自身不包含丝毫的杂多性，它是绝对的（尽管纯然是逻辑的）统一性。"①

先验辩证论的疑难提出和基本倾向比在灵魂概念的批判中更加尖锐地出现在世界概念的批判上。在这里，最初当然是显得好像先验分析论已经最终结束了问题：世界的概念所说与"自然"的概念所说有什么不同，而按照所有综合判断的至上原则，自然与可能经验的整体有什么不同，可能经验的结构及其界限不正是由纯粹知性原理的体系确定的吗？但是，就在我们谈论经验的**整体**的时候，我们就已经暗示过超出分析论界限的新疑难了。我们追问其可能性的"经验"对我们来说不是事物的一个特殊种类，而是一个特别的"认识种类"。它意味着科学所利用的行事方式的一个总和，不那么为的是临摹一个现存的现实的东西，而为的是实现现象的普遍有效的、必然的联结，我们把这种联结称为现象的"真理"。但是，从这个立场出发来看，它对我们来说不是一个完工的成果，而是一个继续塑造自己的过程。这个过程的条件而非它的终结，是我们能够规定的东西。由此虽然为我们的经验认识指定了一个明确的方向，因为这是经验认识的进步完成所遵循的普遍的、一如既往的基本方法，然而，这里面却并没有仿佛标明和记录它们的总和与它们的全部收获。它是客体规定的不同类道路的一个能够为我们在其中接近的总和；但是，它们均衡地指向的目标却未为它们中的任何一个实际达到。

---

① 《纯粹理性批判》，第一版，第354—355页（第3卷，第639页；中文版第4卷，第221页）。

这样，我们拥有纯粹空间和纯粹时间的基本形式，凭借它们，我们把显象联结成并存和相继的秩序；这样，我们就凭借原因的知性概念从发生的杂多性中得出某些原因序列及其群组。但是，规定的最终结束却以这种方式从未获得，因为不仅在任何特殊的序列中一个个别环节都总是指向另一个先行于它的环节，我们从未达到一个最后的环节，而是即便我们把每个序列自身理解为统一体，一旦我们想表明它对其他序列的归属性和对它们的依赖性，就对我们产生出日新月异的功能联系的一个集群，它在我们试图探究和表述它的时候，同样把我们带入无法规定的广袤。我们称为经验的东西，就在于继续发展的关系的这样一个总和，不在于绝对材料的一个整体。然而，在这个点上不仅独断的形而上学，而且通常的世界观的"幼稚实在论"也提出的要求，绝不能得到满足，因为表明这种观点的特点的恰恰是，它不仅想在继续发展的规定中通过经验认识思维客体，而且把作为总体性的世界预设给这种规定的过程。我们尽可以总是在我们经验性的认识中始终只是片断地、残缺不全地**把握**这个世界，它毕竟仍然作为一个在每一方面都完成了和既有的整体而**现存**。但是，如今——现在先验的批判如此问道——这种"现存"意味着什么？至于这不可能是指直接的感觉和知觉中的可证明性，是清清楚楚的；因为正是这一点在这里应当得到强调，即存在的那个在现实的知觉中每次被给予我们的部分，永远只是构成"整体"的一个无限小的残片。这样，它就又是我们在对一个现存的和完成了的世界的这种断定中所面临的客观性**判断**的某种形式和特色。至少，需要理解这种**判断**并就其逻辑特性而言重视它，哪怕我们应当否认它给我们指出的对象的绝对实存。

而且在这里，从先验考察的立场出发，必须首先从这样的承认

第三章　纯粹理性批判的建构和基本疑难　　　　　*247*

开始，即"经验"和"对象"之间的等式，如其迄今被领会和理解的那样，实际上并不包含我们问题的最终和明确的答案，因为在思想中超越经验性地已知和给定的东西的必要性是不可否定的。倘若我们在批判的意义上把经验视为直观和知性的一个"成果"，在经验中把空间、时间、量、实体性和因果性等个别条件分离开来，那就表现出，当我们抽出这些功能的任何一个时，它都绝不穷尽在某一个确定的**结果**之中。例如，就像按照先验感性论的一个命题，时间的无限性无非意味着时间所有确定的量都只是通过对一个唯一的作为根据的时间的限制才是可能的那样，纯粹综合的任何特殊形式都有一种类似的无限性。任何确定的量都唯有根据量的设定和量的规定的普遍做法——因果联结的任何个别实例都唯有作为一般因果原则的"特殊化"才是可思维的。凭借这种已经蕴含在其纯粹的逻辑形式之中的无限性，经验认识的建构性要素的每一个都要求其无一例外的、超出任何实际达到的界限的运用。任何我们能够在经验中指出的原因，都只有一种受限制的和相对的存在，因为我们总是只能通过把它与另一个更加靠后的原因相关联来把它设定为个别的；但是，**原因性**的原则和思想是无须限制而有效的。至于这个原则就系统的完备性而言贯穿现象的整个领域，由此没有任何个别的现象作为所谓"最后的"因此不再可以追溯到任何别的东西的现象来与它对立并试图阻碍它的进展，这是一个由理性自身提出并在理性中建立起来的要求。"理性"在这个概念通过先验辩证论所获得的特别意义上无非意味着这种要求本身。"知性可以是诸般显象凭借规则而有统一性的能力，而理性则是各知性规则在原则之下而有统一性的能力。因此，理性从不首先关涉经验或者关涉某个对象，而是关涉知性，为的是通过概念赋予杂多的知性知识以先天的统一性，这种

218

统一性可以叫作理性的统一性,它具有与知性所能够提供的那种统一性完全不同的方式。"① 知性的范畴全都只是把我们从一个有条件者导向另一个有条件者的手段,而先验的理性概念则在任何时候都关涉条件之综合中的总体性,因而从不在绝对的,亦即在任何关系都无条件的东西那里结束。"据此,理性就只与知性的应用相关了,并且不是就知性包含着可能经验的根据而言(原因在于,种种条件的绝对总体性不是一个可以在经验中使用的概念,因为没有任何经验是无条件的),而是为了给知性规定朝向某种统一性的方向,知性对这种统一性毫无概念,而这种统一性则旨在把就每一个对象而言的一切知性行动总括成一个**绝对的整体**。"② 但是,如果人们试图在一个绝对事物的图像中展现这里蕴含的合理先验要求,如果人们使构成经验认识之持久**任务**的存在之总体性成为一个既存的和被给予的客体,这个要求就立刻变成超验的了。被视为经验性研究的准则和准绳、不仅允许而且必要的东西,现在表现为一种在更精确的分析时分化为完全相互矛盾的元素和个别特征的内容。这样,关于作为被给予的整体的世界,我们就能够先后以同样的逻辑权利证明,它在时间中有一个开端,在空间中有一个界限,就像它无论就时间而言还是就空间而言都是无限的一样;这样,就能够以同一种确凿性来阐述,它由完全单纯的实体复合而成,就像分割无论在物理上还是在纯粹空间中都达不到一个结束,因而绝对单纯的东西是一个无法实施的思想一样。

世界概念的所有这些二论背反的内容和系统意义已经出现在康

---

① 《纯粹理性批判》,第 359 页(第 3 卷,第 250 页;中文版第 3 卷,第 234 页)。
② 《纯粹理性批判》,第 382—383 页(第 3 卷,第 264 页;中文版第 3 卷,第 248 页)。

德思维的发展史上，[①] 然而，它们的真正根据现在可以从批判体系的普遍前提条件出发来尽可能简明扼要地描述。从一个概念能够派生出两个彼此直接矛盾的规定和结论，这唯有在这个概念自身已经在其结构和它所依据的源始综合中包含着一种内在矛盾的情况下才有可能。但在我们的案例中，这种矛盾更仔细地来看已经在于，世界概念的内容在根本上与定冠词相结合："此"世界被用作**名词**。经验整体作为这样的整体，对于我们来说从来不是作为一个固化的、完成了的存在被给予的；不是作为一个在我们后面的结果，而是作为在我们前面的目标。因此，我们赋予它的"持存"，归根结底根据不在于任何别的东西，而在于我们从单个的东西开始、上升到作为经验性存在之总集群的世界之概念的那种进步自身的规则。这个规则当然也在自己那方面有其确定的客观有效性；但自身它不可以以一个与其部分同时被给予的物的整体的形式来思维。它不能规定**客体是什么，而是规定应当如何着手进行经验性的回溯**，以便达到客体的完备概念。[②]"因此，人们绝不能由此就想说，一个被给予的有条件者的条件序列就自身而言是有限的或者无限的；因为这样一来，一个仅仅在它（理性）本身中才被创造出来的绝对总体性的纯然理念就会来思维在任何经验中都不能被给予的对象了，因为一序列显象就会获得一种独立于经验性综合的客观实在性。因此，理性理念将只是给条件序列中的回溯性综合规定一个规则，按照这个规则，该综合从有条件者开始，凭借所有相互隶属的条件进展到无条件者，即使该无条件者永远达不到，因为在经验中根本遇不到绝对无条件

---

① 参见上文（边码）第 118 页及以下。
② 《纯粹理性批判》，第 538 页（第 3 卷，第 360—361 页；中文版第 3 卷，第 339 页）。

者。"① 在这种意义上，总体性的理念就是"范导性的"，不是"建构性的"，因为它只包含着在回溯中从我们这里应当发生什么的规定，但并不规定和预定在客体中于一切回溯之前被给予了什么。当然，这里所确定的区别仅仅涉及关于原则之起源的"先验"思考，但并不涉及其实际的经验性应用。对于这种应用来说，"就结果而言，我是说我在空间里的经验性进展中能够遇到比我看到的星球还要远百倍的星球，还是说即便从来没有一个人看到过它们或者将看到它们，但在宇宙空间中也许会看到它们，这都是一回事"。② 因为一个经验性客体的现存更尖锐地来看，并不意味着而且不能要意味着别的东西，只能是它的要么直接的、要么间接的通过经验性方法论的可规定性：通过感觉或者纯粹的直观，通过"经验的类比"或者通过"经验性思维的公设"，通过综合的原理或者理性的范导性理念。据此，如果我把感官在一切时间和一切空间中的所有实存对象全都表象给我自己的话，我并不是在经验之先把这样的对象置于时间和空间中，相反，这种表象无非是关于一个可能经验就其绝对完备性而言的思想。③ 这个思想自身是不可或缺的；但是，一旦我们任意地把它的内容孤立起来并实体化，因此，一旦我们不是把它用作和坚持为经验性研究**内部**的一个准绳，而是杜撰出与这种研究的所有关系之外的一个应当符合它的物，我们就将马上卷入矛盾之中。

以这种认识，同时也就已经给出了《纯粹理性批判》先验辩证论第三，也是结尾部分所总结的那些疑难的原则性答案。理性心理学和宇宙论的批判的一边，出现了理性神学的批判：灵魂理念和世

---

① 《纯粹理性批判》，第538页（中文版第3卷，第340页）。——译者注
② 《纯粹理性批判》，第524页（中文版第3卷，第331—332页）。——译者注
③ 《纯粹理性批判》，第523—524页（第3卷，第352页；中文版第3卷，第331页）。

界理念的分析结束在上帝理念的分析之中。即便在这里，按照普遍的方法论倾向，也将要指出，在上帝的理念中并不那么思维某种绝对的本质性，而毋宁说是设定可能经验的独特的"原则"，从而建立与经验性研究的普遍任务的一种间接的关系。但当然，这种转向包含着一种悖论，因为并非上帝概念的全部意义都在于它的"超越性"。它岂不正在于这里断言一个摆脱有限的经验性存在的一切偶然性和有条件性而实存的元始存在者的确定性吗？在这种意义上，这个概念似乎被自亚里士多德以来的全部迄今为止的形而上学所接受。如果不存在纯粹"出自自己"和"通过自己"而存在的存在者——它历来就是这样推论的——那么，也就没有一个有中介的和依赖性的事物的存在是可思议的。就连康德自己的前批判作品《证明上帝存在的唯一可能的证据》在整体上也处于这种基本观点之内；甚至它还强化和确证这种基本观点，因为它力图把绝对必然的存在者证明为根据，不仅是一切现实的存在的根据，而且是一切可能的存在、一切概念关系和理念关系之真理的根据。① 但是，从批判的立场出发，如今就连这种考察也必须翻转。不是从逻辑可能者的一个普遍概念前进到经验可能性的特殊概念，现在毋宁说是"可能的经验"被视为能够赋予一切概念作为**认识概念**以其价值及其客观有效性的基础。而这样一来，所有理性神学迄今为止所依据的全部本体论推理方式都失去效力了，因为一切本体论的核心都在于，从最完善的存在者的概念推论到它的实存："实存"自身就是一种不能无矛盾地从这个概念的标志中排除的完善性。但从先验的立场出发，早就被认识到的是，"实存"一般而言不是个别的概念性谓词，与其他概念性谓词

---

① 参见上文（边码）第63页及以下。

同样地比邻而居，而是认识的一个疑难，随着认识的所有手段之整体性的进展而被规定和被解决。只有这些手段的联合整体才能描绘对于我们来说意味着一般经验性存在的东西。在这里，无论是纯然分析的逻辑的概念，还是空间和时间的纯直观，还是感性的感觉和知觉，都是不够的；而是唯有所有这些要素的相互关系才是对于我们来说经验和在经验中并通过经验"对象"建立于其上的关系。在综合原理的体系内部，首先是"经验性思维的公设"，而其中特别是"现实性的公设"确立了这种联系；它教导我们，感觉、直观和概念如何必须合作，以便得出关于"存在者"的某种有效的陈述。但是，本体论不仅任意地和片面地从这整个集合中分离出"思维"的功能，而且还把思维自身不是当作综合的、与直观的杂多相关的联结功能，而是当作对一个被给予的概念内容的纯然分析的分解。但这样，对它来说任何向着"存在"的接近和进展都被阻止了。现在，只是还能够通过一种 *petitio principii*［原则的要求］从"可能的东西"推论到"现实的东西"：理由很简单，因为它纯粹从自身出发，既不了解也不理解可能性与现实性之间的整个**差异**。一百个现实的塔勒——如果我仅仅考察**概念**和能够分析地从它得出的**谓词**——丝毫不多于一百个可能的塔勒。"因此，当我思维一个事物时，无论我通过什么谓词以及多少谓词来思维它……通过我附加上'该物**存在**'，也对该物没有丝毫的增益。因为若不然，就会不正好是该物，而是比我在概念中所思维的更多的对象在实存着，而且我不能说，恰恰是我的概念的对象实存着……现在，如果我设想一个存在者是最高的实在性（没有缺陷），就总是还有它是否实存这个问题。因为尽管我关于一个事物的可能实在内容的概念不缺少任何东西，但与我的整个思维状态的关系却毕竟仍然缺少某种东西，即那个客体的认识也是后天地可能的……因为通过概念，对象只是被思维成与一般可能的经验性认识的普遍条件相一致，而通过实存，它则被思维成包含在全部经验的关联之中；因为在这种情况下，通过与全部经验的内容的联结，对象的概念并没有丝毫的增多，而我们的思维却通过这种内容多获得了一种可能的知觉。"①

因此，与经验之内容的联系和其设定与判断的"关联"，就是唯一能够为关于现实性的任何陈述辩护的东西。如果无论如何应当证明上帝的存在，那么，我们似乎被从本体论的"先天"证明指向了后天的证明形式：指向了"宇宙论的"和"物理神学的"证明。前者从我们在世界原因的序列内部永远只是从一个有条件的和依赖性的存在达到另一个这样的存在，因而沿着这条道路**整个序列**的绝对根据永远不可见这种情况推论出，这个根据必须在序列之外到一个存在者的实存中去寻找，这个存在者作为"*causa sui*［自因］"不再通过另一个存在者而是通过自己本身存在；后者则从在万有的各个部分及其整个结构中清晰可见的合理性和合目的的秩序推论到一个最高的理智，万有原初就是从它产生并被它维持在其进一步的持存中。但是，且不说康德早就已经认识到和揭露了这些证明的内在逻辑缺陷，②它们已经因为自己只是表面上独立的和自足的而是无效的。它们在传统的形而上学中表现为本体论证明的支撑和补充，但事实上它们就其全部内容而言已经完全预设着本体论的证明。假定沿着宇宙论证明的道路能够达到一个最高的世界原因，或者从显象内部的合目的性能够推论到一个理性的世界根据，那么，毕竟由此并没

---

① 《纯粹理性批判》，第627页及以下（第3卷，第414—415页；中文版第3卷，第392—393页）。

② 参见上文（边码）第60—61页。

有证明，这个原因和这个世界根据与我们习惯于在上帝的概念和名称中表示的东西是一回事。为了达到这种同一性，为了不仅达到一个最终根据的实存，而且达到它的更精确的指标，达到它的固定的谓词，我们发现自己又被指回到本体论证明的轨道。我们必须试图指出，绝对独立和必然的存在者同时也是最为实在者，一切实在性和完美性都包含在它里面并能够从它导出。但证明中的循环由此变得显而易见，因为这里**证实**本体论的证明所提出的东西，只要不是该证明自己被假定和预定为有效的，就依然没有任何精确的和明确的**规定**。[①] 一般而言，上帝证明的批判在这里又揭露了康德批评所有迄今为止的形而上学的那种基本缺陷：在它里面经验和思维的真实关系并没有被精确和可靠地认识，并被以清晰的意识来表述。纯粹地封闭于自身，以便从自身编织出现时的东西的思想，毕竟最终发现自己被迫迁就这个现实的东西，因为它不被察觉地把某些经验性的基本规定接纳进它的前提条件之中；但就这种态度而言，一方面纯粹思维的品格被模糊，另一方面经验的纯粹概念被错失。

然而，从现在开始先验辩证论也在这个点上试图把上帝证明之批判的消极结果转变成一种积极的洞识，因为它在上帝概念的传统措辞中提出了一个要素，这个要素从形而上学的语言翻译成先验哲学的语言，对于经验自身及其进展过程的特征来说具有根本性的意义。上帝在形而上学内部被思维成最实在的存在者，亦即把一切肯定和完美性结合在自身的存在者，而这个存在者把一切否定和缺陷从自身排除。在它里面，只设定了绝对的是，没有任何不是；因为一个事物是

[①] 《纯粹理性批判》，第634—635页（第3卷，第418—419页；中文版第3卷，第396—397页）。关于整体，请参见第631—658页（第3卷，第416—433页；中文版第3卷，第394—411页）。

某种东西，它就**不是**某种别的东西，它有某个谓词 a，它就要否定别的谓词 b、c、d……这仅仅是它作为一个受限制的和有限的东西被思维的表达。"omnis determinatio est negatio［任何规定都是否定］"这个命题清晰地表明了这里、在经验性有限存在的领域里才有可能的那种规定的特性和方式：当我们设定这样一种存在时，我们由此就同时把它与实在性的大全剥离开来，并在大全内部仅仅给它指定一个有界限的领域。与此相反，在上帝里面，我们不是思维与其他被规定性有别的个别被规定性，我们思维的是普遍规定自身完成了的理想。在这里，我们把握的是关于一个"一切实在性的总和"的思想，它不是仅仅"把一切谓词都按照其先验的内容包摄**在自身之下**，而是把它们都包摄**在自身之中**，而且任何一个事物的普遍规定所依据的都是对实在性的这种**大全**的限制，因为实在性的一些因素被归之于事物，其余的则被排除了"。①但为了它的这个意图，理性当然绝对不需要这样一个符合理想的存在者的**实存**，而是仅仅需要它的**理念**。"因此，理想对它来说是一切事物的原型（Prototypon），而一切事物全都作为有缺陷的摹本（ectypa）从它获取其可能性的材料，而且即使或多或少地接近它，但在任何时候都远远不能达到它。在这种情况下，事物……的一切可能性都被视为派生的，唯有在自身中包含着一切实在性的事物的可能性被视为源始的……事物的一切杂多性都只不过是限制作为它们共同基底的最高实在性之概念的一种同样杂多的方式罢了，就像一切图形都唯有作为限制无限的空间的不同方式才有可能一样。因此，它们的理想仅仅在理性中存在的对象也被称为**元始存在者**（ens orginarium），就在它之上没有任何东西而言，被称为**最高存

---

① 《纯粹理性批判》，第605页（中文版第3卷，第379页）。——译者注

在者（ens summum），就一切都作为有条件的而隶属于它而言，被称为**一切存在者的存在者**（ens entium）。"① 但是，就像作为一切特殊形象的"根据"的空间不能被思维成一个独立的、绝对的事物，而是被思维成纯粹直观的形式一样，这个被设定在上帝概念之中的"一切事物的事物"也在先验的意义上还能被理解为"形式"：尽管是这样一种形式，它作为感性的形式和纯粹知性概念归属一个完全不同的效力域。它真正的内容与所有理性理念的内容一样，在于它的规范性意义。对于我们来说一切特殊的显象的实在者唯一能够在其中被给予的东西，就是**统一的无所不包的经验**及其合法则的联系。至于经验的这个"整体"先行于一切单个的经验性设定并决定着它们，这一点实际上是对于《纯粹理性批判》来说先天综合判断之谜的解答所基于的洞识。当然，这个整体首先可以被思维为众原理和原则的一个总和，但它在这些原则中并凭借这些原则同时被规定为**众对象**的一个总和。我们不可能以别的方式把一个**特殊的**经验性对象固定下来，除非是我们在一般经验的客体的这个体系内部，仿佛是为它指定它的"位置"，并在与这个总和的其他（现实的或者哪怕只是可能的）要素的普遍关系中思维它。而由此，我们从现在开始就获得了作为"最实在的存在者"的上帝之形而上学概念的先验类似物；但是，我们当然同时看出，我们在这里发现自己作为前提条件所回溯的全体性，不是一种绝对实存的全体性，而只是表达了认识的某个公设。因为可能经验之客体在质上的整体与在量上的整体相同，我们习惯于用"世界"这个名称所称谓的，绝不是一个被给予的整体，而始终只是一个**被托付的整体**。一旦我们——当然是知性的一种自然的幻觉诱使我们这样做

---

① 《纯粹理性批判》，第606—607页（第3卷，第401—402页；中文版第3卷，第379—380页）。

的——通过"辩证地把知性的经验应用的**分配**的统一转变为一个经验整体的**集合**的统一,并根据这个显象的整体思维一个单一的、自身包含着一切经验性的实在性的事物,该事物此后被……与一个居于一切事实的可能性之巅、为一切事物的普遍规定提供实在条件的事物的概念相混淆",而把一切实在性的总和的这个理念实体化,就产生出先验神学的辩证幻相。这种错误的辩证物化可以区分出三个级别:首先是最实在的存在者的理念被**实在化**,亦即一般而言概括进关于一个客体的概念;然后被**实体化**,最后甚至在我们赋予它理智和自我意识的时候被**位格化**。但是,从纯粹理论考察的立场出发,属神本质性和自足性的全部如此形塑的思想转变成一种纯然"先验的偷换",转变成一种思想上的骗取,我们通过这种骗取赋予一个纯然充当规则的理念以客观的实在性。①

凭借这一洞识,我们处在"先验辩证论",从而纯粹的、理论的理性批判的全部建构的结尾。这一批判要告知的东西,就是一切客观判断,进而一切在经验内部可能的对象设定的普遍的和必然的条件。在它把经验性的客体回溯到并限制在这些条件上时,它由此也把该客体规定为"**显象**"的客体,因为"显象"所说,在纯粹先验的意义上来理解,无非是一个可能经验的对象,因而并非"在自身"、与认识的所有功能相分离来思维的对象,而是恰恰以这些功能、以纯粹直观和纯粹思维的形式为中介并凭借它们才"被给予"的对象。假如人们现在还想问,如果我们无视客体的所有这些建构性元素,如果我们不再在空间和时间中思维客体,不再把它思维成外扩的或者强度的量,不再在实体性、原因性、交互作用的关

---

① 《纯粹理性批判》,第 610—611 页(第 3 卷,第 404 页;中文版第 3 卷,第 382 页);第 537(第 3 卷,第 360 页;中文版第 3 卷,第 339 页)。

系中思维它等等，则客体会是什么，那么，这个问题当然如人们必须承认的那样，自身并不包含任何内在的矛盾。这样一种矛盾仅仅产生在我把两个相互对立的肯定谓词结合在一个概念之中并由此共同设定它们的地方；但在这里，我根本没有设定任何东西，而毋宁说仅仅取消了我所知的一切设定的条件。由此，结果不是矛盾，但它却是纯粹的无，只要不再能为一个诸如此类的、自身存在的客体在与认识的形式法则的一切关系之外指出丝毫**根据**。思想虽然在分析的意义上按照形式逻辑的规则是可能的，却并非在综合的意义上作为认识的实在内容是有效的。甚至当我们不以这样的方式从事对认识条件的概念上可能的抽象时——因而当我们不在一个绝对对象里面被抽掉了一切形式原则的意义上，而是在唯有这些原则之间才被假定一种不同意在被给予的经验认识中出现的关系的意义上思维这个绝对对象时——同样的质疑依然存在。我们作为经验来认识的东西，基于批判称为感性和知性、称为纯粹直观和纯粹思维的那两种基本要素的独特合作。与此相反，这两种要素的一种在其中被排斥或者在其与第二种的关系中被完全另行规定的经验会拥有什么形象，我们对此没有任何肯定的概念；我们甚至连在这种前提条件下究竟是否还存留有经验的任何一种"形象"，一种固定的、合法则的结构也不知道。唯有知性和直观之间的关系，而不是它们中的任何一个，才作为绝对的要素和基底，是我们所认识的东西。如果我们使纯粹的思维脱离它与纯粹的感性和经验性的感性处于其中的关系，这样，对于我们来说它的客观化内容就失效了；这样，它将像语言具有特色地表述的那样，丧失它的特殊"意义"。① 处于纯粹的范畴

---

① 《纯粹理性批判》，第299页（第3卷，第214—215页；中文版第3卷，第199页）。

第三章　纯粹理性批判的建构和基本疑难

之中的统一功能对于我们来说唯有通过在空间形式和时间形式中图型化才产生一种积极的认识内容。这样，量的概念就只能这样来解释，即人们把设定一个作为基础的单一性的"多少次"接纳入这种解释；但是，这个"多少次"意味着什么，则唯有当人们回溯到渐进的重复、从而回溯到时间和同类东西在时间中的综合时才是可以理解的。同样，如果人们在实体的思想中去除时间持久性的元素，在实体的思想中虽然还总是会留下一个主词的逻辑观念，这个主词却绝不能是某种别的东西的谓词；但是，一种诸如此类的内容能否作为对象，无论是作为外部经验的对象还是内部经验的对象被给予，通过这种纯然形式的解释绝不能得到澄清。同样的东西也适用于因果性和交互作用的概念，它们同样是通过我们把它们与空间时间直观相关联并作为直观中的秩序的前提条件来认识，才能够从我们得到"演绎"，亦即就其对于经验性客体的任何规定的有效性而言得到证明。"总而言之，如果一切感性直观（我们所唯一拥有的直观）都被去掉，那么，所有这些概念就都不能用任何东西来**证明**自己，并由此阐明自己**实在的**可能性，在这种情况下，剩下的就只是**逻辑的**可能性，也就是说，概念（思想）是可能的，但要谈的并不是这一点，而是概念是否与一个客体相关，从而意味着某种东西。"① 这样，没有感性的形式条件的纯粹范畴就只具有先验的意义，但没有先验的（亦即超出经验及其对象的可能性的）应用。如果它们的起源是先天的，则我们对它们能够做的运用毕竟任何时候都只是经验性的。在这样的意义上，即它们被限制在经验的界限上，"而且纯粹知性的原理只有在与一种可能经验的关系中才能与感官的对象相关，但绝

---

① 《纯粹理性批判》，第302页（中文版第3卷，第201页注）。——译者注

不能与一般而言的物（不考虑我们能够直观它们的方式）相关"。①因此，关于一个"本体"，亦即一个据说根本不是作为感官的对象，而是作为一个物自身，仅仅通过纯粹的秩序来思维的物，其概念即便我们承认其逻辑可能性，也在任何情况下都是一个纯粹成问题的概念。在这种情况下，如此领会的客体对我们的知性来说就不是一种特殊的**理知对象**了，"相反，它所隶属的知性本身就已经是一个疑难"，是一种我们不能形成其可能性的丝毫表象的认识方式。这样一个对象能够充当边界概念，以便限制感性（当它再三提醒，**感性**的对象的领域并不与完全可思的对象的领域相叠合的时候），但它绝不能在感性的领域范围之外设定某种积极的东西。②

严格地说，直到这种洞识，直到关于"消极意义上的"本体的学说，《纯粹理性批判》未能带领我们走得更远：它的建构结束在这个地方，而且单是对那个注定要给予成问题的概念以一种新的、肯定的意义的疑难领域的展望，在这里就必然对我们来说从根本上依然无效。当然，康德自己并未畏惧这种展望；而且在他那里，日益坚决和强烈地，不顾因体系三分为理论理性、实践理性和判断力的领域而被给予的所有限制和束缚，显示出不再与存在，而是与应当作为真正和真实的"无条件者"相关联的提出问题的新方向。但是，理性批判中康德式**阐述**的根本缺陷是，它不再能够完备地澄清这种关系，而是仅仅在暂时的和不确定的暗示中预示这种关系。这样，

---

① 《纯粹理性批判》，第303页（中文版第3卷，第201页）。——译者注
② 《纯粹理性批判》，第305页及以下（第3卷，第218页及以下；中文版第3卷，第202页及以下）。关于整体，特别请参见"所有一般对象区分为现象和本体的根据"这一章，第294页及以下（第3卷，第212页及以下；中文版第3卷，第196页及以下）。

康德关于"本体"和"物自身"的学说在其于《纯粹理性批判》里面最初出现的形式中从一开始就受累于一种对于它的理解和它的历史发展来说后果都严重的晦涩。然而，我们还不需要在这个地方尝试展望"物自身"疑难在康德**自由学说**中所获得的新形象和新解决："显象"理论自身、纯粹经验认识的系统划分由此不再触及。它构成一个自身封闭的、基于独立前提条件的整体，这个整体能够并且必须在纯粹内在的考察中得到理解。是否在经验性存在的这个迄今唯一对我们表明是可规定的范围之外还有一个别的领域，不那么是客体的，而毋宁说是客观效力价值的领域，以及是否我们的整个客观性先验概念自身并不由此经历了其内容的一种丰富和深化，这是一个唯有批判伦理学和美学才能够给予最终回答的问题。这里才将揭示本体的真正积极意义，揭示可感物与理知物、"显象"与物自身的分别按照其最终根据所基于的奠基性"**数据**"。

第四章　批判哲学的最初作用

《导论》——赫尔德的《理念》和历史哲学的奠基

凭借一种坚定的意志决定的力量，康德在他的57岁结束前不久投入了与1770年的公开答辩论文相衔接的一再更新和一再重新编织的思想工作。在寥寥数月的时间里，《纯粹理性批判》完成并问世。这是一项即便作为纯粹文字事实来看也在整个精神史上几乎无人匹敌的成就。在这段撰写的时间里，在思想和意志这样高度集中于完成著作本身的唯一目标时，对于康德来说关于它将产生的影响的任何问题都必定退避三舍。完全与孤寂沉思的年代里一样，他仅仅沉浸于事情自身的进展，不问它能够在同时代的读者和哲学学派那里尽早受到欢迎的手段。实际上，正如康德后来置于理性批判的第二版前面的取自培根的题词所说："我们不谈我们自己。但关于这里讨论的事情，我们却希望人们考虑到它不是意见，而是事业；而且确信我们不是在为某个学派或者观点，而是在为人类的福利和威望奠定基础。"然而，康德发现自己突然被他的著作所遇到的第一批评判考验从他实施理性批判工作的这种情调中拉扯出来了。因为无论这些判断能够如何做出，它们在这一个特征上是全都一致的，即它们在他相信提出一个完全必要且普遍有效的疑难的地方只看到一种个人"观点"和学术意见的表达。根据这种观点与自己的观点相近或者相对立，人们感到自己被吸引到理性批判或者被它所排斥；但在任何地方，最初都没有出现哪怕只是对此的极小理解，即康德的整个问题提出没有以任何方式再适应由各哲学学派的传统划界所给定的框架。是否这个体系可以被思维或者称谓为"唯心论"或者"实在论"、"经验论"或者"理性论"，这长时间成了诠释的唯一关注。相对于它，毕竟当门德尔松在一句著名的话中把康德称为"碾碎一切的人"，并由此至少表明了对康德和传统哲学之间的距离的正确感受时，他维护了批判的优先地位。但显而易见，理解和评判的这个类型对于康德自己来说只是在1782年1月19日发表于《哥廷根学术通讯》上的深入书评中才出现。这篇书评的产生史已为人所知。①克里斯蒂安·伽尔韦，一个在18世纪的大众哲学中受到普遍赞赏的作家，在一次前往哥廷根的旅行中，作为对他在这里享受到的"礼貌和友谊的诸多表示"的感谢，接手为《哥廷根学术通讯》提供一篇较长的批判作品。他为此请求得到《纯粹理性批判》。他迄今尚未读过，但他——如他自己在他1783年6月13日致康德的信中所说——在"康德过去的短篇作品已经使他获得过如此多的快乐"之后，指望从《纯粹理性批判》"获得极大的快乐"。当然，他在这本书中读到的前几页必定向他证明了他的失误。对于通过其迄今在根本上运行于美学和道德心理学领域的研究为诸如此类的阅读根本没有做好准备，尤其是当时忍受着大病初愈的后续影响的他来说，一大批困难一开始就迎面而来。只是当时许下的诺言，才推动他继续自己的工作，撰写一份详细的报告；最终，在多次改写和压缩之后，

---

① 对它做出最详尽探讨的是埃米尔·阿尔诺德：《伽尔韦和费德尔对康德的〈纯粹理性批判〉的书评之比较》(《阿尔诺德全集》，第4卷，第1页及以下)；也请参见阿尔伯特·斯特恩：《论克·伽尔韦与康德的关系》，莱比锡，1884年。

他把这份报告寄给了杂志编辑部。但在这里,是一个人在行使他的职责,这种职责绝没有被伽尔韦在阅读理性批判期间总是感到的疑虑和怀疑所触动。约翰·格奥尔格·费德尔属于人们相信已经完全确知关于康德的判断的那个哥廷根教授圈子。当雅各布·克里斯蒂安·克劳斯在《纯粹理性批判》出版前不久在这个圈子里宣布,康德在其书桌上有一部著作,它无疑值得让哲学家们再次大冒冷汗时,回应他的是嘲笑,很难期待"哲学中的一个半吊子"能有诸如此类的东西。① 同时,费德尔拥有行会学者无可动摇的自我意识,同时还具备编辑的娴熟技能,能够不拘泥于事实细节,巧妙地将每一篇稿件在篇幅和内容上进行调整以适应其杂志的当前需求。大笔一划,现在就连伽尔韦对理性批判的评论也被缩减成其原篇幅的几乎三分之一,文风上也被多方改动;但另一方面,费德尔大篇幅的自己附加关注的是立刻给读者指定一个研究和理解康德著作的确定"立场"。此时,这里所拥有的系统手段就是可想最有限的手段:它们无非在于运用已知的哲学史范畴,就像它们在任何手册中确定下来并通过应用而神圣化那样。"这部著作,"现在,费德尔版的哥廷根评论这样开始,"这部总是锻炼其读者的知性的著作,尽管并不总是传授,却经常使注意力精疲力竭,有时用出色的图片帮助它或者用出乎意料的公益结论奖赏它,是一个更高的,或者像作者所称先验的唯心论的体系;这样一种唯心论以同样的方式囊括精神和物质,把世界和我们自己转变为表象,并通过知性把显象联结成一个经验序列以及理性必然地、尽管徒劳地尝试把它们扩展和结合为一个完整和完备的世界体系而使所有客体从显象中产生。"人们已经从这些开

---

① 参见福格特:《克里斯蒂安·雅各布·克劳斯教授的生平》,哥尼斯贝格,1819年,第87页。

篇之句中把握到康德必然从这些评述中感受到的印象。他以极为强硬的表述关于这些评述所说的，纯粹从实际上看，没有任何东西是过分的；而唯有在这一点上他错了，即在仅仅是局限和自负在幼稚地和不加掩饰地表现的东西，他却看到歪曲和误解的个人意图。但是，当他被哥廷根批判所刺激和兴奋，着手再次言简意赅地阐发他的学说的基本思想时，就连这个看起来偶然的和被迫的工作也在他的手下马上获得了一种普遍的系统意义：从对伽尔韦-费德尔评论的一种纯然的反驳中形成了《任何一种能够作为科学出现的未来形而上学导论》。

在文献史上来看，我们在这里面临着德国启蒙哲学的决定性危机。迄今为止的大众哲学，即伽尔韦真诚地、没有偏见地代表的"健康人类知性"的哲学，被《导论》一下子毁灭。"凿子和锤子，"前言这样说道，"完全可以用于加工木器家具，但铜版雕刻却必须用蚀刻针。"[①] 而且康德自己在任何地方都未像在这里那样以这样的优越性来实施这门使认识的基本概念连同其普遍的联系的最细致的区别和差异清晰可见的精密艺术。现在，他作为读者和批评家面对自己已完成的著作；现在，他能够再次完备地阐述形形色色的织物，毕竟是可靠地挑出和标明把它聚合成为整体的主要线索。如果康德像他在1779年1月致马库斯·赫茨的一封信中所写，长时间以来考虑过"一般科学中，尤其是哲学中的通俗性的原理"，那么，现在他所提出的疑难同时在理论上和时间上得到了解决。在《导论》中确立了真正哲学的大众性的一种新形式，创造出理性批判体系的一种导论，在清晰性和鲜明性上没别的导论可以与之媲美。我们在这里并不重新阐发这部作品的实际内容；它必须已经被采纳入对理性

[①]《未来形而上学导论》，前言（中文版第4卷，第261页）。——译者注

批判的基本思想的阐述,因为它包含着这些基本思想的最可靠的权威诠释。但是,除了这种实际的内容,《导论》在康德的发展中也具有一种个人的意义。通过对迄今所提供的东西的自由概览,他感到自己现在赋有新的全面的创造性。批判的工作尚未结束,但是,他已经开始为应当与三个批判相衔接的"系统撰述"奠定基础了。《自然科学的形而上学初始根据》在1786年提出了康德**自然哲学**的新构思。它给出了物质概念的一个定义,这个定义保持在先验的精神之中,是就物质的存在在这里不是表现为一个源始的设定,而是表现为一个派生的设定而言的:作为**材料**的实存仅仅被视为力的效用和合法则性。吸引和排斥之间的某种动力学关系、引力和斥力的一种平衡,这就是对我们来说物质按照其经验概念所基于的东西。我们的分析并不需要回溯更远,它实际上也不能进行更远。物质的所谓形而上学本质,人们还给它预设的"绝对内在的东西",是一个空洞的怪想:"一个纯然的某物,即使有人能对我们说出来,我们也不会理解它是什么。"我们经验性地对它能够了解的东西,仅仅是作用的一种数学上可以规定的比例,因而当然只是一种相对内在的东西,它自身又是由外部关系构成的。① 至于这些关系如何自行调理,它们如何使自己服从和适应普遍的法则概念,《纯粹理性批判》已经在"经验的类比"这一章中指出来了。《自然科学的形而上学初始根据》对这里阐发的基本思想给出了具体的阐述。它展示了牛顿由以出发的三个"Leges motus[运动法则]",即惯性法则、原因和结果的正比法则和作用与反作用相等的法则,作为普遍的、综合的关系原理

---

① 参见《纯粹理性批判》,第二版,第333页(第3卷,第237—238页;中文版第3卷,第218—219页)。关于康德对物质的动力学建构,参见奥古斯特·施塔德勒:《康德的物质理论》,莱比锡,1883年。

的确定表现。但除了"自然科学的形而上学"这项工作之外，对于康德来说还有**历史的形而上学**这个新方向。在1784年的《柏林月刊》11月号和12月号上，发表了两篇论文:《关于一种世界公民观点的普遍历史的理念》和《回答这个问题:什么是启蒙?》。紧接它们的是在1785年的《耶拿文汇报》上对赫尔德的《人类历史哲学的理念》第一部和第二部的书评。我们在这些论文中所面对的，似乎只是简短的、匆匆写就的应时作品；而尽管如此，在它们里面却给出了康德关于国家的本质和历史的本质所阐发的新理解的全部基础。因此，对于德国唯心论的内在进展来说，这些作品具有几乎并不亚于《纯粹理性批判》在其疑难范围里所拥有的意义。特别是在所提到的论文的第一篇上，在《关于一种世界公民观点的普遍历史的理念》上，联结着对普遍精神史意义的一种回忆:它是席勒读过的康德第一部作品，在席勒心中唤起更深入研究康德学说的决定。①

但是，即便在另一种意义上，这部作品也构成精神整体发展的一个重要的界碑。它一方面还处在18世纪末的政治历史理念的内部，另一方面在它里面已经清晰地预示着19世纪的新基本观点。康德还说着卢梭的语言，但在对卢梭思想的系统且有条理的论证中，他超越了卢梭。如果卢梭把全部人类历史视为从人们在其进入社会之前，在其联合成为社会团契之前生活于其中的无辜和幸福状态的一种堕落，那么对于康德来说，这样一种原初阶段的思想作为事实来看是乌托邦的，而作为道德理想来看是模棱两可和不清晰的。他的伦理学虽然使他注意个人，注意道德人格性及其自我立法的基本概念，但他的历史观和历史哲学观却导向这样的信念，即唯有通过社会的

---

① 参见席勒1787年8月29日致克尔讷的信。

中介,观念上的道德自我意识的任务才能得到其实际的经验性的实现。社会的价值按照单个人的幸福来衡量尽可以表现为否定的量;但这仅仅证明,这种衡量的立场和尺度自身选择错了。这种价值的真正标准并不在于社会和国家的团契为单个人的福利,为其经验性实存和其福祉提供了什么,而是在于它们作为其通向自由的教育的手段意味着什么。而在这一方面,对于康德来说产生出奠基性的反题,它包含着他的全部历史观的内容。如果人们理解到,通向人类真正的理想统一的道路只能通过斗争和冲突,通向自我立法的道路只能通过强制,神义论、历史的内在道德辩护就确立了。由于自然,由于"神意"期望,人完全从自身出发来产生超出其动物性存在的机械安排的一切,并且仅仅分享他不用本能,通过自己的理性为自己带来的幸福或者完善;所以它必须把人置于在物理上看他比不上任何别的造物的境地。它把人创造得比其他存在者更穷困和更无助,以便正是这种穷困对于他来说成为走出他的自然限制和他的自然孤立的刺激。并非一种原初置于人里面的社会冲动,而是窘迫,才建立了最初的社会团契,而且它也进一步构成了维持和强化社会结构的根本条件之一。《自然科学的形而上学初始根据》对于物理体所阐述的东西,正确地理解,也适用于社会体。就连社会体也不简单地通过个别意志的一种源始的内在和谐,通过莎夫茨伯利和卢梭的乐观主义所援引的那种道德社会基本禀赋来联合;而是它的存续与物质的存续一样,植根于吸引和排斥,植根于一种力的对抗。这种对立构成了任何一种社会秩序的核心和前提条件。"这时,就迈出了从野蛮到文化的真正的第一步,而文化真正说来就在于人的社会价值;于是,一切才能都逐渐得到发展,鉴赏得以形成,甚至通过不断的启蒙而开始建立一种思维方式,这种思维方式能够使道德辨别的粗糙的自然禀赋逐渐转变成确定的实践**原则**，并且就这样使形成一个社会的那种**病理学**上被迫的协调最终转变成一个**道德的**整体。每个人在提出自己自私的非分要求时必然遇到的对抗，就是产生自非社会性。这种属性就自身而言并不可爱，但如果没有这种属性，在一种田园牧歌式的生活中，尽管有完全的和睦一致、心满意足和互相友爱，一切才能却会永远隐藏在其胚芽里面：人们温驯得犹如自己放牧的绵羊，很难会为自己的存在赢得一种比其家畜的存在更大的价值；他们不会作为有理性的自然去填补创造就其目的而言的空白。因此，为了难以共处，为了妒忌地进行竞争的虚荣，为了无法满足的占有欲甚或统治欲，还真得要感谢自然才是！没有这些东西，人性中的一切优秀的自然禀赋将会永远沉睡，发展不出来。"这样，恶自身就必然在历史的进行和进展中成为善的源泉；这样，就只能从不和中建立起真正的、其自身可靠的道德上的和睦一致。社会秩序的真正理念就在于，不是让个别意志沉沦在一种普遍的敉平之中，而是把它们维持在其特性之中，从而维持在其对立之中；但同时，如此规定每个个人的自由，使它在别人的自由那里找到自己的边界。至于这种起初唯有通过外部强权才能迫成的规定被接纳入意志自身，并被认作它自己的形式和它的奠基性要求的实现，这是给所有的历史发展提出的伦理目标。这里就有人的族类必须克服的最困难的疑难，对于它来说一切外在的政治社会制度、国家秩序自身在其历史存在的所有形式中都只是手段。因此，一种在这一观点下考察普遍的世界历史并由此在它里面看到一个旨在人的族类中完善的公民联合的"自然计划"之不断实现的哲学尝试不仅是可能的，而且它自身必须被视为有助于这种自然意图的。"为自然——或者不如说**神意**——所做的这样一番**辩解**（康德如此结束这番阐明），对于选择考察世界的一个特殊观点来说,并不是一个无关紧要的动因。如果最高智慧的大舞台上这个包含着所有这一切目的的部分——人类的历史——据说一直在与最高智慧唱反调,眼见这种情形使我们不得不嫌恶地把我们的眼光从它那里移开,而且由于我们对有朝一日在其中发现一个理性意图得以完成感到失望,而使得我们只是在另一个世界中期望它,那么,赞美无理性的自然界中创造的壮丽和智慧,并且劝人加以考察,又有什么用呢?"①

当我们置身于先验问题的立场上,就又不是这种历史观的内容,而是它独特的方法论必然吸引着我们的兴趣了。世界考察的一个新观点、我们的认识对经验性历史存在的进展所采取的一种改变了的态度,是这里首先寻找的东西。至于通过这种态度,通常试图在其纯粹的事实性中理解和叙述报告各种现象的历史考察没有以任何方式受到伤害或者排挤,这一点由康德在其论文的结尾明确地予以强调。②但是,除了这种做法之外,必须有另一种做法,通过它,历史现象的意义才对我们展现出来;通过它,各种事实的经验性序列才得以显露。在这个地方,还不能完全综览并原则鲜明地描述这种新做法的基本特征,因为康德的历史哲学仅仅构成他的目的论普遍体系内部的一个个别环节。唯有这个体系在伦理学基本著作和《判断力批判》中的完全展开,才将也产生对历史目的论的基本问题的最终批判性裁定。但是,我们在这里,在康德历史哲学的这些开端中,就已经十分清晰地遇到了一个决定性的转变。凭借康德学说的前几

---

① 《关于一种世界公民观点的普遍历史的理念》(第 4 卷,第 151—166 页;中文版第 8 卷,第 23—38 页)。

② 《关于一种世界公民观点的普遍历史的理念》(第 4 卷,第 165—166 页;中文版第 8 卷,第 38 页)。

句话，我们就从批判的研究迄今运动于其中的"是"的领域移步到了"应当"的领域。在康德看来，"历史"在这个概念的狭义上对我们来说仅仅存在于我们如此观察某个系列的事件，以至于我们在它里面不仅把它的个别元素的时间排列或者其因果共属性收入眼底，而且我们把它与一个内在"目标"的观念统一性相关联的地方。唯有当我们运用和贯彻这种思想、这种新的评判方式的时候，历史事件才以其独特性和独立性从千篇一律的生成洪流中，从纯然的自然原因和自然结果的组群中突出出来。人们在这一联系中马上把握到，"历史目的"问题对于康德来说，按照他的先验基本观，具有对于通常的世界观察和对于传统的形而上学来说一种完全不同的音色。就像唯有通过我们认识到，并非被给予的自然具有法则，而只是法则的概念才构成和建构自然的概念，对"自然法则"的效力的充分认识才得以达到一样，就连历史也作为事实和事件的一个除此之外确定的内容，并非还仿佛另外具有一个"意义"或者一个独特的目的，而是在一个诸如此类的意义的预设中就有它自己的"可能性"，它的特殊意义才建立起来。"历史"只真实地存在于我们以自己的观察不再处于纯然事件的序列之中，而是处于行动的序列之中的地方，但行动的思想包含着自由的思想。这样，康德历史哲学的原则就预示着康德伦理学的原则，前者唯有在后者之中才将获得自己的完成和完备阐明。由于这种相互关系对于康德来说在方法论意义上是无法取消的，由于它构成了他的历史概念的源始形式，所以它也对于他的历史概念的内容来说成为规定性的。人类的精神史发展与自由思想的进展，与其越来越清晰的领会和与其日益进展的深化叠合在一起。启蒙哲学在这里临近着它的最高目标，而在康德的《回答这个问题：什么是启蒙？》中，它从此时起也获得了其清晰的、纲领性的完成。"启蒙就是人从他咎由自取的受监护状态走出。**受监护状态**就是没有他人的指导就不能使用自己的理智的状态。如果这种受监护状态的原因不在于缺乏理智,而在于缺乏无须他人指导而使用自己的理智的决心和勇气,则它就是**咎由自取的**。因此,Sapere aude[要敢于认识]!要有勇气使用你自己的理智!这就是启蒙的格言。"①

但这个格言同时是所有人类历史的座右铭:在精神的意义上能够被称为唯一真实的"事件"的东西,就在于自我解放的过程,在于从精神的自然制约到对自己和自己任务的自主意识的进步。

在这种信念和基本情调中,康德走进了赫尔德的《人类历史哲学的理念》;而且从这里出发,人们就立刻理解在他和赫尔德之间必然发生的整个对立。赫尔德当然在他的这部基本著作的孕育时还依然是康德的学生,康德在他的哥尼斯贝格学习年代里给他指出了通向此后作为持久的理想浮现在他面前的那种"人的"哲学的道路。但是,比康德更深刻地影响他的历史观的整体的,毕竟是他真正诚挚地感到与之同气相求的哈曼的世界观。他在历史中寻找的,是对人类无限多样性的、无限异类的生活表现的直观,这种直观毕竟在所有这些表现中披露和显示为同一个东西。他越是深入地专注于这个整体,不是为了将它付诸概念和规则,而是为了感受和仿效它,他就越是清晰地不禁觉得,没有任何个别的抽象尺度、没有任何单一形式的道德规范和理想概念能够穷尽它的内容。任何世代和时代、任何时期和民族,自身都具有其完成和其"完善"的尺度。这里不适用它们所是和它们要是之间的"比较",不是强调共同的特征,在它们里面恰恰独特的东西,即让特殊的东西成为活生生的个

---

① 《回答这个问题:什么是启蒙?》(中文版第 8 卷,第 40 页)。——译者注

别性的东西，被磨灭和毁灭了。就像孩童的生活内容不能按照成人或者老人的生活内容来衡量，而是自身具有其存在和其价值的中心一样，同样的东西适用于各民族的历史生活。人类一直进展的理智和道德"完善性"的思想无非是一个傲慢的虚构，凭借它，每一个最后的时代都相信有权利俯视所有过去的时代，把它们当作被离弃和被克服的形成阶段。但是，唯有当我们使历史的真正图像以其所有的光辉、所有的丰富多彩，从而以其个别特征的所有不可规约的多样性对我们起作用的时候，我们才了解这个图像。当然，就赫尔德的著作自身并非想是历史，而想是历史**哲学**而言，在它里面也置入了由事件的无限多样性所规定的目的论导线和准线。神意的一个"计划"也对赫尔德来说披露在历史的进展之中，但这个计划并不意味着给事件设定的外在最终目的，并不意味着所有特殊的目标由以出发的普遍目标。毋宁说，是无一例外的个体塑形，在它里面最终获得总体性的形式，人类的思想在这形式中得到其具体的实现。在诸事件和情景、各民族个性和各民族命运、由兴起和消亡规定的历史存在形式的变迁中，最终一个整体耸立在我们面前，但它并不可以被理解为从所有这些元素分离出来的**结果**，而是要被理解为它们的活生生的**总和**。赫尔德并不超出对这个总和的直观来提问。谁拥有这个总和，历史就对谁展示它的秘密，谁就不再需要置于它外面的规范来向他解释和说明历史。如果说康德为了了解历史的意义而需要一个伦理公设的抽象统一性，如果说他把这种统一性视为一个无限**课题**越来越完善的解决，那么，赫尔德则逗留在它的纯粹给定性中；如果说康德为了内在地理解事件而必须将它投射到一个理知的"应当"上，那么，赫尔德则仿佛停留在纯粹"成为"的层面上。与基于"是"和"应当"、"自然"和"自由"的二元论的伦理世界观相对的，极为鲜明的是试图把二者当作同一个发展的要素来把握的有机的、动力学的自然观，至于当人们从这种基础性的精神史对立的观点出发来考察它们时，人们才能够正确评价康德关于赫尔德的两篇书评。这就是赫尔德的悲剧性命运，不能追随康德及其批判哲学自60年代以来发展的他，则未升华到这种考察，因而与康德的争执对他来说越来越推移到细枝末节和人格的东西。与此相反，就康德而言，他当然——如果在这类精神斗争中一般而言能够说"有过"和"无过"的话——不能完全释过，他在他的基本概念的批判分析赋予他的优势中并不理睬在赫尔德心中无论其历史哲学演绎如何有概念上的缺陷而处处鲜活的重大整体观点。他关注的主要是证明的严谨，是原则的精确推导和其有效领域的严格划分，在赫尔德的方法论中能够看到的无非是"一种在发现类比时成熟的机敏，但在运用类比时是大胆的想象力，与通过情感和感觉使人对他那始终保持在朦胧远方的对象产生好感的技巧相结合，这些情感和感觉作为一种庞大的思想内涵的作用，或者作为暧昧的暗示，让人猜测的东西多过冷静的评判也许会在它们里面直接见到的"。① 哲学批评家和分析家也在这里毫不留情地要求放弃任何形式的方法论的"混合"②——这是一种当然也必然取消赫尔德的考察方式之最具特色的个人优点的放弃。③ 因为这种考察方式正是在于，它不断地从直观直接过渡到概念并从概念过渡到直观——赫尔德作为诗人是哲学家，

---

① 《赫尔德的〈人类历史哲学的理念〉第一部、第二部书评》（中文版第8卷，第50页）。——译者注

② 参见康德1789年8月30日致弗里德里希·海因里希·雅各比的信（第9卷，第431—432页；《康德书信百封》，第171页）。

③ 关于赫尔德针对康德的斗争，更详细的参见屈内曼的出色阐述：《赫尔德传》，第二版，第383页及以下。

作为哲学家是诗人。他从现在起着手针对康德的斗争的神经质和他从事这场斗争的日益激愤由此可以得到说明：他感到并且知道，并非一个个别问题在这里需要裁决，而是他的本质和他最独特的天赋因康德的理论基本要求而受到质疑。

至于赫尔德《理念》的两篇康德书评，在其中对立，当然尚未完全展开。只要康德伦理学的奠基尚未完成，只要他的自由概念尚未得到最终的澄清，对于这种发展来说就缺少根本的前提条件之一。虽然《纯粹理性批判》已经提出了自由概念，并阐明了自由和因果性之间的二论背反，但在这里，毕竟整体上仅仅停留在自由思想之内容的一种纯粹否定的规定上。只是随着1785年的《道德形而上学的奠基》，向一种新的肯定考察的进展才开始：一种注定要最终彻底改造《纯粹理性批判》看起来还留恋的"决定论"和"非决定论"的整个迄今对立的考察。由此出发，才产生出1784年和1785年的历史哲学论文在康德作为哲学作家的活动的整体内部所意味着的东西。它们确立了与一个全新的疑难域的结合，自此以后系统的旨趣越来越强烈地集中于这个疑难域。康德的历史概念仅仅为一个全都在"实践理性"的概念中获得其真正中心的问题集群提出了一个个别的具体例证，康德从现在起前进到对"实践理性"概念的更精确的规定。

第五章　批判的伦理学的建构

康德在完成理性批判之后，不是把《实践理性批判》作为他的"体系"的第二个环节附加给理论部分，而是从他的学说被他设计为独立的整体的第一刻起，伦理疑难在它里面就构成了一个根本的、整合性的组成部分。真正的、最深刻的"理性"概念，如康德所理解，只是凭借这种关系才获得。当康德在1763年的获奖论文中检验形而上学的普遍方法并将它置于一个新的基础之上时，他就——与柏林科学院的有奖征答的表述一致——在这种检验之下首先也考虑到道德的基本概念。就连这些其价值和使用不成问题的概念，也应当在这里研究其"明晰性"，应当把握其普遍有效的根据。甚至当一位"经验主义者"（如洛克）把道德真理中占统治地位的联结方式与几何学判断和命题的联系置于一个等级时，当他承认道德像形而上学那样具有"演示的确定性"时，康德却认为，道德的最初根据按照其当下的性状还绝对不能具有所有必要的自明性，因为**责任**这个第一概念（在沃尔夫的自然法中被当作推导自然法权和义务的根据）还带有一种模糊性。"人们应该做这件事或那件事而放弃别的事，这就是道出每一种责任所遵循的公式。每一种**应该**都表达了一种行动的必然性，并且能够有一种双重的含义。也就是说，或者是当我期望某种别的东西（作为一种**目的**）时，我**应该**做某事（作为一种**手段**），或者是我直接做某件别的事（作为一种**目的**）

并且使之成为现实。前者可以称之为手段的必然性（necessitatem problematicam，问题的必然性），后者可以称之为目的的必然性（necessitatem legalem，合法则的必然性）。前一种必然性根本没有说明一种责任，而只是说明了在一个问题中作为解决方案的准则，即就我想达到某个目的而言，什么手段是我所必须采用的。谁规定另一个人如果想促成自己的幸福就必须采取或者放弃什么行动，则他虽然可以把所有的道德说教纳入其中，但它们已经不再是责任了，而是某种就像我在想把一条直线分为相等的两部分时画两个交叉弧的责任那样的东西，也就是说，它根本不是责任，而只是对人们在想达到一个目的时要采取的精明举动的指示。由于手段的使用除了从属于目的的必然性之外不具有任何别的必然性，所以，只要道德在某种目的的条件下规定的所有行动不附属于一个自在必然的目的，它们就是偶然的，就不能叫作责任。例如，我应该促成全部最大的完美性，或者我应该遵照上帝的意志行动；无论全部实践的世俗智慧被附属于这两个命题中的哪一个，如果这个命题是责任的规则或根据，那么，它必然要求行动是直接必然的，而不是在某种目的的条件之下的。在此我们发现，所有责任的这样一个直接的最高规则必然是绝对无法证明的，因为无论从对哪一个事物或概念的考察中都不可能认识到和推论出，如果作为前提条件的那种东西不是一个目的，行动是一种手段的话，人们应该怎么做。但事实必然不是如此，因为那样的话，它就会不是责任的公式，而是问题的技巧的公式了。"①

---

① 《关于自然神学与道德的原则之明晰性的研究》，考察四，第二节（第 2 卷，第 199—200 页；中文版第 2 卷，第 300—301 页）。

当康德写下这些话的时候，他当时的读者和批评者没有一个能够预见，在这寥寥几句朴实的话中已经在原则上克服了18世纪所产生的所有道德体系。实际上，这里有他未来的伦理学的基本思想：道德法则的"定言命令式"和纯然间接目的的"假言命令式"之间的严格区分已经完全鲜明清晰地呈现出来。至于无条件的道德法则的内容，当然像康德在这一联系中所强调的那样，对它不能再给出进一步的推导和论证，因为任何这样的推导都因为使诫命的有效依赖于某种别的东西——无论是依赖一个事物的存在还是依赖一个概念的预设的必然性——而把道德法则重新置入它正应当脱离的那个有条件者领域。这样，最初的伦理基本确定性的形式品性就已经直接包含着它的"无法证明性"的元素。至于它必须给出绝对的道德价值，必须给出一种"自在的"、不仅通过某种别的东西的善，这是不能从纯然的概念推导和看出的：对于纯粹伦理学的建构来说，我们只能以同样的方式预设这种断言，就像我们在逻辑学和数学的建构中除了纯粹形式的同一律和矛盾律之外也必须把质料确定的但无法证明的命题奠立为基础一样。对于认识和确定性的这种独特的方式来说，这里在伦理学疑难的联系中回溯到"情感"的心理学能力。"也就是说，在我们这个时代，人们首先开始认识到，表象**真东西**的能力就是**认识**，但感受**善**的能力却是**情感**，二者并不必然地相互混淆。就像有关于真东西，即在认识的对象中特别地发现的东西无法解析的概念一样，也有一种无法分解的关于善的情感……通过指出善的复合的、含糊不清的概念是如何从善的简单感受中产生出来的，来对它做出分解和澄清，这是知性的事情。然而，如果这是轻而易举的，那么，这是善的这个判断就是完全无法证明的，是快乐的感觉的意识连同对象的表象的一个直接结果。由于我们肯定有许多善的简单感受，因而也就有许多诸如此类的无法分解的表象。"①

当然，与18世纪特别回溯到由亚当·斯密及其学派阐发的"道德情操"理论的心理学语言的这种联结，对于康德来说隐藏着危险，即由于这种联结，他为伦理学的奠基已经获得的新出发点的独特性逐渐地又被抹去了。实际上，在后来的作品中康德把道德哲学的真正任务置于其中的对"责任"的纯粹概念的分析逐渐地退后了。兴趣不是集中于"应当"，似乎越来越坚决地集中于"是"和"成为"，集中于起源学发展的观点：伦理学的问题提出被心理学和人类学的问题提出所排挤。在1765—1766年冬季的《课程安排的通告》中，康德明确地强调，他打算把莎夫茨伯利、哈奇森和休谟所建立的道德研究方法作为一个"我们时代的美好发现"来使用，即那种在其指出**应当发生**的事情之前以历史的和哲学的方式思考所**发生**的事情，并由此不从抽象的规定，而是从人的现实本性出发的方法。②当然，人们如果更严苛地看待这些话，并衡量它们处于其中的联系，则就将认识到，康德即便在这个地方也不曾考虑没有任何批判保留地赞同英国道德心理学的做法，因为他要依据的那种人之"本性"，如他立即补充的那样，不能被理解为一种常量，而是要被理解为一种恒量。人被理解和描述，不应当是以他各个时候的偶然状态给他印上的可变形象，而是他的始终不变的**本质性**应当被研究，并被指明为道德法则的基础。因此，康德在这里所理解的本性，他所理解的"本性之人"，与其回溯到英国心理学的影响，倒不如回溯到卢梭的影响。他的伦理学在这个时期就其内容而言根本上受到卢梭的规

---

① 《关于自然神学与道德的原则之明晰性的研究》，考察四，第二节（第2卷，第201页；中文版第2卷，第301页）。

② 第2卷，第326页；中文版第2卷，第314页。

定。正是卢梭"纠正"了他,卢梭把他从对纯然思维的唯理智主义过高评价中解放出来,又使他的哲学转向了行动。纯然知识的炫目的优势消失了:"我学会尊重人,而且如果我不相信这种考察能够给予所有其他人以一种确立人类的权利的价值,我就会认为自己比一般劳动者更无用。"① 但这样一来,就连在纯粹方法意义上也又开辟了另一个考察方向,因为卢梭的本性概念仅仅在表述上是一个存在概念,而它在其纯粹内容上显而易见是一个理想概念和规范概念。当然在卢梭自己那里,两种意义还是完全密不可分地并列存在的:本性是人由以出发的源始状态,就像是他应当回归的目标和终点一样。但对于康德的分析精神来说,这种混淆不能再继续下去。他把"是"和"应当"分别开来,即便是在他似乎把后者建立在前者之上的地方。而且,他在对纯粹真理概念的批判分解中前进得越远,他即便在纯粹理论领域也把认识的起源和产生的问题与其价值和客观有效性的问题分离开来越坚决,这种分别对他来说也就必然越鲜明清晰地形成。

当这种分离在康德的公开答辩论文《论可感世界与理知世界的形式及其原则》中获得其最初完整的系统表述时,就连伦理学的疑难也因此被置于一个全新的基础之上。就像知识的一种纯粹的"先天"那样,现在也有一种道德性的先天;就像前者不能从纯然的感性知觉推导出来,而是植根于知性的一种源始的自发性,植根于一种"actus animi[灵魂的活动]"一样,就连后者如果应当按照其内容和生效来把握,也必须首先摆脱对愉快或者不快的感性情感的所

---

① 《出自康德遗稿的断篇》,论及康德和卢梭的关系,参见上文(边码)第 90 页以下。

有依赖,并防止与这种情感的所有混淆。这样,在这个地方,对于康德来说与道德的幸福主义论证的决裂就已经决定下来了。这种抛弃是如此决然,以至于他从现在起甚至把莎夫茨伯利包括在那些使"幸福"成为伦理学的原则的人中间;在莎夫茨伯利那里,"快乐"毕竟绝不是在一种直接感性的情感的意义上,而是在其最高的审美精致化和纯化中被用作道德标准的。在同时代人那里,这样一种相提并论实际上必然激起惊诧,门德尔松就不禁惊异于他在这里把莎夫茨伯利置于伊壁鸠鲁一方。① 但是,康德现在在自己和全部迄今为止的伦理学之间看到的已经不再是纯然的内容差异,而是意义和基本意图的差异。因此,他必然愈加迫切地感受到超出公开答辩论文所包含的对他的伦理学体系的少量暗示。但是,无论他怎样经常决定对新的基本理解做出一种更精确的阐释和论证——而且1772—1781年的往来书信包含着他在这段时间里一次次地做这方面工作的无可置疑的证据——这项工作却被他的反思在这一时间所研究的"主要对象""像一座水坝那样阻拦住了"。② 尽管康德看起来反复处在这个关头,通过一个迅速的决定来克服这种拖延,暂时把一拖再拖的《纯粹理性批判》的写作搁置一旁,转向他的伦理学的撰写,把它当作从认识批判研究的困难中得到的一个期望的休整。"我曾打算,"他在1770年9月就已经在呈送公开答辩论文时给兰贝特写道,"为了从折磨了我整整一个夏天的不适中得以恢复,而且尽管如此也要处理一些琐事,到今年冬天再把我关于纯粹的道德世俗智慧的

---

① 《论可感世界与理知世界的形式及其原则》,第9节(第2卷,第412页;中文版第2卷,第402页)。参见门德尔松于1770年12月25日致康德的信(第9卷,第90页)。

② 参见康德于1776年11月24日致马库斯·赫茨的信(第9卷,第151页;《康德书信百封》,第63页)。

研究列入日程，并且加以完成。在这里，找不到任何经验性的原则，仿佛就是道德形而上学。鉴于形而上学的形式已经改变，它将在许多问题上为那些极为重要的意图开辟道路。此外我觉得，鉴于目前还如此糟糕地选定的实践科学原则，它同样是必要的。"[①] 但是，尽管在下一个被抽象思辨充满的十年的进程中，对他的这种诱惑还能够如此经常地出现，他的系统精神却一再重新抵制这种诱惑。他要求自己作为不可或缺的方法基础来拟定和实施纯粹的先验哲学，以便在完成二者之后才转向"自然形而上学和道德形而上学"。就后者而言，他当然想首先出版。1773年致赫茨的一封信报告说，他对此已经"提前高兴不已了"。[②] 就连《道德形而上学的奠基》，当它在1785年出版时，也与《纯粹理性批判》一样，是一个长达12年之久的反思的产物。但是，阐述的生动性、灵活性和热情却绝没有受到损害。在他的批判代表作的任何一部中，康德的人格性都没有像在这里那样直接历历在目；在任何一部中都没有以同样完美的方式把演绎的严格与思维的一种如此自由的灵敏相结合，把道德的力量和伟大与心理学细节的意义相结合，把概念规定的鲜明与一种通俗的、富于出色的图像和实例的语言的高贵实际性相结合。第一次，在这里就连康德的构成其本质的最深刻内核的主观道德也能够纯粹地展开和表达。这种道德当然不是"形成的"，而是以完全的确定性已经出现在青年时代的作品中，出现在《一般自然史与天体理论》《一位视灵者的梦》中；但只是在这里，它才把握住自己，并与启蒙时代的哲学自觉对立，获得了自己适当的哲学表述。

[①] 康德于1770年9月2日致兰贝特的信（第9卷，第73页；《康德书信百封》，第35页）。

[②] 康德于1773年底致赫茨的信（第9卷，第114页；《康德书信百封》，第51页）。

如果人们试图描绘批判伦理学的最普遍的内容——此时，为了不把实际上共属一体的东西割裂开来，我们在此已经展望到3年后出版的《实践理性批判》——那么，人们即便在这里也不可以被在康德学说的特色上扮演过一个重大角色的方便流行语所迷惑和引入歧途。人们一再谈到康德伦理学的"形式主义"特点，人们一再强调，它由以出发的原则仅仅给出了道德行为的一个普遍的、就此而言空洞的公式，这个公式对于规定具体的个别情况和个别决定是不充足的。康德自己就已经回复过这类反对意见，他接受并且在某种意义上承认这种异议。"一个想为责难这部作品说点什么的评论家，"他这样注释说，"当他说这里没有提出任何新的道德原则，而只是提出了一个**新的公式**时，他比自己本来要说的意思更切中要害。但是，谁还要引入一切道德的某种新原理，并仿佛是首次发现它呢？就好像在他之前世界在什么是义务这一点上一无所知或者处于普遍的错误似的。但谁知道一个为了遵循课题而完全精确地规定应当做什么并不许出错的公式对于数学家来说意味着什么，他就不会把一个就一切一般义务而言做同样一件事的公式视为某种不重要的和多余的东西了。"① 当然，对康德的"形式主义"的真正论证要在他的思想的一个更深层次去寻找，因为它就在那个普遍的**先验的**形式概念之中，这个概念也还先于数学并作为其基础。《纯粹理性批判》曾确认，认识的客观性不能建立在质料的感性材料之中，不能建立在个别的感觉的"什么"之中。感觉毋宁说只是个别主体从瞬间到瞬间的可变的状态的表达；它构成了完全偶然的东西，因场合和因主体而不同的东西，从而不在任何单义的规则中可规定的东西。如果从这样的

---

① 《实践理性批判》，前言（第5卷，第8页；中文版第5卷，第9页注）。

无限差异的状态性中形成具有普遍有效的真理内容的**判断**，如果起初完全不确定的显象应当作为**经验**成为可读的，那么就将要求，存在着某些联结的基本种类自身是不变的，建立认识的客观统一性并由此才使其"对象"成为可能并论证之。正是这些基础性的综合，乃是批判理论作为纯粹直观的"形式"，作为纯粹知性认识的"形式"发现和强调的东西。伦理学疑难的引入对于康德来说与这一基本思想具有极为精确的类似性。就像此前对于纯然的"表象"一样，现在对于实践的东西的领域来说，对于欲求和活动来说，要的是找到赋予它客观有效特性的元素。唯有当这个元素可证明时，我们才利用它从任性的领域过渡到**意志**的领域。意志和认识在这一方面并驾齐驱：它们只是就能够确立一个持久不变的规则来建构它们的统一性和同一性而言才存在。就像这个规则对于认识来说不是从对象获得，而是通过知性的分析确立的一样——就像显而易见作为某些认识功能的一个总和的经验之可能性的条件同时是对于我们来说某些个别对象一般而言唯有在其下才能被设定的条件一样——我们现在试图把这种疑难的提出转移到伦理事务的领域。即便在这里，也存在着一种并非植根于所期望的东西的物性内容和物性差异，而是植根于意志自身的独特基本方向，并凭借它的这种起源而能够建立该词先验意义上的伦理客观性，亦即道德价值的必然性和普遍有效性的合法则性吗？

人们如果从这种问题的提出出发，就立刻理解，出自什么理由**愉快和不快**在任何形象和色彩中对康德来说都作为伦理原则而失效，因为无论如何被领会，就愉快里面被表明的是"印象"的纯然被动性而言，愉快与感性感觉处在同一个有效等级上。根据单个主体的性状和根据从外部影响主体的刺激，它是变迁的，并且依照这两个元素的不同而不受限制地可变。虽然通常作为愉快原则的伦理学之根据的自然主义形而上学试图通过援引这个原则的心理学普遍性来掩饰这种真实状况，但即便真的所有主体都生而具有对愉快的追求，但毕竟以这种生理学的事实并未获得丝毫东西有利于确认一种同一的内容，让众个别意志能够在其中发现自己的统一和一致。在每个个别意志不那么追求愉快，而是追求**他自己的**愉快或者他视之为愉快的东西时，这些追求的整体就由此毋宁说分化为一个杂乱无章的团块，分化成不同类的、相互交织和相互排挤的倾向的一种错乱，它们即便在看起来指向同一个客体的地方，每一个也都在质上与另一个完全对立。"因此奇怪的是，一些明理的人士怎么会由于对幸福的欲望，因而还有每个人把幸福设定为自己的意志的规定根据所凭借的**准则**是普遍的，就想到由此把它冒充为一条普遍的**实践法则**。既然一条普遍的自然法则通常都使一切相一致，所以在这里，如果人们要赋予准则以一条法则的普遍性，就恰恰会导致与一致性的极端对立，导致准则本身与其意图的严重冲突和完全毁灭。在这种情况下，所有人的意志并不具有同一个客体，而是每一个人都有他自己的客体（他自己的福利），这客体虽然也能够与其他人的同样是针对其自身的意图偶然相合，但还远不足以成为法则，因为人们有权偶尔做出的例外是无穷无尽的，根本不能被确定地包含在一条普遍的规则中。以这种方式，就出现了一种和谐，它类似于某首讽刺诗关于一对自杀夫妇的情投意合所描述的和谐：**啊，美妙的和谐！他想要的，亦是她想要的**，等等；或者人们关于国王**弗兰西斯**一世面对皇帝**查理**五世的自命自许所讲述的：我的兄弟查理想要的（米兰），亦是我想要的。"① 不同的个人意志行为的和谐由此并不能通过

---

① 《实践理性批判》，第 4 节，定理三（第 5 卷，第 31—32 页；中文版第 5 卷，第 30 页）。

它们指向同样的物性内容、指向意志的同一个物质目标而达到，因为这毋宁说会导致它们无一例外的冲突，而是只能通过它们中的每一个都服从一个普遍的和跨越的**规定根据**的引导来达到。在**根据**的这样一种统一性中，才能建立一种伦理学-客观的东西，才能建立一种真正独立的、无条件的道德价值，就像正是认识的逻辑基本原则的统一性和牢不可破的必然性才使我们有可能为我们的表象设定一个对象一样。

这样，不是愉快的某种性状，而是它的本质特性，使它不适用于伦理学的奠基。就像在认识疑难的分析中，单个感官感觉的特殊本性对于康德来说能够不予考虑，因为对他来说有效的是命题"感官的粗笨或精致与可能经验的形式根本无涉"一样，同样的话也适用于意志的分析。人们是否会在"粗笨感官"的意义上取得愉快，或者人们是否致力于通过精致化的所有级别把它一直提纯到最高的"理智"愉快，这大概建立起伦理学原理的内容上的一种区别，但并不建立起其推导和辩护的方法上的一种区别。在同样的意义上，就像任何感觉不管其清楚明白都有某种把它与纯粹直观和纯粹知性概念分别开来的认识特性一样，在实践领域，也必须把主观欲求的特性与"纯粹意志"的特性分别开来。只要单个的人在自己的追求中不指向和对准任何别的目标，而是指向和对准自己的主观欲望的满足，则无论是什么东西构成这种欲望的特殊客体，他都依然被束缚和封闭在他的个别性中。一切质料的实践原则，一切把意志的价值设定在被意欲的东西之中的实践原则，"全都具有同一种性质，都隶属于自爱或者自己的幸福的普遍原则之下"。"人们必然会觉得奇怪，"康德这样论证这个命题，"何以一些通常很机敏的人士会相信，从与愉快的情感相结合的**诸表象**是起源自**感官**还是起源自**知性**，就可以找到**低级欲求能力**和**高级欲求能力**之间的一种区别？当人们追问欲求能力的规定根据，并将这些规定根据设定在从某种东西那里期待的惬意之中的时候，事情根本不取决于这个令人快乐的对象的**表象**来自何处，而是仅仅取决于它令人快乐到何种程度。如果一个表象，即使它无论如何也在知性中有其位置和起源，也只能通过以主体中的一种愉快的情感为前提条件来规定任性，那么，它要成为任性的规定根据，就完全依赖于内部感官的如下性状，即内部感官能够由此而受到惬意的刺激。对象的表象尽可以归属如此不同的类别，尽可以是与感官的表象相对立的知性的表象，甚至是理性的表象，但它们真正说来构成意志的规定根据所凭借的愉快情感（惬意、人们从推动着创造客体的活动的东西中所期待的快乐），却具有同一种性质，这不仅是就它在任何时候都只能被经验性地认识而言的，而且也是就它刺激起表现在欲求能力中的同一种生命力，并在这一关系中除了在程度上之外，与任何别的规定根据都不可能有任何差异而言的……就像对于为了支出而需要金钱的人来说，只要这金钱到处都以同样的价值被接受，则这金钱的材料亦即金子是从山里挖出来的还是从沙里淘出来的，是完全无所谓的一样，如果一个人仅仅关心生活的惬意，他就不会问是知性表象还是感官表象给他带来快乐，而是只问这些表象在最长的时间里给他带来**多少和多大的快乐**。"[①]

愉快的所有类别和质的共同特性由此描述得极为清晰：它就在于，意识在它们里面相对于所有质料的诱惑的关系是纯然承受的——意识被它们的影响所"刺激"和规定。但是，就像一种诸如此类的"爱好"不足以论证真理概念和认识的客观有效性一样，从

---

① 《实践理性批判》，第 3 节，定理二，附释一（第 5 卷，第 25—26 页；中文版第 5 卷，第 22—24 页）。

它也不能获得道德事物的一种客观的规范。为此，毋宁说需要我们以其完满的意义已经在理性批判的理论建构中遇到过的那种补充。"爱好"必然有"功能"与之相对，"印象的接受性"必然有理性概念的"自发性"与之相对。必须指出意志与其对象的一种关系，在其中它并不那么被客体、被欲求的特殊"质料"所规定，而毋宁说反过来规定这客体。在这种要求中，如果我们想到知性分析中的批判结果，就不可能再发现悖论，因为就连感觉的质料获得客观的认识价值，也只是通过在"先验统觉"中指出了奠基性的合法则性，杂多的所有联结，从而其所有的对象性意义都是基于这种合法则性的。

现在，只是还需要把这个结果从理论领域移植到实践领域，以便由此达到康德伦理学的基本概念：**自律**的概念。自律意味着理论理性和道德理性的那种约束，其中理性意识到自己就是约束者。意志在它里面不服从任何别的规则，除了他自己作为普遍的规范提出和面对的之外。无论在什么地方达到这种形式，无论在什么地方个人的欲求和愿望发现自己归属和顺从对于所有的伦理主体都无例外地有效的法则，无论在什么地方它在另一方面把这种法则毕竟理解和肯定为"自己的"法则，我们都身处伦理学事物的**疑难领域**。《道德形而上学的奠基》由其解析出发的大众道德意识就已经导向这种洞识，因为统治它和引导它的"义务"概念就已经包含着我们迄今所遇到的所有本质规定。对于我们来说，一个行动只有在它里面任何从它可期待好处的思想、任何从它将产生当下或者未来愉快的指望，甚至任何其他质料的一般预期都被排除，只剩下限制所有偶然和特殊冲动的对法则之普遍性的倾向作为唯一的规定根据的情况下，才叫作"合乎义务的"。"一个出自义务的行动具有自己的道德价值，**不在**于由此应当实现的**意图**，而是在于该行动被决定时所遵循的准则，因而不依赖行动的对象的现实性，而仅仅依赖该行动不考虑欲求能力的一切对象而发生所遵循的**意欲的原则**。我们在行动时可能有的意图以及作为意志的目的和动机的行动结果，都不能给予行动以无条件的和道德的价值，这一点由上文已可清楚知道。因此，这种价值如果不在与行动的预期结果相关的意志之中，它能够在什么地方呢？它不能在任何别的地方，只能**在意志的原则中**，而不考虑由这些行动能够造成的目的：意志处在其形式的先天原则和其质料的后天动机的中间，仿佛是处在一个十字路口，而且既然它毕竟必须被某种东西所规定，所以当一个行动出自义务而发生时，它就必须被一般意欲的形式原则所规定，因为它被剥夺了一切质料的内容。"① 正如一个表象的真理性在康德看来并不在于它就像一个摹本与其原本相似那样与一个外部的超验事物相似，而是在于表象内容与其他同类元素处于我们用经验认识这个名称来称谓的那种无一例外的和必然的合法则联系之中那样，善这个谓词属于不被一个偶然的和个别的动机，而是由对可能的意志规定的**整体**及其内在一致的考虑来引导的那种意志行为。"善的"意志是旨在法则从而旨在一致的意志：一种既与不同个人的关系相关亦与同一个主体的各种意志行为和行动的内在一贯性相关的一致，这是就它超出特殊动机和刺激的所有变迁，表明我们习惯于用"性格"这个名称称谓的那种独特的完整性而言的。在这种意义上——而且仅仅在这种意义上——正是"形式"既建立起真的价值也建立起善的价值，因为它一方面使经验性感知联系成为必然的和先天的认识体系，另一方面使经验性

---

① 《道德形而上学的奠基》，第一章（第4卷，第256页；中文版第4卷，第406—407页）。

的特别目的联合成为一个目标和一个跨越的目标规定的统一体得以可能并包括在自身之内。

由此，我们已经面临着批判伦理学的基本原则的结束语了："定言命令式"的公式。一个命令式如果仅仅指明，为了一个被预设为目标的**他者**得以实现就必须使用或者期许什么手段，就叫作假言的；如果它作为无条件的要求出现，不从另一个目的的效力借来自己的效力，而是在自身中、在一个最终通过自身确定无疑的价值的提出中拥有效力，它就是定言的。但是，由于这个基本价值不能再到意欲的一个特殊内容中，而是只能在这种普遍的合法则性中寻找，所以这样一来，就已经完备地描述了唯一可能的定言命令式的内容和对象。从现在开始，基本规则就叫作："**要只按照你同时能够愿意它成为一个普遍法则的那个准则去行动。**"① 在其中凭借对义务概念的纯粹分析达到这一命题的方法论进展，同时对于其内容来说构成最清晰和最确定的阐明。假如在这种内容中有某种特别的规定被接纳，假如在它里面有一种个别的物性善被断定为最高的价值，那么，如果我们不想简单地把这种确定当作教义，我们就会不能裁定这种价值优势之**根据**的问题。但是，任何回答这个问题的尝试都会立刻就这个"根据"自身而言教会我们认识一种别的和更高的东西，一开始所设定的价值就由它导出。"定言命令式"就会由此又转化为一个"假言命令式"，无条件地有价值的东西就会转化为一个有条件地有价值的东西。唯有在普遍的合法则性一般而言是最高价值原则的内容的思想中，我们才消除了这种进退两难。在这里，我们处在一个任何关于一个进一步的"为什么"的问题都必须闭嘴、都失去其

---

① 特别请参见《道德形而上学的奠基》，第二章（第4卷，第279页及以下；中文版第4卷，第428页及以下）。

意义和重要性的点上。就像我们在理论领域从纯然的知觉综合地前进到判断和判断群，从个别的显象前进到越来越广泛的结合，直到我们最后在纯粹知性的先天原理中发现所有理论的合法则性的原型和范型，我们必须把它作为经验的最终法据停留在它这里，不能又从一个进一步在背后的东西、从一个物性超越的东西"推导"出这种合法则性自身一样，同样的关系在这里也有效。我们根据统一性来衡量个别性，根据可能的一般意志规定的全体性来衡量特殊的心理学现实刺激，我们凭借与这种全体性的关联来为它规定它的价值；但对于这种尺度自身来说，我们没有别的信任状，除了在它自身里面的。**为什么秩序要置于混沌前面？为什么对一种自己所立的法的普遍性的自由顺从要置于个人欲求的任性前面？批判伦理学对此不再给予我们答复。**①在无论是理论理性还是实践理性的批判中，都预设了理性的理念、认识和意志的一种最终的和最高的约束的理念。谁不承认这个理念，谁就由此置身于它的疑难提出的范围之外，置身于它关于"真"和"假"、关于"善"和"恶"所拥有、它唯有凭借其方法论的特性才能论证的概念之外。②

这样，一个作为所有迄今的发展之基础的前提在这里才获得其真正的内容上的充实。在意志的自我规定中，理性才知道和理解自身，而且正是它的这种知识，构成它真正的和最深刻的本质内容。即便是在理论认识的领域，我们也遇到纯粹的思维"自发性"；但

---

① 特别请参见"论与道德诸理念相联系的兴趣"一节的开端（第5卷［应为第4卷。——译者注］，第308页以下；中文版第4卷，第456页及以下）。

② 参见《实践理性批判》，前言（第5卷，第12页；中文版第5卷，第13页）："但是，对于这些努力来说，也许不可能遇到比有人出乎意料地发现任何地方都不存在、也不可能存在先天的知识更为糟糕的事情了。但这没有什么关系。这就好像是有人想要通过理性来证明不存在理性一样。"

是，这种自发性在这里似乎只能在其反映和对影中来认识。统觉的统一性是什么，在它里面建立的个别概念和原则是什么，这只是在**对象世界**的建构中才凸显出来，这些概念有助于这种建构的完成。一个在空间和时间中排列有序，按照"经验的类比"，按照实体性、因果性和交互作用的关系规定自己的物的世界，就是知性的划分及其独特的结构在其中才对我们变得清晰可见的结果。自我、纯粹的先验统觉的意识对于我们来说只是在作为客观"显象"的对象的意识中并随着它被给予的。但现在，我们面对着一个疑难，在它那里就连这最后的界限也消失了。我们当然也必须把纯粹意志思维成一种合法则的-受约束的、并就此而言"客观的"东西，但这种客观性属于一个完全不同的领域，不同于在时空现象中找到自己表达的领域。不是一个物的世界，而是一个自由人格性的世界；不是客体的一个总和和一种因果联系，而是独立主体的一种状态和目的统一性，才是我们在这里所意识到的。前面用显象或者经验对象的普遍理论表述来称谓的东西，在这一考察中降格为纯然**事物**的价值，如今是**人格**作为其自己确知的统一性与它相对。在人格里面，才完成了自身目的和最终目的的理念。只是就被束缚在原因和结果的某个圈子之中的自然之物而言，我们才能够提出它"来自何处"和"去往何处"的问题。与此相反，鉴于凭借其源始的立法自身给出其意志的统一准则并在其中给出其"理知特性"的人格，这个问题就失效了。手段的相对性、互为条件性此处在一个绝对价值那里找到了自己的界限。"一个理性存在者随意预设为自己行动的**结果**的那些目的（质料的目的），全都只是相对的；因为只有它们与主体的一种特殊欲求能力的关系才给予它们以价值，因而这价值不能提供普遍的、对一切理性存在者都有效和必然的原则，也不能提供对任何意欲都有效和必然的原则，亦即实践的法则。因此，所有这些相对的目的都只是假言命令式的根据……因此，一切能够通过我们的行动**获得**的对象的价值，在任何时候都是有条件的。其存在固然不是依据我们的意志，而是依据自然的意志的存在者，如果它们是无理性的存在者，就仍然只有一种相对的价值，乃是作为手段，因而叫作**事物**。与此相反，理性存在者被称为**人格**，因为它们的本性就已经使它们凸显为目的自身，亦即凸显为不可以仅仅当作手段来使用的东西，所以就此而言限制着一切任性……因此，如果应当有一种最高的实践原则，就人类意志而言应当有一种定言的命令式，那么，它必然是这样一种原则，它用因为是**目的自身**而必然对于每一个人来说都是目的的东西的表象，构成意志的一种**客观的**原则，从而能够充当普遍的实践法则。这种原则的根据是：**有理性的本性作为目的自身而实存**……因此，实践的命令式将是这样的：**你要如此行动，即无论是你的人格中的人性，还是其他任何一个人的人格中的人性，你在任何时候都同时当作目的，绝不仅仅当作手段来使用。**"

这样，手段的秩序就与自然事物的秩序叠合，而目的的秩序则与纯粹的、由自身规定的"理智"的秩序相同。每一个必须通过其意志的所有准则把自己视为普遍立法的、以便从这个立场出发来评判自身及其行动的理性存在者的概念直接进一步导向理性存在者在一个"目的王国"中的**共联性**的相关概念。如果所有的理性存在者都处于这样的法则之下，即他们在其人格性的建构中同时与所有其他理性存在者的道德个体性相关，他们也要求所有其他主体并且承认所有其他主体具有他们在这里给出的基本价值，那么，由此就产生出"理性存在者通过共同的客观法则形成的一种系统结合，亦即一个王国，由于这些法则正是着意于这些存在者互为目的和手段的关系，这个王国可以叫作一个目的王国（当然只是一个理想）"。在这个王国中，有效的不再是仅仅作为手段为另一个存在者用作要达到的目标及其全部价值在这种间接性中产生和存在的事物的**价格**，而是每个主体通过把自己理解为他的既是个人的也是普遍的意志规定的创作者给予自己的尊严。①

这样一来，我们当然在转向一个与经验性现象事物的秩序不同的秩序时，看起来又处在形而上学的轨道中间；但是，这种形而上学并不植根于一个与经验对象的概念相对和相反的新事物概念，不植根于一个实体性的"自然的内部"的断言，而是纯粹地和排他地植根于我们在作为**自由**意识的伦理法则意识中获得的那种基本确定性之中。对"理知的东西"和无条件的东西的任何其他接近对我们来说都被封闭了。我们在应当中给予自己的新立场是我们为一个被置于纯粹现象序列之上的有效领域所拥有的唯一保障。自由和因果性之间的二论背反由此当然再次极为鲜明地呈现我们面前，因为对同样的事件和同样的行动，因果性的思想断言其"必然性"和不能异样，纯粹意志伦理法则的理念则提出要求，它们应当以不同于它们发生的方式发生。相互联结和相互依赖的原因的全部序列由此在这里像经过一道命令一样被毁灭，纯粹自然认识的逻辑在其基本原则上被取消。但是，即便我们以这种方式提出问题，首先也要考虑，即使这里关涉两种规定的对立，但绝对不关涉规定和完全无规定性之间的对立。在这种意义上，自由被康德自己——用一个当然不精确且最初模棱两可的表述——作为一个"独特种类的因果性"引入。"既然一种因果性的概念带有**法则**的概念，按照法则，由于我

---

① 参见《道德形而上学的奠基》，第二章（第4卷，第285页及以下；中文版第4卷，第435页）。

们称为原因的某种东西，另一种东西亦即结果必然被设定，所以，自由尽管不是意志依照自然法则的一种属性，却并不因此而是根本无法则的，反而必须是一种依照不变法则的因果性，但这是些不同种类的法则；因为若不然，一种自由意志就是胡说八道。自然必然性是作用因的一种他律，因为任何结果都唯有按照以下法则才是可能的，即某种别的东西规定作用因而导致因果性。然而，除了自律之外，亦即除了意志对于自己来说是一个法则的那种属性之外，意志的自由还能够是什么东西呢？但是，意志在一切行动中都对自己是一个法则这一命题，仅仅表示如下的原则：除了能够也把自己视为一个普遍法则的准则之外，不要按照任何别的准则去行动。而这正是定言命令式的公式和道德的原则。因此，一个自由意志和一个服从道德法则的意志是一回事。"[①] 因此，意志和行动在其由单个被给予的客体和一种特殊的"质料"刺激来规定的时候，是"不自由的"；它们在其让目的规定的整体性的理念和让其统一性的要求来规定的时候，是自由的。在前一种场合，像我们归于事物的物理世界的那种纯然机械发生的特性尚未被克服。就像一个物体实体的属性和变化彼此相继和彼此产生，后起的状态已经完全包含在先行状态之中，并按照一个量的保持规则能够从前者推导出来一样，这里进行的是"内在"冲动和追求的继起。被给予的客观刺激引起与它相应的欲望，后者则引起某种行动：以同样的必然性，就像我们在物体的重压和撞击中思维的一样。然而，在行动处于自律的思想之下、处于应当的要求之下的地方，任何诸如此类的类比都发现了自己的

[①] 《道德形而上学的奠基》，第三章（第 4 卷，第 305—306 页；中文版第 4 卷，第 454—455 页）。

界限。在这里,并不是瞬间和在它们里面所设定的个别经验性内容的继起在简单地进行:这里并不仅仅是在一个先行的时刻里所设定的东西过渡到另一个随它之后的时刻,而是在这里有一种超时间的考察,我们处身在它里面,把过去和当下的东西归之为一,就像我们在它里面预演未来一样。

依康德看来,我们在每一个最简单的道德判断中都遇到这种基本特征。在每一个里面,"纯粹理性单凭自身就是实践的":也就是说,它评判发生了的东西,因而把按照经验性因果秩序必然发生的东西评判为它出自自己的规范确定性的立场既有自由采纳也有自由拒斥的东西。① 与一个最高的、通过自身而确定无疑的价值标准的关系为对事实的东西的所有考察,仿佛创造了一个新的维度。取代我们能够简单地在其前后相继中追查并按照因果性的知性原理塑形为一种客观时间秩序的众事件之流变中始终相同的、在其中每个环节都被清晰地规定其"此前"和"此后"的序列的,这里是一个目的论体系的概念和预先推定。在这个体系中,一个元素"为了"另一个元素而存在,最终所有特殊的质料目标都联合成为同一种目的合法则性、同一种无条件的价值的形式。能够领会这种价值并且服从这种价值的意志,就是真正自由的意志:它不再屈从于偶然的、变迁的、瞬间的规定,而是以纯粹的自发性与它们相对。而这样一来,当然同时就逾越了《纯粹理性批判》,特别是范畴的演绎极为严格地把我们拘留在其内部的"经验"的秩序;但依然存留的是,这种逾越不是从一种理论的资料出发进行的,因此也不为建构和扩建新的"理知"世界给我们提供任何新的理论资料。与经验、空间和时间中的经验性对象的总和脱离,并不是通过知性进行的,就好像知

---

① 《实践理性批判》,第 7 节(第 5 卷,第 36 页;中文版第 5 卷,第 34 页)。

性现在发现了另一个不依赖于感性直观的条件的认识领域似的，而是仅仅通过意志，意志看到了自己不依赖于一切感性刺激和一切经验性的-质料的**动因**的运用的可能性。正是**意志**逾越了实际的现实，根本上已经在其每一个真正独立的行为中逾越了事物纯然的"存在"；因为它并不把自己约束在给定的东西中，而是纯粹地和排他地转向使它超出和远离一切给定性的道德**使命**。它以全部力量和纯粹性确立这一使命，不顾现实存在的一切现有持存和事物的一切迄今经验性进展似乎对此提出的抗议。谁试图通过指出经验的局限，指出**可行性**的局限来阻碍意志和道德理念的这种活力，谁就会以唯心论的首要基本思想和通过它在理念和现实之间建立的新关系来得到回答。康德恰恰在这一联系中援引柏拉图——他在这里完全是作为柏拉图派来感受和说话，这并非偶然。"柏拉图，"在《纯粹理性批判》中就已经这样说，"非常清楚地说明，我们的知识能力所感到的需求，远远高于为了把显象读作经验而仅仅把显象按照综合的统一拼写出来，我们的理性自然而然地跃升为远远超过经验所提供的某个对象每次都能够与其一致的知识，但尽管如此这些知识仍有其实在性，绝不是纯然的幻想。柏拉图首先是在一切实践的东西中，也就是说，在一切依据自由的东西中发现他的理念的，而自由又隶属于知识，知识是理性的一个特有产物。谁想从经验得出德性的概念，谁想使充其量只能充当不完善的说明之实例的东西成为知识源泉的一个典范（如同实际上许多人做过的那样），他就会使德性成为一种依时间和环境变迁的、不能用为任何规则的、模棱两可的怪物……至于永远没有一个人的行动符合德性的纯粹理念所包含的东西，也根本不证明这一思想中有什么空想的东西。所有关于道德上有价值或者无价值的判断，仍然唯有凭借这一理念才是可能的；因此，它必然是向道德完善的任何接近的基础,尽管人类本性中就其程度而言无法确定的种种障碍可能使我们远离这种完善。**柏拉图式的国家**,作为只能在闲散思想家的大脑中才有其位置的梦寐以求的完善性之误以为引人注目的实例,已经成为成语,而布鲁克尔认为可笑的是,这位哲学家居然断言,一位君主如果不分有理念,就绝不能统治有方。然而,更多地顺从这一思想,并(在这位杰出的人物未给我们提供帮助的地方)通过新的努力来阐发它,要胜于用不可行这种贫乏且有害的借口把它当作无用的而置之一旁……因为再也没有比卑俗地诉诸据说相悖的经验更有害、与一位哲学家更不配称的东西了;如果在适当的时候已经按照理念做出了那些部署,而且不是用粗鄙的概念取代理念,恰恰由于它们是从经验中得来的而使一切好的意图破灭,上述经验毕竟是根本不会存在的……如果人们把术语的夸张之处分离开来,那么,从对宇宙秩序自然因素的复写式观察上升到其按照目的亦即按照理念进行的建筑术上的联结,哲学家的精神升华是一种值得敬重和仿效的努力;但就道德、立法和宗教的原则来说,由于理念在其中虽然永远不能得到完全的表达,却唯有理念才使(善的)经验本身成为可能,上述精神升华就是一种完全特有的功绩;人们之所以不承认这种功绩,乃是因为人们恰恰是按照经验性规则来判定它的,而经验性规则作为原则的有效性恰恰是应当被理念取消的。就自然而言,经验为我们提供规则,是真理的源泉;但就道德法则而言,经验(令人遗憾地!)乃是幻相之母,从**已做**之事引申出关于我**应做**之事的法则,或者想由此对它们做出限制,是极应予以摈弃的。"①

---

① 《纯粹理性批判》,第370页及以下(第3卷,第257页及以下;中文版第3卷,第241—244页)。

自由思想所基于的"存在的因果性"和"应当的因果性"之间的奠基性区分由此极为清晰地确定下来了。应当的因果性并不局限于现实的东西，而是指向非现实的东西，甚至指向经验性不可能的东西。因此，"定言命令式"的纯粹内容和纯粹效力依然存在，即使经验未给我们提供某时一个现实的主体按照它行动的任何一个证明——就像经验实际上真正严格地说从未能提供这样一种证明那样，因为我们未被允许窥视行动者意念的内部和规定他的引导性"准则"的种类。道德法则依然"仿佛是作为纯粹理性的一个事实"而被给予的，"这个事实是我们先天地意识到的，而且是无可置疑地确定的，即使人们在经验中找不到严格遵守道德法则的实例"。① 没有任何东西能够在这里保护我们免于从我们的义务理念完全堕落，除非是清晰的信念，即尽管从来没有过从这样的纯粹源泉产生的行动，在这里也根本不是在说此事或者彼事是否发生，"而是理性不依赖于任何显象独自地要求什么应当发生，因此，对于世界也许迄今还根本没有提供过实例的那些行动，把一切都建立在经验之上的人甚至会怀疑其可行性，尽管如此它们还是为理性所严厉要求的"。② 这一点正是自由理念独特的、专有的"实在性"，即它在不被看起来不可能的东西的要求吓退时，正是由此才开启经验论者相信包含在迄今现实的东西之中的可能的东西自身的真正范围。这样，自由的概念——如《实践理性批判》的前言所说——"对于一切**经验论者**来说是绊脚石，但对于**批判的**道德论者来说却也是最崇高的实践原理

---

① 《实践理性批判》，"纯粹实践理性诸原理的演绎"（第5卷，第53页；中文版第5卷，第51页）。

② 《道德形而上学的奠基》，第二章（第4卷，第264—265页；中文版第4卷，第414页）。

的钥匙。这些道德论者由此看出，他们不得不**合理地**行事"。① 这种崇高最纯粹地出现在意欲的主体所服从的法则否定和取缔恰恰这个主体的经验性**实存**的地方，出现在作为物理存在的生命为理念做出牺牲的地方。在被行动的感性之外机和超感性动机的这样可规定性中，我们才真正把握了超感性的存在：批判意义上的"理知者"的世界。不以纯粹意志为中介，这种存在是不能以别的方式来把握的。如果我们忽略这一点，理知者的世界对我们来说就沉沦了，正像如果我们抽掉空间的纯粹直观，对于我们来说就不再有经验性形象的世界一样，正像不通过因果性的秩序原理，就不存在物理事物的"自然"一样。

因此，即便在我们处于对批判观点能够把我们引导到的唯一"绝对者"的考察中间的这个地方，先验的基本观点的特性也得到了维护。这种观点就在于，一个客观的东西的任何设定都与意识的一个基本形式有相互关联；关于一种存在的任何断言都必须在理性的一种源始功能中去寻找其论证和辩护。这种关系在此处完全得以保持。一个知性世界的概念——康德如此极为清晰和确定地宣称——只是一个**立场**，理性发现自己被迫在显象之外采取这一立场，以便**把自己设想成为实践的**："如果感性的影响对人是决定性的，这件事就会是不可能的；但是，如果不否认人会意识到自己是理智，从而是理性的、通过理性活动的，亦即自由地起作用的原因，这件事就是必然的。"② 据此，这样一个超感性的自然的可能性并不需要任何对一个理知世界的先天直观，后者在这种场合作为超感性的对于我

---

① 《实践理性批判》，前言（中文版第 5 卷，第 9 页）。——译者注
② 《道德形而上学的奠基》，第三章（第 4 卷，第 318 页；中文版第 4 卷，第 466—467 页）。

们来说也必定会是不可能的；毋宁说，因为事情仅仅取决于意欲在其准则中的规定根据，"取决于那个规定根据是经验性的，还是纯粹理性的一个概念（关于一般准则的合法则性的概念），以及它如何可能是后一种情况"。① 对于如此多方被错认和误解的康德命题，即我们有权仅仅"在实践的意图中"假定理知的东西，其解说由此就完备地给出了。Causa noumenon [作为本体的原因] 就理性的理论应用而言虽然是一个可能的、可以设想的概念，却是一个空洞的概念。但现在，就我们把这个概念用于伦理学的奠基而言，并不要求**在理论上认识**一个存在者就其具有一个纯粹意志而言的性状；毋宁说，只要由此把它描述为这样一个存在者，从而只要把因果性概念与自由概念（以及与此不可分割地，与作为自由的规定根据的道德法则）结合起来，对我们来说就够了。② 谁超出这一点，或者哪怕是努力超出这一点；谁试图对理知世界做出一种**描述**，而不是把它思维成他的行为的规范和使命；谁把它视为客体的一个库存，而不是视为作为道德人格性的一个目的秩序和一个目的联系，他就由此离开了批判哲学的地基。自由的客观实在性对我们来说在道德法则中"仿佛是通过一个事实"表现出来，通过自由，相对于一个显象世界，当然表明和规定了一个"自在"的领域。但并不是在直观和思维中，而是仅仅在行动中，我们才能接近它；不是在"事物"的形式中，而是在目标和使命的形式中，它才对我们来说成为可领会的。人们如果始终极为清晰地牢记这种联系，就会避免某些困难和某些关于康德的"物自身"学说的思辨——它当然在其这种**表述**中就已

---

① 《实践理性批判》，"纯粹实践理性诸原理的演绎"（第5卷，第52页；中文版第5卷，第49页）。

② 《实践理性批判》（第5卷，第63页；中文版第5卷，第60页）。

经是悖谬和模棱两可的。实践意义上的"自在"绝不规定显象世界的"先验原因",但它回溯到显象世界的"理知根据",只要由此给我们指出一切经验性意欲和行动的**最终目的**。于是,这便不是对**被给予的超感性对象**的认识的一种扩展,但毕竟是理论理性及其认识在这里获得的一般超感性事物方面的一种扩展。理念在这里失去了它们的超验性质:它们"都成为**内在的**和**建构性的**了,因为它们都是不仅思维而且也是纯粹实践理性的**必要客体**,即最后的最终目的和至善**成为现实**的那种可能性的根据"。①

康德关于经验性性质和理知性质的对立的学说只是在这种普遍的疑难联结中才获得其充分的意义。人们如果——像叔本华做过的那样——以意欲主体在一个太古的、作为其经验性实存之基础的行为中一劳永逸地给出他在经验世界中依然不可逃避地受其约束的本质规定性的方式来思维理知的性质,那就由此陷入了形而上学问题的一个完全无法破解的迷宫。我们并不拥有任何范畴能够给我们说明和解释"自在"和显象、完全无时间的和时间之外的东西与时间性领域的一种诸如此类的关系。但是,如果人们也在这个点上又把康德的学说从形而上学和神秘主义的地基移植到纯粹伦理学的地基上,如果人们在席勒和费希特理解它的意义上来接受它,那么,所有这些怀疑就立刻消失了。只是在这种情况下才表现出,理知性质的意义对我们来说不是回指一种神话的过去,而是预指伦理的未来。它所导向的以及我们在它的概念中真正确知的给定性,又只是我们的无限实践**使命**的给定性。同一个行动一方面处在过去的已消逝的

---

① 《实践理性批判》(第5卷,第146—147页;中文版第5卷,第143页。卡西尔的引文与德文科学院版略有差异。——译者注);参见导论"一种实践理性批判的理念"(第5卷,第17页),以及第5卷,第54页。

原因的强制之下，而另一方面则置身于未来目的及其系统统一性之下。在前一种考察中，它获得自己的经验性存在意义，在后一种考察中则获得其价值性质；在前者中，它属于事件的序列，而在后者中，它属于应当的理知知性和自由的观念规定。

康德在这里为**评判**的双重形式又能够援引淳朴的大众意识的格言。普通人类理性对意志自由的合法要求自身——他这样阐述——建立在理性对纯然主观规定、感性原因和动机的独立性的意识和得到承认的预设之上。设想自己赋有一种自律意志的人，与他知觉到自己如同感官世界中的一个现象使自己的因果性按照自然法则服从外在的规定时候相比，把自己由此置入一个不同的事物秩序，置入与完全不同种类的规定根据的关系中。至于他必须以这种双重方式表象和思维一切，这并不包含丝毫矛盾；因为这在第一种场合基于他自己作为通过感官受刺激的对象的意识，在第二种场合基于他自己作为理智的意识，亦即意识到自己是在理性运用中独立于感性印象的被动约束的一个积极主体。① 对象的规定由此也发生在这里，根据的是先验方法论的基本特征，凭借的是**判断分析**的中介。如果我判断，我本应当放弃我所做的这个或者那个行动，那么，这样一个说法，假如在其中"我"是仅仅在简单的意义上采用的，就是毫无意义的。自我作为感性经验性的现象，作为这个在这些被规定的条件之下的被规定的意志，**必须**执行这个行动；如果我们完备地认识一个人的经验性性质，那么，我们就能够精确地预先规定他的所有行为做派，就像我们能够预先计算一次日食或月食那样。但事实上，在判断中所设定和指认的是一种完全不同的联系。行动被拒斥，是

---

① 《道德形而上学的奠基》，第三章（第 4 卷，第 317 页；中文版第 4 卷，第 465 页）。

就在它里面只是个别的和偶然的、与当时瞬间相适应的动机在规定，这些动机胜过了对目的论规定根据的**整体**考虑而言的。自我否认了它的真正的、理知的"本质"，是在它让一个个别状况和一个个别动机的瞬间偶然性成为自己的主人的时候；它建立这种本质，是在它从所要求的他的"性质"的统一性出发，检验和判决特殊的行动方式的时候。这样，"理知的东西"，即所谓规范规定的统一，就表现为我们加给一切经验性的东西的普遍尺度。现象被与本体作为其真正的根据相关联：不是在由此会认识一个被给予的超感性**基底**的意义上，而是在由此才确定它真正的价值意义和它在"目的王国"的地位的意义上。

至于尽管如此"*mundus intelligibilis*［理知世界］"的思想如其自公开答辩论文以来就存在一样依然有效，应当的理念一般而言浓缩成对一个"世界"的描述，这有其深刻的方法论根据。在批判的分析给我们揭示和使我们认识一种独特的判断方式的地方，它到处也都给这种判断形式归属一种特别的"对象"形式。这种客体化是纯粹理论理性的一种我们不能摆脱的基本功能；但当然，需要在任何个别的场合都精确地区分，认识和判断属于哪个效力领域，据此建立在这上面的存在方式是什么。对于实践理性的领域来说，康德在他题为"纯粹实践判断力的模型论"的那个重要章节中做出了这种研究。在这里，借着"模型"和"图型"的对立，讲清楚了客体化中与感性的东西和超感性的东西的对立。经验世界、一般而言物理学和自然科学的世界对我们来说是通过知性把自己的普遍原理与空间和时间的纯粹直观相关联，仿佛是把它们登载入这些基本形式而产生的。"事物"及其物理学属性和变化的经验性概念得以成就，是因为我们用具体的直观内容充实实体和偶性、原因和结果的纯粹范畴；因为我们在实体中不是仅仅思维个别特征的载体和纯粹逻辑的主体，而是思维持久性和绵延，在因果性中不是仅仅思维"根据"与"有根据者"及依赖者的关系，而是思维显象的一个经验性序列中客观的时间关系的规定。物之设定的任何诸如此类的形式，如果关涉的是理知的东西之特性的话，对我们来说都失去效力。一个**自然法则的类似物**虽然在这里依然存在，如"定言命令式"的最著名公式之一命令意志如此行动，就好像其行动的准则应当通过它成为"普遍的自然法则"似的。① 但是，这里所说的"自然"，并不是客体的感性存在，而是个别目的相互系统关系及其和谐地结合进一个"最终目的"。它是一个榜样，是我们用来衡量任何特殊的意志规定的模型，不是一个可以脱离这种实践关系独自被直观的物性存在的原型。它与感性物理世界所共有的东西，仅仅是我们在二者之中同样思维的"持存"即同一个不可动摇的秩序的因素——在一种场合关涉我们当作存在于我们之外的秩序来直观的秩序，在另一种场合则关涉我们凭借道德法则的自律积极产生的这样一种秩序。

这样，把感官世界的自然用作一个理知的自然的模型，这也是允许的，"只要我不把直观和依赖于直观的东西转用到后一种自然上，而是仅仅把**一般合法则性的形式**与之相联系"。② 但是，如果这种转用发生，如果我们让感性的东西和超感性的东西的界限不被察觉地相互淹没，就以内在的必然性又产生出康德自《一位视灵者的梦》以来就不停地反对的**神秘主义**的那种形式。在应当转化为一幅

---

① 参见例如《道德形而上学的奠基》，第二章（第 4 卷，第 279 页；中文版第 4 卷，第 429 页）。
② 《实践理性批判》，"纯粹实践判断力的模型论"（第 5 卷，第 78 页；中文版第 5 卷，第 75 页）。

画面时，它就失去了自己创造性的、"范导性的"力量。我们沿着这条道路达到了"实践理性的神秘主义"，它把只是用作**象征**的东西当作**图型**，也就是把现实的但非感性的直观（对一个不可见的上帝之国的直观）加给道德概念的运用，而漫游到越界的东西里面。在这方面，重要且在方法论上独特的是，最诱人得出这样的神秘主义狂热的，绝不是纯粹的先天性学说，而反过来是伦理学的纯粹经验性的论证，是把道德理解为幸福学说。由于这种观点所了解的无非是感性的**动机**，所以它在经验之上的一切表面热情和对感官的"彼岸"的一切描画中也绝不能真正超出感性的努力。如果实践理性作为有病理学条件的，亦即作为在幸福的感性原则下仅仅管理诸偏好的兴趣的，而被奠定为基础，那么，**穆罕默德**的天堂，或者**通神论者**和**神秘主义者**们与神性的融为一体，如同每个人兴之所至那样，都会把他们的巨大的怪物强加给理性，而完全没有理性，和以这样的方式使理性经受一切梦幻，就会是同样的事情。① 人们绝不担心，如果我们放弃这样的感性支柱和援助，纯粹的伦理命令式就可能依然是抽象的、形式的，从而是无效的。《判断力批判》强调——人们在这类话中就拥有完整的康德："担心如果道德性被剥夺它能够推荐给感官的一切，它在这种情况下就会只带有冷冰冰的没有生气的同意，而不带有任何激动人心的力量或者感动。这是完全错误的。事情恰恰相反，因为在感官再也看不到任何东西，而不会出错也不可磨灭的道德理念仍然留存下来的时候，就会有必要宁可减弱一种无界限的想象力的激奋，不让它一直上升到热忱，也不出自对这些理念没

---

① 《实践理性批判》，"纯粹实践理性的优先地位"（第5卷，第131页；中文版第5卷，第128页）。

有力量的畏惧而到偶像和童稚的器械中为它们寻求援助……道德的这种纯粹的、提升灵魂的、纯然否定的展示并不带来任何**狂热**的危险，狂热是一种想要超出感性的一切界限看到某种东西，亦即按照原理去梦想（凭理性飞驰）的妄念；这正是因为，展示在感性那里纯然是否定的。**自由理念的不可探究性**完全切断了一切积极展示的道路，但道德法则就自身而言在我们里面是充分且原初地进行规定的，以至于它根本不允许我们在它之外去寻求一种规定根据。"①

即便在这里，康德的学说也在一种"不可探究的东西"中结束了；尽管如此，它是一种与我们在纯然理论理性的批判内部所遇到的完全不同的关系。在谈到"物自身"时，在关于物自身而断言一种存在形式、与此相反否认它的可认识性时，其中表面上有无法解决的困难；因为即便是设定它的纯然**现存**，且不说它的更详细的规定，也只能在《纯粹理性批判》恰恰要斩断其超验使用的那些认识形式中进行。然而，在康德的自由学说的领域里，我们被解除了这种冲突。当然，就连自由和在定言命令式中展现的道德法则也都必须在康德的意义上被承认是不可探究的。它们向我们表明所有存在和发生的最终的"为什么"，因为它们把发生与其最终目的关联起来，并将其固定在一个最高的价值之中；但对于它们自己来说，却不再能问进一步的"为什么"。这样，在纯粹逻辑学的意义上，我们在这里当然被卷入了看起来无法摆脱的"一种循环"。我们假定自己在作用因的秩序中是自由的，以便设想自己在目的的秩序中服从道德法则；然后我们设想自己是服从这些法则的，因为我们已经把自由归于我们自己。"原因在于，意志的自由和意志的自己立法二者都

---

① 《判断力批判》，"崇高者的分析论"，第29节（第5卷，第347页；中文版第5卷，第285—286页）。

是自律，因而是可以互换的概念，但正因为这一点，其中的一个不能用来说明另一个，为另一个提供根据，而是充其量可以用来在逻辑方面把同一对象的显得不同的表象归为唯一的概念（就像把同值的不同分数归为最简式一样）。"① 但是，这种逻辑的二难抉择不能也不应当使我们在我们的意欲和行动中迷惑。在这里，我们对自由的"事实"不需要任何进一步的说明，因为对我们来说不可描述的东西是做出来的。认识的界限不是确定性的界限，因为一种比对我们保证我们道德**自身**、我们自己的自律人格性的确定性更高的确定性，对我们来说不可能存在。理性如果胆敢**说明**纯粹理性何以是实践的，就会逾越它的所有界限，这和说明**自由何以可能**的任务是一回事。一个法则何以可能独自并且直接是意志的规定根据，人们何以能够在理论上并且积极地表现这类因果性，这不再能够通过任何别的、理论上能够指明的资料来看出，而是我们只能够并且必须通过道德法则并为了道德法则来假定这样一种因果性存在。② 尽管如此，我们现在不再以抽象的物性、不作为一个未知的实体存在者来面对"不可探究的东西"，而是它在我们作为自由人格性的理智的最后法则中暴露给我们，并由此虽然不能进一步说明，却毕竟成为内在地**可理解的**。这样，我们虽然不理解道德命令式的实践的无条件必然性，"但我们毕竟理解其**不可理解性**。这就是能够合理地对一门力求在原则中达到人类理性的界限的哲学所要求的一切"。③ 但是，一直推进到这个点是必要的，一方面，它使理性不至于以一种对道德有害的

---

① 《道德形而上学的奠基》，第三章（第 4 卷，第 310 页；中文版第 4 卷，第 458 页）。

② 《道德形而上学的奠基》，第三章（第 4 卷，第 319 页及以下）；《实践理性批判》（第 5 卷，第 80 页和第 145 页）。

③ 《道德形而上学的奠基》，第三章（中文版第 4 卷，第 472 页）。——译者注

方式在感官世界里到处寻找最高的动因和一种虽可理解却是经验性的兴趣,"而另一方面,它使理性也不致在对它来说空洞的、名为理知世界的超验概念之空间中无力地鼓动翅膀,而在原地不动,并迷失在幻象之中"。① 理论认识在这个点上的幽暗对于我们来说是在行动中得到光明的,但这种光只是当我们确实处在行动自身中,而不是试图又在纯然的抽象思辨中解除和重新解释它的时候才为我们所分有的。

这样,在知识终结的地方,就出现了"道德的理性信仰",它从作为基本事实的自由出发,为的是由此不是推论出,而是要求**上帝**和**不死**的确定性。当然,康德用来结束他的伦理学的发展的这些公设纯粹在方法论上最初看来并不是无可置疑地确定的,因为对于自由思想来说,在严格的意义上既不能有进一步的补充,也不能有进一步的论证。应当的王国由它划界和完全穷尽,但由它达到存在的王国,却只能通过一种完全的"向另一个属的转变"②。当然,在康德那里对此未留下丝毫怀疑,即在上帝概念中,除了在道德法则自身的意识和效力中的根据之外,未能给出自由思想的任何新的和更强劲的根据。不是这个概念应当从一个至高的形而上学实在推导出自我立法的理念的有效性,而是它应当仅仅表达和保证这个理念在经验性的-现象的现实上的可用性。纯粹意志在它所决定的事情上不能被可行性的思考和行动的经验性后果的预见所规定:恰恰这一点是它的特别之处,即它并不是通过它所造就和达成的东西,不是通过它对实现某个预设的目的的适用性,而是仅仅通过意欲自身的形式,通过它由以得出的意念和准则来获得自己的价值的。有用性或者无

---

① 《道德形而上学的奠基》(第 4 卷,第 322 页;中文版第 4 卷,第 471 页)。
② 引号内原文为希腊文。——译者注

果性对这种价值既不能有所增添也不能有所减损。① 然而，无论意志自身怎样不使自己在其决定中**取决于**对成果的考虑，我们毕竟在另一方面不能作为实践的思维者和行动者而无视事物给定的经验性实在究竟是否有能力继续实现纯粹意志的目标这个问题。如果存在和应当是完全分离的领域，那么，二者也可能永远相互排斥，可以为对于其无条件的有效性当然不能有任何讨价还价的应当命令在存在领域设置其执行的不可攀越的界限的思想，至少就不包含任何逻辑矛盾。两个序列的最终趋同，即自然秩序在其经验性的进展中最终将并且必然导致一种符合目的秩序的世界状态这种断言，由此不再能得到验证，而是能得到公设。而这种要求的内容就是在康德看来构成上帝概念的"实践"意义的内容。上帝在这里不是被思维成创造者，不是被思维成世界之"开端"的解释，而是世界的道德目标和"终点"的担保。世界中的至善，即"幸福"和"配享幸福"之间的最终一致，只是就假定自然的一个具有一种符合道德意念的因果性的至上原因而言才是可能的。所以，**派生的至善**（最好的世界）的可能性的公设同时就是一个**源始的至善**的现实性的公设，亦即上帝的实存的公设。② 这个假定绝不是为了道德性，但它却大可以是通过道德性而必然的。我们必须假定一个道德的世界原因，以便按照道德法则为我们预设一个终极目的；而后者在多大程度上是必要的，假定前者也就在多大程度上（亦即在同样的等级上和出自同样的理由）是必要的。③ 由此，即便在这里，意图也绝不是在形而上学的意

---

① 《道德形而上学的奠基》（第4卷，第250页；中文版第4卷，第401页）。
② 《实践理性批判》（第5卷，第136页；中文版第5卷，第133页）。
③ 《判断力批判》，第87节（第5卷，第531—532页；中文版第5卷，第470页）。特别请参见第5卷，第553页注。

义上把上帝理解为无限的实体连同其定语和属性,而是要据此**规定我们自己和我们的意志**。①上帝的概念是具体的形式,我们在它下面来思维我们理知的道德使命及其不断的经验性实现。

而一种类似的意义在康德看来归属于**不死**的理念,因为即便是这个理念对我们来说产生,也是因为我们用绵延和永恒的时间形式来表达我们的规定的无限性以及给理性存在者设定的使命的不可完成性的思想。意志对道德法则的完全适应性是一个感官世界的理性存在者在其生存的任何一个时刻都不能胜任的一种完善性:"然而,既然这种完善性尽管如此仍然作为实践上必要的而被要求,所以它就唯有在向着完全适合的一种**无限**进展的进步中才能被发现,而且按照纯粹实践理性的各原则,把这样一种实践的进步假定为我们意志的实在客体,也是必要的。"② 在这里,康德比在他的学说的任何一个别的地方都更多地处于 18 世纪哲学世界观的连续性之中。与莱辛在《人类教育》中一样,他也在不死的思想中坚持道德主体的无限发展可能性;而且与莱辛一样,他拒绝使这种思想成为道德意志的规定根据,毋宁说,道德意志不在意未来的希望,仅仅要遵循内在的自己所立的法则。③ 道德行动力自己必须在这一点上足以是见证。毋宁说,任何会附加给它的外来的、外部的推动都必然使它软弱无力,并且就其自身及其真正动能而言迷惑错乱。假设有一种手段能通过最确凿的论据来证明个人的人格延续,以至于我们能够把它像一个无可置疑地确定的事实一样仿佛置于我们眼前,那么,从行动的立场出发来看,就会失多于得。在这种情况下,对道德法则的违

---

① 《判断力批判》,第 88 节(第 5 卷,第 538 页;中文版第 5 卷,第 477 页)。
② 《实践理性批判》(第 5 卷,第 132 页;中文版第 5 卷,第 129 页)。
③ 特别请参见上文(边码)第 86—87 页。

反在对一种未来的惩罚公正的确信中当然会被避免，所命令的东西会被执行："但由于行动应当从中发生的那种**意向**不可能通过任何命令一起灌输进来……绝大多数合乎法则的行动的发生就会是出自恐惧，只有少数会出自希望，而根本没有一个会出自义务了，但这些行动的道德价值也就会荡然无存了，而人格的价值，甚至世界的价值在最高智慧的眼中却毕竟仅仅取决于这种道德价值。因此，只要人们的本性还保持像它现在这样，那么，人们的行为就将会变成一种纯然的机械作用，其中就像是在木偶戏中一样一切都**姿势**对路，但在人物形象中却不会看到**任何生命**。"① 这样，恰恰是在纯粹理论意义上看附着于不死思想的不确定性因素使我们的生命免除纯然抽象知识的僵化，给予它以决定和行动的色彩。"实践的理性信仰"在这一点上比任何逻辑演绎都能更可靠地引导我们，因为它直接地从行动的中心出发，也直接地介入行动的领域，规定着它的方向。

借助关于公设的学说，伦理学的批判体系得以结束，而且我们在这里能够再次回顾性地概览康德的伦理学生活观的发展中的主要阶段。不死的疑难在这里可以充当导线，因为它贯穿康德思辨的所有时期。第一个、本质上指向自然科学和自然哲学的时期就已经接受了它：现代天文学的世界图景、牛顿的宇宙论和宇宙物理学充当了关于个体灵魂的延续和发展可能性的形而上学考察的基础。存在的世界和应当的世界在这里尚未分离，而是目光直接地从一个扫向另一个。两个世界之间的对立消失在作为这种世界观的基础的审美情调的统一中。"不朽的灵魂，"康德在《一般自然史与天体理论》中这样作结，"在……未来时间全部无限延续中仍始终附着在世

---

① 《实践理性批判》(第 5 卷，第 159 页；中文版第 5 卷，第 155—156 页)。

空间的这个点上,即附着在我们的地球上吗?……谁知道,能不能设想人类灵魂有朝一日切近认识从远处就如此吸引着其好奇心的世界大厦那些遥远星球及其配置的卓越性呢?也许,行星系还在形成着一些星球,以便在为我们此处的居留所规定的时间结束之后,能在其他天域找到新的住所。谁知道,围绕木星运行的那些卫星,不会有一天照耀着我们呢?……事实上,如果人们让自己的心灵对这样的考察……思索一番,那么,在晴朗的夜晚遥望繁星密布的天穹,就会是只有高贵的灵魂才能感到的一种享受。在大自然万籁俱寂、感官歇息的时候,不朽精神的隐秘认识能力就会说出一种无法名状的语言,给出一些未展开的概念,这些概念只能感受,却无法描述。"① 这样,对于康德来说,这里已经确立了《实践理性批判》在其著名的结束语中说出和展开的那种普遍的类比。"我头上的星空和我心中的道德法则"相互提示,相互充当解释。"我不可以把这二者当作遮蔽在黑暗中的或者在越界的东西中的,而在我的视野之外去寻求和纯然猜测它们;我看到它们在我眼前,并把它们直接与对我的实存的意识联结起来。前者从我在外部感官世界中所占有的位置开始,并把我处于其中的联结扩展到具有世界之上的世界、星系组成的星系的无垠范围,此外还扩展到它们的周期性运动及其开始和延续的无限时间。后者从我不可见的自我、我的人格性开始,把我展现在这样一个世界中,这个世界具有真正的无限性,但唯有对于知性来说才是可以察觉的,而且我认识到我与这个世界(但由此也就同时与所有那些可见世界)不是像在前者那里一样处于只是偶然的联结中,而是处于普遍的和必然的联结中。"② 如果人们把这些话与

---

① 《一般自然史与天体理论》(中文版第1卷,第341—342页)。——译者注
② 《实践理性批判》(中文版第5卷,第169页)。——译者注

《一般自然史与天体理论》的最后考察相对比，那么，尽管在理智的基本情调上深刻相近，由《纯粹理性批判》完成的决定性进步却立刻清晰可见。自然考察和目的考察现在既结合又彼此分离，既相互关联又相互对立。这种双重的规定需要确立，一方面是当科学在其自己的领域里应当防止一切异类的干预，防止一切借助超验的目的的解释的时候，另一方面是当道德性应当被保持在其纯粹的和独特的动机的力量之中的时候。我们既不可以追问绝对无条件的、精神性的"自然之内部的东西"，这毋宁说是并且依然是一种"纯然的怪想"，①另一方面也不可以为自由和应当的王国寻找任何别的论证和解说，除非是在最高的道德法则的内容之中的。在经验性历史文化的进程中，两种要求都受到伤害。"对世界的考察曾经从人类的感官只能永远呈现、我们的知性则只能永远忍受在感官的广袤范围里去追踪的那种最壮丽的景象开始，而终止于——占星学。道德曾经是从人类本性中其发展和培养可望有无限好处的那种最高尚的属性开始，而终止于——狂热或者迷信。"②只是理论理性和道德理性的批判才能防止这两条歧途，能够防止我们不是在数学和力学上解释天体的运转，而是把它回溯到精神的基本力量和引导的理智，以及在另一方面试图用感性的图画来描绘纯粹的应当法则和在它们里面对我们呈现的理知秩序。提醒理念和经验之间、存在和应当之间的这种区别，这种"二元论"，而且恰恰在它里面并通过它来维护**理性的统一**，这一点现在可以被称为批判体系为自己提出的最普遍任务。

而且与他的学说的这种客观统一同时，现在也有康德的人格性

---

① 《纯粹理性批判》，第二版，第333页（第3卷，第235页；中文版第3卷，第218页）。

② 《实践理性批判》（中文版第5卷，第170页）。——译者注

的统一,有男人的性格连同其坚定不移的批判真理感和其不可动摇的、不被任何怀疑迷惑的道德基本信念,连同清醒的思维严格与意欲的激昂和热情,极为清晰地呈现在我们眼前。在康德作为思想家和作家的发展进程中,他的本质的这种双重特征表现得越来越确定。在除了分析思维的尖锐和确定之外,也有综合想象的充分力量占统治地位的青年著作中,康德的思想还经常被带到一种几乎是抒情诗般激奋的热情洋溢:《一般自然史与天体理论》中的某种特征还暗示着,我们在这里尚处于感伤主义时代。但康德前进得越远,他在这方面就与时代的情感方向分离得越多。在反对多愁善感时期的道德理想和审美理想的斗争中,他现在直接站在莱辛一边。特别能说明这一点的,是他在自己的人类学讲演中接受和证实莱辛在《文学通信》中关于克洛普施托克所做的著名判断。克洛普施托克对他来说"早已不是真正的诗人",因为此人失去了真正的塑造力量:他仅仅"per sympathie[靠同情]"来打动人,因为他自己就是作为一个被打动者说话的。但是,康德的文学判断和伦理判断更为尖锐和无情地对准"小说家"整个类别,他们像理查森一样以为在自己的角色中勾勒出了一种梦寐以求的理想完善性的图画,并由此鼓励意志去效仿。所有这些"情感和情绪写作方式的大师"对他来说都只是"鉴赏和感受的神秘主义者"。① 情感当然会激发眼泪,但世界上没有任何东西比眼泪更先干燥;与此相反,行动的原理必须被建立在概念之上。"在一切别的基础上都只能形成一些心血来潮,它们不能使人格获得任何道德价值,甚至也不能获得对自己本身的信心,而

---

① 至于康德关于克洛普施托克和理查森的判断,请参见施拉普:《康德的天才论和判断力批判的产生》,哥廷根,1901年,第170、175、299页。

没有这种信心,对自己的道德意念和这样一种性格的意识,即人里面的至善,就根本不可能发生。"① 康德伦理学的备受援引且备受控诉的"严苛主义",只是在这一联系中才真相大白。它是康德彻头彻尾男性的思维方式对他在自己周围发现到处流行的女性化和娇弱化的反应。在这种意义上,他实际上被在自己身上经受到康德的解放著作的价值和力量的人所理解。不仅是曾在致康德的一封信中抱怨自己能一时获得康德伦理学的"一个敌视者的外观"的席勒,② 而且威廉·冯·洪堡、歌德和荷尔德林也都在这个判断上一致。歌德赞颂为康德的"不朽功勋"的是,他把道德从其因纯然的幸福算计而陷入的松弛和奴性的状态中解救出来,并这样"把我们大家从我们沉溺于其中的那种女人味中带回"。③ 这样,恰恰是康德伦理学的"形式主义"性质历史地表明为真正能够产出的和有效力的要素:正是由于它以其最大的纯粹和抽象来把握道德法则,康德伦理学直接地和具体地影响到民族和时代的生活,给予它一个新的方向。

---

① 《实践理性批判》(第 5 卷,第 166 页及以下;中文版第 5 卷,第 164 页)。
② 席勒于 1794 年 6 月 13 日致康德的信。
③ 歌德于 1818 年 4 月 29 日致宰相冯·米勒的信。

第六章 判断力批判

一

在1787年6月25日致许茨的一封报告《实践理性批判》完稿的信中,康德拒绝在《耶拿文汇报》上为赫尔德的《理念》的第二部分[①]写书评,理由是他必须避开一切次要工作,以便马上前进到《鉴赏力批判基础》。以这样的方式,在他生命的这个实际上最富有成果和最能产出的时期,重大的写作任务和哲学任务挤在一起了。在这里,不存在任何休息和在已取得的成绩中逗留的因素,而是不断地把思想发展的内在结果推进到新的疑难。甚至通常只是在青年或者成年成熟的成功时期赐给最伟大人物的东西:始终在超越自身——这是康德在60岁和70岁之间的10年里以最完美和最深刻的意义在自身经验到的。这个时期的著作表现出青年的创造力与老年的成熟和完美相结合。它们同时是建树的和扩建的,同时旨在新的疑难域的开发和已获得的思想素材的越来越确定的建筑学秩序。至于《判断力批判》,初看起来似乎在它里面后一种特征当然超过前

[①] 卡西尔此处有误,应当是第三部分,参见原信(《康德书信百封》,第129页)。且康德已为赫尔德的《理念》的第二部分写过书评,见中文版《康德著作全集》,第8卷,第64—71页。——译者注

一种特征。这部著作的构想似乎是由关于批判的主要和基本概念的外部体系划分所规定，甚于由意识的一个特别的、新型的合法则性的发现所规定。判断力自身按照其最初的概念规定表现为一个**中介**，要出现在理论理性和实践理性之间并把二者联结成一个新的统一体。自然与自由、存在与应当虽然按照批判学说的基本思想必须依然分离，但尽管如此将寻找一个立场，由此出发我们不那么在其差异中，而是在其相互关系中，不那么在其概念分离中，而毋宁说在其和谐联系中观察二者。因此，《判断力批判》的前言就已经探讨它是"哲学的两个部分结合成为一个整体的手段"。"包含着一切先天的理论知识之根据的自然概念基于知性的立法，包含着一切无感性条件的先天实践规范之根据的自由概念基于理性的立法……不过，在高等认识能力的家族中毕竟还有知性和理性之间的一个中间环节。这就是**判断力**，关于它人们有理由按照类比来猜测，它即便不可以先天地在自身包含着一种自己的立法，但同样可以先天地在自身包含着一条它所特有的寻求法则的原则，也许是一条纯然主观的原则：这个原则虽然不应有任何对象疆场作为它的领域，但毕竟能够拥有一个地域，而对于该地域的某种性状来说，恰恰唯有这条原则才会有效。"①

在关于康德的文献中，成为持久且被普遍接受的观点是，康德在这里所暗示的类比对他来说构成了发现《判断力批判》的疑难的真正导线。不是从对艺术和人工造型的疑难的直接兴趣中——人们这样认为——产生出康德美学，不是从一种根据在于事情自身的必然性出发，它与自然合目的性的疑难结合成为**一部**著作。毋宁说，在这两种场合康德对体系的高明艺术的外部划分、对概念的分配和

---

① 《判断力批判》，导论，三（第5卷，第245页；中文版第5卷，第186页）。

第六章 判断力批判

再分配与对认识能力归属个别"家族"的偏爱表明是有效的。然而，如果人们遵从关于《判断力批判》的历史产生的这种观点，那么，它的历史结果就必然显得几乎就像是一个奇迹。现在发生着奇特的事情：康德以这部似乎完全出其体系性的特殊要求、仅仅注定弥补这种体系性的一个漏洞的著作，比以任何其他著作都更多地影响他那个时代的精神教养的整体。从《判断力批判》出发，歌德像席勒一样——每个人都沿着其自己的途径——找到和确立了他们与康德的真正内在关系；而且由它，甚于由任何另外一部康德著作，被引入了思维的一个新的整体运动，它就其方向而言规定着整个后康德的哲学。原初只是先验图型论的深造的一个结果的东西，在这里能够成为18世纪和19世纪初的精神教养之最深刻的实际疑难的表达，其所凭借的"幸运安排"常常被惊赞，但它几乎没有得到真正令人满意的解释。至于康德在他仅仅补充和进一步完善自己学说的符合学术规范的专著时被引导到一个点上，这个点能够径直被称为他那个时代的所有鲜活精神旨趣的交叉点，以及他特别由此出发成功地"建构出歌德文学创作的概念"，[①] 这是并且依然是一个最值得注意的历史悖论。

这里还要补充另一个要素，以便增强悖论。把歌德吸引在《判断力批判》上的，并不仅仅是它的内容，而是它的布局及其实际编排的方式。因布局特性的缘故，他承认欠这部著作"一段极为快活的生涯"。"在这里，我看到我极不相同的各项事务被并列设置，一个又一个地探讨艺术产品和自然产品，审美判断力和目的论判断力相互照亮……令我高兴的是，诗艺和比较自然学如此相近，因为二

[①] 参见文德尔班：《近代哲学史》，第三版，第2卷，第173页。

者服从同一种判断力。"但是，这部著作吸引歌德的这种基本特征，对于它在哲学专业批判中获得的评判来说，历来构成了绊脚石。对于歌德来说构成理解的真正钥匙的东西，都并且——尤其对于现代理解来说，被视为康德的观点和康德阐述方式的最奇特的特征之一。甚至施塔德勒，尽管他以如此精湛的理解处处追随目的论判断力批判的建构，也在这一点上表达了他的惊讶。他认为审美疑难与自然目的论的疑难的结合很少合乎目的，因为它导致赋予一个具有纯粹形式的意义的要素以过大的价值，并由此忽视这本书更深刻的价值。① 这样，我们在这里就面临着一种独特的两难抉择：恰恰是在《判断力批判》的哲学内涵的纯粹内容分析中似乎表现为这部著作的一种相对偶然的和可有可无的成分的东西，在另一方面似乎构成了它的直接历史干预和它的普遍效应的本质要素。我们必须安于这种结果——或者也许尽管如此在《判断力批判》的形式划分和它的实际基本疑难之间存在着一种更深刻的联系，这种联系对于我们来说只是逐渐地暗淡，而它对于18世纪的精神教养来说从其真正的前提条件出发还直接地接近和可通达吗？

人们如果提出这个问题，就被它同时指向了一个与对《判断力批判》的历史理解和系统理解相对立的普遍困难。这是康德先验方法论的一个基本特征，即它处处涉及某个将实施哲学批判的"事实"。无论这种批判的进程多么困难和错综复杂，毕竟它所指向的**对象**从一开始就确立在显而易见的规定性之中。对于《纯粹理性批判》来说，这个事实是以数学和数学物理学的形式和结构给出的；对于《实践理性批判》来说，"通常的人类理性"的态度和它在所有的道

---

① 施塔德勒：《康德的目的论及其认识论意义》，莱比锡，1874年，第25页。

德评判中所使用的标准构成所要求的出发点。但对于康德在"判断力"的统一概念中所总结的问题来说，似乎最初缺少任何诸如此类的研究基础。人们为此能够列举的任何特殊的科学学科，如人们想要依据的任何专门的、具有心理学特征的意识流派，对于更鲜明的考察来说都表明为不足的，因为从描述的和分类的自然科学的疑难，没有道路直接通向审美塑造的疑难，就像反过来从审美意识出发，不能找到通向作为自然考察的一种真正方法的目的概念的通道一样。这样，这里看起来虽然有可能**各部分**，但绝不是毕竟应当在它们之间建立起精神纽带的**整体**能够在理性的一种统一的"材料"中做出先验的保证。而毕竟，如果《判断力批判》不应当意味着向虚空的一跃，而应当以方法的连续性和严格性从迄今的疑难中发展和引导出自己，那么，也必须在这一点上采纳哲学问题能够关联和依据的这样一种实际统一。我们在向前再迈出一步、进入对《判断力批判》的具体问题的分析之前，试图首先更精确地规定这种基本统一，这当然是一种迫使我们一时离开批判体系性的道路并一直返回到形而上学的最初历史起源和实际起源的尝试。

二

康德关于判断力是一种先天立法能力给出的第一个定义，根据其字义宁可说是指向一般的"形式"逻辑的一个疑难，而不是指向属于先验哲学圈子的一个基本问题。"一般判断力，"康德这样解释，"是把特殊的东西当作包含在普遍的东西之下来对它进行思维的能力。如果普遍的东西（规则、原则、法则）被给予了，那么，把特殊的东西归摄在普遍的东西之下的判断力（即使它作为先验的判断力先天地指明了诸条件,唯有依据这些条件才能被归摄在那种普遍的东西之下)就是**规定性的**。但如果只有特殊的东西被给予了,判断力为此必须找到普遍的东西,那么,这种判断力就纯然是**反思性的**。"① 根据这种解释,判断力的疑难与概念构成的疑难相叠合:概念所提供的恰恰是这一点,即它把诸个别样本概括为一个上置的类,把它们思维成包含在这个类的普遍性之下的。但是,简单的历史思考就已经教导我们,在这个貌似如此简单的问题中蕴藏着大量与关于"本质"的学说相关并决定性地规定着这种学说的疑难。苏格拉底被亚里士多德称为概念的发现者,因为他首先认识到特殊的东西与用概念所表达的普遍的东西的关系是成问题的。在他对概念提出的"是什么"②的问题中,对他来说揭示出关于"**是**"的普遍问题的一种新意义。而在苏格拉底的"概念"(**Eidos**)继续展开为柏拉图的"理念"(**Idee**)时,这个意义就完全纯粹地出现了。在后一种措辞中,普遍的东西与特殊的东西之间关系的疑难也立马被提升到一个新的考察等级。现在,普遍的东西不再——像在苏格拉底的解释中还能够表现的那样——表现为在类中并通过类来经验个别的东西的纯然**概括**,而是它被视为一切个别塑形自身的**原型**。在对普遍的东西的"模仿"中并通过"分有"普遍的东西,特殊的事物就其一般来说被归于某种"是"而言"是"。对于整个哲学历史来说,以这个奠基性的思想开始了一个新的发展。如果人们想通过普遍的东西和特殊的东西的联系问题由此从**逻辑学**的领域被移置到**形而上学**的领域来描述这种发展,那毫无疑问会是一种过于简单的公式,因为在一种诸如此类的称谓中,逻辑学和形而上学自身会已经被预设

---

① 《判断力批判》,导论,五(第5卷,第248页;中文版第5卷,第188—189页)。
② 引号内原文为希腊文。——译者注

为**已知的**环节，而我们在这里面对的思想进步的真正旨趣毋宁说在于认识两个领域如何在交互影响中才逐渐形成并彼此规定自己的界限。这样一种鲜明的界限规定在亚里士多德那里只是表面上完成了。虽然就连亚里士多德也绝不是"经验论者"；就连对于他来说，也绝不是确定个别的东西和诸个别的东西，而是把握本质处于考察的中心。但是，在苏格拉底和柏拉图提出概念问题的地方，他却看到面前有一个更为具体的本体论问题。取代苏格拉底的"是什么"的，是"是其所是"①：**概念疑难成为目的疑难**。但目的自身在这里并不像在苏格拉底那里一样仍局限在人的技术目标和安排上，而是同时被试图指明为自然的一切发生的最终根据。目的的普遍的东西才包含着本质的普遍性之认识的钥匙。在经验性生成的杂多性和特殊性中，出现一种普遍的和典型的东西，它给予这种生成以其方向。"形式"的世界由此并不存在于现象的彼岸，作为一种独立现存和分离的东西；而是它作为范导性和引导性地影响纯然质料的发生之进程的目的驱动的力量的一个整体，内在于现象自身中。因此，在亚里士多德的体系内部，正是**发展**概念注定要敉平质料和形式、特殊的东西和普遍的东西的对立。个别的东西不"是"普遍的东西，但它致力于在它历经自己的可能塑形的圆圈时成为普遍的东西。亚里士多德在最普遍的意义上用运动的概念所称谓的东西，就在于从可能的东西到现实的东西、从潜能到现实的这种过渡。自然的运动已经按照其纯粹的概念是有机的运动。这样，亚里士多德的隐德莱希就要意味着此前在苏格拉底的概念和柏拉图的理念中所寻求的东西的实现。特殊的东西与普遍的东西是什么关系，它如何与普遍的东西分离却

---

① 引号内原文为希腊文。——译者注

毕竟与之同一，这个问题对于亚里士多德来说是在目的的思想中回答的；因为正是这种思想，我们在其中直接地领略到所有个别的发生如何汇合成**整体**，并以一个具有支配地位的整体为条件和由它承载。在目的中，存在和生成、形式和质料、理知世界和可感世界显得统一起来；真正具体的现实显得被给予，它把所有这些发生都当作特殊的规定包囊于自身。

处处指向亚里士多德的基本思想和柏拉图的基本思想的一种联结的**新柏拉图主义体系**接纳了这种规定；但是，发展概念在它里面获得了一种与在亚里士多德那里不同的特色。如果对于亚里士多德来说，发展首先是与有机生命的现象相联结的，那么，普罗提诺则试图就其最广和最抽象的意义来重建它，他不那么把它理解为自然的生成自身，而毋宁说把它理解为从绝对的一和第一向促成的和派生的存在的那种过渡，后者构成了其体系的基本构思。发展由此在这里以流溢的形而上学形象显现：它是从理知的初始根据直到感官世界的下降以确定的等级和阶段得以实施的那个原初过程。但在问题的这种措辞中，如今在哲学史内部第一次十分清晰地出现了生物学疑难和审美疑难之间、有机物的理念和美者的理念之间的关系和思想关联。二者在普罗提诺看来都植根于形式的疑难，并且虽然在不同的意义上，却都表达着纯粹的形式世界与现象世界的关系。就像对于动物的生育来说不是纯粹物质的、机械的原因在起作用，而是塑形的"逻各斯"从内部作为真正的运动者生效并把类的特殊结构传递给新产生的个体一样，艺术家里面的创造过程也从另一方面来看表现出相同的联系。即便在这里，起初作为一个精神物、从而作为一个不可分的"一"存在的理念也展现在物质世界之中；艺术家心中怀有的精神原型征服了材料，使其成为形式的统一性的反光。

这发生得越完美，美者的现象就实现得越纯粹。在这种思想中，根本上已经包含着唯心论美学的本质性收益，如果它在康德之前给予自己以严格的体系形式的话。从佛罗伦萨学园产生，后来从米开朗琪罗和乔尔丹诺·布鲁诺一直影响到莎夫茨伯利和温克尔曼的思辨美学，仅仅是在普罗提诺和新柏拉图主义那里开始的基本题材的一种延续和发展罢了。在这个整体观点内部，艺术作品只是被视为宇宙的联系一般而言所基于的那种"内在形式"的一种个别的、特别引人注目的证明。它的建构和它的划分是作为**整体**世界的那种东西的直接直观的个别表达。它就像在存在的一个片段中那样表现着存在的根本法则；它指示着一切个别要素的那种普遍联结，我们把宇宙自身视为这些要素的最高级的和完成了的实例。在经验性的考察仅仅觉察到空间和时间中的相互分离的地方，因而在对它来说世界分裂为纯然各部分的多的地方，审美直观却看到无论是美者的可能性还是生命的可能性都依据的那种形成力的相互内在：美的现象与生命的现象一样，二者都被包容在同一种**塑形**的基本现象之中。

但从这一点出发，思辨形而上学立刻被推进到一个进一步的、似乎是其问题提出自身所要求和规定的结果。现实的东西在整体上如在其各个部分中、在普遍之处和特殊之处所显示的**被造形**，从这种形而上学的立场来看唯有在其原因能够显示在一个最高的**绝对知性**中的情况下才是可以理解的。关于逻各斯的抽象学说由此获得了其特别的神学色彩。现实的东西是形式并且具有形式，因为在它背后，有一个造形的理智和一个至上的形式意志。逻各斯是世界之说明的原则，乃是因为并就它是世界之创造的原则而言。这个思想从此不仅规定着存在论，而且随之也规定着整个认识论，因为现在要把两种基本对立的认识方式彼此区别开来，其一对应着有限的和从

298

属的理智的立场,其二对应着无条件的和创造的理智的立场。对于从个别事物出发并囿于对个别物的比较和概括的经验性考察方式来说,没有别的道路推进到现实的东西的合法则性,除非是关注特殊的东西的一致和区别,并由此把它结合在类别和种属中,结合在经验性的"概念"中。但是,如果不是实际上现实的东西被如此安排,以至于它适宜和适合成为一个**思想体系**的形式,那么,甚至这种经验性的概念形式,作为空间和时间中的特殊性与逻辑学的类的一种联结,是如何可能的?在我们表面上仅仅把个别性与个别性排列起来,以便从特殊的情况过渡到类,并把类又分别为种属的地方,到处都已经蕴含着一个更深刻的预设。不假设世界作为整体性拥有一种根本的、囊括一切的逻辑结构,以至于在它里面找不到任何元素完全遗留在与一切元素的联系之外,则纯然的经验性比较和分类就会失去任何支撑。但是,一旦认识到这一点,就由此同时建立起颠覆全部迄今为止的考察的权利。真理在其真正的和完全的意义上只是在我们不再从作为被给予的和现实的东西的个别东西开始,而是以之终结的时候——当我们不是置身于被塑形的存在中间,而是返回到塑形的初始原则的时候,才对我们展示出来,因为这些原则是"按照本性更早的东西",一切特殊的东西都以其个别形式被它们所规定和支配。对于这种在一个至高的存在原则的普遍性中同时包含和拥有丰富的所有派生的存在元素的把握形式,普罗提诺已经塑造了"**直觉理智**"这个概念和术语。并非把一个处于自身之外的东西接纳入自身,而是自己创造其认识对象的无限的、属神的理智,并不在于对一个个别的东西的直观,从这个个别的东西出发它按照经验性联结的规则或者按照逻辑学的推理规则又——并且继续在不受限制的序列中——推导出另一个个别东西;而是现实的东西和可能的东西的全体性只是一眼就对它显露和被给予。它不需要把概念与概念联结，把定理与定理联结，以便以这种方式获得认识的一个毕竟必定依然只是集合物的虚假"整体"；而是对它来说，个别的东西如万有、最近的东西如最远的东西、前提条件和结论都包括在同一个不可分的精神行为中。时间上的区别，遵循这种属实的和原型的理智的思想，与普遍东西的等级序列中的、逻辑学的分类和逻辑学的推理规则所涉及的区别一样失去效用。这种理智直观现实的东西的整体形式，因为它在每一刻都积极地生产这种形式，而且因为它由此对于一切存在者都服从的塑造法则内在地在场。①

中世纪的全部哲学贯穿着这种基本构想，而且就连自笛卡尔始的近代哲学最初也是毫不改变地保持着它，尽管它给近代哲学印上了其当时特殊的疑难提出的独有特色。这里，例如在斯宾诺莎的作品《理智改进论》中，在由它代表的本体论上帝证明的形式中，就有原型理智和创造理智的思想还在充分生效；但是，这种思想被织入的整体观点和它所旨在的结论当然是改变了。斯宾诺莎所置身于其内部的世界图景不是亚里士多德和新柏拉图主义的有机的-目的论的世界图景，而是笛卡尔和近代科学的机械论宇宙。但是，就连这个新获得的内容现在也——尽管这乍一看显得奇特——表现得顺从旧的形而上学概念形式。恰恰通常被解释成为一种三段论的，因而是"推理的"做法之证明的数学思维，对于斯宾诺莎来说成为一种另类的、直觉的认识之可能性的保证和见证。一切真正的数学认识行事都是**发生学的**：它通过自己产生对象来规定这个对象的属性和特征。从球形的相应理念中，如果它不是像黑板上的一幅无声的

---

① 关于这个 *intellectus archetypus*［作为原型的理智］的概念，参见康德致马库斯·赫茨的信中的阐述，上文（边码）第136页及以下。

画，而是被理解为球形由以产生的构图法则，就能够以牢不可破的可靠性和完备性推导出它的所有具体规定。如果人们把蕴含在这个几何学认识理想中的要求转用到世界内容的整体，那么，即便在这里也将关涉把握这个整体的理念，它的所有特殊的属性和变量都包含在这个理念中。具有无限多属性的唯一实体的思想就是斯宾诺莎体系给予这个课题的解决：它仿佛意味着原型理智和创造理智思想的实在论对立面。这里把握到一个普遍的存在概念，在它里面，按照斯宾诺莎体系的要求，必然包含着所有特殊的存在性状和存在法则，就像在三角形的本性中包含着它的各角等于两个直角一样。事物真正的秩序和联结由此表现得与观念的秩序和联结是一回事。但是，与观念的联结相对的，在另一方面是我们的主观表象的纯偶然序列——与世界整体的结构中的统一相对的，是对一个受限制的存在片段内部发生的经验性时间进程和物体的经验性空间并存的纯然认识。如果我们与斯宾诺莎一起把关于显象的时空联系的知识称为"想象"的认识形式，那么，扮演着认识的唯一真正相应等级的纯粹直觉，其形式就因此又以严格的彻底对立性而对它凸显出来。而且像在这里一样，在近代哲学的历史中处处都很清晰，"直觉理智"的思想除了其最普遍的、自普罗提诺和新柏拉图主义以来就确定的意义之外，同时拥有一种可变的意指，它凭着这种意指而充当它所适应的各个具体世界图像的表达。因此，根据这种思想在现代思维中所经历的不断重塑，可以追溯各近代思辨体系的全部发展。例如，开普勒版本的"创造性理智"概念就除了披露他的学说的数学基本题材之外，还同时披露了其审美基本题材：万有的创造者、"德穆革"除了数学的数字和图形之外，心里还装着审美的比例与"和谐"，所以我们也在有条件的和经验性的存在内部到处遇到它们的余晖和反光。然后，在莎夫茨伯利那里，这种唯心论又直接返回到其古代源泉，因为它以生活的疑难和亚里士多德-新柏拉图主义版本的有机体概念为起点。由此，"内在形式"的概念重新回到考察的中心，以便既为思辨的进展，也为艺术的世界观和人生观表明为重要的和能产的。凡是有生命的，其存在的个性特征都多亏在其里面起作用的特殊形式，但宇宙的统一性基于其所有特殊形式归根结底都包含在一个"所有形式的形式"之中，由此自然的整体性就表现为万有的同一个赐予生命和给予目标的"守护神"。18世纪，特别是在德国，尚处在这种基本观点中间，① 而且这种基本规定也构成了《判断力批判》所指向的潜在预设之一。

人们必须想到康德提出疑难的这种普遍的历史背景，哪怕只是为了完全理解《判断力批判》的**外在**结构。我们在形式疑难的形而上学思辨发展中作为一条历史道路的主要阶段所面对的个别基本概念，同时在《判断力批判》的阐述内部构成了系统的思想过程的真正里程碑。普遍的东西和特殊的东西的关系已经通过判断力的定义自身被置于研究的中心。关系和在审美疑难与目的论疑难之间、美者的理念与有机物的理念之间必须假设的内在联系，表现在这部著作的彼此相关又彼此补充的两个主要部分相互取得的地位。然后，从这一点出发，思想的运用继续向前：经验性概念的疑难和目的的疑难出现在它们的联系中；发展思想的意义规定得更为精确，直到最终康德问题的整体总括在关于一种"原型理智"的可能性的那些阐明之中，费希特和谢林关于这些阐明判断说，哲学理性在它们里面达到了任何继续的进步都不允许它超越的最高顶峰。我们暂时不

---

① 更详细的，参见卡西尔的作品：《自由和形式：德国精神史研究》，第二版，柏林，1918年，特别是第206页及以下。

问所有这些个别疑难的更精确的实际内容，而是首先只将这部著作的总布局、各分支问题成为一个总问题的联结收入眼底。现代康德语文学和康德批判之所以经常错过这个总问题，首先是因为它在系统地评判康德思想时过于片面地坚持19世纪下半叶在科学生物学内部得到倡导的那个狭隘的"发展"概念。甚至施塔德勒关于康德目的论的杰出研究也仅仅依康德和达尔文的一种比较来定调。就像人们认为通过把歌德誉为"达尔文之前的达尔文派"最能称颂歌德的自然观一样，同样的特征对于康德来说也试图得到贯彻——他的名言，即做出对有机存在者的一种力学解释的估计和希望一个"草茎的牛顿"是"对于人类来说荒谬的"，在这里当然必须特别小心地予以提醒。但实际上，只有当人们经受住把《判断力批判》这部著作预先投射在现代生物学的立场上的诱惑，并仅仅在它自己的周围环境内部来考察它的时候，它的历史地位才变得完全清晰。形而上学的**目的论**，如其在极为丰富多彩的改变和分化中从古代直到18世纪发展的那样，构成了康德的批判问题的素材。这并不意味着他从这种目的论接受了他的思维的决定性准绳，而是仅仅意味着由它表明了他的解答也要胜任的疑难**对象**的整体性。当然，也许这种解答与形而上学思维的传统范畴的对立在任何地方都不曾像在这个点上那样鲜明和清晰地出现；批判的"思维方式革命"在任何地方都不曾像在形而上学在一个自古以来被视为其独有的地域和其真正的统治域的领域中来探寻的地方变现得如此具有决定性。康德即便在这里也又以对问题的那种与他的普遍方法论计划相适应的转变开始。并非**事物**的特性就是吸引他的目光的东西，他所关心的并不是自然和艺术中合目的的构成物之**存有**的条件，而是他想确立的东西，就是我们的认识在把一个存在的东西评判为合目的的、评判为一个内在

第六章 判断力批判

形式的流露时所采取的独特方向。这种判断的权利和客观有效性就是唯一成问题的东西。把目的论疑难和审美疑难分配为一个统一的《判断力批判》，只是在这里才找到其更深刻的解释和论证。在德国美学中，起初由鲍姆嘉登的学生迈埃尔引入的"评判力"这个术语，在康德之前就已经普遍流行了，但只是从先验基本观点的整体出发，它现在所接受的独特和新颖的含义才落到它头上。如果人们处在质朴的或者形而上学的实在论的世界观之中，那么，以判断的分析为其出发点的问题提出就必须总是以某种方式表现为"主观主义的"：从**判断**出发在这里似乎与从**对象**出发相对立。但是，一旦人们考虑到，对于康德来说按照《纯粹理性批判》已经确立的普遍信念，判断和客体是严密相关的概念，以至于在批判的意义上客体的真理性只能从判断的真理性出发来领会和论证，真实状况就呈现出一个完全不同的画面。如果我们研究，一个表象与它的对象的关系指的是什么，由此"物"的假定作为经验的内容到底意味着什么，那么，我们在这里作为我们能够依据的最终材料所发现的，就是存在于《导论》作为知觉判断和经验判断相互对立起来的那些不同的判断形式之间的有效性区别。我们归给经验判断的必然性和普遍有效性才建构起经验性认识的对象；判断的形式和统一性所基于的先天综合也是客体就其被思维为"可能经验的客体"而言的统一性的根据。这样，在理论考察内部，我们称为存在和经验性现实的东西就已经表现为根据在于某些判断的特殊有效性和特性。一种类似的研究形式此后呈现在伦理学的结构中。当同一个行动一次被置于经验性因果关系的观点之下，另一次被置于道德应当的观点之下时，由此自然的王国和自由的王国才作为鲜明有别的领域彼此对立。从这些预设出发，人们马上就理解，如果一般而言审美领域应当被断言为一个独立和独特的领域,此外,如果除了对自然事件的因果和力学解释之外,物是"自然目的"的目的论观点应当得到坚持,则二者唯有在揭示其结构上和其客观有效性上同样与理论基本判断和实践基本判断有别的判断的一个新领域时才能达到。艺术王国和有机的自然形式的王国之所以展示一个与机械因果性和道德规范的世界不同的世界,只是因为我们在这二者里面在个别构成物之间假定的联结处在一个既不能通过理论的"经验类比",通过实体、原因性和相互作用,也不能通过伦理命令式来表达的独特法则形式之下。这种法则形式是什么样的东西?我们也归于它的必然性建立在什么上面呢?它是一种"主观的"或者"客观的"必然性,它基于仅仅存在于我们人的表象之中并从这里出发被附给对象的一种联系,或者它根据在于这些对象自身的本质之中?目的思想是像斯宾诺莎所想的那样仅仅是一种"asylum ignorantiae〔无知的避难所〕",还是像亚里士多德和莱布尼茨所断言的那样构成任何更深刻的自然解释的客观基础?或者,如果我们把所有这些问题从自然领域转移到艺术领域,艺术是受"自然真理"的影响还是受"幻相"的影响?它是对一个现存者的模仿,还是随心所欲地支配被给予者的幻想的一个自由创造?这些疑难贯穿着有机自然学说的整个发展,如同贯穿着美学的整个发展,但现在,要给它们指派一个固定的系统位置,并由此已经把它们解决了一半。

以这个版本,并没有全新的要素进入批判学说的进程。自从康德致马库斯·赫茨的那封为鉴赏判断要求和应许一种新奠基的经典书信以来,普遍的"先验"问题就被如此表达,即它把一般而言能够用来论证某种客观有效性的所有不同方式都作为特别形式纳入自已下面。① 这种客观性尽可以从思想或者直观的必然性，从存在的必然性或者应当的必然性产生，这样，它毕竟总是构成某一个统一的疑难。《判断力批判》带来了对这个疑难的一种新区分；它揭示了一般有效性要求的一种新方式，但它在这方面依然停留在已经由批判哲学的第一个普遍方案确定的框架内部。自由世界和自然世界之间的真正中介不能在于我们在存在王国和应当王国之间插入某个间接的存在者领域，而是在于我们揭示一种**考察**，它以同样的方式分有经验性自然解释的**原则**和道德评判的**原则**。问题是，"自然"是否也能够这样来设想，即"它的形式的合法则性至少与要在它里面造就的目的按照自由法则的可能性相协调"。②如果这个问题得到肯定，那么，它就马上为我们开启了一个全新的视角，它在自身所包含的就不亚于所有迄今所获得和确定的批判基本概念的相互体系地位中的一种改变。这就产生出任务，即在细节上考察，通过这种改造，以前的基础在多大程度上得到加强，它们在多大程度上由此得到扩展和校正。

三

处于《判断力批判》中心的现实事物的**个体塑形**疑难，在康德由以出发的**合目的性**概念中获得了其思想上和术语上的规定。从现代语感的立场出发，当然对基本问题的这第一种表述并不完全适合其现实内容：我们通常与某个构成物的合目的性相结合的，是自觉有目的的、蓄意生产的东西的思想，它在这里，当我们要在真正的

---

① 参见上文（边码）第139—140页。
② 《判断力批判》，导论，二（第5卷，第244页；中文版第5卷，第185页）。

普遍性中表达问题时，最初是要完全避开的。18世纪的用语是在一种更广的意义上采用"合目的性"的：这种用语把它视为一个杂多的各部分与一种统一性的任何协调的普遍表达，无论这种协调是基于什么根据，无论它出自什么源泉。在这种意义上，这个词就只是莱布尼茨在他的体系内部用"和谐"这个表述所表示的那个概念的改写和德语翻译。一个整体，如果在它里面有各部分的这样一种划分，使得每一个部分不是与别的部分相邻存在，而是在其独特的意义上与其协调，这个整体就是"合目的的"。只是在这样一种关系中，整体才从一个纯然的集合体转变成一个封闭的体系，其中每一个环节都拥有自己独特的功能，但所有这些功能如此协调一致，以至于它们全都汇聚成一个统一的整体性能和整体意义。对于莱布尼茨来说，这样一种本质联系的范例就是宇宙。宇宙中每个单子都独自存在，并摆脱任何外部的物理影响，仅仅服从自己的法则，而毕竟所有这些个别法则都被预先如此安排，以至于在它们之间有极为精确的适应，它们据此就其结果而言无一例外地相互协调。

相对于这种形而上学的整体观念，批判的考察方式似乎最初给自己提出的是一个本质上较为质朴和简单的任务。就像符合其基本倾向一样，它并不那么关涉现实自身的形式，而是关涉我们关于现实者的概念的形式。并非世界的体系性，而是这些概念的体系性对于它来说构成了出发点，因为在我们面临一个整体，不是事物的整体，而是认识的整体的地方，到处都对我们实际上提出同样的问题。任何这样的逻辑整体都同时是一个逻辑组构，其中每一个环节都制约着所有其他环节的整体性，就像它同时被所有其他环节制约一样。诸要素在这里不是完全相邻排列，而是仅仅互渗存在；它们在集群内部采取的关系，必然地并在本质上属于其自己的逻辑持存。这种联系方式已经清晰地出现在纯粹数学的体系之中。如果人们观察这样一个体系，综观例如我们通常在欧几里得几何学的概念中结合的那些定理的总和，那么，它就表现为一个发展着的层级结构，其中从相对简单的开端出发，按照直观联结和演绎推理的固定形式，前进到越来越丰富和复杂的结果。这种进步的方式保证在这里绝不能达到某个不能从先行的环节来规定的环节，尽管另一方面，每个新的步骤都扩展着迄今的总和，并综合地附加给它一个新的个别规定。在这里，由此占统治地位的是一种始终不断地延伸到结论的多样性之中的原则统一性，一个简单的、直观的萌芽，它对于我们来说以概念的方式展开，绽放成新形态的一个自身不受限制却完全可控的、可综览的系列。但这样一来，这里已经给出了各部分的那种构成康德的"合目的性"概念中本质性要素的结合与相互关系。由此，"合目的性"不仅存在于自然的偶然形态之中，而且存在于纯粹直观和纯粹概念的必然形态之中。我们在自然形式的领域中寻觅它之前，就要在几何学形状自身的领域中揭示和确定它。"在一个像圆这样简单的图形中，包含着解决一大批问题的根据，这些问题中的每一个自身都会要求有各种各样的准备，而这种准备作为这个图形的无限多的突出属性之一就仿佛是自行产生的……一切圆锥曲线单独来说及在相互比较中，在解决一大批可能问题的原则上都是富有成果的，不论规定这些曲线的概念的那种解释是多么简单……看到古代几何学家探究这类线段的这些属性的那种热情，是一种真正的快乐，他们没有让自己被狭隘的头脑的问题，即这种知识究竟有什么用，给搞糊涂；例如对抛物线的知识，他们并不了解地球上的重力法则，这法则本来会为他们提供这知识在有重量的物体……的抛掷路线上的运用……在他们自己都没有意识到他们在其中在为后代工作时，

309 他们却对事物的本质中的一种合目的性而心旷神怡,这种合目的性毕竟是他们完全先天地在其必然性中展示的。柏拉图本人就是这门科学的大师,他曾因事物的这样一种我们可以撇开一切经验来揭示的源始性状,因心灵能够从存在者的超感性原则中来汲取这些存在者的和谐的能力……而欢欣鼓舞,这使他超越经验概念提升到理念,而这些理念在他看来只能通过与一切存在者的起源的一种理智的共联性来解释。毫不奇怪,他曾把不懂几何学的人赶出他的学园,因为他想把阿那克萨哥拉从经验对象及其目的联结中推论出来的东西从纯粹的、内在地寓于人类精神的直观中推导出来。合目的的东西,以及具有仿佛是有意为我们的应用而如此设立,但尽管如此却仍显得应当原初地归于事物的本质而不考虑我们的应用这样的性状的东西,在其必然性中恰恰就有对自然的巨大惊赞的根据。这根据与其说是在我们之外,倒不如说是在我们自己的理性之中;在这方面完全可以原谅的是,这种惊赞由于误解会逐渐地一直上升到狂热。"①

但是,从对几何学构成物的内在和谐结果的惊奇产生的这种精神的热情振奋,一旦人们完全达到先验美学的基本结果,就依然退让与平静的批判先验见识。这里表明的是,我们毋宁说是自己把我们相信在空间构成物中觉察到的秩序和合规则性置于它们里面的。一旦人们相信几何学的杂多性并不是一种被给予的,而是一种建构地生产的杂多性,"杂多的统一性"就成为可理解的。这里,任何元素都已经因其源始的形态而服从的法则表明为我们在导出的结论中

310 惊赞的那种联系和那种无间隙一致的先天根据。但是,一旦我们不是探讨一种数学的杂多性(就像它是纯粹空间的杂多性那样),而是

---

① 《判断力批判》,第62节(第5卷,第440页及以下;中文版第5卷,第376—378页)。

一种经验性的杂多性，就呈现给我们一种完全不同的真实状况，从而是一个全新的疑难。恰恰这一点是我们在任何经验性研究中做出的预设：不仅"纯粹直观"的整个领域，而且**感受**和**知觉**自身的领域都要适应一个与几何学的体系类似和可比的体系。开普勒不仅想到圆锥曲线是任意生产的几何学构成物，而且他坚持在这个构成物中拥有理解和阐述天体运动的模型和钥匙。不仅纯粹被生产者，而且被给予者都必须在这种意义上是"可理解的"，也就是说，我们能够这样看待它的元素，就好像它们彼此并不陌生，而是处在一个只是有待揭示和更精确地规定的源始理智的"亲缘性"之中似的，这种信赖源自何处？

当然，可能看起来是这个问题——就其一般来说可以提出来而言——已经由《纯粹理性批判》的基本结果回答过了。纯粹理性批判是经验的批判：它旨在把知性在经验中似乎仅仅发现的合法则秩序表明为一种由这种知性自身的范畴和规则建立的、就此而言是必然的秩序。至于显象服从思维的综合统一性，在它们里面没有混沌，而是一种因果秩序的固定性和确定性占统治地位，从"偶性"的变迁中凸显出一个某物是持久的和常驻的，只要我们看到，因果性和实体性属于我们"为了把显象读作经验而把显象拼写出来"[①]所借助的那个概念组，我们就把握了这一切。一**般**显象的合法则性由此不再是个谜，因为它仅仅表现为知性自身的合法则性。但是，经验性科学的具体结构同时使我们面临另一个任务，它尚未随第一个任务而被解决和克服。在这里，我们不是仅仅发现不折不扣的发生的合

[①] 参见《纯粹理性批判》，第370—371页（中文版第3卷，第241页）。——译者注

311 法则性，而是发现**特殊法则**的这样一种联结和这样一种互渗，以至于在一个固定的层级序列中，在一个从简单到复杂、从易到难的进展中的某个显象集群的整体对于我们的思维来说不断地建构起来和划分开来。如果我们观察现代力学的经典实例，那么，在《纯粹理性批判》和在紧随它的《自然科学的形而上学初始根据》中都表明，牛顿所表述的三个基本定律：惯性定律、原因和结果成正比的定律及作用与反作用相等的定律，有三个普遍的知性法则与之符合并为之做基础。但是，力学的结构和历史形成过程仅是由此尚未得到充分的描述和理解。如果人们追踪它从伽利略到笛卡尔和开普勒、从后两人到惠更斯和牛顿的进步，那么，这里就还表现出另一种联系，不同于由三个"经验的类比"所要求的联系。伽利略开始观察物体的自由坠落和斜面上的运动，以及确定抛物线；在开普勒那里，接续上关于火星轨道的经验性确定；在惠更斯那里，接续上离心运动和摆动的法则，直到所有这些特殊要素最后在牛顿那里汇聚起来，并在这种汇聚中表明为能够包容宇宙的整个体系。因此，从少数简单的原始要素出发，这里以持久的进展勾勒出现实者的整体画面，如其在宇宙力学中向我们展现的那样。我们沿着这条道路不仅完全达到了某种发生的秩序，而且达到了一种对于我们的知性来说清晰的、可把握的秩序。但是，这样一种可把握性并不能仅仅从知性法则出发先天地表明和视为必然的。按照这些法则可以设想，经验性现实虽然服从因果性的原理，但贯穿在其塑形中的不同原因序列却

312 在它里面最终规定着这样一种纠葛，使得我们不可能从现实的整个非常纠结的混乱中抽出个别的线索并分别追踪。即便在这种场合，我们也不可能把被给予者纳入我们的经验性科学的特性所基于的这种特别的秩序形式，因为这种秩序所要求的不只是经验性特殊的东

西和抽象普遍的东西的一种纯然对峙，不只是一种以某个在细节上不能更精确地规定的方式服从像先验逻辑学所提出的那些纯粹思维形式的纯然材料。经验性概念必须由此来规定被给予者，即它在通过一个连续的中间层级序列把被给予者与共相相关联而不断地为被给予者与共相**做中介**。最上面的和最高的法则必须通过交互渗透来"**特别化**"为个别法则和个别场合的特殊性，就像这后者反过来必须纯粹通过相互续列和相互说明来让它们处于其中的普遍联系显示出来一样。在这种情况下，我们才获得如我们的思想寻找和要求的那种对实际东西的具体联结和阐述。

这个任务在物理学内部如何完成，在物理学的历史上已经有所暗示，但它尚未清晰地出现在生物学和任何描述性的自然科学中。在这里，我们似乎面对着一种无法综览的具体事实材料，我们必须首先一点一点地接受它和简单地登记它。至于这种材料按照某些观点来划分，它可以被分为"种"和"亚种"，这种思想仅仅意味着对经验的一种要求，经验似乎不以任何方式有义务去满足这个要求。尽管如此，科学思维——不被所有哲学和认识批判本性的思考所迷惑——毫不犹豫地提出这个要求，并在被给予者身上立刻予以贯彻。它在绝对个别的东西身上寻找相似性，寻找共同的规定和"征兆"，并使自己不因任何明显的失败疏离自己的这个原初方向。如果某个类概念自身不保，如果它被新出现的观察所反驳，则它当然就必须被另一个概念来替换；但是，联结为"类"和分别成"属"依然不被具体概念所承受的所有这些命运所触动。因此，这里揭示出我们的概念的一个不可改变的**功能**，它虽然没有给这些概念预先规定任何确定的内容，却对于描述性分门别类的科学的整个**形式**是决定性的。而且由此，我们也获得了一种具有本质性意义的先验见识：任何不直接旨在对象自身，而是旨在对象的知识方式的规定，都必须叫作"先验的"。即便是我们成为种和自然形式的"亲缘性"的东西，我们在自然中发现它，也只是因为我们必须按照我们的判断力的一个原则在自然中**寻找**它。在这里表现出来的当然是，认识原则和对象之间的关系在我们把它与通过纯粹知性的分析论确定的关系做比较时就变化了。纯粹知性自己披露是"为自然立法"，因为所表明的是，它在自身包含着它的对象之可能性的条件，而理性在这里却不是以命令，而是以询问和研究接近经验性材料的。它相对于这材料的关系不是建构的，而是范导的；不是"规定的"，而是"反思的"。在这里，不是从普遍的东西中推导出特殊的东西，并由此在其本性上规定之，而是在特殊的东西自身上面，通过对它所包含的关系和它的各个环节所表明的相似性和区别的不断考察来试图**发现**一种能够在越来越全面的概念和规则中说出的联系。但是，有一种经验性的科学存在，而且它不断地进展，这种情况给予我们保障，即这种尝试并不是徒劳地进行的。事实的杂多性看起来仿佛在适应我们的认识，看起来在迎合它，在表示顺从它。正是由于我们的经验性认识所依据的**材料**与提供它的**形式**意志的这样一种一致并非不言而喻的——由于它并不能作为一种必然的东西从普遍的逻辑前提演绎出来，而是仅仅作为一种偶然的东西被承认，我们不能在这里看到一种特别的合目的性，亦即显象对我们的判断力的条件的一种适应性。这种合目的性是"形式的"，因为它并不直接关涉事物及其内在性状，而是关涉概念及其在我们精神中的联结；但是，在基于它的正是经验性科学的持存和经验性研究的方向自身的意义上，它同时是完全"客观的"。

我们迄今为止仅仅试图按照其纯粹的实际内容展开这个疑难，

第六章 判断力批判

没有探究我们在康德那里遇到它所用的特殊表述。仅仅就这种考察方式而言，肯定能够出现的，是理性批判的实际任务的内在进步，而非康德的概念建筑术的加强和扩建，导向了作为特殊体系环节的判断力批判。这些任务一旦被充分清晰地把握，这里康德为它们需用的称谓和他在内容上和术语上使它们依附的联系也就不再呈现任何本质性的困难。康德在《判断力批判》一个导论的第一稿中给出了对这个基本问题既最深刻又最全面的阐述，然而，在这部著作的最终编辑中，这一稿由于其过大的篇幅而被抛弃，并被一个较短小的版本取代。只是事后，当约翰·西吉斯蒙德·贝克请求他为自己计划的批判代表作注释写论文时，他才又动用此第一稿。不过，康德任凭贝克随意使用这一稿，贝克却把它严重地任意压缩，并用一个误导的标题出版。因此，为了弄清楚康德的阐述的完全内容，人们不得不回到这篇导论的手稿原状。① 康德在这里由以出发的，是通过引入一个新概念来调停似乎是其整个学说的基本结果的"理论"和"实践"的对立。但是，为了这种所寻求的**体系调停**的目的，对于他来说要首先拒绝另一种乍一看似乎情不自禁的**通俗调停**。人们有时相信，已经通过人们不仅按照其概念根据和按照其概念结论来考察某个理论定理，而且关注它允许的**运用**，就造成了实践领域和理论领域的一种"统一"。就此而言，人们认为能够把治国才能和国民经济归为实践科学，把卫生学和养生学算作实践医学，把教育学算作实践心理学，因为在所有这些学科中，都不那么涉及获得定理，而是涉及运用一定的、从别处得到论证的认识。然而，**这种类型的实践命题并非真正地和按照原则与理论命题有别，而是这种分别在

---

① 在刊印上，此手稿第一次在目前这个康德著作集版本中发表；参见第5卷，第177—231页。关于它的撰写及其进一步的命运，详见第5卷，第581页及以下。

现实清晰度上仅仅存在于关涉自然因果性的规定根据和借助**自由**的规定根据的对立的地方。其余一切所谓实践的命题都无非是关于属于事物之本性的东西的理论，仅仅运用于它如何被我们按照一个原则生产出来的方式。这样，实践力学的某个疑难的解决（例如为应当与一个给定的重量处于平衡之中的一个给定的力找到各自的杠杆臂这个课题的答案）实际上自身包含和需要的不是别的预设，而是已经通过纯然的杠杆定理说出的预设；而且，我是否一次用一个纯粹的认识判断的形式表达它，另一次则用指示建立某个条件联系的形式表达它，这仅仅表明了每次主观旨趣的一个不同方向，但未表明任务自身内容中的区别。因此，人们不应当把这样的命题称为实践的命题，而毋宁称为**技术的**命题。在这里，技术不那么意味着与理论的一种对立，而毋宁说意味着它在某个具体场合的贯彻。它的规则属于完成人们想要其应当如何的东西的艺术，"它就一种完备的理论而言任何时候都是一个纯然的结论，而不是某种指示的一个独自存在的部分"。

但现在，从以这种方式确定的技术中间概念出发，康德的考察继续前行，并由此获得了理论领域自身的一种新的扩张和深化。如康德所说明的，除了作为总是带有任性幻相的一种人为的、属人的个别活动的艺术之外，也有**自然**自身的一种**艺术**：也就是说，只要我们如此看待事物的本性，就好像它的可能性建立在艺术之上似的，或者换句话说，就好像它是一种塑形意志的表达似的。当然，这样一种理解方式并不是已经由**对象**自身给予的，因为作为经验的对象来看，"自然"无非就是显象的整体，只要它是处在普遍的因而是数学物理学的法则之下的。相反，它是我们在"反思"中采取的一种立场。因此，它并非产生自被给予者的纯然经验，亦非产生自被给予者被编排进因果联系,而是我们赋予被给予者的一种独特且独立的解释。人们在某种意义上当然能够从批判世界观的立场出发普遍地断言,认识的形式就是规定对象性形式的东西。但在这里,这个命题还在一种更狭窄和更特殊的意义上生效,因为在这里,仿佛是我们面临着一种二级塑形。一个本身已经被纳在空间和时间的纯粹直观和纯粹知性概念之下并在它们里面经历自己的客观性的整体,现在获得了一种新的意义,只要它各部分的关系和相互依赖性被置于一个新的观察原则之下。就此而言,一种"自然的技术"的思想,与显象的纯粹机械因果相继的思想相对立,就是这样一种思想,它"不对客体的性状,也不对产生客体的方式规定任何东西,而是自然自身由此受到评判,但仅仅是按照与一种艺术的类比,确切地说是在与我们的认识能力的主观关系中,不是在与对象的客观关系中"。317 只是这一次能够和必须现在还问,这种评判是否可能——也就是说,它是否能够与杂多被置于纯粹知性的统一形式之下所借助的第一种评判**能够相处**。我们在这里还不能预先说出康德给予这个问题的回答,然而可以预见的是,知性认识的原则与反思判断力的原则的这样一种能够相处,只是在新的原则并不干预旧的原则的领域,而是代表一个完全不同的、要予以规定和与前者划清界限的**有效性要求**的情况下才能造就。

一种"自然的技术"的思想和把它与一种为了达到某种外在目的的有意安排的思想区别开来的东西,当人们在这个点上最初完全忽视与**意志**的一切关系,仅仅坚守与**知性**的关系时,当人们仅仅按照**逻辑学**的形式联系的类比表述在知性中赋予自然的形式时,就最为清晰地表现出来。至于这种类比存在,只要人们想到,"自然"对于我们来说在批判的意义上无非意味着可能经验的对象的总体,这一点就是清楚的；而且进一步说，经验既不是拼凑起来的个别观察的一个纯然总和，也不是普遍的规则和原理的一个纯然抽象的总和。只是个别性的要素与普遍性的要素联结成为一个"作为按照经验性法则的体系"的经验的概念，才构成经验联系的具体整体。"因为尽管经验按照包含着一般经验可能性条件的**先验**法则构成一个体系，毕竟从经验性法则中，自然的那些会属于特殊经验的**形式**的一种如**此无限的杂多性**和一种如此巨大的**异质性**是可能的，以至于一个按照这些（经验性的）法则的体系对于知性来说必然是完全陌生的，无论是这样一个整体的可能性，还是它的必然性，都不能得到理解。尽管如此，特殊的、完全按照稳定的原则相联系的经验也需要这种系统的联系，以便对于判断力来说，有可能把特殊的东西归摄在普遍的东西之下，如同一直归摄在经验性的东西之下，而且继续，一直达到最上面的经验性法则和符合它们的自然形式，从而把特殊经验的**集合体**视为它们的**体系**；因为没有这种预设，就不可能有任何普遍合法则的联系，亦即其经验性的统一出现。"如果经验性法则的杂多性和不同类性如此之大，以至于虽然有可能使它们中的**个别法则**隶属于一个共同的类概念，但绝不可能在一个统一的、按照普遍性的程度排序的层级序列中把握它们的**全体性**，那么，即便是我们设想自然是服从因果法则的，我们在自然身上也毕竟只拥有一个"生硬的混沌集合体"。判断力与这样一种无形式性的思想相对，不是以一种绝对的逻辑命令，却是以作为动力和作为路标在其所有研究中为它服务的准则。它"假设"自然的一种继续发展的合法则性，这种合法则性按照纯然的秩序概念必须叫作偶然的，但它"为了自己而接受"这种合法则性。当然，它必须在这里依然意识到，它在这种**自然的形式合目的性**之中，也就是说，在自然为了我们聚合在

第六章 判断力批判

一起成为一个特殊法则和特殊形式的始终有联系的整体的资格中，既不是设定和建立一种理论的认识，也不是设定和建立一种实践的自由原则，而仅仅是为我们的评判和研究给出一条稳定的准绳。哲学作为既是自然也是自由的认识的学说体系，由此在这里并不获得一个新的部分。与此相反，我们关于自然的技术是对自然的评判中的一种**启发式**原则的概念属于我们的认识能力的批判。特别是描述的自然科学通常使用、《纯粹理性批判》在其关于范导的理性原则的章节中已经指出的"形而上学智慧的箴言"从这里出发获得了其真正的说明。所有那些公式，即自然始终选取最短的道路，它不徒劳做任何事情，它在形式的杂多性中不容许任何跳跃，尽管在种上富有，却在类上节约，现在都显得不像是"先验表述"那样，是其本质的绝对规定。"经验性表象的一切比较，为了认识经验性法则并根据这些法则在自然事物上认识**种属的**、但通过把它们与其他法则做比较也是**类上一致的**形式，毕竟预设：自然也曾在其经验性法则方面观察到某种与我们的判断力相适应的节约性和一种对我们来说可理解的齐一性，而且这种预设必须作为判断力的先天原则先行于一切比较。"即便在这里，在自然法则的这种分级和这种形式的"简单性"不能从个别经验读出，而是构成前提条件，唯独根据这些前提条件我们才有可能以系统的方式**确立**经验的地方，也涉及一种先天的原则。①

只是现在，人们才完全综览批判和形而上学在这个点上区别开来所凭借的转变。在康德前的形而上学中，无论什么地方讨论到现

---

① 整体参见《判断力批判》的第一篇导论，特别是一、二、四、五（第 5 卷，第 179 页及以下），参见《判断力批判》，导论，一、四、五（第 5 卷，第 239 页及以下、第 248 页及以下；中文版第 5 卷，第 180—183 页、第 188—196 页）。

实的个别形式的疑难，它都与一种绝对的、有目的地行动的知性的思想相联结，这种知性被置于一种源始的内在塑形的存在中，我们在自己的经验性概念中所实施的塑形只是那种塑形的反光和摹本罢了。我们看到过，逻各斯学说如何自其在普罗提诺那里的最初开端以来坚持这种思想，以及它是如何在极为繁多的变迁中表达这种思想的。康德也在这里贯彻了对于他的唯心论的整个方向来说标志性的特别改造：理念从事物中的一种客观创造性力量变成作为经验对象的事物之可知性的原则和基本规则。虽然我们把显象的对我们的知性来说合目的的、与知性的要求相一致的秩序一般而言与更高程度的合目的性、与一种创造性的和"原型的"理智**相关联**，对他来说显得是一个由理性自身必然要求的步骤；但是，一旦我们把一种诸如此类的关系转变成一个实存的**元始存在者**的思想，欺骗就开始了。在这种情况下，借助先验辩证论已经揭露的理性的那种自然而然的诡辩活动，我们把经验认识看到在自己**面前**并不能放弃的目标置于一个在自己**后面**的超验存在之中；我们把一种对于我们来说确立在认识自身的过程中并且更牢固和更深刻地建立在每一个新的层级上的秩序理解为一种已完成的实际持存。为了批判这种态度，即便是在这里，回想到"绝对"不那么是"被给予的"，而毋宁说是"被托付的"这种先验洞识就够了。即便是特殊现实形式和特殊经验法则的普遍统一也可以这样来看，就好像一种知性（尽管不是我们的知性）为了我们的认识能力的缘故，为了使经验的一个体系按照特殊的自然法则成为可能而产生它的；但是，我们由此并非断言，以这种方式确实必须假定这样一种知性，而是判断力由此仅仅给予我们自己、不是给予自然一种法则，因为它给自己标出了它自己的考察的道路。人们不能把某种东西作为与目的的关系（包括与普遍的系统可理解性的目的的关系）归给自然产品自身；毋宁说，这个概念只能用来在按照经验性法则被给予的显象的联结方面对它进行反思。因此，判断力对于自然的可能性来说也有一个先天原则，但只是在主观考虑中，在自身中，由此它并不给作为自律的自然，而是给作为他律的自己规定一个法则。"因此，如果人们说：自然按照对我们的认识能力来说的合目的性原则，也就是说，为了在其必要的工作上适应人类的知性，即为知觉呈现给它的特殊的东西找到普遍的东西，并为不同的东西……又找到在原则的统一性中的联结，使自己的普遍法则特殊化，那么，人们由此既没有给自然指定一个法则，也没有通过观察从自然学到一个法则（尽管那个原则可以通过这种观察得到证实），因为它不是规定性的判断力的一个原则，而纯然是反思性的判断力的一个原则；人们只是希望，自然尽可以随意地按照自己的普遍原则建立起来，人们却绝对必须按照那个原则和建立在它上面的那些准则去探究自然的经验性法则，因为我们唯有在那个原则成立的范围内才能凭借运用我们的知性在经验中前进并获取知识。"①

  方法的对立现在尖锐地和不可错认地标示出来了。思辨形而上学试图解释自然的个体塑形，让它从一个越来越特殊化的普遍东西中产生：批判的观点不知道对绝对者的作为实在过程的这样一种自我展开说些什么，而是在形而上学发现一种最终解决的那个地方只看到对自然的一个我们不可避免地对自然提出的**问题**，但对这个问题的回答却必须留给经验。可能有经验的整个领域（而且在其每一个个别的未完成阶段都毫无疑问有），在它内部这种要求尚未满足：

---

  ① 《判断力批判》，导论，五（第 5 卷，第 250—255 页；中文版第 5 卷，第 190—196 页）。

因此在这里,"被给予的"特殊的东西与被思维的"普遍的东西"尚未真正相互渗透,而是二者还相对直接地彼此对峙。在这样一种情况下,判断力不能简单地把自己的原则强加给经验,它不能随心所欲地挪移和重新解释经验性材料。唯有一点它能够并将断言,即问题由于是未解决的,所以不可以被视为不可解决的。它不断调停个别的东西与特殊的东西和普遍的东西的尝试从未中断,而且使自己不依赖于每次的成就,因为这个尝试并不是任意进行的,而是不容推卸地建立在理性自身的一种根本功能之中的。

而且在这里,我们所揭示的**逻辑学**的"自然的技术"同时指向更深刻和更全面的问题,《判断力批判》的整体安排只是以这个问题才完成。如果我们在反思性的判断力中这样来看待自然,就好像它如此使自己普遍的基本法则特殊化,以至于它们对于我们来说结合成经验性概念的一个普遍的可理解的层级秩序,那么,它在这里就被视为**艺术**。"根据先验的秩序法则的立法学"的思想构成范畴演绎的真正钥匙,它在这里不再够用,因为现在出现的新立场不再能够作为法则,而是仅仅作为"预设"来倡导自己的权利。①但是,由此按照内容-对象方面来标示的真实状况,现在如何表现为**主观的**;对自然法则的那种特别的"合乎艺术的"特殊性的理解如何在**意识**中表达和反映自己?我们必然必须提出这个问题,因为按照批判学说的方法论基本思想就已经确定,它的疑难的每一个都能够具有并且需要这样一种双重的特征。就像空间和时间的统一同时被称为"纯粹直观"的统一,经验对象的统一同时被称为"先验统觉"的统一那样,我们也可以在这里期待,对于"自然的技术"的思想为我们

---

① 参见《判断力批判》的第一篇导论,五(第5卷,第196页)。

开启的新的内容规定来说，同时将能够指出一种新的、与它相符的**意识功能**。但是，康德对这个问题给予的回答最初当然是令人惊喜和令人惊异的，因为他现在所指出的心理学内容，正是他在整个先行的考察中——在《纯粹理性批判》中以及更尖锐地和更激烈地在《实践理性批判》中——称为一个法则上无法规定的、据此不能以任何方式客观化的内容的真正实例。我们在显象的秩序中所遇到的任何合目的性的主观表达，就是与它相结合的**愉快的情感**。无论我们在什么地方察觉一种在普遍的知性法则中看不出其充足理由，但对于我们的认识能力及其有联系的运用来说表现为有裨益的一致，我们都以一种愉快的感受来伴随我们仿佛是作为自由的恩惠来分享的这种赞助。我们感到——就好像在经验内容的一种诸如此类的和谐划分中关键在于一种幸运的、对我们的意图有利的巧合似的——因它而高兴，"了结了一种需求"。力学的基本法则能够被视为其范例的**普遍**自然法则并不带有一种诸如此类的规定，因为对它们来说，就像对纯粹数学的联系一样，适用的是同样的东西：一旦我们在其没有漏洞的、可以严格地演绎的必然性中把握它们，关于它们的惊奇就终止了。"然而，自然依据其特殊的法则的秩序，无论有怎样超出我们的把握能力的、至少可能的多样性和不同类性，毕竟还是现实地适合这种把握能力的，这一点，就我们能够看出的而言，是偶然的；而找出这种秩序，是我们的知性的工作，它被有意地引向知性的一个必然的目的，即把诸原则的统一性带进自然……任何意图的实现都与愉快情感相结合。如果实现的条件是一个先天表象，就像在这里是反思性的判断力的一个一般原则那样，那么，**愉快情感也就是通过一个先天根据被规定的，而且这规定对每个人都有效**……事实上，既然我们没有也不可能从知觉与依据普遍自然概念

323

（范畴）的法则的吻合中发现对我们心中的愉快情感的丝毫作用，因为知性在这里是无意地按照其本性而必然行事的，那么另一方面，发现两个或者更多经验性的异质自然法则在一个包含着它们两者的原则之下的一致性，就是一种十分明显的愉快的根据……虽然，只是由于自然的可理解性及其种类划分的统一性，我们按照其特殊法则认识自然所凭借的那些经验性概念才是可能的，而我们在这种可理解性和统一性上已不再感到任何明显的愉快，但是，这种愉快肯定在当时曾经存在过，只是由于最平常的经验没有它就会是不可能的，它逐渐地被混同于纯然的知识，而不再被特别注意到罢了……与此相反，自然的这样一个表象绝对会引起我们的反感，人们通过这个表象事先告诉我们，如果超出最通常的经验做丝毫的研究，我们就会遇到自然的诸法则的一种异质性，它使得把自然的特殊法则结合在普遍的经验性法则之下对于我们的知性来说成为不可能的，因为这与自然在其种类中的主观上合乎目的的特殊化的原则和我们以后者为意图的反思性判断力相抵触。"①

我们在这些康德命题上首先坚持使得它们在方法论意义上重要和引人注目的那个特征。迄今被视为彻头彻尾经验性的东西的"愉快"，现在被纳入可先天规定和可先天认识的东西的范围之中；迄今彻头彻尾被视为个人任意的东西、其中任何个别的主体都与其他主体有别的它，现在获得了——至少在它的基本要素之一中——一种"对任何人"的普遍意义。先验批判的原则由此被运用于一个迄今完全与它相抵触的领域。《纯粹理性批判》的第一版还把"杰出的分析家鲍姆嘉登"达到一种科学论证的"鉴赏批判"的希望称为不合适

---

① 《判断力批判》，导论，五和六（第 5 卷，第 253—257 页；中文版第 5 卷，第 192—197 页）。

的，因为审美的满意和不满的要素就在于愉快和不快，但后者按照其起源纯然是经验性的，因而绝不能充当先天的法则。①现在，这种观点被纠正了；但这种纠正的独特之处在于，并非对艺术现象和艺术塑形的直接观察，而是理论**认识**批判中的一种进步导向了它。**理论**的先天性概念的扩展和深化才使得美学的先天成为可能，并给它的规定和扩大指明了道路。由于已经指出，对于经验的完备形式来说普遍的知性法则的条件虽然是必要的，但并不是充分的；由于特殊东西的一种独特形式和一种独特的合目的的结合被揭示，它在自己这方面才完成经验的系统概念，所以即便在意识中也要寻找一种要素，在它里面铸造特殊的东西和"偶然的东西"的合法则性。但这个要素一旦被找到，迄今的研究的界限就由此被推移。它如今不再停留在"个体性的东西"的问题面前，因为它把个体性的东西当作随场合变迁，因而无非是能够由直接的个别经验和由感觉的"质料"因素规定的东西，而是也试图在这个迄今被锁闭的领域里揭示审美塑形的基本要素。

沿着这条道路，康德越过经验性概念构成的纯粹逻辑学理论，越过自然形式的一种体系性和分类性之认识批判条件的问题，一直达到**批判**美学的门槛。②一种"自然的技术"的概念在这里朝着客观

---

① 参见《纯粹理性批判》，先验感性论，第1节（第3卷，第56—57页；中文版第3卷，第46页）。

② 在这种意义上，就可以理解康德致莱因霍尔德的著名的信，它对《判断力批判》的产生给出了说明。康德在这里于1787年12月18日（"18日"的日期是卡西尔之前的《康德全集》编者哈滕施泰因的错记，《康德全集》普鲁士科学院版的编者已纠正为"28日"。——译者注）写道："我并不是自负，我可以保证，我在自己的道路上前进得越远，就越不担心某种矛盾甚或结盟（现在，这类结盟是司空见惯的）会给我的体系带来严重的损害。这是一种内在的信念，我之所以形成这样的信念，乃是因为我在推进到其他研究时，不仅发现我的体系总是自身一致的，而且，如果我有时不能

方面，愉快情感和不快情感的先验心理学分析朝着主观方面构成了中介。我们已经看到，自然就其被如此思维，以至于按照一个对我们的判断力来说可理解的原则特殊化为类和种属而言，在这里被视为**艺术**；但是，**这种艺术独立地说**，当然同时表现为"人为的"。①这一点，也只是就它并不直接地展示给惯常的意识，必须通过认识论考察的一种特殊转变才被诱导出来而言是有效的。通常的人类知性把特殊的自然法则的持存和系统上的上下秩序视为一个被给予的事实，对于这个事实来说它不要求任何说明。但正是因为它在这里没看到疑难，它也没有觉察到疑难的解决和与它相联结的特殊愉快情感。因此，如果自然所表示的无非是这种逻辑的合目的性，那

（接上页）正确地确定某个对象的研究方法，那么，只要回顾一下认识和与此相关的心灵能力的诸要素的总貌，就可以获得不期而遇的答案。我现在正忙于鉴赏力的批判，借此机会将揭示一种新的先天原则，不同于迄今的先天原则。心灵的能力有三种：认识能力、愉快和不快的情感、欲求能力。我在纯粹（理论）理性的批判里为第一种能力找到了先天原则，在实践理性的批判里为第三种能力找到了先天原则。现在，我试图也为第二种能力找到这类先天原则，虽然我过去曾经认为这是不可能的。对事先考察过的诸能力的解析为我在人的心灵中揭示了系统性的东西，惊赞这种东西，尽可能地论证这种东西，为我的余生提供了充足的素材。这种东西毕竟把我引上了这条道路，使我现在认识到哲学的三个部分，每个部分都有它自己的先天原则，人们能够一一地列举它们，并确切地规定以这种方式可能的认识的范围——理论哲学、目的论和实践哲学。其中，当然是中间的那种被认为最缺乏先天的规定根据。"（《康德书信百封》，第133页）如果人们不是仅仅外在地仅仅按照其词义来对待康德的说明，而是把它们与出自《判断力批判》自身关于康德精神中诸疑难的实际联系产生的东西做对比，则对于"系统的东西"在批评美学的发现中起什么作用，就不可能留有任何怀疑了。康德并没有给两个已经存在的先天原则为了体系结构的缘故补充一个第三原则，相反，先天性概念自身的一种深造和一个更鲜明的版本是他最初在理论领域——在自然对于我们的认识能力的逻辑"适应性"的思想中——想到的东西。但这样一来，对他来说进一步是一般的目的考察——或者，按照先验心理学方面来表达，是愉快和不快的领域——表明为先天规定的一个可能对象；而最终**美学**作为一个普遍目的论体系之部分，其先天奠基得以产生所沿着的道路就从这里延伸开来。

① 参见《判断力批判》第一篇导论，五（第5卷，第196页）。

么，为此缘故当然就会已经存在着一个对此惊赞的根据："然而这种惊赞，除了一位先验哲学家之外，很难有某位别的人能够做出，而且即便这位先验哲学家也毕竟会不能列举出这种合目的性具体地呈现的任何确定的场合，而是必须在宏观上思维它。"① 在对迄今结果的这种限制中，同时清晰地标识着必须在其中寻找它的系统深造和扩展的方向。有——我们将必须这样问——显象的一种合目的的形式，它不是通过概念和先验反思的中介才对我们显露，而是直接在愉快和不快的情感中对我们说话吗？有一种个体的存在塑形，一种现象的联结，它相对于纯粹的、经验性的、思维的世界来说表现为一个独自的东西，因而不以任何方式可用科学法则中的分类和体系性方法来把握——而且尽管如此却表明一种独立的和源始的特别合法则性？当我们提出这两个问题的时候，我们由此直接被一直带到艺术的隐喻意义像它在一种"自然的技术"的概念中迎向我们那样在真正的意义上转向、由此普遍的目的论的体系把**审美判断力的批判**作为最重要的环节纳入自身的那个点上。

四

就像是个体塑形的问题实现从纯粹知性法则的世界向特殊法则的世界的过渡一样，这个问题也能够有助于接下来直接导入批判美学的基本问题。艺术王国是一个诸形象的王国，它们每一个都在自身中完成，并拥有一个自己的个性中心，而它毕竟同时与别的形象属于一个本质和作用的联系。怎样称谓这种本质联系，怎样如此表

---

① 《判断力批判》第一篇导论，五（第5卷，第197页）。

述和刻画它，使得由此并不失去特殊形象的独立特性和特有生命？在纯粹理论的领域和在道德实践理性的领域，我们对于一种诸如此类的基本关系并不拥有一个真正适当和恰切的例子。理论的"个别的东西"始终仅仅是一个普遍法则的特殊场合，它只是从普遍法则才获得它的意义和真值；就像"这个"个别的东西作为道德主体，按照康德伦理学的基本观点，始终只是作为普遍有效的实践理性命令的载体被考虑一样。自由的人格性只是在对其"偶然的"冲动和偏好的完全牺牲中，在对普遍地颁布命令和普遍地有约束力的应当规则的无条件服从中，才成为它所是。在这两种场合，个性的东西只是在它升华为普遍的东西时，似乎才找到它的真正论证和辩护。只是在艺术直观中，才在这方面建立起一种全新的关系。艺术品是一个个别的东西和分离的东西，它基于自己本身，纯粹在自己本身中拥有自己的目的：毕竟在它里面同时给我们展现一个新的"整体"，现实和精神宇宙的一个新的整体画面。个别的东西在这里并不指向一个站在它后面的、抽象普遍的东西，而它就是普遍的东西自身，因为它象征性地把它的内容纳入自身。

我们看到，在理论的-科学的考察中，批判的见识进展得越远，一个经验**整体**的概念就越清晰地表现为一个无法实施的要求。在思维上包囊世界整体的要求，把我们带进无限性概念的辩证二论背反之中。我们不能把这个整体理解为被给予的，而是只能理解为"被托付的"；它不是作为对象竖立在我们面前，有固定的形式和边界，而是化为一个没有界限的过程，我们能够规定的是其方向，不是其目标。在这种意义上，任何理论的经验判断都必然还是残片，而且一旦它关于自己本身获得批判的清晰性，就知道自己是残片。经验序列的每个环节为了被科学地理解，都需要另一个环节作为它的

"原因"为它规定它固定的时空位置；但恰恰这另一个环节，在自己这方面陷入同样的非独立性，以至于它又要在自身"之外"寻找自己的根据。在以这种方式元素连元素、序列连序列的时候，经验的对象在这里就为我们建立起来了，它自身无非就是一个"关系的总和"。但是，如果我们从艺术和艺术塑形的事实出发，个别的东西联结成为整体、杂多联结成为统一体的一种完全不同的方式就展现给我们。我们在这里——就像到处在先验研究中那样——预设事实自身。我们并不问它是否在，而是问它如何在；我们并不探究它的历史的或者心理学的产生，而是试图在它的纯粹持存中、在这种持存的条件中把握它。在这里，我们看到必然给我们指出了一种**新的判断形式**：意识内容的每一种联结客观地看都表现为判断。但判断自身在这里超出了它迄今纯粹逻辑的定义的界限。它不再醉心于把特殊的东西归属在普遍的东西之下，或者纯然把一个普遍的认识运用于特殊的东西，《纯粹理性批判》中（主要在关于知性概念的图型论的章节中）把这教导为"规定性判断力"的特征，而是与此相对立，表现出关系的一个完全不同的类型。这个类型必须首先得到稳定的描述，并针对意识的所有其他综合加以区别，如果新的疑难领域的独特性应当鲜明地凸显的话。

然而，在具体贯彻这种区别之前，要意识到，通过它不可以废止判断功能自身的统一和我们关于这种统一所获得的根本性批判见识。每个判断对于康德来说都不是"接受性"的行为，而是纯粹"自发性"的行为：它——就它具有真正的"先天"有效性而言——不表示被给予的对象的一种纯然关系，而是对象设定自身的一个契机。在这种意义上，也存在着康德的"审美判断力"和18世纪的德国美学称为"评判力"并试图剖析的东西之间的一种独特的对立。

评判力从"鉴赏"的被给予的作品出发，并要指示道路，从它们出发经分析和比较而前进到鉴赏的普遍规则和标准。与此相反，康德的考察是在相反的方向上进行的：它不想把规则从某些被给予的客体——因而在这种场合从被给予的例子和榜样——抽象出来，而是询问意识源始的合法则性，任何审美**理解**、说自然或者艺术的一个内容是"美的"或"丑的"的任何称谓都基于这种合法则性。被塑形已毕的东西由此在这里对它来说仅仅是它致力于达到塑形本身的可能性之条件由以出发的起点。这些条件起初只能被否定地表示，我们不那么规定它们是什么，而是规定它们不是什么。至于审美情调和审美形象的统一基于另一个原则，不同于我们在通常经验和科学经验中把特殊的元素结合成为整体集群和整体规则所借助的原则，这已经指出过了。在这后一种结合中，最终总是关键在于因果的上下秩序的关系，在于一种能够被理解为概念和推理的一种联系之类似物的普遍的条件联系的建立。此一显象对另一显象，是以一种依赖性关系的方式，在这种方式中，二者的关系如同"根据"和"结果"。与此相反，对一个整体及其各个分支要素的审美理解排除任何诸如此类的观点。在这里，显象不被化为它的条件，而是在这里被记录下来，一如它直接所表现：在这里，我们并不专心致志于它的概念根据和结果，而是停留于它自身，以便仅仅听凭它在纯然的考察中唤起的印象。不是为了一种概念上的分类对各部分及其上下秩序的个别化，这里要全都一齐把握它们，并把它们结合进一个对我们的想象力来说的整体观点；不是它们介入显象的因果链并延伸到其中所通过的结果，我们在它们这里仅仅强调它们纯粹的现在值，如其对直观自身所显示。

但这样一来，同时就说明了把审美意识与实践意识、把纯粹形象的世界与行为和意志的世界分离开来的区别。就像理论观点把存在者化入原因和结果、条件和有条件性的集群一样，实践观点把它化入目的和手段的交织。内容被给予的杂多性规定和划分自己，乃是通过在前一种场合是一个要素"通过"另一个要素，在后一种场合一个要素"为了另一个要素的缘故"而存在。与此相反，在纯粹审美的考察中，内容的每一种诸如此类的拆分都消除为相关的部分和对立。这里，它显现在那种不需要任何外在的补充、不需要在它自身之外的任何根据和目标，而且不容忍这样的补充的质上的完成之中。审美意识在自身中拥有具体**实行**的那种形式，它通过这种形式，纯粹奉献给它当时的现状，在这种瞬间的现状中把握住具有完全没有时间限制的意义的一刻。我们在因果关系的思想中在概念上客观化并塑形成经验性的时间序列和时间秩序的"之前"和"之后"，在这里同样消失，仿佛达到寂静状态，就如同用来表示我们的欲求和意欲的那种对一个目的的预见和预期一样。这样一来，我们手中就有了在康德的"美者"定义中相互渗透的、本质的和与众不同的要素。如果我们把在感觉中刺激感官并使感官愉悦的东西称为"适意的"，如果根据一种应当的规则、因而借助于理性通过纯然的概念使我们愉悦的东西对我们来说叫作"善的"，那么，我们就把在"纯然的观察"中令人愉悦的东西称为"美的"。在"纯然的观察"这个表述中，间接地包含着构成一般审美理解的特性并从中能够导出审美判断所经历的所有进一步规定的一切。

在这里，首先不由得产生一个问题，它在方法论方面是迄今结果的另一面和必要补充。如果迄今应当标明审美**理解**的独特性，那么，在另一方面关键就在于清晰地确定审美**对象**的客观性的方式。意识的任何功能，无论它在个别的东西中是什么性状，都表现出一种独属于它的对对象的指向，并给予对象一个特殊的特色。如今在这方面，首先就又出现一种否定的规定：审美内容的对象性与**现实**如其在经验性判断中被设定或者在经验性欲求中被追求的那样完全不同。规定鉴赏判断的愉悦**没有任何兴趣**，这是就兴趣被理解为对物的存在、对被观察的事物的产生或者实存的兴趣而言的。"如果某人问我，对于我眼前看到的那座宫殿我是否觉得美，那么我虽然可以说：我不喜欢此类纯然为了引人注目而造的事物，或者像那位易洛魁人酋长一样，在巴黎没有比熟食店更让他喜欢的东西了；此外我还可以按十足**卢梭**的方式责骂大人物们的虚荣心，他们把人民的血汗挥霍在如此没有必要的事物上；最后，我可以极为容易就确信，如果我处身一个无人居住的小岛，毫无希望在某个时候重返人类，而且我单凭我的愿望就能够用魔术变出这样一座豪华建筑来，如果我已经有一间对我来说足够舒适的茅舍，我也根本不会为此花费这点儿力气。人们可以对我承认和赞同这一切，只是现在不谈这一点。人们只想知道，对象的纯然表象在我心中是否伴随有愉悦，哪怕就这个表象的对象的实存而言我总是无所谓的。人们很容易看到，要说这个对象是**美的**，并且证明我有鉴赏，这取决于我从我心中的这个表象本身得出什么，而不取决于我在其中依赖于该对象的实存的东西。每一个人都必须承认，关于美的判断只要掺杂了丝毫兴趣，就会是偏袒的，就不是鉴赏判断。人们必须对于事物的实存没有丝毫倾向性，而是在这方面完全无所谓，以便在鉴赏的事情上扮演裁决者。"① 审美**自主性**的特殊性，从而审美"主观性"的独特性在这个地方清晰地表现出来。知性的逻辑自发性旨在用普遍的法则

---

① 《判断力批判》，第2节（第5卷，第273页；中文版第5卷，第211—212页）。

规定显象的客体；伦理的自律虽然产生自自由的人格性的源泉，但它尽管如此却要把这里建立的要求引入被经验性地给予的事物和事实，并在它们里面实现这种要求。唯有审美的功能并不去问客体是什么和有什么作用，而是问我用它的**表象**在我里面造成什么。现实的东西退回到他的观念性状之后，取代它的是纯粹"图像"的观念规定性和观念统一性。

在这种意义上——但是也仅仅在这种意义上——审美世界是一个幻相的世界。幻相的概念只是要防止一种会把我们又置回理论的自然概念或者实践的理性概念的效用之中的现实的虚假概念。他把美者从**因果性**的领域提取出来——因为在康德看来，就连自由也是因果性的一个独特方式——以便把它纯粹地置于内在**塑形**的规则之下。当然，就连幻相也从这种规则获得了自己的法则，因为它从这种规则获得了它的个别要素的本质性联结。因此，就像在我们运用"主观性"和"客观性"的对立的所有地方那样，在这里也要鲜明和谨慎地规定它，以便避免在它里面隐含的辩证法。至于这种辩证法忽视事情的实存，这恰恰是审美表象专有的特殊和独特的实际性。正是在这里，它成为纯粹形式的直观，而它却忽略了不可避免地依附于"事物"的所有次要条件和次要结果。在二者还混杂的地方，在对形象的结构和划分的兴趣还被对它作为图像所指向的现实的东西的兴趣所交织和排挤的地方，构成和标志审美的真正视点就还没有达到。

334

就连康德用来标识和划定审美的整个领域的"无目的的合目的性"的思想，现在也被解除它还带有的最后悖论。就像已经说过的那样，合目的性无非意味着一个整体形象在自身及其结构中所表现出来的个体塑形，而目的则说的是指定给它的外在规定。一个合目的的构成物其重心在自身之中,一个有目的的构成物其重心在自身之外;前者的价值在自己的持存,后者的价值在自己的后果。"无兴趣的愉悦"的概念除了按照其主观方面展示这种真实状况之外,没有别的任务。因此,人们如果——就像已发生的那样——把康德的审美理想称为"无所事事的平静"的理想,并在这方面用赫尔德和席勒把美当作"活生生的形象"的**动力学的**美的理想与它相对立,①就错失了这个核心概念的真正意义。康德与一切兴趣保持距离的要求给**想象力**的运动留下了充分和不受限制的空间:只有**意志**和**感性欲求**的运动是它出自方法的理由从审美的门槛逐出的。对直接的刺激和直接的需求的黏附被拒绝,正因为它阻碍和压制"表象"的那种直接的活力、造型想象对于康德来说艺术家的特性所在的那种自由塑形。就此而言,康德绝不与18世纪的"唯能论"美学相对立:但是,就像对他来说审美兴趣的中心从事物的现实性转移到了图像的现实性一样,对他来说情绪的激动也转移到情绪的自由游戏的激动。在游戏的自由中,情绪的整个内在热情激动保持下来了;但在它里面,情绪同时摆脱了它纯然物质的基础。因此,最终不是清晰自身,作为一个个别化了的心理学现状,被引入这种运动之中,而是游戏的诸要素构成**意识的普遍基本功能**,任何心灵的个别内容都从它们产生,并且回溯到它们。从这种普遍性中,就说明了审美状态的普遍的可传达性,我们预设这种普遍的可传达性,是在我们归于鉴赏判断一种"对每个人的有效性"的时候,尽管我们并不能把这种所断言的有效性的根据付诸概念和从概念中演绎出来。审美表象中的心灵状态是"各种表象力在一个被给予的表象上要达成一般

---

① 参见罗伯特·佐默尔:《近代德国美学和心理学的历史》,第296页、第337页及以下、第349页。

认识而进行的自由游戏的一种情感"的表象。"现在，属于一个对象借以被给予，以便一般而言由此形成认识的那个表象的，有为了直观的杂多之复合的**想象力**和为了结合各表象的概念之统一的**知性**。各认识能力在对象借以被给予的表象这里的**自由游戏**的这种状态，必须是能够普遍传达的：认识作为对被给予的诸表象（无论在哪个主体中）都应当与之相一致的那个客体的规定，是唯一对每个人都有效的表象方式。一个鉴赏判断中表象方式在主观上的普遍可传达性，由于应当不以一个确定的概念为前提条件而发生，就不能是别的任何东西，只能是想象力和知性的自由游戏中的心灵状态（只要它们像**一般认识**所要求的那样相互一致），因为我们意识到，这个适合于一般认识的主观关系，必须对每个人都有效，因而是普遍可传达的，正如任何一个确定的认识都是如此，任何确定的认识毕竟总是基于作为主观条件的那种关系的。"①

当然，看起来好像我们以对审美状态的普遍可传达性的这种**说明**又脱离了它独特的领域似的，因为把这种状态与感性个体的惬意和不惬意的情感区别开来，看起来归根结底唯有通过我们又转入逻辑客观化的考察方式的轨道才能达到。如果想象力和知性如此结合，就像一个"一般的认识"所要求的那样，那么，通过这样一种结合，得到说明的宁可是生产性的想象力的**经验性**运用，如《纯粹理性批判》所阐发的那样，而不是其专属**审美**的运用。实际上，按照批判的一个特别在"纯粹知性概念的图型论"一章中得到阐发的基本观点，已经有知性和想象力的一种合作，就连感官知觉的时空联结及其成为经验对象的结合也基于这种合作。这两种功能的相互规定看

---

① 《判断力批判》，第9节（第5卷，第286—287页；中文版第5卷，第225—226页）。

起来由此并未构成任何真正新颖的关系，如同它作为这里出现的新疑难的解释根据会被要求和期待那样。然而要注意的是，在这个地方一个更早的见识仿佛获得了一种新的**强调**。为了理论的表象，与为了审美的表象一样，要求有一种特殊的"认识的统一"；但是，如果为了前者重音和强调在于**认识**这个要素，则为了后者它在于**统一**这个要素。审美的行为叫作"对于**一般**客体的认识来说合目的的"；但是，它正是由此而放弃把客体划分为特别的组群，并通过如在经验性概念中表达的那样的特殊的区分征兆来表示和规定它们。形象的首创统一并不需要这种先行的"论证的"分别。造型自身的自由**过程**在这里并不像我们在科学概念和法则中所坚持的那样被回顾事物的客观**持存**所约束和限制。当然在另一方面，在想象力的这种创造性作用中也不可忽视"知性"的角色，如果人们在这里在一种比仅仅逻辑理论的意义更广的意义上采用知性的概念的话。知性就其最普遍的意义来看，是**不折不扣的设定界限**的能力：它就是使表象的不断活动"定格下来"并帮助这种活动获得某个图像的轮廓的东西。如果这种综合得以确立，如果我们无须绕道经验性思维的概念抽象就达到想象力的运动的一种诸如此类的定位，以至于它不迷入不确定的东西之中，而是凝聚成稳定的"形式"和塑形，那么，就达到了两种功能的和谐互渗，它是康德作为真正的审美行为的一种基本要素所要求的。

现在，知性和直观不再作为某种"完全不同类的东西"相对立，以至于它们必须只是通过一种外来的中介才彼此接近，通过一种人为的图型论才彼此联结，而是真正地相互融合和转化。划界的能力直接在造型和直观自身的进步中起作用，它赋予生机地划分图像的流动中总是同样的序列。在经验性的归摄判断中，正是某个个别的直观被与某个概念相关联，并归属在它下面：例如，我们在面前所看到的盘子的圆形被与圆的几何学概念相关联，并通过它被认识。① 在审美意识中，没有发生任何诸如此类的事情，因为在这里，不是个别的概念和个别的直观相对，而是关涉使知性的**功能**与直观自身的功能协调一致。所要求的"自由游戏"所涉及的并不是表象，而是表象力；不是直观和知性在其中固定下来、仿佛是平静下来的结果，而是它们在其中实现自己的鲜活运动。就此而言，任何诸如此类的表现，在其中不是一个特殊的图像与一个特殊的概念做比较，而是心灵力量的**总体性**才以其真正的完整性显示出来，都直接攫住主体自身的"生命情感"。"审美判断力的批判"一开始就说明，"凭借自己的认识能力（无论是在清晰的表象方式中还是在含混的表象方式中）去把握一座合乎规则的、合乎目的的建筑，这与凭借愉悦的感觉去意识到这个表象是完全不同的。在后者，表象在愉快或者不快的情感的名义下完全是与主体相关，确切地说与主体的生活情感相关：这就建立起一种完全特殊的区分和评判的能力，它对于认识没有丝毫贡献，而是仅仅**把主体中被给予的表象**与主体在其状态的情感中意识到的**全部表象能力相对照**"。② 在经验性理论判断中，对我们在场的个别经验被与经验（现实的经验或者可能的经验）的**体系**相对照，并通过这种比较其客观的真值才得到规定；在审美状态中，个别在场的直观或者在场的印象使感觉和表象的力量的**整体**达到直接的共振。如果说在前者那里，经验和其对象的统一在概念形成的工作中必须一步一步地、一个元素一个元素地建设起来，那么，完成的艺术品则仿佛是一下子就确立起

---

① 参见《纯粹理性批判》，第二版，第176页（第3卷，第141页；中文版第3卷，第128页）。

② 《判断力批判》，第1节（第5卷，第272页；中文版第5卷，第211页）。

情调的那种统一,它对于我们来说就是我们的自我的统一性、具体的生活情感和自我情感的直接表达。

在这种联结于个别性和全体性之间的新关系中,对于康德来说也蕴含着解决应当归于审美判断什么样的**普遍性**形式这个疑难的真正钥匙。至于它自身必须包含着某种普遍性,这对他来说已经通过他在其中接近美学基本问题的联系中确定下来了:在他的先天性概念的建构和深化中,他首先遇到的就是审美判断力的疑难。但同时,这里通常的意识的态度已经为鉴赏判断提出的普遍有效性的**要求**提供了直接的证实。至于关于感性适意者的判断,每个人都满足于它由于建立在一种"私人情感"之上,也局限于他的人格。与此相反,在美者这里情况却截然相反。"如果某人对自己的鉴赏有点自负,想为自己辩护而说'这个对象(我们看到的建筑、那人穿的衣服、我们听到的音乐会、被提交评判的诗)**对我来说**是美的',那就会是可笑的。如果只是他喜欢这东西,他就不必把它称为**美**的。对于他来说,有许多东西具有魅力和适意性,没有人关心这一点;但是,如果他声称某种东西是美的,那么,他就在指望别人有同样的愉悦:他不是仅仅为自己而是为每个人做出判断的,而且在这种情况下谈论美,就好像它是事物的一个属性似的。因而他说:这个**事物**是美的,而且绝不是因为他曾发现别人多次赞同他的判断,就指望别人赞同他的愉悦判断,而是**要求**别人赞同他。如果别人做出不同的判断,他就指责别人,并否认别人有鉴赏,而他毕竟要求别人应当具有鉴赏;就此而言,人们不能说:每一个人都有自己特殊的鉴赏。这会等于是说:根本不存在任何鉴赏,亦即不存在任何能够合法地要求每个人都赞同的审美判断。"① 而尽管如此,审美者的这个

---

① 《判断力批判》,第7节(第5卷,第281页及以下;中文版第5卷,第220页)。

纯粹的**要求值**却不可以像启蒙时代的德国美学可谓普遍地所做的那样（戈特舍德和瑞士人在这点上相一致），与其从纯然概念出发的**可演证性**相混淆。毋宁说，在这个点上的批判任务正是在于认识，一种仍然拒绝由逻辑概念来中介的普遍性如何可能。现在已经表明，通过审美情调和在它里面建立起意识的每次被给予的个别内容与心灵力量的**全体性**的一种直接关系。当然，审美状态仅仅涉及主体及其生活情感，但它并不是在一个个别化的、就此而言偶然的契机中，而是在诸契机的整体性中采用这种情感的。唯有在整体的这种共鸣存在于特殊的、个别的东西之中的地方，我们才处在游戏的自由之中，我们才感受到这种自由。但借助这种感受，我们才仿佛达到对**主体性自身**的完全拥有。如果说到感性知觉，则个别自我没有别的道路把它传达给另一个自我，除非是通过把它移置到**对象性的东西**的领域并在其中规定它。我所看到的颜色，我所听到的声音，被建立为认识主体们的公共财富，因为二者都是扩张的和内敛的量的原理、实体和因果性范畴的运用被变换为可以精确认识和测量的振动的。这种向尺度和数字的改换是科学的客观化的一个条件，但借助它，当然颜色和声音不再作为**自身**而存在：它们的存在在理论意义上化为运动的存在和合法则性。但这样一来，普遍"传达"的方法，如其在理论概念中得到实施那样，在根本上就使要传达的内容消失，并用一种纯然抽象的符号取代之。颜色和声音除了它们作为物理学元素所意味着的东西之外，也是一个感觉着和感受着的主体里面的经历，这个事实就这种规定方式而言完全被排除了。在这个点上，审美意识的疑难就开始了。这种意识所断言的，就是**主体对主体**的一种普遍可传达性，因此，这种普遍可传达性并不需要通过**概念的-客观的东西**，不需要下降到它里面。在美者的现象中，做了不可理解的事情，即就它的观察而言，每个主体在停留在自身中，纯粹地沉入自己的内在状态，而它却同时摆脱了一切偶然的局部性，并作为一个不再属于"这个"或者"那个"的整体情感的载体知道这一点。

只是现在，我们才理解了康德为审美判断的特征所塑造的"主观普遍性"这个表述。"主观普遍性"是主体性自身的一种普遍性的主张和要求。由此，"主观的东西"这个称谓并不用于限制审美的东西的有效**要求**，而是反过来用于称谓这里实施的对有效**领域**的一种扩展。普遍性并不停留在作为个别者的主体面前，因为这些主体怎样真正地能够不仅仅在被动的感性感觉中或者在"病理学的"欲求中得过且过，而是提升到诸表象力量的自由游戏，它们就怎样真正地全都证实同一种本质性的基本功能。这种功能才真正使自我成为自我，在它里面，任何自我都与别的自我类似；因此，它可以在任何别的自我中预设这个自我。艺术家的情感依然是自我情感，但正是在这一点上，它同时是普遍的世界情感和生活情感。当"自己"在审美想象的一个构成物中客观化的时候，它就摆脱了它的个别性；但它个性的、一次性的激动尽管如此并不沉沦入这个构成物中，而是恰恰在后者里面继续存在，并通过后者的中介传达给所有能够对它有纯粹理解的"自己"。这样，主体在这里就处在一个普遍的媒介之中，这个媒介尽管如此却与自然科学的考察将我们置入其中的**物性**媒介是一个完全不同的媒介。是什么把像在描述的自然科学的把握中得出的那样对一处风景的最完整描述与其在绘画或者在抒情诗中的艺术**描绘**区别开来的？不是别的，就是在后者中，对象的所有特征越是鲜明和确定地表现出来，就同时越是比通过绘画或者抒情诗的塑造传达给观察者的一种心灵激动的特征更为强烈。在这里，内在的运动感染对象，只是为了更强烈和更纯粹地又从它返回感觉。

就像自我在审美观察的状态中并不依附于它当时的表象，而是把它按照康德的表述"与全部表象能力相对照"①那样，这里对它显现出一个新的宇宙，它不是客观性的体系，而是主观性的大全。它处在这个大全中，甚至就像所有其他自我的个体性都包含在其中那样。以这种方式，审美意识就解决了悖谬的课题，即确立一个普遍的东西，它不是个性的东西的对立面，而是一个纯粹的相关物，因为它除了在自身，不在任何别的地方找到它的实现和展示。

而这样一来，也就解决了"普遍可传达性"的问题，它毕竟不可以是"普遍可证明性"。由于在审美行为中，判断者就他赋予对象的愉悦而言感觉完全自由，所以他就不能找到任何私人条件来作为他的主体所依赖的愉悦根据，因而必须在他也就任何别的主体而言能够预设的东西中把这视为有根据的；因此，他必须相信有根据要求每个人都有一种相似的愉悦。"于是，他将这样来谈论美者，就好像美是对象的一种性状，而判断是逻辑的（通过客体的概念构成对客体的一种知识的）似的，尽管这判断只是审美的，而且仅仅包含对象的表象与主体的一种关系。这是因为，它毕竟与逻辑判断有相似性，即人们能够在这方面预设它对每个人的有效性。但是，从概念中也不能产生出这种普遍性……这里应当看到，在鉴赏判断中没有假定别的任何东西，只是就愉悦而言无需概念的中介的这样一种**普遍的同意**，因而是一个能够同时被视为对每个人都有效的审美判断的**可能性**。鉴赏判断本身并不**假定**每个人都赞同（因为只有一个逻辑上普遍的判断才由于可以举出理由而这样做）；它只是**要求**每个人都做出这种赞同，作为规则的一个实例，就这实例而言它不是期

---

① 《判断力批判》，第1节（中文版第5卷，第211页）。——译者注

待概念,而是期待别人的赞同来做出证实。"①

因此,沿着一条新的道路,在一个完全异类的系统化联系中,康德现在达到了 18 世纪处在所有审美讨论之中心的基本问题。能够从给定的艺术作品中,从经典的榜样和样板中得出一个为创作规定某些客观界限的**规则**吗?或者在这里占统治地位的仅仅是不受任何外在规范束缚的"想象力的自由"吗?有艺术创作的一个概念上可录下的法则,如果艺术创作不要错过自己的目的就不能脱离它吗?或者在这里一切都任凭天才主体的创造性任性,它从一个未知的出发点达到一个未知的目标?在 18 世纪的审美学说中以各种各样的形式重返的这些问题,在文学批判的领域里通过莱辛达到了一个鲜明清晰的辩证语式。天才和规则之间、想象力和理性之间的斗争——《汉堡剧评》的裁定性阐明教导说——是没有对象的,因为天才的创作虽然不从外部**接受**任何规则,但它就是这种规则自身。在它里面,显露出一种内在的合法则性和合目的性,然而它是无法在具体的、个别的艺术构成物中展现和塑造的。康德毫无疑问与莱辛的这种裁定有联系,但它指引他如今回到这些对于他来说汇聚在精神的自己立法思想中的问题的最大深度和完全普遍性。"天才,"他也这样定义说,"就是给艺术提供规则的才能(自然禀赋)。""因为每一种艺术都以一些规则为前提条件,一个产品如果应当叫作艺术的,要通过这些规则的奠立才被表现为可能的。但是,美的艺术的概念不允许关于其产品的美的判断从某个以一个**概念**为规定根据……的规则中推导出来。因此,美的艺术不能为自己想出它应当据以完成自己的产品的规则。既然没有先行的规则一个产品就绝不能叫作艺术,

---

① 《判断力批判》,第 6、8 节(第 5 卷,第 280、285 页;中文版第 5 卷,第 219、224 页)。

所以，自然就必须在主体中（并通过主体各种能力的相称）给艺术提供规则，也就是说，美的艺术唯有作为天才的产品才是可能的。"①这样，这里就从"情调"的统一产生出构成物的客观统一。天才及其作为就处在最高的个体性和最高的普遍性、自由和必然、纯粹的创造和纯粹的合法则性不可分割地相互渗透的那个点上。它在其作用的每个特征中都是完全"原创的"，尽管如此又是完全"示范性的"。正是在我们处于人格性的真正中心的地方，在这种人格性无需任何外部的意向纯粹地表现自身并在其创作的个性的必然法则中表达自己的地方，在其经验性的特殊存在和其经验性的特殊兴趣中附着于单个人的一切偶然的界限都消失了。在专心致志于这个彻头彻尾个人的领域时，天才发现了"普遍可传达性"的秘密和力量，而且每一件伟大的艺术品所展示的，无非就是这种基本力量的客观化。一个绝不同样重复的时间上一次性的心灵过程，最独有的"主观"情感如何尽管如此却同时下达直到纯粹有效性和无时间的必然性的最深领域？对此天才的作品提供了完全无与伦比的证据。而且传达的这种最高形式同时就是供天才支配的唯一形式。在它试图不同于在作品的直接塑形时那样对我们说话的地方，它已经脱离了它所植根于其中的地基。因此，它作为"自然禀赋"所是和意味着的东西，不能归为一个普遍的公式，并以这种方式作为规定提出，而是规则如果存在的话，就必须从事实，也就是说从用作典范、不是仿造而是模仿的典范的产品抽出来。即便在这一点上，莱辛的命题，即一个天才只能被另一个天才点燃，也被康德所接受。"艺术家的理念激起他的学徒的类似的理念，如果自然给这个学徒配备上心灵力量的

---

① 《判断力批判》，第46节（第5卷，第382页；中文版第5卷，第320—321页）。

一种类似比例的话。"这个"比例"就是在天才的创作中意味着真正的生产动机的比例。而根据这个方面，艺术创造性也与科学创造性区别开来。康德的话，即在科学中不可能有天才，[①] 唯有在人们想到对他来说在这整个阐明中仅仅关涉文化领域的**意义差异**，而不关涉个人的**心理学差异**的情况下，才能正确地予以评价。是不是对于科学发明者来说，也能够适用"一例为千"，是不是即便在这里，除了对个别的东西的推理比较之外，一种对整体的直觉预见也是可能和有效的。这是在这个地方不应当规定任何东西的问题。决定性的区别只是在于，要被视为科学见识的一切，只要应当是**被传达的**和**有根据的**，对此除了客观概念和客观推理的形式之外，不具有任何别的形式。如果结果的实际性应当得到保证，则创造者的人格性就必然遭到抹煞。唯独在大艺术家心中，这种分离并不存在，因为他所给出的一切，都只是通过他所是才获得其真正和最高的价值。他并不是在此后作为一种被偿付的实际价值独自继续存在的某种成就上外化自己，而是在每个特殊的作品上都仅仅创造在其"自然"中、在"其心灵力量的比例"中给出的那种独一无二的基本关系的一种新的象征性的表达。

历史地看，关于天才的这种康德学说意味着在两个不同的精神世界之间实施的一种中介：它与启蒙时代的基本观点还共有一种规定性的主题，而它另一方面使得启蒙哲学的概念图型从内部解体。康德的天才学说成为天才概念的所有那些浪漫主义思辨完善的历史出发点，在其中创造性的审美想象力被归于一种彻头彻尾的生产世界和生产现实的意义。谢林的理智直观就是先验基本能力的学说、

[①] 参见《判断力批判》，第47节（第5卷，第383—384页；中文版第5卷，第323—324页）。

弗里德里希·施莱格尔的自我学说和"冷嘲"学说的发展所遵循的途径。然而，把康德自己的理解与所有这些尝试一劳永逸地分别开来的，是他的先天性概念的形式和倾向。至于他的先天主义是**批判的**先天主义，这一点也表现在，先天在这里并不引回到意识的一种唯一的形而上学基本力量，而是它被保持在它的特殊运用的严格**分别**中。这样，"理性"概念如18世纪阐发的那样，对于康德来说扩展成为更深刻的意识"自发性"概念；但是，这个概念对他来说并不穷尽在还如此完成的**个别**意识成就和意识活动中。因此，想象的审美自发性在这里不能像在浪漫主义里那样成为最终的基本原则和统一原则，因为根本的意图乃是指向把它严格确定地与判断的逻辑自发性和意志的伦理自发性分别开来。康德所提出并且只是在《判断力批判》中才获得其最重要的补充和其真正的完成的"主观性"程度和"客观性"程度的整个刻度尺，就是首先服务于这个课题的。自然法则的存在、道德法则的应当，都不可以蒙受想象力的游戏；但另一方面，这种游戏拥有一个独特的自治领域，任何概念的要求和任何道德的命令都不可以干预这个领域。

把天才概念限制在艺术上，其具有的根本意义就在于，它有助于这种思想得到其清晰的表达。"美的科学"的概念在18世纪下半叶获得了一种危险的意义和传播。更为严谨和深刻的思想家如兰贝特——他在1765年致康德的一封信中有过这方面的表述①——不知疲倦地相对于它坚决要求作为一切科学认识之基础的精确概念定义；但在大众哲学中，领域的混淆依然是具有特色的标志。青年莱辛曾针对这种时代潮流和时尚潮流评论说，真正的"*beaux esprits*〔才

---

① 参见兰贝特1765年11月13日致康德的信（第9卷，第42页）。

子]"通常就是真正肤浅的人。在这里,康德关于天才的学说划出了清晰的界限。无论科学伟人会发明什么,他毕竟并不因此而被称为天才:"因为恰好这一点也是**能够**学来的,因而是处在按照规则进行研究和沉思的自然道路之上的,并且与通过勤奋凭借模仿就能够获得的东西没有类的区别。""所以,人们完全能够学会**牛顿**在其《**自然哲学原理**》这部不朽的著作中所讲述的一切,哪怕发明出这类东西需要一个伟大的头脑;但是,人们却不能学会富有灵气地作诗,哪怕诗艺的一切规范是如此详细,它的典范是如此优秀。原因在于,牛顿可以把它从几何学的最初要素直到他的伟大而深刻的发明所应当采取的一切步骤,都不仅仅向他自己而且向每个他人完全直观地并为了追随而确定地示范出来;但没有一个**荷马**或者**维兰德**能够指出,其头脑中那些富有幻想而又毕竟同时思想丰富的理念是如何产生出来并汇聚到一起的,这是因为他自己也不知道这一点,因而也不能把它教给任何他人。因此在科学中,最伟大的发明者与最辛劳的模仿者和学徒都只有程度上的区别,与此相反,他与自然使其有美的艺术天赋的人却有类的区别。"① 这种关于艺术天才的"无意识的"创作的观点,在它不那么包含与理论论证的对立而毋宁说包含与欲求和行动的"意图"对立的地方,就变得更为重要了。即便在这一特征上,康德的学说也超出了哲学体系性,触及了时代的根本文化疑难。在鲍姆嘉登的包含着使美学成为独立科学的最初塑形的学说中,美者的概念隶从于完美者的概念。一切美都是完美,然而是一种并非在纯粹的概念中被认识,而是在感性直观的图像中仅仅间接地领会的美。整个德国学院派哲学都是受这种由门德尔松继续

---

① 《判断力批判》,第47节(第5卷,第383—384页;中文版第5卷,第322页)。

发展并置于一个普遍的形而上学基础之上的观点所统治；而除此之外，它进一步影响到艺术创作的圈子。席勒的《艺术家》还稍多一些表现为对鲍姆嘉登的理念的一种诗性描述和阐述。康德的批判也在这个点上构成一种清晰的历史界标。他在艺术品中发现得到实现的"无目的的合目的性"既排斥庸俗的用途概念，也排斥理想的完美概念。所有的完美概念都预设一个客观的标准，艺术品被与它相关联和与它比较；而设想一个形式的**客观的**合目的性却没有目的，亦即设想一种**完善性**的纯然形式（没有任何质料和关于与之协调一致的东西的**概念**），这会是一个真正的矛盾。① 这样，正是伦理学的严峻主义者康德，在美学的奠基中率先与占统治地位的道德理性主义决裂。但是，这里没有任何悖谬，而毋宁说是对他的伦理基本观点自身的必要补充和精确证实。就像他把应当置于纯粹的**理性概念**之上，并试图使任何对"道德情感"、对"主观的"感觉和好感的援引都远离它一样，在另一方面，应当抓紧情感的**审美**方面，并且不把它出卖给逻辑概念和道德概念。至于愉快和不快被从伦理学的论证中排除掉，这就像已经表明的那样，对它来说并不意味着无条件的抛弃，而是敞开通向一种新的客观化的道路，并使得它所能够有的"普遍性"的另一种特殊形式成为可能。这样，对伦理学的功利主义和享乐主义的克服为艺术的自己立法和自身目的的思想开辟了道路。对自然和艺术的美者的"无兴趣的愉悦"的概念纯粹在内容上看，并不表现美学发展中的一种全新的倾向。它已经出现在普罗提诺那里，并且在近代通过莎夫茨伯利、门德尔松和卡尔·菲利普·莫里茨在其《论美者的造型模仿》中独立地继续发展。但只有

---

① 《判断力批判》，第15节（第5卷，第296—297页；中文版第5卷，第236页）。

通过它在康德的学说中获得的**系统**地位,才能够展开自己的真正意义,才能够针对启蒙哲学和启蒙诗学仍然建立关于精神事物自身的本质和起源的一个新概念。

但是,康德是在他的审美判断力批判的第二章,在"**崇高者的分析论**"中才达到他的伦理基本原则和他的审美基本原则的最高综合的。在崇高者自身的概念中,审美兴趣和伦理兴趣达成一种新的联结,而在这里,同时两种观点的分离表现得更为必要。在以此为目的的阐明中,康德又运动在他真正的、真正属于他个人的地基上。在"美者的分析论"中,人们经过概念展开的所有清晰和精致,只要研究离开纯粹原则的领域并转向具体的运用,毕竟还总是觉察到某种陌生:大量艺术的个别直观对于康德来说失去效力。与此相反,"崇高者的分析论"表现出康德精神的所有元素和所有那些对于人和作家来说标志性的属性,在真正的完成中和最顺利的相互渗透中。在这里,有纯粹的概念分析的尖锐与构成康德人格性的核心的道德激情相结合;在这里,有康德已经在前批判的《关于美感和崇高感的考察》中证实的对心理学细节的观察与他从此以后对意识的整体获得的全面"先验的"综览相结合。人们如果回顾在美者现象中意识的基本能力之间所建立的那种独特关系,就能够极为清晰地意识到崇高者的疑难在批评美学的整个体系内部所占有的地位。这种现象应当产生自"想象力"和"知性"的一种自由游戏,但"知性"在这里并不意味着逻辑把握和判断的能力,而是彻头彻尾划界的能力。正是它,干预想象力的运动,并让一个完成的形象从想象力产生。①但由此马上产生一个新的问题。划界构成一般审美者的一个根

---

① 参见上文(边码)第 336—337 页。

本元素——或者，岂不毋宁说恰恰是**未被划界者**表示这种独特的审美价值吗？岂不恰恰是未完成者，甚至不可完成者的思想也在自己这方面包含着一种具有奠基性审美意义的元素吗？崇高者的概念给出对这个问题的回答，因为崇高的印象实际上在我们面对一个完全超出我们的把握能力的所有手段，因而我们无论在直观中还是在概念中都不能概括成一个完成的整体的对象的地方处处产生。我们把绝对大的东西称为"崇高的"，无论是关涉纯然广延的大小还是关涉力量，关涉"数学的"还是"力学的"崇高。但是，在客体自身中，不可能存在一种诸如此类的关系，因为所有客观的大小测量和大小估算都无非是大小比较，此时依被奠定为基础的尺度来看同样的内容时而被称为小，时而被称为大，而且由此大小自身总只是被当作一种思想关系的表述，不被当作一个绝对的量，当作一个仿佛不变的审美"本质"。然而，如果尺度从"客体"移入"主体"，如果不再在一个个别的空间给定的事物中，而是在**意识功能**的大全中寻找它，后一种规定就将出现。如果现在有一种"不可测度的东西"与这种大全相对立，那么，我们就不再面对一种纯然的**数字**无终点性，它归根结底无非意味着计数程序的任意可重复性，而是从划界的取消中为我们得出意识的一种新的积极**规定**。

这样，对于理论考察来说，一旦其试图将之领会为一个被给予的整体，就蒸发为一个辩证理念的无限者，在这里达到一种被感觉到的整体性和真实性。现在，康德的真正解说就是："**与之相比别的一切都是小的，这种东西就是崇高的**。这里很容易看出，在自然中不可能给出任何东西，即便被我们评判得如此之大，也不会在另一种关系中看时被贬低到无限小的东西；而反过来，也没有任何东西如此之小，不会在与更小的尺度相比时对于我们的想象力来说被扩展到一个世界的大小。望远镜对前者的说明,显微镜对后者的说明,都给我们提供了丰富的材料。因此,没有任何能够是感官的对象的东西,立足于此来看可以被称为崇高的。但正因为在我们的想象力中有一种无限前进的努力,在我们的理性中却有一种对绝对的总体性亦即对一个真实的理念的要求,所以甚至我们对感官世界的事物做出大小估量的能力对于这个理念的不适应性,也在我们心中唤醒着一种超感性能力的情感;而且,是判断力为了后者(情感)起见自然而然地在某些对象上的应用而非感官的对象是绝对地大的,但与这种应用相比任何别的应用都是小的。因此,是因某种使反思性的判断力活动起来的表象而来的精神情调而非客体应当被称为崇高的……**哪怕只是能够设想地表明心灵有一种超越感官尺度的能力的东西,就是崇高的"**。①

只有以这种方式崇高者的根据被从对象移入"精神情调"时,在它被发现不是存在的一种质而是考察的一种质时,它才真正地被提升入审美反思的领域。但是,这个领域在这里不再像在对美者的考察中那样与知性和直观的领域接壤,而是与理性理念及其超感性意义接壤。如果在对美者的评判中想象力被编织进与"知性"的一种自由游戏中,那么,它在对一个事物是一个崇高的事物的评判中与理性相关联,以便产生出一种心灵情调,"这种情调是与确定的理念……对情感的影响所会造成的那种心灵情调是相称的,也是能够与之共容的"。②但是,对于康德来说,所有理性规定最终都化为同一个**自由**思想:这样,这种思想也就是处处作为我们的崇高者范畴

---

① 《判断力批判》,第25节(第5卷,第321—322页;中文版第5卷,第259—260页)。

② 《判断力批判》,第26节(第5卷,第327页;中文版第5卷,第266页)。

运用之基础的思想。唯有通过一种独特的偷换概念，真正说来属于我们自己和我们的理知任务之情感的东西，才转变成自然被给予的事物的一个谓词。当然，在更深刻的分析和自我规定面前，这种幻相必然立刻消失。"谁会愿意把不成形的、乱七八糟地堆积起来的山峦以及它们的那些冰峰，或者阴沉沉的汹涌大海等称为崇高的呢？但是，心灵在他自己的评判中感到被提高了，如果它在观看它们的时候不考虑它们的形式而委身于想象力，并委身于一种尽管完全没有确定的目的而与之相结合、只是扩展着那个想象力的理性，却发现想象力的全部威力仍然不适合于理性的理念的话……以这样的方式，自然在我们的审美判断中被评判为崇高的，并非就其是激起畏惧的而言的，而是因为它在我们心中唤起了我们的力量（这力量不是本性），为的是把我们所操心的东西（财产、健康和生命）看作是渺小的，因而把自然对于我们和我们的人格性的威力（我们就上述东西而言当然是屈服于这种威力的）尽管如此也不视为这样一种强制力，这种强制力，假如事情取决于我们的最高原理以及对它们的主张和放弃的话，我们本来是不得不屈从于它的。因此，自然在这里叫作崇高的，只是因为它把想象力提高到对如下场合的展示，在这样一些场合中，心灵能够使它自己超越于自然之上的使命本身的特有崇高成为它自己可以感到的。"①

当然，更尖锐地看，崇高者疑难的批判答案同时包含着一个新的批判问题，因为通过崇高者与自我立法和自由人格性的关系，它似乎在脱离自然的时候，完全陷入了**道德事物**的领域。但是，它的独特**审美**性质和它的独立审美价值会在前一种场合与后一种场合一

---

① 《判断力批判》，第26、28节（第5卷，第327—328、333—334页）；中文版第5卷，第266、272页）。

样被取缔。实际上，就连关于康德分析的阐述也立刻表示，我们在这里多么接近这种危险。崇高者的心理学把我们带回到**敬重**那种基本情绪，我们已经把它认作道德法则的意识对我们展现自己的普遍形式。在崇高者现象中，我们又认识到愉快和不快、冲突和自愿屈服的那种掺杂，它构成了敬重情感的真正特性。在它里面，我们同时感到作为物理的-有限的主体，被对象的大小所压迫，就像我们另一方面通过发现这种大小植根于我们的理知任务的意识和我们的理念能力而感到被提升到一切有限的和有条件的存在之上一样。但是，当崇高者建立在同样的基本情感如一般的道德情感之上时，我们似乎由此也已经逾越了"无兴趣的愉悦"的领域，跨入了**意志**的领域。唯有通过我们认识到，我们在崇高者里面把我们自己的一种规定思维成自然对象的一种规定的那种"偷换概念"即便在它被认识为这样一种偷换概念的情况下也未消失，这里的困难才能够被取消。我们的直观，唯有在它不自在自为地而是仿佛通过自然直观的媒介看到我们的精神能力的自我规定时，在它在"内"中反思"外"并在外中反思内时，才依然是审美的。对于我们来说，就像一般审美考察的本质一样，那种在崇高者里面发现自己表达的考察的本质也在于自我和世界、自我情感和自然情感的这样一种相互反映。在这里，表现出给自然**赋予灵魂**的一种形式，它最终就像也在美者的显象中象征性地呈现自己那样，超出自然的形象——而毕竟在另一方面总是又返回自然的形象，因为它唯有在这种对立中才能够领会自己。只是在这里面，此前是一个纯然**思想**的自然无限性获得了其具体的被感觉的真理性，因为它是在自我无限性的反光中被看到的。

出自《判断力批判》导论的命题，即在它里面应当证明"作为自然之基础的超感性东西与自由概念实践上所包含的东西的**统一性**

的某种根据",只有现在才获得其完全确定的意义。而且人们从现在开始也就理解,为什么这里立刻附上这样的限制,即表示这种统一的概念既没有在理论上也没有在实践上达到对这种统一的一种**认识**,因而不拥有特有的领域,而是仅仅使按照一方的原则的思维方式向按照另一方的原则的思维方式的过渡成为可能。①"超感性的根据"的统一何以能够如此分裂,以至于它时而在自然的显象中,时而在自由和道德法则的图像下展现给我们,对此,我们就连一种猜测也未被允许,遑论一种理论的"解说"了。但是,尽管我们拒绝对此的一切思辨,却毕竟总是存有一种不可清除的**现象**,在它里面对自然的考察和对自由的考察达成一种全新的彼此关系。这种现象就是艺术理解的现象。任何真正的艺术品都是完全感性地确定的,而且似乎除了坚守在感性的东西的圈子里面,不能要求任何别的东西。它包含着出自一种纯粹具体的和个人的生活的一个片段;尽管如此却返回到一种深度,在其中自我情感同时表明为大全情感。这在概念上来看,可以叫作一个奇迹,但在所有最高的艺术创造中(人们只需要想一想歌德抒情诗的最高成果),这种奇迹都真正得以实现,以至于它的"可能性"的问题必须默不作声。在这方面——但也仅仅在这方面——无须我们把艺术的事实化为抽象的苦思冥想,它就指示着"感性的东西"和"理知的东西"、自然和自由的一种统一;甚至它就是这种统一自身的表达和直接保障。我们在这里达到超感性的东西的思想,其道路就完全出自普遍的批判准绳,因为我们不是从超感性的东西的"本质"开始,以便此后分解成它的个别表现,而是它的**理念**对我们产生,是在我们把在意识中被给予的基本方向

---

① 参见《判断力批判》导论,二(第5卷,第244页;中文版第5卷,第185页)。

结合起来，并使它们在一个"虚构的像点"中，在可能经验彼岸的一个点中相切。

尽管如此，关于自然和自由的"超感性基底"的学说也并不指向一个**元始物**，而是指向**精神的东西的元始功能**，它在一种新的意义上、新的深度上，在审美的东西中显露在我们面前。任何真正的审美判断都要求的"普遍可传达性"给我们指向一种基本联系，主体自身不取决于它们偶然的个体差异，就属于这种基本联系，并因此在它里面展现出来的不那么是对象的理知根据，毋宁说是人性的理知根据。"这就是，"康德这样结束这番阐明，"鉴赏所眺望的**理知的东西**，因为甚至我们的高级认识能力就是为此而协调一致的，而没有这种东西，在这些能力的本性之间与鉴赏所提出的要求相比所产生的就会全然是矛盾了。在这种能力中，判断力并不认为自己像通常在经验性的评判中那样服从经验法则的一种他律：判断力就一种如此纯粹的愉悦的对象而言自己给自己立法，正如理性就欲求能力而言所做的那样；而且它认为自己既由于主体中的这种内在的可能性，又由于一个与此协调一致的自然的外在可能性，而与主体本身中和主体之外的某种既不是自然也不是自由，却和自由的根据亦即超感性东西联结在一起的东西相关，在这超感性东西中理论能力与实践能力以共同的和不为人知的方式结合成统一体。"① 这种"不为人知的方式"至少就我们能够确定地描述结合所基于的上位概念而言是为人所知的。又是自律概念、精神的自我立法概念，表现为康德体系的中心。由于这个概念在审美的东西中经历了一种新的证实和一种新的澄清，所以我们被它也导向了"理知的东西"的一个更

---

① 《判断力批判》，第 59 节（中文版第 5 卷，第 368 页）。——译者注

深层次。从纯粹知性及其普遍法则的自律中产生的是作为科学经验之对象的自然——从道德事物的自律中产生的是理性的自由和自我规定的思想。但二者并非孤立存在，而是必然地彼此相关：自由的世界**应当**对自然的世界有影响，应当在人和事物的经验性世界贯彻它的要求。因此，自然必须至少也能够这样来设想，即"它的形式的合法则性至少与要在它里面造就的目的按照自由法则的可能性相协调"。对于实际上这样设想它的任何尝试来说，在纯粹理论领域里毕竟总是又有因果性和自由的二论背反与之对立。无论我们在这里能走多远，我们归根结底毕竟始终又面临着在作为感性东西的自然概念领域和作为超感性东西的自由概念领域之间强化了的明显鸿沟。① 唯有艺术观点才在这里给我们指出了一条新的道路。如果自然和自由的**客观**协调一致依然是一个永远不能完成的任务，如果二者的导线只是在无限者里面才相切，那么，它们的完全**主观**统一却是已经在具体的意识自身的领域内，在艺术情感和艺术创作中实现了。在这里，在心灵力量的自由游戏中，自然如此对我们显现，就好像它是自由的一个作品，就好像它是按照一种它固有的合目的性塑形和从内部出发形成的似的；而另一方面，自由创作的东西、艺术天才的作品却使我们感觉如同一种必然的东西，就此而言如同自然的一种构成物。这样，我们就把按照其纯然存在乃是分离并且必然保持分离的东西联结成一种新的**考察**方式，它的独特内容当然只有在我们反对把它改造成为对现实的东西的理论**认识**的一种独立方式时才对我们依然存在。鉴赏判断指给我们的"超感性的基底"由此就不是从显象就其是客观的自然现象而言以某种方式在概念上展现出

---

① 参见《判断力批判》导论，二（第5卷，第244页；中文版第5卷，第185页）。

来的，而是它在意识自身的一种独一无二的做法中有其直接的保障，这种做法同样清晰地、具有特色地既与概念认识和法则认识的做法有别，也与纯粹的意志规定的做法有别。当然，一旦这种做法明白无误地在主体中确定下来，这个结果就也反作用于客观现实性的画面。心灵力量的和谐游戏就是给予自然自身以**生命**内容的东西：审美判断力就过渡到目的论判断力。

五

《判断力批判》迄今的结果可以概括如下：目的概念从现在起经历了与康德的"思维方式的革命"相适应的改造。目的不是在事物中和事物背后一种客观地起作用的自然力量，而是一个精神的联结原则，它把我们的评判带到显象的整体性。无论是在"形式的合目的性"的思想中，还是在"审美的合目的性"的思想中，它都对我们表现为这样一个原则。我们是在自然成为特殊法则和特殊自然形式的一个体系的划分中遇到"形式的合目的性"的，但是，它对于批判的研究来说，却并不那么构成显象自身的一个新要素，而毋宁说构成显象与我们的**知性**的要求的一种协调一致。审美塑形同样直接被置入现实自身，但它被领会得越深入和纯粹，在它里面也就越清晰地表现出，它置于我们面前的存在统一性无非要是和能是我们在自己里面经验到的"情调"和情感的统一性。但现在产生了问题：目的思想的这些表述是否穷尽了它的运用领域的整体？岂不是有一种考察方式，在它里面目的并不仅仅表达被给予的显象与"观察者"的一种关系，而是可以被视为显象自身的一个客观必然的要素？而倘若存在着这样一种考察方式，它是什么样的，以及可以如何论证

第六章 判断力批判

和辩护它？

合目的性的思想有别于所有其他范畴，乃是由于通过它，在它出现的所有地方，都断定了"杂多之统一"的一种新方式，一个被塑形的整体与它的个别分要素和分条件的一种新关系。这样，在形式的合目的性的概念中，特殊自然法则的总和被这样设想，即它不表示一个纯然的集合体，而是表示一个自身按照某个规则"特殊化"的体系；这样，在审美情感中，就被揭示意识及其力量的一种总体性，它先于意识成为个别化的、相互对立的"能力"的一切分解，并是其基础。因此，在这两种考察方式的每一种里面，所关涉的整体都被这样看，就好像它不是由其各部分复合而成，而它自己是各部分的起源，是其具体的规定性的根据似的。但这个整体自身在这里最初具有纯粹观念的本性：它是我们的反思发现自己被迫用于客体的预设和要求，但我们的反思并不直接干预这些客体的塑形并与其不可分割地融合。然而，有一个事实和疑难的领域，在它里面也实施着这种独特的过渡，由此似乎我们遇到的目的不是作为纯然的主观考察原则，而是作为自然自身的构成物和内容。在我们不是把自然设想为从普遍的东西直到特殊和个别的东西逐级划分的机械因果法则的总和的地方，而是在我们把它理解为**生命形式**的一个整体的地方，到处都发生过这个步骤。这恰恰表示生命的概念：在它里面假定了一种效应，它不是从多到一，而是从一到多，不是从部分到整体，而是从整体到部分。一个自然事件，如果我们不是把它设想成一个接着另一个的不同类的个别性的纯然流动，而是如果所有这些特殊性对我们来说都是一个事件和一个在它们里面只是以杂多的形态显示的"本质"的表达，那就对我们成为生命过程。

朝着这样一种与相对同样有效的事件的纯然滚动有别的本质统

358

一性的方向,就是对我们来说构成"发展"的性质的东西。在有真正的发展的地方,不是一个整体由各部分构成,而是它已经作为给予方向的原则包含在各部分之中。不是时间的前和后的千篇一律的整齐步伐,其中每一个先行的元素都被当下的元素吞噬,仿佛是在后者身上丧失了自己的存在,我们在生命的显象中思维的是个别元素的相互啮合,以至于过去的东西保存在当下的东西中,并且在二者里面,已经有向着未来塑形的倾向在生效且清晰可见了。联系的这种方式就是我们传统上用有机体的概念表示的东西。在有机体里面,按照亚里士多德已经对它给出的解说,整体在各部分之前,因为整体不是通过各部分,而是各部分唯有通过整体才可能。特殊的生命阶段是从它所属的生命表现之整体性中获得其解释的;它被理解,不是就我们把它当作因果条件从发生中提取出来而言,而是就我们把它视为一个"为"那个整体性而存在的"手段"而言。"在这样一个自然产品中,每一个部分,就像它唯有通过其余一切部分才存在一样,也被设想成为了其他部分以及整体而实存的,也就是被设想成工具(器官)。但这是不够的(因为它也可以是艺术的工具……);而是作为一个产生其他各部分(因而每一部分都交替产生别的部分)的器官,这类器官不可能是艺术的工具,而只能是为工具(甚至为艺术的工具)提供一切材料的自然的工具:而只有这样,并且因为这一点,这样一个产品作为有机的和自己使自己有机化的存在者,才能被称为一个自然目的。"① 因此,当现在目的的思想不是与我们的认识力量和心灵力量的关系相关,而是仿佛被直接具体和对象性地直观时,就产生了有机体的思想:"作为自然目的的事物是

---

① 《判断力批判》,第65节(第5卷,第451—452页;中文版第25卷,第388页)。

有机化了的存在者。"

尽管如此，这种纯粹对象性的理解也不可以诱人得出一种误解。我们在这里并不处身于一种自然形而上学，而是处身于一种判断力批判。由此，并非是这一点构成了问题，即是否自然在它的一些产品中合目的地行事，是否它的创造活动由一个它自己自觉或者不自觉的意图来引导，而是是否我们的评判被迫设定和假设一个独特的"事物形式"，它与抽象力学的物体的事物形式有别，并且超越了后者。而且在这里，在先验方法论的意义上首先必须确定，这种设定，无论关于其**权利**的最终裁定怎样说，作为纯粹的**事实**是不可否认的。我们不能从我们对自然的理解中抹去有机生命的思想，就像我们在我们对精神存在的理解中不能忽视意志的事实或者审美直观和塑形的事实一样。两种作用方式——一种机械因果的和一种内在合目的——的区分属于我们必须按照我们认识的条件来勾画的自然自身的图像；就此而言，无论我们如何回答形而上学的问题，它都表示认识**意识**的一种要求其承认和解说的持存。在一个钟表里面呈现给我们的发生和在一个有生命的物体里面呈现给我们的发生之间的对立在现象上并且作为现象是可以直接证明的。"在一块表里，一个部分是其他部分的运动工具，但不是说一个齿轮就是产生另一个齿轮的作用因；一个部分虽然是为了另一个部分的，但不是通过另一个部分而存在的……因此，在这块表中也不是一个齿轮产生另一个齿轮，更不是一块表产生其他表，以至于它为此利用别的物质（使它有机化）；所以，它也不自行补上从它那里偷走的部分，或者通过其他部分的加入来补偿它最初形成时的缺陷，或者当它陷入无序时自己修复自己。与此相反，这一切我们都可以期待于有机的自然。因此，一个有机的存在者不只是机器，因为机器仅仅具有**运动的**力量；

360

相反，有机的存在者在自身中具有**形成的**力量，确切地说是这样一种力量，它把这种力量传递给那些不具有这种力量的物质……因此，这是一种自己繁衍的形成力量，它是不能仅仅通过运动能力（机械作用）来解释的。"这样，首先，一棵树按照已知的自然法则生出另一棵树，并由此按照类来说又自己产生出自己；但其次，倘若它不断地增多和更新它的个别部分，它也作为**个体**产生自己。如果我们习以为常地把这后一种作用称为"生长"，那么，仍然要坚持的是，它与任何别的按照纯然力学的法则的大小增加完全有别：生长给自己添加的物质，由它加工成为一种类别独特的性状，因而是它的种的新形成和继续形成，不是它的质和量的一种纯然的增多。① 因此，通过纯粹知性的原理，通过实体性、因果性和交互作用仅仅被规定为大小的自然对象，在这里第一次获得了一种它特有的、把它与所有构成物区别开来的**质**，然而这种质并不那么是它的存在的属性，而毋宁说是它的**生成**的一种属性，并且表示的正是这种生成的个体**方向**。

这样，自然的个别显象就在这里获得了一种新的重要性，这种重要性是它们自己的内容的丰富和深化，与对在它们自身之外设置的一个异在目的的考虑毫无关系。因为与在美学的奠基中一样，这里要重新严格和完备地贯彻"无目的的合目的性"的思想。当康德在这个点上又与他的时代自觉对立的时候，这个任务就表现得更为迫切了。启蒙时代的整个目的论都以合目的性思想与平常的**有用性**思想的普遍混淆为特征。莱布尼茨的目的概念的更深刻要素在沃尔夫那里已经软化为一种平淡的有用性考察和有用性算计。神义论的

---

① 《判断力批判》，第 64、65 节（第 5 卷，第 448 页及以下；中文版第 5 卷，第 385 页及以下）。

普遍形而上学思想在这里已经迷失在那种狭隘的、学究式的细枝末节中，它在世界布局的每个个别特征中察觉人的利益，并由此察觉创造者的智慧和美善。甚至阳光在沃尔夫那里也落入一种诸如此类的目的论"辩护"。"昼光，"他有一次这样评论说，"对我们大有裨益，因为在昼光下，我们能够舒舒服服地办理我们的事务，而它们在晚上有时根本不可能，或者毕竟至少是不那么舒服地且要有一些耗费地来办理的。"① 在德国文学中，布洛克斯成了这种理解和思维方向的诗人，但青年康德就已经——无论自《一般自然史与天体理论》以来自然目的论的疑难怎样使他思考和迷恋——以轻松愉快的、深思熟虑的嘲讽来对待这种理解和思维方向了。他在这里喜欢援引伏尔泰的俏皮话，即上帝给予我们鼻子，肯定只是为了我们能够把眼镜架在上面。②《判断力批判》返回到这位权威人士，未提名字；但它同样清晰和确定地克服了伏尔泰的自然神论的正面基本观点。世界不再被视为一块在隐秘的属神"钟表匠"那里找到其最终解说的机械钟表，因为宇宙论的上帝证明的形而上学形式与目的论证明的形而上学形式一样被认为是失效的。进一步，如果要说自然的一种合目的性，那么，这就不能意味着指示它所依赖的一个外在的超验根据，而只能意味着指示它自己的内在结构。这个结构是合目的的——这是就这里对人或者任何别的造物的**相对**合目的性与除了显象自身及其各部分的结构不要求任何别的比较点的**内在**合目的性依然被清晰区分而言的。至于前一种，即相对的合目的性，直截了当地清晰的是，对于它的证明在任何情况下都依然是成问题的。假设我们已经证明，自然的一个个别显象或者作为整体的自然为另外的

---

① 参见克莱默：《十八世纪哲学和文学中的神义论》，柏林，1909年，第95页。
② 参见第2卷，第138页；中文版第2卷，第137页。

东西的缘故是必要的并且在目的论上被要求的：什么为我们保证这另外的东西自身的必要性呢？如果我们要把它称为**自身目的**，我们就会由此引进一个全新的、在这个地方不被允许和不可使用的尺度。一个作为自身目的的某物的概念如康德伦理学的奠基所指出，并不属于自然的领域，而是属于自由的领域。如果我们停留在自然这里，那么就相反，从相对性的圈子中没有脱逃。"人们由此很容易看出，外在的合目的性（一个事物对其他事物的有益性）唯有在该事物或近或远地对之有益的那个事物的实存独自就是自然目的的条件下，才能被视为一个外在的自然目的。但是，既然那一点从来也不是能够通过纯然的自然考察来澄清的，所以得出：相对的合目的性尽管以假说的方式对自然目的给出指示，却仍然不给人以权利做出任何绝对的目的论判断。"① 这样，自身目的的思想，作为**自身价值**，就在其严格的意义上依然限制在道德事物的领域，限制在意志**主体**的思想上；但是，在客观存在的领域里，它在有机体的显象中（像此前在艺术品的显象中那样）拥有一个**象征**的对影。有机体的所有部分都像是指向一个唯一的中心，但这个中心却静待在自身之中，仿佛是仅仅还与自己相关。有机体的持存和个体形式相互渗透：一个似乎只是为了另一个的缘故才存在。

但是在这里，相对于审美考察的整体，马上产生了一个新的问题。在自然美的概念和自然法则性的概念之间，不能出现任何冲突，因为二者为自己要求的生效是完全不同类型的。审美意识造就它自己的世界，并使它超越一切冲突，超越与经验性"现实"的一切混淆，因为审美意识是把它作为"游戏"和"幻相"的世界来确立的。

---

① 《判断力批判》，第63节（第5卷，第446页；中文版第5卷，第383页）。

第六章 判断力批判

但对于我们关于自然及其构成物做出的目的论判断来说,这个出路失效了,因为它与经验判断和认识判断拥有同一个对象。但对于批判哲学家来说,自然究竟还能够意味着与在空间和时间的形式中,在关于大小和实在、关于因果性和交互作用的范畴中展示出来并穷尽于这些形式的整体性之中的经验对象不同的某种东西吗?关于经验客体的这种规定——看起来——既难以有所减免,也难以有所增添。如果现在目的的思想出来,提出纠正和补充因果性的思想,这说的是什么呢?我们想一想,因果性的原理在批判的意义上无非意味着显象的时间序列客观化的必不可少的手段。不是从现象的前后相继读出它们的因果联结,而是反过来,唯有通过我们把原因与结果、条件和有条件者的概念运用于被给予的知觉序列,其要素的客观时间秩序才能够得到清晰的规定。[①] 人们如果坚持这种结果,就将马上认识到,不存在使自然的某个特殊领域成为因果性原则无所不包的效力之例外的可能性。因为一旦发生这件事,它就会由此也被从唯一的客观时间秩序中移除,它就会不再是该词经验性意义上的"发生"。因此,我们赋予有机体的发展越真实地是并要保持是这样一种发生,它就必须也越真实地被设想为不受限制地服从因果联结的基本法则。在一个发展序列中出现的任何特殊的塑形,都必须能够从先行的塑形中、从周围环境的条件中得到解释。通过一个尚未被给予的和未来的东西对当下被给予的东西的一切规定,在这里都必须予以排除:唯有先行者规定和设定后来者,因为以一般条件性的这种形式,唯有一个清晰的时间序列的客观显象才建构起来。在对自然的这种理解中,对于有目的地行动的力量的一个特殊组类的

---

① 参见上文(边码)第197页以下。

假定依然没有空间，因为在这里，没有新思想能够插入的**空隙**。

从这一联系马上得出，目的对于康德来说作为**自然显象**——或者是"无机的"，或者是"有机的"——之**解释**的特殊原则，是不会有问题的。自然之解释只有一个原则和一个理想，而这就是由**数学物理学**的形式规定的。一个显象，如果它在自己的所有个别元素中都被认识和规定为大小，如果它的出现能够从普遍的大小法则以及从表示特殊情况的某些常数的认识推导出来，就得到了"解释"。至于这种推导永远不能真正进行到底——任何个别情况和任何个别形式都包含着一种没有边际的复杂，这都无所谓。即便是在数学物理学的分析尚未实际上实施的地方，它也毕竟必须在原理上被视为**能够实施的**——如果不是所关涉的对象应当脱离用普遍的经验法则及其推理来描述的自然领域的话。因此，即便是相对于我们**当下**知识的任何界限，把一切发生化为大小的比较，把"有机体"改造成"机械体"，也至少是作为无条件的**要求**而坚持的。"目的论判断力的批判"也不允许对这种结果有任何怀疑。它马上以如下确认开始，即在作为感官对象之总和的"自然的普遍理念"中，没有任何根据去假定，自然的事物相互充当达到目的的手段，它们的可能性唯有通过这种方式的因果性才能充分理解。既不能先天地要求和看出这一点，经验也不能证明一种诸如此类的因果性形式："这就必定有一种玄想走在前面，它只是把目的概念置入事物的本性，却不是从客体及其经验认识获取这概念，因而更多的是用它来按照与我们心中表象之联结的一种主观根据的类比而使得自然可以理解，却不是从客观根据出发来认识自然。"①

然而，如果这就是最终的结果，那么，研究当然就会是在兜圈

---

① 《判断力批判》，第61节（第5卷，第438—439页；中文版第5卷，第373页）。

子，因为恰恰这就是在"心灵力量"的审美合目的性的分析之后和在我们的概念中间对"形式的"合目的性的阐明之后不禁产生的问题：目的思想是不是至少间接地参与经验世界及其对象的建构，并就此而言拥有某种方式的"客观"有效性？如果后者对它失效，则任何情况下**自然目的论**在批判的意义上都不构成新的疑难。只有一条道路来使目的原则和因果原则的貌似无法一致的要求互相和解。如果因果原则依然是自然和经验的唯一建构性基本概念，如果另一方面目的思想仍然应当与经验有一种独立的**关系**，那么，这一点唯有通过这种关系**借助因果概念自身的**中介联结和建立起来才是可设想的。因而，在这种情况下，且唯有在这种情况下，这里就会能够发现对于目的概念来说的一种新证实，不是在这个概念与因果解释相对立的时候，而是在它恰恰要促进和引导这种解释自身的时候。而且在这里，实际上就有它的真实的、合法的应用。目的原则不具有建构性的意义，而是具有范导性的意义；它并不有助于对现象的因果解释的克服，而毋宁说反过来有助于后者的深化和全面运用。它并不与这种解释相冲突，而是为它做准备，因为它为这种解释标出其要开始研究的显象和疑难。但是，至于在有机自然的现象内部，这样一种准备是富有成果的，甚至是必不可少的，这是很容易指出的。因果原则和普遍的因果法则的直接运用在这里虽然很少能设想受到否定，最初却毕竟找不到任何内容让它能够实施。力学和物理学的法则并不探讨自然的"事物"，如其直接呈现给观察那样，而是谈论"质量"和"质点"。对象必须被解除它的其他具体规定性，它必须被带回到分析力学的纯粹抽象，如果有可能使它隶属于这样的法则的话。在我们与此相反，就像在有机自然的显象中那样，对待物质不是作为运动着的质量，而是作为生命显象的基底的地方，在自然形式在其完整的内在组合中构成我们真正的意图的地方，在一般个别的东西的因果推导能够开始之前，必须首先纯粹描述性地标出和强调问题所指向的整体。在时空存在的普遍总和中，原则上来看，一切都能够与一切有联系，从这个总和中必须分离出某些类属确定的个别序列，其各环节表现出相互归属性的一种特殊形式。这就是目的概念所履行的功能。它不像数学物理学的基本概念那样服务于"演绎"，而是服务于"归纳"，不是服务于"分析"，而是服务于"综合"，因为它才创造出我们事后要分解成其个别因果元素和因果条件的相对**统一体**。观看的过程必须就其所有细节而言在原因上得到解释，但眼睛的结构是在这样的观点和预设下来研究的，即眼睛是"注定观看的"，尽管不是有意地安排去观看的。这样，目的论评判至少或然地有理由用于自然研究，因为自然按照目的的结合和形式"在按照自然的纯然机械作用的因果性法则不够用的地方，毕竟至少是**多了一条原则**来把自然的显象置于规则之下……反之，假如我们给自然配上**有意**起作用的原因，因而给这种目的论奠定为基础的就不仅是一个**范导性**的原则，这原则纯然是为了**评判**显象的，自然按照其特殊的法则可以被设想为是服从这些显象的，而且由此还有一个从自然的原因推导出它的产品来的**建构性的**原则：那么，一个自然目的的概念就会不再隶属反思性的判断力，而是隶属规定性的判断力；但这样一来，事实上它就根本不是属于判断力所特有的……而是作为理性概念在自然科学中引入了一种新的因果性，但这种因果性却只是我们从我们自己那里借来并赋予别的存在者的，尽管如此却不想假定这些存在者与我们是同样性质"。①

---

① 参见《判断力批判》，第 61 节（第 5 卷，第 438 页；中文版第 5 卷，第 374—375 页）。

因此，这就是康德在赞同和反对目的的古老斗争中做出的批判裁定。目的概念在它的传统形而上学**解释**中实际上是"asylum ignorantiae[无知的避难所]"，这是斯宾诺莎如此称谓它的；但是，它按照自己的纯粹经验性**应用**毋宁说是达成对有机自然的联系和结构关系的一种越来越丰富和精确的认识的手段。作为为认识经验中的自然法则起见的"反思性判断力的准则"，它并不服务于"看出自然形式的内在可能性，而是服务于按照自然的经验性法则纯然**认识自然**"。① 在这点上，研究的导线和特殊自然显象的解释原则分道扬镳了。人们在这里必须想到，如康德所表达的自然解释自身的概念，不再有任何出自深入"自然内部"的要求和渴望用来笼罩它的那种神秘主义微光的东西，而是它表示一种虽然不可或缺和强有力的、但毕竟始终是**个别的**逻辑认识功能。用一个现象对另一个现象的所有因果解释都归根结底化为：一个为另一个规定其空间和时间位置。从一个向另一个过渡的"如何"由此并不被把握，而是仅仅在经验序列中各元素的必然共属性的事实被确定。就连目的原则，当它在批判的意义上被使用时，也放弃要识破这种过渡的秘密；但是，它围绕一个新的中心来整理显象，从而确立它们的联结的一个另类的形式。无论因果推导还能够推进多远，以及我们能够给它多么不受限制的空间，它毕竟绝不能把这种形式排挤到一边，使之可有可无。在生命显象内部，当然可以纯粹在原因上指出，发展的后续环节如何从先行环节生成和产生；但是，无论我们在这里能够返回多远，我们最终总是只能达到"组织"的一个初始状态，我们必须承认它是前提条件。因果考察教导我们，一种结构按照什么规则过渡到另

368

---

① 参见《判断力批判》，第69节（第5卷，第463页；中文版第5卷，第400—401页）。

369 一种结构；但是，至于一般来说这样的个性"萌芽"是存在的，以至于有源始的、彼此有类别的形成，它们是发展的根据，这并不能再进一步使它可以理解，但能够把它作为事实说出。因此，一旦我们把目的概念和因果概念设想为两种不同的**秩序方式**，我们通过它们给予现象的杂多以统一性，它们之间的二论背反就消失了。取代发生的两个形而上学基本因素之间冲突的，是两个互相补充的"准则"和理性要求之间的协调。"如果我说，对于物质性自然中作为其产品的一切事件——因而还有一切形式，在它们的可能性上我都必须按照纯然机械的法则来**评判**，那么，我由此并没有说，它们**唯有按照这些法则**（排除任何其他方式的因果性）**才是可能的**；相反，这只是要表明：**我在任何时候都应当按照**自然的纯然机械作用来**反思它们**，因而尽我所能地研究这种机械作用，因为不以这种机械作用作为研究的基础，就根本不可能有任何真正的自然知识。于是，这就并不妨碍第二条准则在偶然的起因上，亦即在一些自然形式上（并根据这些形式的起因甚至在整个自然上）按照一条与按照自然的机械作用所做的解释完全不同的原则，亦即终极因的原则去探索，并对它们做出反思。因为按照第一条准则所做的反思并没有因此而被取消，反倒是要求尽人们所能去遵循它；由此也没有说，按照自然的机械作用，那些形式就会是不可能的。所主张的只是，**人的理性**遵循这条准则并以这种方式将永远不能找到构成自然目的的特殊之处的那种东西的丝毫根据，但也许能够找到关于自然法则的别的知识。"①

这里在目的原则和机械性原则之间做出的批判调解，由此就使

---

① 《判断力批判》，第 70 节（第 5 卷，第 465—466 页；中文版第 5 卷，第 402—403 页）。

二者受到如下条件的制约，即它们据说只是自然现象的不同和特殊的秩序方式，与此相反则放弃独断地展开一种关于自然本身的最终起源和它里面的个性形式的理论。在这样一种活动上，无论是目的概念还是因果概念都必然失败，因为一个借助其有目的地活动的知性和意志而是自然的元始根据的存在者，其概念虽然在形式分析的意义上是可能的，但并不是在先验的意义上可证明的：对它来说，由于它不能从经验得出，也不为经验的可能性所要求，就不能通过任何东西来保障其客观实在性。就此而言，目的的概念如果事关自然的研究，就永远是"自然科学中的外来者"，它将取消自然科学的方法论的不断进程，把对于自然科学来说仅仅表示**显象内部的关系**的原因概念自身从它的这种基本意义引开。①但另一方面，就连因果思想，如果它总是意识到自己"为了把显象读作经验而把显象拼写出来"②的根本任务，也就必须放弃能够促成对有机生命的第一和绝对的"根据"的真正洞识的要求。在现象自身内部，已经有任何有机自然形式对我们具有的无限复杂性马上指示它的工作能力的界限了。"因为完全确定的是，对于有机存在者及其内在可能性来说，按照自然的纯然机械的原则，我们**就连充分认识也不能**，更不用说解释它们了；确切地说，这一点是如此确定，以至于人们可以大胆地说：哪怕只是做出这样一种估计或者希望，也许有朝一日还会出现一个牛顿，他按照不是任何意图所安排的自然法则来使哪怕只是一根草茎的产生可以理解，这对于人类来说也是荒谬的；相反，人们

370

---

① 参见《判断力批判》，第70和72节（第5卷，第467页及以下和第474页及以下；中文版第5卷，第404页及以下和第411页及以下）。

② 参见《纯粹理性批判》，第370—371页（中文版第3卷，第241页）。——译者注

必须绝对否认人有这种洞识。但要说这样一来，即便在自然中，如果我们在对它那些已为我们所知的普遍法则的详细说明中能够一直深入它的原则，则有机存在者之可能性的一个充分的根据，无须给它们的产生配上一个意图（因而在它们的纯然机械作用中），也根本不可能隐匿起来，这就又会是我们做出的过于狂妄的判断了；我们要从何处知道这一点呢？在这事情取决于纯粹理性的判断的地方，盖然性就完全被取消了。"① 当然，我们即便在这里也能够尝试让两条对我们来说分离的线索"在超感性的东西中"相切；我们能够假定，显象世界所基于的超验"根据"是如此性状，即从它里面按照普遍的法则，从而无需任何任意的意图的干预，就能够产生宇宙的一种普遍合目的的秩序。以这种方式，例如在莱布尼茨的先定和谐的形而上学中，就在试图使目的因的王国与作用因的王国、上帝概念与自然概念和解。但对于康德来说，即便在这个地方，"超感性的东西"也不那么意味着事物的基底和最终的解释根据，而毋宁说意味着一个在经验中无法达到的目标超出经验界限的投影。由此并不是断言关于存在的绝对起源的一种理论的确定性，而仅仅是指出我们在运用我们认识的基本方法时要持守的一个方向。至于机械论和目的论的和解也许在超感性的东西里面是可能的，这说的首先是这一点：我们对于经验自身及其与显象的联系的研究来说，应当毫不动摇地使用两种行事方式，因为每一种在自己的效力范围内都是必然的和不可替代的。形而上学为了解释自然的合目的性，可以时而援引无生命的物质或者一个无生命的上帝；也时而援引有生命的物质或者一个有生命的上帝：但对于先验哲学的立场来说，相对于所有

---

① 《判断力批判》，第 75 节（第 5 卷，第 478—479 页；中文版第 5 卷，第 416—417 页）。

这些体系所剩下的，无非是"撇开所有这些**客观的主张**，仅仅在与我们的认识能力的关系中来**批判地**衡量我们的判断，以便为认识能力的原则获得一个准则的有效性，这种有效性不是独断论的，但对于可靠的理性应用来说却是足够的"。① 在这种意义上，即便在这里也有效的是，目的原则和因果原则的结合"不能基于为了**规定性的**判断力而按照被给予的法则对一个产品的可能性做**解释**（说明）的一个根据，而只能基于为了**反思性的**判断力而对这种可能性做**阐明**（揭示）的一个根据"。② 我们在这里说的不是"自然"作为物自身来看来自何处，去向何方，而是我们在这里确立对于我们来说为了把显象的整体理解为一个自身完成了的、一个系统地划分了的统一体就回避不开的概念和认识。

这样，恰恰看起来最是注定下达一切经验的超验元始根据和初始根据的这个原则，只是更为深刻地导回经验的结构之中，而且阐明的不是这个元始根据，而是显象自身的丰富和内容。现实在因果性和机械性的思想之下来看，表现为一个出自普遍法则的产品，对于目的原则来说并通过目的原则，把自己塑形为诸生命形式的一个整体。在这里，存在于目的思想在美学和自然目的论中两种特色之间的联系与对立一样同时变得清晰可见。就连审美评判相对于纯粹知性及其普遍法则的现实来说，也意味着一种完全的改造；通过它，也在意识的一种新功能中揭示和建立存在的一种新形象。但是，以这种方式独立产生的领域在这里也固执于它的规定的独立性和分离性：它作为一个知足的、仅仅与自己的中心相关联的"游戏"世界与经验性实在和经验性目的的世界分离开来。与此相反，在对自然

---

① 《判断力批判》，第72节，注（第5卷，第470页；中文版第5卷，第407页）。
② 《判断力批判》，第78节（第5卷，第491页；中文版第5卷，第429页）。

和有机体的目的论考察中，并未实施一种诸如此类的分离；而是在这里，在知性所勾勒的自然概念和目的论所提出的自然概念之间存在着一种不断的交互作用。目的原则自身呼唤着因果原则，并为它分配它的任务。我们不能把一个构成物视为合目的的，却不被卷入对其产生的根据的研究；说它的产生得益于自然的一个意图或者天意，这是没有意义的，因为这是纯粹的同义反复，只是返还了问题。① 这样，至少必须尝试坚持机械论的思想并尽可能远地遵循它，尽管我们在另一方面确信沿着这条道路永远达不到问题的最终解决。但对于认识来说，正是这种持久的未解决意味着其真正的能产出。有机生命的秘密借助这种做法虽然绝没有以抽象和纯粹概念的方式解开，但对自然的个体形式的认识和*直观*却由此不断扩展和深化。但是，"反思性判断力的准则"不能提供比这更多的东西，而且它也不要求更多的东西，因为它的目标并不在于在一种形而上学一元论的意义上解开"世界之谜"，而是越来越增强对有机自然的显象之丰富的洞察，并且使它越来越深入生命现象及其条件的特殊性和个别性。

达到了这一点，康德因此就能够再次以极高的方法上的尖锐和自觉把他的哲学的原则与传统形而上学的原则对立起来。《纯粹理性批判》已经援引过的"推论"知性和"直觉"知性之间的对立在这里获得了一种新的、更为全面的意义。对于一种绝对无限的、绝对创造的知性——如形而上学从中推导出自然形式和自然秩序的合目的性的那种知性——来说，我们在我们的所有认识中受其制约的"可能的东西"和"现实的东西"之间的对立就会消除，因为对于

---

① 参见《判断力批判》，第 78 节（第 5 卷，第 489—490 页；中文版第 5 卷，第 427—428 页）。

它来说，思维和意愿中的纯然设定就会同时包含着对象的实存。被思维的存在和现实的存在之间、"偶然的"存在和"必然的"存在之间的区别对于一种诸如此类的理智来说就会是毫无意义的；因为对于它来说，在它所考察的存在者序列的第一个环节中就已经包含着这个序列的整体性及其结构的观念上的、现实的整体。① 与此相反，对于人的知性来说，这样一种概观的思想意味着一个绝对无法达到的理念，因为它并未被赋予除了通过各部分的一种不断建构而以别的方式把握整体并使之在眼前呈现的能力。它的位置不在认识最初的和源始的存在者根据，而在比较个别的知觉并将它们归摄在普遍的规则和法则之下。即便是在它遵循纯粹演绎道路的地方，在它看起来从普遍的东西推论到特殊东西的地方，它也毕竟总只是要求概念自身特有的**分析的普遍性**。"因为我们的知性有这样的属性，即它在自己对例如一个产品的原因的认识中必须从**分析的普遍的东西**（从概念）进展到特殊的东西（被给予的经验性直观）；因此在这时，它就这种特殊的东西的多样性而言不规定任何东西，而是必须等待把经验性直观（如果对象是一个自然产品的话）归摄在概念之下的判断力来做这种规定。但现在，我们也可以设想一种知性，它由于不像我们的知性那样是推论的，而是直觉的，所以就从**综合的普遍的东西**（一个整体作为这样一个整体的直观）进展到特殊的东西，也就是说，从整体进展到各个部分；因此，它和它对整体的表象并不在自身包含各个部分为使整体的一种为我们的知性所需要的一个确定的形式成为可能的那种结合的**偶然性**，而我们的知性则必须从作为被普遍思考的根据的那些部分前进到作为后果的各

---

① 参见上文（边码）第 298—299 页。

种能被归摄于其下的可能形式……因此，如果我们不想把整体的可能性想象为依赖于各个部分的，就像按照我们的推论的知性那样，而是按照直觉的（原本的）知性的尺度把各个部分的（根据其性状和条件的）可能性想象为依赖于整体的，那么，这按照我们知性的同一个特点就不能这样来做，即让**整体**包含着各个部分的联结之可能性的根据（这在推论的认识方式中会是一种矛盾），而是只能让一个整体的**表象**包含着该整体的形式以及属于该形式的各个部分之联结的可能性的根据。但既然整体在这种情况下会是一个结果，即**产品**，它的**表象**被视为它的可能性的**原因**，但一个原因，其规定根据只不过是其结果的表象，它的产品就叫作目的，所以就由此得出：该产品只是出自我们知性的特殊性状的一个后果，如果我们按照不同于物质的自然法则的因果性的另一种因果性，亦即仅仅按照目的和终极因的因果性而把自然的产品想象为可能的话；这条原则并不关涉这样一些事物本身（甚至作为现象来看）按照这种产生方式的可能性，而是仅仅关涉我们知性可能对它们做的评判……在这里也根本没有必要去证明这样一种 intellectus archetypus[作为原型的理智]是可能的，而是只须证明，我们在把我们推论的、需要形象的知性（intellectus ectypus[作为摹本的理智]）和这样一种性状做对照时，就被导向了那个也不包含任何矛盾的理念（一个 intellectus archetypus[作为原型的理智]）。"①

理性批判迄今所提出的所有准绳在这里汇聚到一个点上，它的所有概念和预设相结合，为的是清晰无误地规定目的思想在我们的认识的整体中所拥有的地位。阐明在这里一直下达真实的、最终

---

① 参见《判断力批判》，第77节（第5卷，第486—487页；中文版第5卷，第424—425页）。

的深度，一直下达康德思想大厦自身的基础。谢林关于《判断力批判》的这些话说道，也许从来不曾像这里发生的那样，在如此少的几页纸上汇聚如此多的深刻思想。但同时，从另一方面来看，这里呈现出围绕康德关于"物自身"的学说和他对"理知的东西"的理解的所有困难。我们在这里首先从整个考察中挑取标志着 intellectus archetypus［作为原型的理智］和 intellectus ectypus［作为摹本的理智］之间、"原型的"知性和有中介的需要形象的知性之间的区分之方法上的方向的推理结果。这种对立的两个环节并非作为**实存的**被对峙起来，在它们里面并不意在现实事物的一种差异，而是应当仅仅创造两个系统的取向点，我们的特殊认识手段、其意义和效力的特点能够与之相关和依据。人们可以通过在这个地方用**历史的**取向支援**体系的**取向，来简化这个任务。有两种对立的基本理解和评价，是目的概念在形而上学的历史上所经历的。一方面是亚里士多德的学说，另一方面则是斯宾诺莎的学说：一方面它被视为适当的本质认识和本质洞见的最高形式，另一方面它被视为一种专属"人的"认识方式，只是通过想象力的一种欺骗才被移植到事物自身及其塑形里面。对于亚里士多德来说，目的，即"其所是"①，标志着一切存在和发生的最终理知的元始根据；对于斯宾诺莎来说，它毋宁说是我们的想象的一种附加，我们通过它来遮蔽和模糊存在的纯粹图像，即以几何学必然性产生其各变态之整体的实体的图像。形而上学的全部发展就是在这两个最外端的极点之间运动的。因此，康德相对于这种发展的结果所获得的内在自由就重新表明在这里，即他以同样的方式摈弃这里对于目的疑难提供的两种典型解答。目的

---

① 引号内原文为希腊文。——译者注

对于他来说既不像对亚里士多德来说那样是 *intellectus archetypus*［作为原型的理智］的基本概念，也不像对于斯宾诺莎来说那样是达不到真正的本质直观的 *intellectus ectypus*［作为摹本的理智］的一个构成物。目的考察毋宁说是通过如果我们有条件的、有限的知性提出无条件者的要求就得出的一种新关系而产生的，因而是通过一种当然仅仅从我们的认识方式的立场出发才可能，但另一方面在这种认识方式某个时候存在的前提条件下表明为不可回避的和必然的对立。据此，目的既不是"绝对的"思维的一个产品，也不是我们在最高的直觉认识方式中当作一种纯然的主观欺骗而超越的一种纯粹"神人同形同性论的"表象方式。它的"主观性"毋宁说甚至具有普遍的本性：是"人类理性"的有条件性在这里找到了自己的表达。从经验在理念中的反映，从我们的范畴思维的形式与理性在其知性应用的系统统一性和完备性的要求中所规劝我们的那别的类型的比较中，产生出目的概念。因此，如果我们在这种相互关系中让这个环节或者那个环节脱落，目的概念的特性和方法上的特别化就以同样的方式被忽视了。如果我们站到绝对的和原型的秩序的立场上，那么，由此目的概念的任何运用就被拆掉了地基。按照康德的定义，合目的性就是"偶然的东西的合法则性"；但对于一种诸如此类的知性来说，偶然的东西的概念是没有内容的。对于把个别的东西与整体、把特殊的东西与普遍的东西放在一个不可分割的精神视野中来把握的它来说，我们凭借我们的认识方式的基本法则受其制约的"可能性"与"现实性"的对立就会被取消：对于它来说，只会存在绝对统一的存在序列，这个序列甚至在思想上也不会容忍在自己之旁和自己之外的任何东西。因此，可能情况之多的比较构成任何目的判断的前提条件，它在这里却消失不见了：在对现实的整体不可能是不同意它实际所是的东西的洞识起作用的地方，恰恰这种存在的一种特殊的目的优点的断言就失去了其意义和权利。① 然而另一方面由此绝没有说，**经验性**现实的概念，我们对现象的思维必须放弃或者能够放弃对目的概念的运用。**这种**思维正是运行在构成这个概念的运用之基础的逻辑条件和直观条件的那种二元论之中，而

---

① 因此在这个地方，康德间接地也对**目的概念的莱布尼茨版本**，对在莱布尼茨那里建立在这上面的形而上学进行了批判。在莱布尼茨的神义论中，是上帝的知性在无限的"可能世界"之间做出来一种选择，并使它们中间最好的世界"允许成为现实"。在康德看来，这种构思的基本缺陷就在于，在它里面错误地使一种"主观的"、依附于我们的认识形式的对立实体化，并把它置入绝对自身之中。至于对于我们来说事物的"可能性"和它们的现实性并不叠合，这乃是基于，在我们的认识方式中知性的领域和直观的领域、"被思维的东西"的领域和"被给予的东西"的领域并不具有同样的范围，从而在这里某种在直观中找不到相关物和**实现**场合的东西能够被**设想**为可能的。但对于其思维是一种观看且其观看是一种思维的"直觉知性"来说——哪怕我们只是允许这样一种知性的**理念**——可能的东西和现实的东西的区别就必须被视为取消了的。"因为假如我们的知性是能直观的，那么，它除了现实的东西之外就会没有任何对象了。概念（它们仅仅指向一个对象的可能性）和感性直观（它们给予我们某种东西，但由此毕竟没有使它作为对象被认识）就会都被取消……因此，说事物无须是现实的就能够是可能的……这些命题完全正确地适用于人类的理性，但由此却并不证明这种区别就在事物本身里面……在某种知性那里不会出现（感性和思维的）这种对立，对于它来说就会说：我所认识的一切客体都**存在**（实存）；而一些毕竟并不实存的事物的可能性，亦即如果它们实存的话则它们的偶然性，因而还有必须与此区分开来的必然性，就会不可能出现在这样一个存在者的表象中。但是，使我们的知性对在这里以自己的概念与理性并驾齐驱感到如此困难的东西，只不过是：对于它作为人类的知性来说，这是越界的（亦即对于知性认识的主观条件来说是不可能的），但理性却把这作为属于客体的而当作原则。"（《判断力批判》，第 76 节；中文版第 5 卷，第 418—419 页。）在这里，如人们看到的那样，才真正克服了莱布尼茨的神义论，因为批判的攻击所针对的，不那么是其结果，而毋宁说是其问题提出的真正根据。针对莱布尼茨在"所有可能世界中的最好世界"的思想中对目的概念的运用，康德也批评他的"神人同形同性论"：但是，他在这种运用中所揭示的，不是心理学方式的，而是"先验"方式的神人同形同性论，因而它在他看来只是通过先验分析及其结果的整体性才能最终被改造。

且不放弃自己本身，就不能走出这种二元性。它就处在"普遍的东西"和"特殊的东西"的对立之内，并且感到在另一方面被要求不断地克服这种对立。这种尝试着的但从未最终实现的、还可以进行到底的克服的形式就是目的概念。因此，它对我们来说是不可或缺的；它以任何方式都不可以从我们的认识方法的总和中删去；但是，它另一方面恰恰只适用于这个总和自身，但不适用于形而上学以其传统的形式所探讨的那个"绝对的"存在。目的的理念和有机生命的理念才给予我们的经验和我们的自然认识以其特属的、内在的无限性：它把有条件的和个别化的经验改造成总体性，改造成对一个有生命的**整体**的直观，但它同时指出这个整体的界限，因为它是把这个整体作为一个现象的整体来认识的。"如果我最终在元始现象那里平静下来，"歌德有一次说道，"它毕竟也只是断念罢了；但是，我是在人性的边界上断念，还是在我目光短浅的个体的一种假定的局限性内部断念，这依然是一个重大的区别。"对于康德来说，有机生命的显象和它在其中对我们的认识表现自己的目的理念就是这样一个元始现象。它既不是绝对者自身的表达，也不是判断的一种纯然偶然的和可取消的主观局限的表达，而是一直导向"人性的界限"自身，以便把它们作为这样的界限来把握，并安于它们。

但是，从这些抽象思考的整体性中，一旦康德着手具体地在自然本身的事实及其解释上证实他在目的概念的批判中获得的基本观点，我们就马上又被置入直观考察自身的王国了。目的原则和"机械论"原则的综合，以及在经验内部在二者之间可以假设的互为条件性，以直接的具体性和清晰性展现在康德的**发展**概念中。发展自身就是一个目的概念，因为它预设一个"铸造出来的"形式，预设生命显象的一个统一的"**主体**"，这个主体在所有变迁中保持自身，因为它是自己改造自己的。但是，它必须同时在其所有的个别阶段中，就这些阶段构成一个时间上有序的整体而言，纯粹因果地得到解释。这个要求对于康德来说，一开始就已经是牢不可破地确定的，因为是在**宇宙**显象的世界上，由此是在"机械论"自身的世界上，他最初以其完全的意义产生了发展的思想。在其最初确立其自然科学世界图景的青年尝试中，天体的一般**理论**对他来说同时转化为一般的**自然史**。在这个观点下，不仅得出丰富的新的具体结果，而且在哲学意义上决定性的是，得出一个新的认识理想，它清晰地和自觉地与例如在林奈的学说中所实现的现存自然形式系统分类的流行做法相对立。"我们几乎还完全缺乏的**自然历史**，"康德在一篇稍后的关于人种差异的作品中刻画了这种理想，"将教给我们地形的变化，此外还有地球上造物（植物和动物）由于自然的变迁而经受的变化，以及它们由此产生的对其祖源类的原型的变异。可以猜想，它会将大批表面上各不相同的物种化为同一个类的种族，将自然描述现在如此流行的学术体系为知性转化成一个自然的体系。"① 在这里就已经出现了那个基本思想，即对于**知性**来说，唯有在我们不是把自然理解为并列存在的形式的一种僵化的存在，而是在其不断的生成中追踪它的时候，自然才聚合成一个清晰的、可综览的统一体。《判断力批判》给予这种思想以一种新的广度和深度，因为它在"形式的合目的性的原则"中为这种思想建立了普遍的批判论证。这里表明，我们理解任何特殊的杂多性，只是就我们在我们的思维中从一个自己把自己"特别化"的原则出发来思维它，而且对杂多的这样一种**评判**，从我们的认识能力的立场出发构成要把握和透视它

---

① 参见第 2 卷，第 451 页；中文版第 2 卷，第 447 页。

381 的结构不可或缺的手段而言的。如果我们把这个**逻辑学**结果运用于对**物理存在**的考察，那么，我们由此就直接达到一个**新的自然概念**，它并不像林奈的自然概念那样简单地把种和属并列放置，并通过固定不变的标志彼此分开，而是试图在各种过渡中标明自然的联系。

现在人们理解了，当康德在《判断力批判》中接受这种公设，当他试图使这个公设穿越自然形式的整个领域时，这绝不是一个天才的"妙语"，而是出自他的方法预设的一个必然结论。他以对于每一种"自然解释"的普遍要求开始，这种要求对于他来说已经由科学经验自身的概念和形式设定。"理性无限重视的就是不放弃自然在其产生中的机械作用，并且在对自然的解释中不忽略这种作用，因为离开这种作用，就不可能达到对事物本性的任何洞识。即使有人向我们承认：有一个最高的建筑师直接创造了自然的各种形式，如同它们向来存在的那样，或者预定了那些在自然的进程中按照同一个范本不断地自己形成的形式，但毕竟由此丝毫也没有促进我们对自然的知识，因为我们根本不可能了解那个存在者的行动方式以及他那些应当包含着自然存在者的可能性之原则的理念，也不可能由他那里自上而下地（先天地）解释自然。"另一方面，被先行的阐明确立为一个同样必然的"理性准则"的是，不要忽略自然产品上的目的原则，因为虽然它并不使我们更加理解自然产品的产生方式，却毕竟是探究自然的特殊法则的一个"启发性的"原则。如果两个原则在自然的同一些事物上作为解释和"演绎"的原理相互排斥，那么，它们仍然作为"**阐明**"的原则完全相容。我们的认识有权限和使命尽我们的能力所及机械地解释自然的一切产品和事件，甚至

382 最合目的的产品和事件，此时，鉴于这些事件，它当然安于最终到达一个源始的"组织"，对于这个组织来说不能看出任何机械的"为

什么"，只能还看出一种目的论的"为什么"。然而，由于在达到这个点之前，不允许问题的任何停顿，所以值得称赞的是，凭借一种"比较解剖学"来探查有机自然的伟大创造，以便看一看，这里是否有某种与一个系统类似的东西，确切地说是在产生原则上类似的东西存在。"如此之多的动物种类在某种共同的图型中相互一致，这图型不仅在它们的骨架中，而且在其他部分的安排中都看起来是基础，在这方面值得惊赞的简单构架通过缩短一种安排而延长另一安排、卷起这些部分而展开那些部分，就能够产生出物种的如此巨大的多样性，这就使一缕微弱的希望之光照进心田，即这里也许可以凭借自然的机械作用原则而有所建树，没有这个原则就根本不可能有任何自然科学。就种种形式无论有多少差异都显得是按照一个共同的原型生产出来的而言，它们的这种类似性就加强了它们在从一个共同的元始母亲生产出来这方面有一种现实的亲缘关系的猜测，这种猜测凭借的是一个动物种类到另一个动物种类的逐级接近，即从目的原则看起来得到最多证实的那个动物种类亦即人开始，直到珊瑚虫，甚至从珊瑚虫直到苔藓和地衣，最终到我们可见的最低的自然等级，到粗糙的物质；在有机存在者里面对我们来说如此不可理解，以至于我们相信为此不得不设想另一个原则的那全部自然技术，看起来都按照机械法则（与粗糙的物质在结晶体的产生中据以其作用的法则一样）源自这种粗糙的物质及其各种力。于是在这里，就任由自然的**考古学家**去让那个庞大的造物家族从自然最古老的变革遗留下来的痕迹中，按照自然的一切他知道或者猜测到的机械作用产生出来……他可以让刚刚走出其混沌状态的地球（仿佛是一头巨大的动物）的母腹最初生出具有较少合目的形式的造物，让这些造物又生出另外一些与其繁衍场所和相互关系更相适合地完善自己的造物；直到这个子宫本身凝固起来，僵化起来，并把自己的生育局限在那些确定的、今后不再退化的物种上……他最终仍然必须把一种合目的地加给所有这些造物的有机化赋予这位普遍的母亲，否则的话动物界和植物界的这些产品的目的形式在其可能性上就是根本不可设想的。但这样一来，他只不过是把解释根据进一步推延，并不能自以为已经使那两个界的产生不依赖于终极因的条件了。"①

我们必须按照其全部篇幅引用康德这几句话，此外，它们是如此为人周知和称颂，因为且不说在它们里面预言的基础自然科学洞识，在它们里面再次表述了康德思维的全部特征。个别观察的尖锐和想象的综合力量、直觉的大胆和判断的批判谨慎，所有这一切在这里都如同在一个点上结合起来。对于康德来说，有机体的一种统一的起源序列和发展序列表现为一种"理性的奇遇"；但是，他像歌德一样决定勇敢地经受这种奇遇，只要他在这里可以信赖批判哲学的指南针。他还在开始航程之前，就把握了为它设立的界限；他一开始就清晰而确定地看到标出"nihil ulterius［不可逾越］"的赫尔库勒斯石柱。② 发展对他来说不是返回到存在的超验起源并在它里面揭开生命的秘密的一个形而上学概念，而是对于我们的认识来说生命显象的全部丰富和联系完备地展示出来所凭借的原则。我们并不需要去问生命源自何处，只要我们以直观的清晰性和概念的秩序看到它的形式的整体性及其逐级划分。康德学说最深刻的特征之一，就在这个结果中再次并且从一个新的方面表现出来。《判断力批判》极

---

① 整体参见《判断力批判》，第 78—80 节（第 5 卷，第 489—499 页；中文版第 5 卷，第 427—437 页）。

② 参见《纯粹理性批判》，第一版，第 395 页（第 3 卷，第 661 页；中文版第 4 卷，第 246 页）。

第六章 判断力批判

为严格地恪守"物自身"和"显象"的二元论；但是，这种二元论又以这样的思想为中介，即"物自身"**作为理念来看**才使经验现实自身的概念得以真正完成。唯有理念才保证了知性应用的系统完备性，在它里面客体不是作为分离开来的个别性，仿佛是作为存在的碎片，而是在其具体的总体性中和在其普遍的连续联结中被给予我们。这样，《判断力批判》坚守康德思维的基本预设，而它另一方面则使这些预设远远超出其迄今的运用领域。康德针对前批判形而上学所提起的诉讼在这里达到了其终点：判断力的批判证实了《纯粹理性批判》和实践理性批判对独断论形而上学做出的判决。而尽管如此，批判哲学现在与形而上学进入了另一种关系，因为它在其最独特的领域里寻求形而上学，并在对似乎自古以来就特属于形而上学的那些基本疑难的规定和解决中用它衡量自己。当然，康德的学说在这里并没有超出"先验哲学"的框架，超出一种认识内容和认识手段的分析的普遍任务。就像它只能通过证明所有道德评判的必然的、普遍有效的原则来坚持道德的东西的内容一样，它除了通过一种审美判断力和目的论判断力的批判的中介之外，不能以别的方式接近艺术的疑难，接近生命自身的疑难。但现在更为清晰地表现出来的是，通过这种依然建立在康德方法论的本质之中的转变，直观现实的财富并不应当枯萎和挥发成一个纯然抽象的体系，而是反过来，康德源始的认识概念在这里经历到一种扩展和深化，它现在才真正使他有能力综览自然生命和精神生命的**整体**，并从它们出发把这个整体理解为唯一的一个"理性"有机体。

第七章　最后的作品和斗争

——《纯然理性界限内的宗教》和与普鲁士政府的冲突

如果我们从康德体系的建构和发展返回到对康德外在生活的考察，则我们就在《判断力批判》结束之后，又准确地在我们十年前离开的那个地方发现了它。在这个内心如此动荡和多产的时期，在康德的生活态度及其与世界和周围环境的关系上没有发生任何变化。就好像一切发生和一切进步都纯粹且仅仅转录到康德的著作上，并从他的人格退回了似的。自他自觉地和有条有理地确立了他的外在生存在其中进行的形式以来，他以极为认真的精确性和合规则性恪守这种形式直到细节。他最后的住宅变化发生在1783年：他把家搬到王宫的护城河旁，在那里他一直住到临终。这个家的布置，从康德最早的传记作家的叙述中为我们所知和熟悉。它有八个房间，但康德自己只要了两个，一个工作间和一个卧室。"走进家中，"哈塞这样报告说，"弥漫着一种安宁的寂静……登上楼梯，左手通过十分简单的、未加装饰的、部分被烟熏黑的前厅进入一个更大的房间，它是一个装饰间，但并不豪华。一张沙发、几把罩着平纹亚麻布的椅子、一座装有一些瓷器的玻璃橱、一张装着他的银器和存钱的书桌，连同一个温度计和一个衣帽架……就是遮挡白墙一部分的所有家具。通过一道十分简陋的门进入同样简陋的无忧室，人们在敲门时听到一声欢快的'请进'而被邀请进入……整个房间散发出简单和从城市与世界的喧闹中寂静退避的气息。"两张通常被书覆盖的桌子、一张简单的沙发、几把椅子和一座抽屉柜构成了这个空间的全部家具,其唯一的装饰就是悬挂在墙上的卢梭画像。①自从康德在1787年决定放弃几乎构成他青年和硕士岁月的唯一消遣的招待所午餐桌并建立他自己的家政以来,康德比以前更多地宅在家中。当然,他并未因此放弃社交的要求;他几乎每天都在餐桌上接待他的几个朋友,与他们在生动激烈的交谈中度过中午时光。尤其是对于康德圈子的较年轻成员来说,这种精神愉快的饮宴始终是难忘的。关于这种饮宴,康德的学生和他在哥尼斯贝格大学的同事珀施科报道说,康德在这里"挥霍"着一个不可估量的思想财富,成千上万地说出他在事后几乎再也没有意识的天才思想。"在他身上,"他补充说,"人们看到,孩子气和天才是如何有亲缘的;他的精神除了最美好的果实之外,还结出无数经常只是瞬间令人赏心悦目和利用的花朵。"②大量极为丰富的人际启迪依然以这种方式保持在极小的圈子里,因为康德坚持,按照他给自己提出的一个社交生活规则,他的餐友不少于三位,但也不多于九位。他越是很少感到一种导致寂寞的苦思冥想的-疑病症的特征,就越是在另一方面以自觉的意图抵御外部世界的侵袭。他自己规定了外部世界应当使他承担义务和对他提出要求的界限,因为他也在这里在最小和最切近的事务上证明了他的"自律"的基本规则。

康德本性中的这种特征相对于自80年代中期以来在他的生存中

---

① 参见哈塞:《康德出自其餐友之一的最后表现》,哥尼斯贝格,1804年,第6—7页。

② 参见上文(边码)第39—40页。

出现的新生活要素最为引人注目地表现出来。现在，康德才在其全部规模上并以其所有促进的和刁难的东西享受到**文坛声誉**。自从莱因霍尔德于1786年和1787年在维兰德的《**德意志水星报**》发表的《关于康德哲学的书信》以来，自从许茨和胡弗兰德创立很快发展成为批判学说的真正喉舌的《耶拿文汇报》以来，康德哲学在德国的胜利就确定无疑了。当然，它还长时间必须与误解和各种各样对手们的攻击作斗争；但是，这些斗争都只是重新建立和证实它从此以后在德国精神生活的整体中占有的地位。所有传统势力现在再次被唤起反对它。几乎没有一种论战形式和论战级别在这里没有人来代表。从尼古莱的庸俗玩笑直到在埃贝哈德和马斯在哈勒创办的《哲学杂志》中为自己创造了一个自己的文献喉舌的沃尔夫派学院哲学的至少在意图上缜密的异议，这里出现了所有的批判变种。柏林科学院的大众哲学和大众科学流派在其反对康德学说的斗争中与新形而上学-宗教启示的"门徒"和狂热分子联合起来；"健康的人类知性"和哲学"直觉"的立场聚集起来共同抵御先验哲学的"僭妄"。但是，所有这些反对运动无损于康德学说的传播和越来越强的效用。康德哲学在维护自己，尽管它自己很快就又分化成各自抵触的党派，其中每一个都为自己要求有对理性批判的基本思想的独自正确和有效的诠释。这样一来，对康德自己也出现了越来越多的外部要求，旨在逼他超出自己选择的生活和哲学写作计划的圈子，迫使他在围绕他进行的斗争中做出一定的解释。一般来说，康德对所有这些尝试的态度是拒绝的：他把自己还要穿越的道路和他还要完成的正面任务看得太清楚了，让自己在人们要求于他的纯然重复和解释他过去的著作方面矜持。在他——就像在**费德尔**和**埃贝哈德**的批判的案例中那样——相信看到面对他的哲学的基本意见的一种有意识的歪

第七章　最后的作品和斗争

曲的地方，他当然以毫无顾忌和毫不退让的尖锐来追究它；但在整体上，他坚持这样的信念，即一旦讨论被引导到正确的点上，就将自动越来越确定地从意见的争执中产生批判的主要疑难的意义。此外，尽管他对自己学说的内容和价值的自我意识毫不动摇，对围绕个人当下声誉和身后声誉的斗争却感觉很淡薄。他在《纯粹理性批判》的长时间准备期和成熟期如此坚持不渝地抵制的"作者欲"，即便现在也对他没有控制力。几乎有这样的假象，就好像他不能马上在他现在享有的受欢迎作家的角色中找到自己似的。珀施科在其对康德的刻画中予以强调并认为与他的天才性的基本特征有亲近渊源的那些孩子气的特征，经常出乎意料地出现。当许茨与他因在《耶拿文汇报》的合作进行探讨时，他不能自已地惊赞康德的谦虚，因为康德不仅声称自愿放弃作者稿酬，而且还自告奋勇要为**试刊号**撰写关于赫尔德的《理念》的书评，并听凭《文汇报》的创办由以出发的学会做出其采纳的裁定。①"康德，"又是珀施科在致费希特的一封信中声称，"是一位谦虚作家的典范。他极少从所有的人类灵魂中感到他的伟大；我经常听到他宽宏大量地对敌手做出判断，只是他们必须不能像教士那样对他进行人身攻击。"② 这样一种本性不会让成功或者失败使它偏离自己的轨道一步：在康德的全部作家生涯中，

---

① 参见许茨在 1784 年 8 月 23 日和 1785 年 2 月 18 日致康德的信（第 9 卷，第 257 页和第 260 页）。"您将看到您关于赫尔德的书评，"许茨在后一封信中写道，"已经付印。每一个无偏见地做出判断的人，都认为它是精确的大师之作……我的上帝，您居然能够写道，如果您认为，像您的这样一篇书评不会是受欢迎的，您可以放弃稿酬！当我读到这一点的时候，我禁不住热泪盈眶。来自像您这样一个人的这样一种谦虚！我无法描述我所具有的感受。这是快乐、震惊和愤慨的混合，特别是后者，尤其当我想到这个世纪的某些学者的不谦虚的时候，他们连给康德提鞋子也不配。"

② 见《费希特的生平和往来书信》，J. H. 费希特编，第 2 卷，第 447 页。

没有任何迹象表明这方面的担忧曾经触及他，以某种方式曾干扰过他的思想发展。

我们在这个地方并不追踪康德学说所产生的普遍历史作用和它自己在这里所经历的改造，只是要简短地指出一些报道新学说对个别人的作用的个体见证。费希特的著名的话，即他得益于康德哲学的不仅是他的基本信念，而且是他的性格，甚至他要有这样一种性格的努力，在这方面是典型的：曾有人言简意赅地表述过一种感受，它尤其是在康德的伦理学代表作出版之后越来越流行和升高。康德的往来书信为此给出各种各样的证据。在1786年5月12日的一封信中，20岁的医生约翰·本亚明·艾哈德报道了他最初怎样被驳斥康德哲学的愿望所引导而深入康德的作品，直到康德哲学在他进一步深入时完全俘虏他。"半年前，我开始被读您的《批判》的呼吁所唤醒。我手中还没有这样艰辛地拿过一本书，在您这里成为骑士是我最热切的愿望和祈祷。真正说来，我的傲慢要为我的迷惑负责，因为只要我想到正是康德使得我未来体系的希望破灭，我的内心就对此感到愤怒，但一旦我觉察到是真理选择他成为我的向导，使我从我为了自保而想在不可靠的地基上建造一座宫殿的风暴之地驰骋到永久的春天并不迫使我在一个石堆下面寻找安全的天堂般的地方，我就紧偎着他，并确信他不会撒手不管我……但是，您的道德形而上学使我完全与您一致。每当我回忆起我第一次读它，而且您的纯粹理性的法规使我如此充分地做好了准备的时刻，我的四肢百骸都在流淌着一种欢快的感觉。"① 即便是在他的自传中，艾哈德也认识到，他得益于康德的伦理学著作的是"他整个内在的人的重

---

① 见《往来书信》（第9卷，第299页）。

生"。① 即便是对于莱因霍尔德来说，也是这个要素把他永远与康德相结合。当他在自己后来的作品中试图首先规定先验哲学的最高理论原理的时候，毕竟是实践的和宗教的主题原初把他引向先验哲学。这里对于他来说，确立了他迄今曾徒劳地寻求的"头脑和心灵之间的和睦"。甚至像容-施蒂凌这样一个人，肯定不是更深刻的思辨需求把他推向康德学说，也在这种观点下并在莱因霍尔德的《关于康德哲学的书信》的影响下找到了它的入口：对于它的强大且全面的影响来说能够说明特点的是，就连这个淳朴谨慎的人也敢说，康德学说不久将造成"比路德的宗教改革更大、更受祝福、更普遍得多的革命"。② 这里到处都表现出，康德的学说如何还在它理论上被完全参透和接受之前，就立刻被感受为人们不能回避的一种新的生活力量。由于批判哲学的这个根据是确定的，所以即便是在诸康德学派的看起来比所有敌对攻击更危险的争执中，其根本的历史力量也依然不减。体系的目标在先验的自由学说中清晰地确立起来：人们相信能够坚守它，尽管通向它的道路似乎总又迷失在黑暗和辩证的纷乱之中。

当然，对于康德自己来说，不存在他的结果和他的方法之间、批判理论和它的运用之间的一种诸如此类的分离。对于他来说，在体系内部每一个部分都以别的部分为条件和依据；对于德国大众哲学试图用来逃避他的伦理学的"严苛主义"的理论和实践的那种舒适的和传统的分别，他在1793年针对伽尔韦的一篇论文中再次十分尖锐地予以驳斥。③ 但无论如何，他也在以《判断力批判》的结束

---

① 《医生 J. B. 艾哈德的生平和重大事件》，恩泽的法恩哈根编。
② 见容-施蒂凌于1789年3月1日致康德的信（第9卷，第378页）。
③ 《论俗语：这在理论上可能是正确的，但不适用于实践》（第6卷，第355页及以下；中文版第8卷，第277页及以下）。

完成了体系的理论论证之后，又以偏爱转向了推动着时代的直接生活问题。这首先就是比迄今更多地移入兴趣中心的**政治**疑难。康德把针对伽尔韦的文章用于紧接他由以出发的个别问题来阐发他的政治学和他的国家法学说的一个完备计划。就连康德在这段时间发表在《柏林月刊》的更短小的论文，也到处都渗透着对特殊的政治时代关系和时代事件的指点。刚刚完成其学说大厦之整体的批判哲学家成为政论家。他并不满足于提出抽象的学说和要求，而推动着他的，是连接上当前的任务，并直接干预具体现实的塑形，尽管只是通过启蒙和学说。从这个立场出发，康德在这段时间初看起来既分裂又多方面的文坛活动就立刻获得了一个稳固和统一的中心。康德与在比斯特尔领导的《柏林月刊》拥有其主要喉舌的柏林启蒙哲学结盟，以便与它共同进行反对普鲁士的政治和精神反动，他比任何人都更早和更尖锐地认识到这种反动的预兆。把他在哲学基本观点上与这种启蒙分开的东西，现在对他本人来说相对于新的共同任务而退后了。在1784年，他就已经试图汇合围绕这个党派名称的所有努力，规定它们的最深刻的统一倾向。启蒙的概念在这里被用**自律**这个批判概念来改写，并在后者里面得到论证和保障。"启蒙就是人从他咎由自取的受监护状态走出。受监护状态就是没有他人的指导就不能使用自己的理智的状态。如果这种受监护状态的原因不在于缺乏理智，而在于缺乏无须他人指导而使用自己的理智的决心和勇气，则它就是咎由自取的。因此，Sapere aude［要敢于认识］！要有勇气使用你**自己的**理智！这就是启蒙的格言。"① 从这一思想和主题词出发，康德也立刻与使批判学说为一种"非理性主义"服务的所

---

① 《回答这个问题：什么是启蒙？》（1784年，第4卷，第169页；中文版第8卷，第40页）。

有努力相对立，这种非理性主义在使情感和信仰也成为一切**理论**洞识的要素时，最终有取消理论的真理概念和确定性概念自身之基础的危险。他在这里尖锐而明确地反对弗·海因里希·雅可比的信仰哲学。而且也是在这里，他把自己在其中揭示雅可比的信仰概念与他自己关于"理性信仰"的学说之区别的概念分析立刻与一种政治展望和一种政治劝告联结起来。认识批判的阐明在一种私人的警告和顿呼中结束。"具有精神能力并具有拓宽了的意念的人们啊！我尊敬你们的才能，并且喜爱你们的人类情感。但是，你们也考虑过你们所做的事情吗？你们对理性的攻击意欲何为？毫无疑问，你们希望维护**思维的自由**不受伤害；没有这种自由，甚至你们自由的天才活力也会马上终结……热爱人类以及对人类来说最神圣的东西的人们！去假定你们觉得经过谨慎和真诚的检验之后最值得相信的东西吧，无论是事实，还是理性根据；只是不要否认理性拥有使它成为尘世最高的善的东西，亦即充当真理的最终试金石的特权。若不然，你们就将不配这种自由，也肯定将损害它，并且还使这种不幸殃及其他无辜的人，他们本来是很会为了世间福利而合法则地、因而也是合目的地使用自己的自由的。"① 康德的文风罕见地提高到如此急迫的个人激情：人们在这些写于腓特烈大帝辞世之年的话里感到，康德是怎样清晰地看到此后不久在韦尔讷被任命为大臣和普鲁士宗教敕令的颁布中得到其表达的新制度临近的。

这样，对于将近 70 岁的康德来说，在最全面和最深刻的精神创造性的十年之后，他并没有歇息的瞬间，而是发现自己立刻又被卷入他必须朝不同方向进行的新斗争。一方面，要抵御对他的哲学的

---

① 《什么叫作在思维中确定方向？》（1786 年，第 4 卷，第 63 页及以下；中文版第 8 卷，第 146 页及以下）。

误解和曲解，它们有使他的哲学丧失其独特内容及其特殊价值的危险。如果占统治地位的学院哲学把康德首先——像门德尔松真诚地感受和说出的那样——视为"捣毁一切的人"，那么，这种判断在逐渐地给另一种情感和另一种策略腾位置。批判学说的纯然否定性的第一印象必须在其积极内容至少间接地在其**影响**中越来越清晰地显现的程度上日渐削弱。现在，必须尝试——尽管人们很难实际上真正接受这种内容——至少从被给予的**历史**范畴和成规出发来理解它。就像人们在理性批判发表之初就把它与贝克莱相对照，哈曼把康德当作"普鲁士的休谟"来欢迎一样，现在，指出康德唯心论与莱布尼茨唯心论的亲近性的声音多了起来。但是，莱布尼茨的学说自身在这里绝不是就其真正的普遍性和深度来看的，而是人们完全通过沃尔夫哲学的媒介并从已知的、从沃尔夫学派产生的形而上学手册出发来审视它。在人们把康德的结果译回这些手册的语言时，它们似乎由此才抹掉自己的异类性，并列入已知的观念的圈子。但是，现在对先验哲学用怎样罕见的形式和语式来表达一个在根本要点上已知的结果的惊讶甚嚣尘上。理性批判的所有方法上的基本区分——感性和知性的对立、分析判断和综合判断的区别、先天和后天的对峙，都被这种评判涉及。当它们作为个别要素被从它们所属并在其中才拥有其真正的依靠和其意义的系统整体联系中分离出来时，由此就给它们印上了特殊义理的性质，对于特殊义理来说，可以轻而易举地在异己思想世界中证明一个类似物和对立物。埃贝哈德和马斯在1788—1789年的《哲学杂志》上进行的批判研究，虽然有它们给予自己的科学严谨和缜密的假象，却完全是在这个方向上的。康德以让人想起他与费德尔的论战的尖锐和辛辣来驳斥这种做法。在康德的精神中，批判哲学作为有条有理的整体是活生生的，并且唯有作为这样的整体才是可思议的,康德不能把探讨批判哲学的这种任意的、肢解的方式视为别的,只能视为其"几乎蓄意的"歪曲和误解。纯粹在心理学上看,他由此毫无疑问对自己的敌手不公平;他如此不能使自己置身于其思维方式的合乎学术和合乎专业的限制,以至于他倾向于把这种缺陷宁可归咎于他们的意志而不是归咎于他们的理智。但是,他如今在他针对埃贝哈德的檄文中更多地感到被要求把他的体系的所有根本性主要概念再一次以一个全面的概览置于读者面前,并交互阐明它们。在这方面,论文《论一个据说一切新的纯粹理性批判都由于一个更早的批判而变得多余的发现》展示出一个在清晰性和简明扼要上直追《导论》的纲要。归属与知性有别的感性的特殊性质,纯粹空间形式和时间形式的方法论独特性,先天的意义及其与生而具有的对立,所有这些都再次以极充分的确定性出现;而且这样一来,就如同自动一般得出体系的那种独自做决定的原创性的证明,这种原创性不是按照它的结果的总和,而是按照它的创造性思想主题的力量和同一性来衡量的。①

如果在对埃贝哈德的檄文中再一次展示出康德论战文风的全部潜能,那么,紧随其后的对伽尔韦的一种攻击的抵御就是根据一种温和的声音定调的。这位高贵且可爱的人却是一个很平庸的思想家,到处都与康德的轨道相交,是他的命运。当他就他对《哥廷根学者通讯》上声名狼藉的理性批判书评的参与公开并且坦率地对康德做出说明时,康德立刻原谅了他。但是,《道德形而上学的奠基》就已经必须向伽尔韦的重新反驳挑战了:康德伦理学的严格既与他和解的、不喜欢任何尖锐和对立的本性相矛盾,而且与他的大众哲学

---

① 见第6卷,第3—71页。

的思维习惯相矛盾。无论如何，他并不是那么直接地反对批判伦理学的原则，而是反对它的不受限制的贯彻的可能性。他好歹承认规则，为的是立刻针对它要求和倡导"例外"。但对于康德来说，在这个问题上不存在回避和让步，而且就连沉默也让他觉得是让步。"我不喜欢这位老人，"歌德借后来一次机会给席勒这样写道，"他总是重复自己的原理，借每一次机会敲打同样的地点。较年轻的实践人做事毫不在意他的敌手，较年老的理论人必须不让任何人遇到一个不适当的词。我们未来也要遵循这一点。"① 作为这样一个"不适当的词"，康德拾起了理论和实践之间区别的套话。相对于定言命令式提出的道德要求的无条件性，在道德法则的经验性运用可能性的所谓有条件性中就没救了。"然而，在一种基于**义务概念**的理论中，对于这个概念之空洞的观念性的忧虑就完全消失了，因为如果我们的意志的某种作用并不也在经验（无论它是被设想为完成的，还是被设想为一直接近完成的）中可能，那么，企求这种作用就会不是义务；而在本文中所说的却只是这类理论。作为哲学的丑闻，关于这种理论屡见不鲜地有人借口说，在其中可能正确的东西，对于实践来说却无效；确切地说是以一种高傲蔑视的口气，充满狂妄，想要在理性安置其最高荣誉的东西里面通过经验来改进理性本身；且以智慧自负，凭借死盯着经验的鼠目寸光，能够比一种被创造得昂首直立、凝视天穹的存在者所分有的眼睛看得更远、更准。这种在我们这个夸夸其谈而无行动的时代里已经变得十分常见的准则，当它涉及某种道德事务时……就造成极大的危害。在这里，所关切的是理性（在实践事务上）的法规，此时实践的价值完全基于它与配给它的理

---

① 歌德于1798年7月27日致席勒的信。

论的适宜性，而如果履行法则的经验性的、从而偶然的条件被当成法则本身的条件，并且就这样，一种考虑到按照**迄今的**经验而可能的结局的实践，被赋予权利去主宰自身独立的理论，那么一切就都完了。"

纯粹理论不可动摇的要求相对于源自经验性具体运用材料的所有特别条件在三个方向上得到了阐述：在仅仅旨在为单个人的道德行动确立有效准则的**主观伦理学**考察的关系中，在应当的命令式与国家的存在和与**国家宪法**的关系中，最后在把法律道德组织的思想延伸到特殊的人民统一和国家统一的整体并由此扩展为一个普遍有效的**国际法**的那种**世界公民的**意义上。在前一方面，阐明就只需要重复《道德形而上学的奠基》和《实践理性批判》关于意欲的"质料"和意志的纯粹"形式"之间关系给出的规定。但现在，就它不仅把道德法则自身的纯粹生效，而且把道德法则在运用于个别案例时的实际效力收入眼底而言，它向具体的和个体心理学的疑难的领域迈进了一步。即便在这里也表现出，裁决完全是有利于"形式"而不利于"质料"、有利于纯粹的"理念"而不利于经验性的快乐情感和幸福追求做出的。义务概念不仅特有唯一真正规范的意义，而且特有唯一生效的说明动机的力量。它"在其完全的纯粹性之中"，与任何取自幸福的或者与幸福和对幸福的考虑相混杂的动机相比，不仅无可比拟地更为简单、更为清晰，对于每个人来说为了实践应用更易把握、更为自然，而且甚至在最普通的人类理性的判断中，与一切这后一种原则的动因相比，都远远**更为有力**、更为强劲、更有成功的希望。[①]然而，如果这里只有康德的伦理基本思想向**教育学**

---

① 《论俗语：这在理论上可能是正确的，但不适用于实践》(第 6 卷，第 359 页、第 369 页；中文版第 8 卷，第 279—280 页、第 289 页)。

事物的一种延续，那么，在康德转向对国家生活的考察的点上，也呈现出普遍理论视域的一种实际扩展。在这里，他面临着一个新的原则性裁决："理论"和"实践"的关系问题变成**伦理学和政治学之间关系**的特殊问题。

康德就其政治学基本观点而言完全站在那些在卢梭那里找到其理论表达并在**法国革命**中找到其可见的实践效力的思想之上。他在法国革命中看到了纯粹理性法的实现的应许，因为对于他来说，任何政治学理论的独特疑难都在于不同的个别意志统一为一个整体意志的可能性问题。但在这里，个别意志的自律不应被取消，而是应当在一个新的意义上得到生效和承认。因此，在哲学上来理解，关于法和国家的一切理论都可以所要非他，只是解决每个个人的自由如何能够从一个已知的理性法则出发限制自己、使得它由此允许和建立每个别人的自由这个课题。这样，康德的法权说和国家说就完全坚持18世纪的普遍预设：坚持人的不可转让的基本法权的思想和社会契约的思想。弗里德里希·根茨不无道理地就康德反驳伽尔韦的文章说，它包含着"不声不响地以朴实无华却彻底完成的形态从这位德国哲学家的宁静和谦虚的玄想产生的……、如此经常被赞颂且如此少有被理解的人权的完备理论"。① 当然，对于康德来说，毫无疑问如果他要求国家法理论和政治实践的统一，如果他要求按照社会契约的思想塑造现实的国家生活，存在和应当**在方法上的二元论**并不由此就被取消。理论自身在这里是纯粹的应当理论，它在经验性的存在中，无论人们如何完善地设想它，都只能得到一个有条件的、相对的塑造。唯有实现的**要求**是无条件的，不受任何时间的

---

① 弗里德里希·根茨：《康德教授先生关于理论和实践之间关系的玄想跋》(《柏林月刊》，1793年12月号）。

和偶然的界限制约的，而它的**执行**在任何时候都依然受到限制。因此，就连社会契约的概念也不表示在任何一个过去完成的或者在任何一个未来可完成的事实，而是仅仅表示一个任务，但这个任务却可以作为对事实的东西的任何评判的标准来使用和坚持。个别意志的一种"联合"，如其这里在思想中假设的那样，绝不需要曾发生过，以至于必须从历史出发才事先证明，必定有一个民族曾现实地采取过这样一种行动，并且口头上或者书面上给我们留下了这件事的可靠信息，以便认为自己是受这样一种公民宪法制约的。"它反倒是理性的一个**纯然的理念**，但这个理念却具有无可置疑的（实践的）实在性，也就是说，**约束**每个立法者，使他如此颁立自己的法律，就仿佛它们**能够**从整个民族联合起来的意志中产生出来；而且每个公民只要愿意是公民，就如此看待他，仿佛他一起赞同了这样一种意志似的，因为这是任何一种公共法律的合法权性的试金石。"与此相反，在这个规则不被履行的地方，在统治者自认为拥有与这个规则无法统一的法权的地方，无论是单个人，还是经验性的人民整体性，当然都没有暴力反抗的法权。承认这样一种法权，就叫作取消了任何国家秩序自身所基于的实际根据。国家元首的权威必须在其实际持存中保持不受触动，但纯粹的理论、普遍有效的伦理学原理，尽可以要求没有任何东西阻碍其不受限制的阐述和阐明。因此，针对国家暴力合法的、但在某些情况下也是必要的和应有的反抗，具有纯粹精神的性质。在任何共同事业中，都必须存在着一种按照强制法律对国家宪法机制的**顺从**，但同时存在着一种**自由**的精神，从而存在着对现存制度公开批判的精神。据此，对于康德来说，一些国家法理论承认公民具有的反抗法权就化为纯然的"言论自由"，但这种自由必须作为"人民法权的唯一守护神"也对统治者来说保持不受触动。①

人们在这里重新认识到康德在这整个时期处身于其中的斗争的双重性质。他以捍卫他的义务概念的纯粹性和不受限制的有效性开始；但是，这种捍卫却把他推回到伦理学理论与实践的关系这个普遍的基本问题。在没有清晰地和不模棱两可地确定这两个对立的要素在这里哪一个是**尺度**和哪一个是**被衡量者**，是现实的东西相对于理念还是理念相对于现实充当规范之前，在方法上不能向前一步。但是对于康德来说，这种区分的内容从他的第一批批判预设出发是一开始就确定的。就像在理论的东西中认识不以对象为准，而是对象以认识为准一样，纯粹的应当相对于经验性现存和现实的东西给出普遍的准绳。当然，在康德以这种方式主张理论*自身*不受限制的可用性的时候，由此同时划定了它的手段的圈子。理论永远停留在它的领域内，它相对于反抗和抵制的实践放弃一切强暴的手段，以便仅仅使用理性的手段。与此同时，属于科学的对国家生活的参与，既在正面也在负面被予以描述。科学在其外部存在和其外在组织的一切形式中都不能回避国家的权力和监管，但它仅仅在这样的条件下从属于后者，即它原则上检验和原则上批判其所有设施的法权不受触动。这样，对于康德来说，普遍的任务就扩展了：从对体系的基本问题的一种研究，从对他的方法论的纯粹性的一种捍卫，他被继续引导到哲学理论在精神文化的整体中的地位问题。科学和宗教、国家生活和法权生活都只是这个整体的个别部分。永远重新描绘意识的个别"能力"的界限并照管对它们的精确遵守的需求，与政治时局在这方面对于康德来说所呈现的特殊动机相结合。我们在这里

---

① 《论俗语：这在理论上可能是正确的，但不适用于实践》（第 6 卷，第 380—390 页；中文版第 8 卷，第 301—308 页）。

先提出1793年发表的康德驳斥伽尔韦的论文,因为它作为某个思想发展的终点最清晰地表现出后者的整体倾向;但现在,我们必须返回去,以便首先追踪康德的哲学活动和出版活动自腓特烈二世辞世以来所采取的进程。

腓特烈辞世后两年,策德利茨从他作为精神和授课事务大臣的位置上退了下来;这个位置被"出自新国王的特殊信赖"授予了约·克里斯托弗·韦尔讷,腓特烈曾经在一份卷宗的简短评论中把他称为一个"骗人的、阴险的教士"。韦尔讷以颁布著名的"宗教敕令"开始自己的职务活动,不久又继之以颁布一个书报审查敕令和为在普鲁士出版的一切印刷品任命一个特别的书报审查委员会。要做的是用所有的国家权力手段来贯彻正统对自由精神和启蒙事业的斗争。宗教敕令向臣民们承诺容忍他们的宗教信念,"只要每一个人都安静地作为国家的一个好公民履行自己的义务,但保留自己每个时候的特殊意见,谨慎地防止扩散这样的意见或者劝说别人并使他们在自己的信仰中迷惑或者动摇"。两年后,在1790年12月9日,它由一个发给教会监理会并使神学候补生的考试服从一个精确规定的图式的公告得到补充。① 各个候补生的认信都应当通过严格的询问来确定,而且他们中的每个人都应当在考试结束时通过击掌来承担义务,在履行自己的教师和布道职务时不超出这个认信的界限。

为了完全清楚所有这些措施给康德的印象,人们必须想到他自青年时代、自从他达到在宗教事务上的一种稳定和独立的信念以来

---

① 关于宗教敕令和韦尔讷的统治,更详细的见狄尔泰:《康德与书报审查关于其宗教研究权利的争执》,载《哲学史档案》,第3卷;见弗洛姆:《伊·康德和普鲁士书报审查》,汉堡和莱比锡,1894年;见埃米尔·阿诺尔德:《与康德的"宗教学说"及其同普鲁士政府的冲突相关的康德生平和作家活动的历史资料集》(1898年,《阿诺尔德全集》,许恩多尔夫编,第6卷)。

对所有认信事务和教会事务所采取的态度。当拉法特在 1775 年请教他关于论文《论信仰和祈祷》的看法时，他极为明确和极为坦诚地回复拉法特："您知道，"他这样给拉法特写道，"自己为此找的是谁吗？是这样一个人，就心灵最隐秘的意念来说，他只知道最纯洁的正直，除此之外，他不知道任何在生命的最后一刻也能够经受住考验的办法。同约伯一样，他把谄媚上帝和内心的认信视为一种犯罪。内心的认信也许迫使人产生恐惧，在自由的信仰中，心灵是不能与它共鸣的。我把基督的**教诲**与我们关于基督的教诲所拥有的**信息**区别开来，而为了提纯基督的教诲，我试图首先把道德教诲与《新约》的所有章程分别开来。道德教诲无疑是福音的基本教诲，其余的东西只能是福音的辅助教诲……但是，一旦善的生活方式和信仰中意念的纯粹性的教诲（**无需宗教妄念任何时候都在于其中的所谓崇拜谋求**，上帝已经以一种我们根本不必要知道的方式补充了……其他东西）在世界上作为唯一包含着人的真正救赎的宗教充分传播开来，以至于能够在世上保存下来，那么，既然大厦已经建成，脚手架就必须拆除掉……现在，我坦率地承认：就历史的东西而言，我们的《新约》经卷从未能够具有某种威望，使得我们会敢于非常信赖地把自己交付给这些经卷的每一行文字，特别是由此削弱对唯一必要的东西的注意，亦即对福音的道德信仰的注意。而道德信仰的优越性恰恰在于，我们的一切努力都被集中到我们的意念的纯粹性和一种善的生活方式的责任心之上；而毕竟使得神圣的律法任何时候都浮现在眼前，并不断地告诫我们对属神意志的哪怕极小的背离都是要受到一位铁面无私的公正法官的审判的。对此，**任何信仰表白、呼唤神圣的名字、遵守崇拜的戒律都无济于事**……显而易见，使徒们把福音的这种辅助教诲当成了它的基本教诲，而且把也许从上帝那方面来看确实可以是**我们灵性的根据**的东西视为**我们灵性所必需的信仰的根据**，不是把神圣导师的实践的宗教教诲当作根本的东西加以盛赞，而是不顾那位导师如此明确并且经常表示的反对，盛赞对这位导师自身的尊崇和一种通过阿谀奉承和歌功颂德来祈求恩惠的方式。"①

康德从此以后看到，他历来当作真正的宗教妄念来谴责的这样一种"谋求恩宠的宗教"，是由国家方面明确承认和要求的；而且对于这里所说的"谋求恩宠"的超验意义来说，在既定的情况下有把很明显的政治实践意义与之等同起来的危险。从现在开始，他孜孜不倦地针对他同时感受为一种宗教腐化和一种国家腐化的那种东西极为尖锐地提出抗议。几乎他现在在《柏林月刊》刊印的论文的每一篇，都直接地或者间接地与这个基本主题相关。②致拉法特的信就已经包含的对《约伯记》的提示，似乎对他来说在这个联系中已经流行。现在，他继续改造它，把"对上帝的谄媚者"的图像与真诚的怀疑和在约伯身上铸就的对洞识世界秩序的属神性的真诚绝望对立起来，并以明显取自当时的普鲁士掌权者并针对他们的特征来装饰这幅图像。"约伯，"在论文《论神义论中一切哲学尝试的失败》中说道，"说的如同其想的，他的心情也许是每一个在他的处境中的人都有的心情；与此相反，他的朋友们所说的，如同他们被更强大者暗中窃听一样，他们正在裁决这位更强大者的事情，凭借自己的判断讨他的欢心，对他们来说要比真理更受关切。他们维护自己本

---

① 康德于1775年4月28日致拉法特的信，见第9卷，第132页；《康德书信百封》，第54—56页。

② 特别是阿诺尔德（《阿诺尔德全集》，许恩多尔夫编，第6卷，第107页及以下）有理由指出这种关系。

来必须承认一无所知的事物。只是为了装装样子,他们伪装出一种自己事实上并不具有的信念,他们的这种狡诈与约伯的坦率形成了非常有利于后者的鲜明对比,约伯的坦率如此远离虚伪的阿谀奉承,以至于几乎接近于放肆。"更不加掩饰地出现的是关于时代关系的提示,他隐含在这个反题之中,出现在论文的继续中。"约伯则极可能在每一个教义学神学家的法庭面前、在一个宗教会议面前、在一个宗教法庭面前、在一个令人敬畏的部门面前,或者在我们时代的任何一个高等教会监理会(只有一个例外)①面前,都招致一种悲惨的命运。因此,不是认识上的优势而是心灵的坦诚,直言不讳地承认自己的怀疑的正直不阿,对人们感觉不到的时候……伪装信念感到厌恶,只有这些秉性才是在约伯这个人身上决定在神的裁决中一个正直的人相对于宗教上的马屁精的优势的东西。"然后,清晰地鉴于新的韦尔讷考试秩序和在其中规定的通过击掌对正统信仰承担义务,一个"结束语"反对任何"真诚的强制手段",反对在就对象的本性而言绝不可能有一种理论上独断的信念的事物上的"*tortura spiritualis*[精神的拷问]"。谁在这里纯然是由于被它所要求而做出信仰的一种保证,也许根本没有查看一下自己本人是否确实意识到这种视之为真或者这样一种程度的视之为真,他"所说的谎言就不仅是在一个知人心者面前的一种最荒唐无稽的谎言,而且还是最违法的谎言,因为它损害了每一个道德决心的基础,即正直。这样盲目的和外在的**认信**(它很容易与一种同样不真实的内在认信达成一致)如果提供**谋生手段**,就会逐渐地把某种虚伪带入甚至一般人的

---

① 暗指柏林的高等教会监理会,它在施帕尔丁的领导下对韦尔讷的措施进行了坚决的反抗。

思维方式，这一点很容易就可以看得出来。"① 康德关于他看到"共同体"采取的新方向几乎不可能有一种更为明确和更无保留的解释了：唯有无关紧要的韦尔讷这个**名字**在这里被扣发了，而他的政策的终极目标和后果则如此清晰地作为警示符号提出来了，以至于在这方面不可能有任何怀疑和任何误解。

出自这种理由，康德与当时普鲁士统治圈子的冲突就已经不可避免，而且早在它真正爆发之前很久就可以预见。政府起初保护过康德，它大概害怕攻击著名的作家，特别是他享有国王的亲身信赖，被国王在哥尼斯贝格的加冕礼上特别嘉奖。特意为学习康德哲学而被从柏林派到哥尼斯贝格的基塞维特尔，在其返回宫廷后担任国王孩子们的教师，施展鲜活的激情广泛传播他当然只是以一种通俗的肤浅化理解和讲授的批判学说。但是，实际的对立越来越强烈地迫使做出一种清晰的裁定。一个完全禁止康德的文坛活动的申请——按照基塞维特尔在致康德的一封信中提到而他自己当然声称不可信的传闻——已经在1791年6月由高等教会监理会成员沃尔特斯多夫呈递国王。"他现在身心俱衰，"基塞维特尔给康德的关于国王的信写道，"数小时坐着哭。比绍夫斯维德、韦尔讷和里茨就是折磨国王的那些人。人们期待一道新的宗教敕令，而且群众抱怨人们要强迫他们去教堂和领圣餐；他在这方面第一次感到，有一些事情是没有任何君侯能够命令的，而且人们必须防止火星燃烧。"② 然而，当1792年康德的文章《论人的本性中的根本恶》呈送给韦尔讷任命的书报审查官戈·弗·希尔默时，他最初尚不能决定拒发刊印允许；

---

① 整个见《论神义论中一切哲学尝试的失败》（1791年，第6卷，第132—138页；中文版第8卷，第268—273页）。

② 见基塞维特尔于1791年6月14日致康德的信。

他让它发表在《柏林月刊》4月号,因为他对思想放心,"毕竟只有思想深邃的学者才读康德的作品"。但是,这篇论文的续篇,即论文《论善的原则与恶的原则围绕对人类的统治权所进行的斗争》,由于人们把它的内容视为属于圣经神学的,就也由神学书报审查官赫尔梅斯共同审读,并已经在后者那里激起反感,并遭到禁止刊印。《柏林月刊》编者比斯特尔的申诉在书报审查当局和国王那里依然徒劳:康德如果不想完全放弃发表,就必须另辟蹊径。他用另两个部分补充了原定给月刊的两篇文章,把整体作为独立的作品《纯然理性界限内的宗教》让人于1793年复活节出版。他事先在哥尼斯贝格神学院咨询,它是否把这部著作视为属于"圣经神学"的,因而要求对它进行书报审查;① 当回答的结果是否定的时,他为了取得一个科学团体关于这部作品的鉴定而转向了耶拿大学哲学院,该院当时的院长尤斯图斯·克里斯蒂安·亨宁斯颁发了准印令。②

如果我们在探讨这部著作的进一步命运之前看一看它的内容,就必须首先强调,康德的宗教作品并不能像他的批判代表作那样用同样的尺度来衡量。它与体系奠基的诸作品,与《纯粹理性批判》或者《实践理性批判》,与《道德形而上学的奠基》或者《判断力批判》,并不处在同一条线上。也就是说,另一方面,康德体系根本不认宗教哲学是一个完全**独立的**体系环节,一种独特的、基于自治和独立的预设的考察方式。一种像它后来特别被施莱尔马赫为哲学的宗教学说所要求的诸如此类的效力对于康德来说是陌生的,因为他的宗教哲学的内容对他来说仅仅构成他的伦理学的内容的一种证实

---

① 参见康德于1793年5月4日致施托伊德林的信(《康德书信百封》,第243页)。
② 准印令由亨宁斯颁发,最初是由阿诺尔德证实的(《阿诺尔德全集》,许恩多尔夫编,第6卷,第31页及以下)。

和相关物。因此，"纯然理性界限内的"宗教不需要认启示概念，也不可以认它，这种宗教除了纯粹道德的内容之外，没有任何别的本质内容：它只是在另一种观点下并且以某种象征性的外衣来阐述这种内容。宗教对于康德来说就是"对我们作为属神诚命的义务的认识"。从而即便在这里，义务概念也是处在中心的，只是对它的起源和它生效的根据的考察采取了与在伦理学的奠基中情况不同的另一个方向罢了。不是把义务的概念纯粹作为它所意味着的东西并根据它所命令的东西来考察，我们在这里把诫命的内容总结为关于一个最高**存在者**的理念，我们把这个存在者设想为道德法则的作者。这样一种转变对于人来说是不可避免的，因为任何理念，包括最高的理念，如自由的理念，对于人来说都唯有在图像中和在"图型化"中才是可领会的。为了使我们领会超感性的性状，我们总是需要与自然存在者的某种类比，不能缺少这种"类比的图型论"。[①] 在这里，不仅有我们必须把一切精神的东西也在时空的东西的比喻中来表象的感性直观本性的一种独特性，而且同时——而这一点对于康德来说是自从完成《判断力批判》以来才完全清晰的——有我们的纯粹**审美意识**的一种基本倾向。[②] 尽管这样一来，导向自然宗教和实证

[①] 《纯然理性界限内的宗教》，第二篇，第一章（第6卷，第205—206页，注；中文版第6卷，第64—65页，注）。

[②] 这种观点特别清晰地出现在康德把他自己的理性信仰的立场与一种纯然的**情感宗教**的立场对立起来的地方，因为情感在他看来只是对于审美世界的建构来说具有积极的和创造性的意义。因此，由此就对他来说得出一种中介的可能性，它并不无条件地拒斥例如在雅可比的情感哲学中所包含的真正能产的、相对于18世纪的启蒙来说新颖的要素，但赋予它一种全新的解释和运用。康德这样结束他的论文《论哲学中一种新近升高的高贵口吻》（1796年）："但是，两个党派在根本上拥有同一个良好的意图，亦即使人们睿智且正直，在它们之间的所有这些争执却又是为了哪般呢？它是不为任何东西的噪声，是出自误解的不和，对这种不和来说不需要任何和解，而是只需

宗教的诸力量不仅可以在心理学上来理解，而且可以批判地来辩护，但毕竟必须谨慎地看清楚，它们并不自以为有一种错误的独立性。宗教作品的第一版的前言就已经说，既然道德是建立在人这种自由的存在者的概念之上的，人这种存在者又正因为自由而通过自己的理性使自己受无条件的法则制约，那么，道德也就既不为了认识人的义务而需要在人之上的另一种存在者的理念，也不为了遵循人的义务而需要不同于法则自身的另一种动机。至少，倘若人有了这样一种需要，而且在这种情况下又不能借助别的什么东西来满足这种需要，那么，这就是人自己的过错，因为不是产生自人自身和人的自由的东西，也就不能为人缺乏道德性提供补偿。因此，道德"为了自身起见，（无论是在客观上就意愿而言，还是在主观上就能够而言）都

（接上页）要一种相互的解释……我们双方都对之屈膝的戴着面纱的女神，就是我们心中有其不容侵犯的庄严的道德法则。我们虽然获悉她的声音，并且也完全理解她的诚命；但是，在聆听时却不免怀疑，她是因自己的理性本身的绝对权力而出自人，还是出自另一个其本质不为人所知而通过人自己的这种理性对人说话的存在者？在根本上，我们也许最好是给自己免除这项探究，因为它是纯然思辨的，而且我们有责任（客观上）去做的事，永远是同样的事情，无论人以这个还是那个原则为基础：只不过按照逻辑的学术方式把道德法则付诸清晰的概念的教学方法，真正说来只是**哲学的**，但把那种法则人格化，使道德上颁布命令的理性成为一个戴着面纱的伊西斯（尽管除了按照那种方法发现的之外，我们并不赋予这位伊西斯任何别的属性），则是同一个对象的一种**审美的**表象方式；人们在通过前已经将原则纯化之后，可以使用这种表象方式，以便通过感性的、尽管只是类比的展示来使那些理念赋有生命，但总是有些陷入迷狂的幻景的危险，这种幻景就是一切哲学的死亡。"（第6卷，第494—495页；中文版第8卷，第412页。）给宗教在先验批判的整体中一个真正独立的地位，其重大困难在这里就以很独特的方式出现了。按照其**内容**，它应当作为理性宗教与纯粹伦理学重叠，它只是通过其形式、通过这种内容的"人格化"与纯粹伦理学区别开来。但这种形式自身并不是它特有的，而是它——甚至且不说《纯粹理性批判》所阐发的先验"图型论"的普遍的、纯粹**理论的**意义——返回到意识的**审美**基本功能。据此，按照康德的预设，宗教的东西并不表现如意识的一个独特的和、自己法则的**领域**，而是仅仅表现如事先被规定和彼此划界的领域和"能力"彼此相处的一种新**关系**。

绝对不需要宗教，相反，借助于纯粹的实践理性，道德是自给自足的"。① 在这一点被忽视的地方，在宗教表象方式哪怕只是被允许对道德性的真正**建立**有极小影响的地方，都不仅丧失伦理学的纯粹基本思想，而且丧失宗教本身的纯粹基本思想，这就是对上帝的事奉被颠倒为"伪事奉"。

康德自他对拉法特的书信表述以来就始终不渝地坚持这种思想。如果人除了善的生活方式之外，自以为还能够做点别的什么来让上帝喜悦，就连宗教作品也把它称为真正的"宗教妄念"：我们的行动唯有在纯粹地基于自律的原则，从而在对法则自身的承认中排除与"立法者"的特殊关系的情况下才能够叫作"善的"。任何外在做法的转变，无论它是什么样的，都无助于超越这种基本意念中的一个缺陷。"一旦人们转向一种自以为使上帝喜悦自己的、必要时也使他息怒的、但并非纯粹道德上的事奉的准则，那么，在仿佛机械式的事奉方式中，就不存在使一种方式优于另一种方式的本质区别了。就价值（或者毋宁说无价值）而言，它们全都是一路货色。凭借**更为精巧地**偏离真正崇敬上帝的唯一的理智原则，就自以为比那些允许自己犯下一种据说是**更粗劣地**堕落到感性的罪过的人优秀些，这纯粹是忸怩作态。无论是信徒按照规章加入**教会**，还是他前往**劳莱托**或者巴勒斯坦的圣地朝圣，无论他是用**双唇**还是像西藏人那样用一种**转经筒**把自己的祈祷定式送达天庭……无论在道德上事奉上帝的代用品是什么样的，所有这些都是一路货色，其价值没有什么两样。在此，关键并不在于外在形式的差别，而是一切都取决于接受还是背离那条唯一的原则，即要么是当道

---

① 第6卷，第141页；中文版第6卷，第4页。

德意念在作为它的显象的行动中活生生地体现出来时就仅仅凭借道德意念使上帝喜悦，要么是凭借虔诚的娱乐行为或者无所事事来使上帝喜悦。"①

与宗教相联结的困难的**方法**疑难和附着于它的独特辩证，当然立刻就出现在这一联系之中。一方面，感性的"图型论"与宗教的本质不可分割，是与它同时不可回避地设定的：如果宗教要放弃这种图型论，它就会不再是它自己。但另一方面，恰恰这种要素对它来说意味着对它最深刻和最源始的内容的一种不断伤害；一旦它不经批判地听凭这种内容，它就必然发现自己颠倒成自己基本倾向的反面了。我们发现自己面临着二择一的问题，即要么纯粹地把宗教化入伦理学，从而使它作为独立构成物消失，要么维护它与伦理学相邻，但这样一来也必然与伦理学相悖。道德法则的导出和论证与一种超越"补充"一样难以容忍一种感性支撑：我们所允许的任何"异质的"要素都必然彻底改造这种论证。对于康德来说，这种二论背反的解答又在经验性的东西与理知的东西、被给予的东西和被托付的东西的严格分别之中。纯粹的理性宗教向纯粹的伦理学的过渡是**要求的**，但它在历史显象的世界里从未**实施**，在它里面也不可能某时实际实施。我们所寻找并且必须坚守的结合点就在无限者之中。但是，它对于我们来说绝不成为虚构的点。毋宁说，它严格和精确地表示宗教的发展如果不想错失自己的目标就不可偏离的方向。宗教必须在它显现于历史现实中的地方接受唯独符合这种现实的形式。它为了成为间接的，就必须依靠传达的感性符号；它为了作用于共

---

① 《纯然理性界限内的宗教》，第四篇：论善的原则统治下的是否和伪事奉，或论宗教与教权制，第二章，第二节（第 6 卷，第 320 页及以下；中文版第 6 卷，第 176—177 页）。

同生活，就需要这种共同生活的稳定外部秩序和联系。这样，它在其经验性的存在中必然成为教会。但是，它另一方面沉溺于这种存在形式，仅仅是为了不断地超出它和审问它。它在自己的纯粹"自在"中是什么的思想一直重新与时间上特殊和受限制的显现方式相对立；它真正的"基本教义"也必须一再针对纯然的"辅助教义"412来维护和倡导。这样，它所旨在的无限内容和它唯一能够领会这种内容的阐述方式之间的斗争当然就继续存在于它的每一个级别和阶段；但恰恰这种斗争，它在其中具有它的历史生命和它的历史效用。在这种意义上，康德像莱辛一样把"实证的"宗教视为"人类关系"中的要素和贯穿点；在这种意义上，他要求它们自己不僵化在一种狭隘的教义学中，而是承认伦理的理性宗教的尺度，从而当然为它们自己的被克服和解体做准备。

　　康德宗教学说的普遍主题由此被标出，而这个主题的清晰论述和付诸实施在《纯然理性界限内的宗教》中当然还被设置了多方面的限制。这些限制首先就在于这部作品的特殊性质，即它绝不给出对康德宗教哲学基本思想的一个完备阐述，而是只想借某个预设的教义学的例子说明，从被给予的信条的一个体系中如何借着深化和重新解释来获得纯粹"理性的"伦理基本真理的一个完美化身。但当然，在另一方面，通过批判的考察方式的这种联结划出了完全确定的界限。并不是它一般而言要放弃自己的原则，但它从现在起要把这个原则运用于它认为是从外部被给予的材料。《纯然理性界限内的宗教》由此彻底获得了一部妥协作品的性质。它选出了一个稳固的教义库存，为的是纯粹地提取隐匿在这种教义学外壳中的道德内容。所有看起来与这种内容抵触的东西，都要么作为一种事后迷惑人的附加被从所考察的信仰学说的"本质"剔除，要么在使其以某种方式适应整体探讨的方法所凭借的意义上被改造。① 由此，当然不是仅仅为考察固定了一个任意和偶然的出发点，而是看起来通过对一个被给予的教义圈子的依靠也容忍和继续引进通过理性批判的理论奠基能够被视为已经被最终克服的经院哲学。然而，人们必须防止过于仓促地从康德人格性和性格的纯粹偶然的限制出发来解释这种自身不可忽视的缺陷。它绝不是一种纯然的思维怯懦，在这里抑制着他。对国家和教会权威的外在顾虑可能会导致**表述**的某些不确定性和某些遮掩，但思想的内核并不由此被触及。康德与传统宗教的对立原则上无异于他与传统形而上学的对立。但对他来说，这里关涉的是另一个任务：某个宗教的"事实"在一种远比形而上学——在形而上学中，每一个后继的体系似乎都摧毁先行的体系——的事实严格的意义上作为一个相对持久的、在主要特征上保持相同的历史事实被给予。致力于在观念上克服它的人也必须算计到这种经验性的实际性。理想化以被给予的东西为起点：不是为了不顾一切代价地为它做辩护，而是为了在它里面揭示它能够通过展开在它里面预设的独特"理性"胚芽而超越自身由以出发的那个点。康德在这里只遵循整个启蒙充分坦诚地使用的一种方法。他证明莱辛在其莱布尼茨神学分析和批判中明确地在莱布尼茨神学中强调和赞扬的"非秘传的东西"和"秘传的东西"之分离的那种聪明。就连他也试图从石头打出火，但他不把自己的火藏在石头中。② 在这种意义上，《纯然理性界限内的宗教》不那么属于他的纯粹哲学著作，

---

① 《纯然理性界限内的宗教》的这种妥协性质由特洛尔奇特别尖锐地予以强调，我在这里指出他的具体阐述：《康德的宗教哲学中的历史性因素》，载《康德研究》，第9卷（1904年），第57页及以下。

② 参见莱辛：《莱布尼茨论永恒的惩罚》，载《莱辛全集》（拉赫曼-孟克尔版），第11卷，第461页及以下。

而毋宁说属于他的教育学著作。在这里，他是作为一位教育者既对人民也对政府说话的，因此，他必须至少既以人民信仰的形式也以占统治地位的国家宗教的形式**开始**。批判的思维方式在这里并不是直接过渡到一种教义学的思维方式，但它当然在真正的意义上成为"积极的"：它由于并不在意拆毁，而是在意建设，而让现存的东西最初在其持存中不受触动，为的是逐渐地从内部出发如此改造它，使它接受一种新的、更为符合纯粹理性要求的形象。在这里，康德个人相对于历史性的东西被莱辛和莱布尼茨也特有的那种理性乐观主义所充盈。基督教历经多个世纪的保存对他来说就是证明，即在它里面必定蕴含着具有完全普遍有效的意义的元素；没有纯粹伦理理性宗教的基本主题的繁衍力量，就连它的这种持存和延续也会是不可理解的。

当然这样一来，我们同时就面临着康德宗教学说的第二个要素，在其中既显示出它的原初计划的宽广，也显示出在这个计划的执行中的限制。理性的宗教如康德所设想，在其与历史性经验的关系中绝不一开始就指向宗教性东西在历史上的显现形式，或者根本不局限于这种形式。《圣经》神学在科学的领域里与一种哲理神学相对，后者为了证实和阐明它的命题而利用**所有民族**的历史、语言和书籍，在它们里面《圣经》是包括在内的，但永远只是作为个别的杰出**实例**。① 因此，除了它，还能够无偏袒地列举出《吠陀》《古兰经》《阿维斯陀古经》，并且承认它们有同样的关注和检验的权利。但是，在这里对于康德来说仅仅关涉一种理论上被保障的权利，它

---

① 《纯然理性界限内的宗教》，第一版前言（第6卷，第147页；中文版第6卷，第10页）。

415 在基本观念的真正实践贯彻中马上就又破灭。基督教之外的全部宗教文献被康德根本上仅仅在人类学的意义上,而非在伦理宗教的意义上来评价。他是以对任何异类显象都表现出兴趣但内心却不被其触动的**行家**的态度对待它的。此外相对于犹太教和《旧约》,康德一开始就拥有一种如此强烈的主观偏见,以至于他在《先知书》和《诗篇》的宗教中能够看到的不是别的,只是"章程的"法则和习俗的一个汇编。但在这里——且不说这样一些个别判断**内容上的**权利和价值——马上表现出包含在康德的宗教哲学和宗教史考察中的一种**方法上的**循环。伦理学尺度被作为普遍有效和客观的标准用于各个宗教形式,但在运用方式上却明显无误地有主观的情感和经历参与。由于他从青年时代起就确知《新约》经卷的道德**作用**,所以对于康德来说,它们独一无二和无法比拟的**内容**的问题从一开始就是裁定了的。理性分析在这里只应当证实和阐明作为整体结果对他来说已经事先确定的东西。最初青年时代敬虔主义的印象的强制力实际上从未像在康德的宗教作品中表现得如此清晰,因为正是敬虔主义使得康德的宗教学说也立足于其上的那个"道德"释经的原则又获得决定性的效力。当然,这种解释形式与其他解释形式一起,对于中世纪来说就已经为人所知和流行了。托马斯·阿奎那就已经以系统的锐利和确定性在一段经文的"sensus allegoricus[隐喻义]"、"sensus anagogicus[潜藏义]"、"sensus moralis[道德义]"或者"sensus mysticus[神秘义]"之间做出分别。然后在敬虔主义中,这种圣经解释方式获得了它影响康德的那种专属新教的特色。为实践理性无条件优先的思想所充满,他如今在每一个他所熟悉的宗教象征背后寻找唯独伦理的意义。整个新教的教义圈子:原罪和拯救的
416 教义、重生和因信称义的教义,被在这个意图中衡量。康德拥有无

条件的主观自信，即他的理性宗教的基本思想和主导思想必须能够完备地主宰和以自己的效力充实这个圈子；但正是出自这个根据，他并不追求超出它，因为它肯定能够在它里面完备地证明自己的原则的全面运用。

实际上，宗教作品所贯彻的整个教义分析和批判一开始就集中在一个点上。康德关于人本性中的"根本恶"的学说，如他对于基督位格学说的理解，他对原罪和称义思想给予的解释，他关于上帝之国及其在纯粹道德法则和"章程性"法则之间的对立的概念一样，所有这一切都与一个唯一的哲学基本问题相关，并在它里面才找到自己真实的统一。在这些学说中，对于康德来说到处都关涉**自由概念**的特殊要素和特殊诠释。自由和"他律"与"自律"之间、可感世界与理知世界之间的对立是所有奠基性的宗教学说以遮掩和象征的形式指向的原初事实。康德宗教哲学的方法完全旨在澄清这种联系。人们曾试图通过把康德宗教哲学的特别内容称为**拯救概念**，来在康德的宗教哲学和康德的道德哲学之间划出一条清晰的界线；但与此相反有理由主张，拯救的主题对于康德的宗教学说自身来说无非意味着对自由疑难的某种改写。他不知道且不允许一种取代道德主体自身行为的超自然属神干预意义上的"拯救"；毋宁说，他把拯救仅仅看作是纯粹意志和实践理性的自我立法获得对经验性感性动机的统治所凭借的理知行为的表达。① 这样，即便是对于康德的宗教学说来说，自由依然同时既是唯一的奥秘也是唯一的解释原则。它阐明了信仰学说的真正意义和目标，但关于它自己，当然——出自

---

① 参见库诺·费舍尔：《近代哲学史》，第四版，第 5 卷，第 289 页及以下，以及特洛尔奇（《康德的宗教哲学中的历史性因素》，载《康德研究》，第 9 卷，第 80 页及以下）对费舍尔的理解提出的异议。

批判伦理学所阐述的理由——就不再有进一步的"解释"了。我们相对于它能够做的一切,毋宁说就在于恰恰在其"不可理解性"中理解它。①但是,我们在以这种方式确定和承认我们的理论洞识的界限时,由此并不被导入一种纯然的神秘主义晦暗:尽管不能追问自由的一个"为什么",追问它的进一步的"根据",但毕竟它自身和它的**内容**,在应当的无条件要求中,是作为一种完全确定无疑和必然的东西被给予的。宗教和伦理学每一个都以自己的语言表达着这种内容,但在根本上它却保持为同一种内容,道德法则自身在本质上只是一种法则,即便我们试图在如此之多的形式和象征下来表达它。

无论康德的宗教哲学在自身中包含着多少纠葛,它也表现出是由一个统一的系统基本思想所支配,而当然,在康德的宗教作品中,这种统一只能有条件和不充分地展现出来。因此可以理解的是,就连《纯然理性界限内的宗教》所施加的最初影响,也完全是分裂的。如果人们把歌德从这部著作获得的印象与席勒的判断加以对比,评判在其间运动的两极就马上清晰可见。歌德不满地转头离开这部作品,在其中他只能看到对教会正统和教义学的一种妥协;他在致赫尔德的一封信中尖锐地评论说,康德亵渎性地把他的哲学家外衣"用根本恶的污点弄脏,以便就连基督徒们也会被引来亲吻衣边"。与此相反,其情感最初不少抵触康德关于"根本恶"的学说的席勒,最终却被康德的概念规定和证明所折服,因为他在这里尽管是在一种独特的遮蔽中,实际上却重新认识他长期以来内心接受的康德自由学说的基本思想。当然,他也相对于克尔讷表达了自己的担忧,即康德的基本倾向会被误解:康德的意图仅仅是不抛弃现存

---

① 参见上文(边码)第 278 页以下。

的东西,而且他为此缘故甚至勉强同意把哲学思维的结果与儿童理性联系起来,而占统治地位的教义学会立刻夺取整体,并为自己的目的耗尽它;这样,康德最终所做的,毕竟无非是"修补愚蠢的腐朽建筑"。尽管他怀疑地评判康德宗教学说的作用,他却相信清楚它的真正内容。相对于教义的内容,他相信在康德那里能够确立一种完全独立的精神态度:康德如此自由地对待它,就像希腊哲学家和诗人们对待他们的神话一样。① 至于教会正统自身,它没有一刻能够掩饰康德的信念与国家庇护和要求的体系所处的无法弥合的对立。当然,政府还试图回避公开的斗争。还在康德把被书报审查禁止的论文以书的形式发表时,它最初没有动手。然而,康德于1793年9月反驳伽尔韦的文章以危险的方式从普遍的伦理学蔓延到国家学说,不仅主张宗教的良知自由,而且主张"言论自由"是人民法权的守护神,并把它从自然法的第一基本概念演绎出来,它必然已经唤起政治权力的猜疑和担忧。康德预见到必然产生的冲突,而且虽然没有寻求这种冲突,却毕竟鄙视无论如何还能够避开它的怯懦矜持。"尊敬的朋友!"1794年5月,在他把自己的文章《万物的终结》寄给比斯特尔时,他给比斯特尔写道,"在您和我的著述事宜的终结来临之前,我赶快把已许诺的论文寄给您。倘若在这期间,这种终结已经来临,则请将这篇论文寄给耶拿的副主祭艾哈德·施米德教授先生,给他的《哲学杂志》。我感谢报告给我的消息,并且确信,我的行动任何时候都是有良知和合法的。我泰然自若地等待着这种奇特活动的结局。如果新的法律**规定**的东西与我的原理不相违背,我将一丝不苟地遵守它们;如果它们仅仅**禁止**完全像我迄今为止所做

---

① 歌德于1793年6月7日致赫尔德的信;席勒于1793年2月28日致克尔讷的信。

的那样(对此我丝毫不觉得遗憾)让人们知道自己的原理,我同样将遵守它们。生命是短暂的,特别是在年逾古稀之后所剩下的东西;为了无忧无虑地安度晚年,毕竟要在地球上找到一隅之地。"① 这些话表露出来的,无疑不是一种斗争的情调;但无论如何,以他的习惯和以他全部的生活秩序完全植根于他的出生地,而且在此前二十年就已经把逃避一切外在改变称为他的物理本性和精神本性的一种本能的七十岁老人,现在甚至准备只要他不能保障自己的独立,就放弃自己的教职和他在普鲁士的居住权。至于康德寄给比斯特尔的文章自身,它又包含着对时局的如此清晰的指点和反对普鲁士执政者的如此尖锐的学说,以至于后者几乎不能再忽视它。"基督教,"这里说道,"除了其法则的神圣性令人折服地引起的极大敬重之外,自身还具有某种**可爱之处**……现在,如果人们为了臻于完善,给基督教再附加上某种权威(哪怕这权威是属神的权威),则不论这权威的意图如何美好,目的实际上如何善良,基督教的可爱性却毕竟消失了,因为**命令**某人不仅做某事,而且应当**乐意**做此事,这是一个矛盾……因此,这是**自由**的思维方式——与奴役感和放任同样距离遥远——基督教期望这种思维方式为其教义带来效果,它凭借这教义就能够为自己赢得人心,而人们的理智已经通过其义务的法则的表象受到启迪。在选择终极目的时的自由感使得这种立法对人们来说成为可爱的……如果基督教一旦达到它不再可爱的地步(如果它不是用其温柔的精神来武装,而是用专横的权威来武装,这种情况或许就会发生),那么,由于在道德事务上不出现任何中立……但这样一来,由于基督教虽然**注定**是普遍的世界宗教,但并非由命运**厚爱**

---

① 康德于1794年5月18日致比斯特尔的信(《康德书信百封》,第253页)。

而成为这样的,则在道德方面,**万物的**(颠倒的)**终结**就会来临。"①当然,这几句话是以康德晚年的巴洛克风格撰写的,但它们真正的意义和倾向依然是不容误解的。政府必须决定对这位令人厌烦的警告者采取措施了,他已经逐渐地越来越离开政府一开始可靠地相信他归属的"思维深邃的学者"的圈子,而且甚至以嘲弄和讽刺的武器来反对政府。这样,在1794年10月1日,对康德颁发了著名的国王手谕,其中指责他说,他已经长时间滥用他的哲学"来歪曲和贬低《圣经》和基督教的一些主要和基本的学说",而且他被指示,要避免失去国王的恩宠,今后不要再犯这样的错误,"否则,如果继续执拗,您肯定将准备着接受令人不快的处置"。②

康德对这里向他提出的指责和威胁的态度是众所周知的。他在自己的辩护文中首先拒斥了指控,即他**作为青年导师**,也就是说,如他所理解,在他的学术讲演中有时掺入了对《圣经》和基督教的评判,而且他援引他始终当作基础的鲍姆嘉登的几本手册的性质,它们已经自动排除了这样一种关系。他也在自己的作品中绝没有"作为**民众导师**"说话,而是仅仅意在一种"专业学者之间的商榷",以至于它们对于公众来说简直就必须被视为一部无法理解和封闭的书。此外,他的宗教作品不可能包含着对基督教和《圣经》的一种"贬低",因为在它里面,纯粹理性宗教的阐发而非某些历史性的信仰形式的批判构成了唯一的主题;除此之外,就他探讨过基督教的特殊内容而言,他也不曾让人怀疑,他承认基督教里面有纯粹理性信仰的最完美的历史表现。"至于**第二项**,"康德的声明这样结

---

① 《万物的终结》(第6卷,第422—424页;中文版第8卷,第341—343页)。
② 参见《学科之争》前言中手谕的原文(第7卷,第316页;中文版第7卷,第6页)。

束,"即我以后不得再犯这样的(被指控的)歪曲和贬低基督教的罪过,哪怕为了回避丝毫的嫌疑,我认为最保险的就是作为**国王陛下您最忠实的臣民**,借此郑重宣布:我今后将完全放弃一切有关宗教的公开陈述,无论是有关自然宗教,还是有关启示宗教,无论是在讲演中,还是在著述中。"①

  这样,康德在他对国王谕令的回复中,实际在所有点上都顺服了政府的要求,在这里他仅仅在这一点上试图为自己找到这种退让的一个辩护,即他通过一个内心保留把它限制在腓特烈·威廉二世的执政和生命期限。他作为"**国王陛下您最忠实的臣民**",从此有义务在宗教事务上沉默。这个附加语应当如康德自己后来声明的那样,明确地包含着这种隐意。人们经常生硬地指责这种做法,但这些指责大多没有切中真正决定性的点。如果康德在他所面临的哲学毕生工作的意识和情感中——他自己从未把这种工作视为已结束的,而且作为八十岁老人还在抱怨其重要的部分尚未完成——会做出决定,放弃与韦尔讷政权的斗争,因为这种斗争会剥夺他还存留的最佳生命力和劳力,那么,想就此与他争论,就会是心胸狭窄和吹毛求疵了。从一种同时是最高的实际必要性的个体必要性出发来自己规定自己的道路和自己的任务,这是天才的基本权利;要用一种外在的、抽象教条的尺度来取代这种内在的尺度,这永远是短视的和没有成果的。因此,如果康德现在牺牲他的出版活动,或者节省到一个更有利的时间,以便为解决别处还期待着他的疑难获得空间和闲暇,那么,任何这方面的抱怨都会是没有根据的。但是,在他对政府的指控文的态度中,当然有一种特点,它表明,对于他如此清

---

  ① 见《学科之争》,前言(第7卷,第317—321页;中文版第7卷,第7—10页)。

晰地预见到并如此坚决地迎向的冲突，他现在毕竟不再以充分内在的决定自由来对待了。当然，他以全部的坚定断然拒绝一种哪怕只是表面的撤回的思想。"撤回和否认他的内在信念，"——他出自这段时间的札记之一写道，"是卑鄙的，但在像当前这样的情况中沉默不语却是臣民义务；而且如果人们所说的一切都必须是真的，那么，公开地说出一切真实却并不因此也是义务。"即便在这里，他也以其严格和有条有理的方式，谨慎地权衡个别义务的领域和范围；但是，且不说他相对于占统治地位的政治权力赋予自己的个人**权限**，他在这里至少低估了他相对于它们实际拥有的个人力量。"如果世界上的强者们，"他在这段时间给施佩纳这样写道，"处于一种若醉若迷的状态中，无论这种状态是来自诸神的一口呵气，还是来自一根风笛，对于一个珍爱自己皮肤的俾格米人来说，都应该建议他不要卷入强者们的争吵，即使这是通过最婉转、最充满敬意的劝说发生的。这主要是因为，这些强者根本不听他的，而另一些搬弄是非的人则会曲解他。从今天起，我再过四个星期就要进入七十岁了。在这个年龄，人还能希望做出什么特殊的事情来影响有头脑的人们，还要影响平民大众呢？这会是劳而无功的，甚至伤害大众的工作。在半生的这个余年里，应该劝告老人们考虑'*non defensoribus istis tempus eget*[时间并不需要你做守护人]'这句话及其力量限度，除了宁静和平安之外，这个限度几乎不留下别的什么愿望。"① 这些话中嘲讽的弦外之音是不容忽视的；但另一方面，它们毕竟表现出独居的学者和思想家的完全自然的谨慎和拘束，他对任何卷入"世间事务"都感到一种越来越深的恐惧。并非失去自己地位的担心对于康德来说

---

① 康德于1793年3月22日致施佩纳的信（《康德书信百封》，第238—239页）。

在这里是决定性的；毋宁说，他事先已经考虑到必须从它退出的可能性，无须他的态度受此影响。他还远离对等级和高贵的任何错误敬重：关于他与他在哥尼斯贝格的加冕庆典上作为大学校长应当致礼的国王腓特烈·威廉二世的人际交往的所有报告，都赞扬他在此际表现出的从容不迫和自然爽直。但关于单个人在一个专制主义统治的国家政体的整体中能够起的作用，康德所想当然是足够简朴的。这里，是从早年开始就使他放弃任何直接实践的改革活动的那种怀疑抑制了他。至于道德、宗教和国家法权的**理论**，他相信已把它一直进行到它由以出发在逐渐一步一步的进展中能够赢得其对"实践"的越来越深入的影响的那个点上了；但在这里，他感觉自己没有使命去直接且积极地插手。在此，他当然客观上毫无疑问过于小瞧他的人格性能够施加的影响，因为他还绝对不能完全通观和评估他的哲学作为观念力量在民族的整体生活中已经意味着的东西。这里面，也许有康德对普鲁士政府的指令采取态度时的真正缺陷和错误；但为了避免它，他会不得不感到在与他实际所处的情况不同的程度上超出了他的历史环境，他也会不得不赋予他的个人人格以一种他从未承认其具有的直接影响力。

但在哲学思辨的界限内，康德的思维一如既往地依然指向政治疑难，它们现在经历了一种新的扩展和深化。问题从单个国家的制度扩展到康德在其作品《论永久和平》（1795 年）中试图论证并确立其不可或缺的经验性历史前提条件的**国际联盟**。但在**方法**的意义上，这里所联结的所有思想序列都必须又导回到一个迄今在批判体系内尚未经历任何独立和详尽的探讨的统一基础之上。康德对国家的理解基于他对自由理念的理解，但是自由的思想独自尚不足以构建国家的具体概念。如果国家按照其观念上的任务暗指自由的领域，那么，它按照其实际的持存和其历史的实现则毋宁说属于强制的领域。这样一来，它就被置于一种对立之中，不断地斡旋这种对立恰恰是它的最根本的规定之一。《关于一种世界公民观点的普遍历史的理念》就已经暗指这种联系；但是，它还缺少一个重要的要素，通过这个要素，强制和自由之间的冲突以及二者之间的联结才得到最明晰和最精确的概念表达。在强制的概念中，蕴含着**法权**概念的必要准备和前提条件，因为在康德看来，正是这一点把道德义务与法权义务区别开来，即道德义务不仅追问行动自身，而且同时并且首先追问它的主观"准则"和动机，而法权义务则抽掉任何诸如此类的考察，为的是仅仅在其客观持存和实施中评判行动自身。一个行动与法则的协调一致或者不协调一致不考虑行动的动机就是构成它的"**合法性**"的东西，而它的"**道德性**"则唯有在同时确定它产生自作为唯一动因的义务理念的情况下才得到保障。后一种协调一致由于旨在一种纯粹内心的东西才是**所要求的**，前一种是同时能够被**迫使**的协调一致。因此，一个行动的外在可迫使性是以法权的概念设定的。"严格的法权"——在它这里且不说道德概念的一切参与作用——就能够而且必须"被表现为一种与每个人根据普遍法则的自由相一致的普遍交互强制的可能性"。"也就是说，就像一般的法权仅仅以行动中外在的东西为客体一样，严格的法权，即不掺杂任何伦理性因素的法权，就是除了外在的规定根据之外不要求任性的其他任何规定根据的法权；这样一来，它就是纯粹的、不掺杂任何德性的规定。所以，一种**严格的**（狭义的）法权，人们只能称之为完全外在的法权。现在，这种法权虽然基于每个人根据法则的责任意识，但据此来规定任性，如果它应当是纯粹的，它就不可以也不能够依据这种作为动机的意识，而是因此就立足于一种外在的、与每个人根据普遍法则的自由都能够共存的强制之可能性的原则之上……因此，法权和强制的权限是同一个意思。在普遍自由这一原则下一种与每个人的自由必然相一致的交互强制的法则，仿佛就是那个概念的**构造**，也就是说，在一个纯粹的先天直观中，按照物体**在作用**与**反作用相等**这个法则下的自由运动之可能性的类比来展示这个概念。就像我们在纯粹数学中不能直接从概念中推出，而只能通过概念的构造来发现其客体的属性一样，不但法权的**概念**，而毋宁说被置于普遍的法则之下和法权的概念相一致的普遍交互的、使得那个概念的展示得以可能的强制，亦复如是。"①

这番阐述就是康德试图以 1797 年初出版的《法权论的形而上学初始根据》给出的阐述。它构成了还完全属于重大的系统代表作的范围和特性的最后一部作品，因为它为某个客观的-精神的文化领域确立了一个普遍的原则，这个领域的建构的特性和必然性就应当从这个原则出发来阐明。对于在同一年继起的《德性论的形而上学初始根据》来说，就已经不再在同样的程度上是这种情况了。伦理学的**原则**在这里作为一个根据牢固的原则已经预先存在了：现在，事情的关键仅仅还在于通过大量的运用来遵循它，其间康德的阐述数度迷失在一种非常辛苦的图型论中，迷失在一种危险重重的判例法中。就连在《法权论的形而上学初始根据》的第一卷给出的对**私人法权**的阐发——以其把法权划分为人身法权、物的法权和物的-人身的法权——也不是没有这种一再占统治地位的图型论特征，它数度把具体的个别问题强行纳入和置于其下；特别是康德把婚姻构想

---

① 《法权论的形而上学初始根据》，导论，第 5 节（第 7 卷，第 33—34 页；中文版第 6 卷，第 240—241 页）；参见导论，三（第 7 卷，第 19 页；中文版第 6 卷，第 226 页）。

为一种物的-人身的法权，在这方面极具特色。只是在转向公共法权——国家法权和国际法权时，考察才又提升到更大的综览自由。康德此前在他的短篇论文中个别阐述的东西，现在经历到其论证和从一个统一的基本思想导出。统治者的主权及其出自人民主权的起源问题，由此产生的权力划分及其法权的相互划界，都以系统的完备性并同时在其与经验性历史细节的潜在关系中得到了阐明。康德在这里所依据的方法论，当然初看起来与支配整个启蒙时代和革命时代的法哲学的自然法考察方式不在任何点上有别。关于社会契约的学说——特别是在它通过卢梭获得的完善中——在这里处处都被预设为有效的。但这里再次出现了已经在关于理论和实践之间关系的反驳伽尔韦的论文中清晰可见的那个特征，它赋予了康德的整体观点在自然法理解的发展内以其特别的特色。社会契约从经验性的东西和所谓史学的东西的领域被纯粹和完备地提升到"理念"的领域。"人民借以自己把自己构建成一个国家的那种行为，**但真正说来只不过是国家的理念，只有按照这种理念才能设想国家的合法性，这就是源始的契约**，根据这个契约，**人民**中的所有人（omnes et singuli [所有人和每个人]）都放弃自己的外在自由，以便作为一个共同体、亦即被视为国家的人民的诸成员（universi [统统都有的]）而立刻重新接受这种自由，而且人们不能说：国家、国家中的人为了一个目的而牺牲了其**一部分**与生俱来的外在自由，而是说他完全放弃野蛮的、无法的自由，以便在一种法律的依附性中，亦即在一个法权状态中一点不少地重新获得自己一般而言的自由，因为这种依附性产生自他自己的立法意志。"① 这样，自由思想的"理知的东

---

① 《法权论的形而上学初始根据》，第47节（第7卷，第122页；中文版第6卷，第326页）。

西"对于康德来说就保证着国家概念和法权概念的"理知的东西",并保护它免遭与一种纯粹实际的、仅仅建立在实际存在的权力关系和统治关系之中的东西的混淆。① 尽管如此,单个人被纳入并作为单个人毫无保留地献身的国家共联性,通过它自己的观念本性而包含着可以在这句话中概括的观念条件的整体性,即整个人民不能对自己做出决定的事情,任何立法者也不可以对人民做出决定。② 这种普遍的源始契约**精神**为所有特殊的政府性质确立了准绳和规范,它们"逐渐地和不断地改变下去,直至它与唯一合法的宪政,亦即一个纯粹的共和国的宪政**在效果**上协调一致,而那些只是用来造成人民顺从的古老和经验性的(法规的)形式融入源始的(理性的)形式中去,只有这种形式才使得**自由**成为原则,甚至成为一切**强制**的条件,强制是国家本义上的法权宪政所必需的,并且即便在字面上也被最终引导到这种宪政"。③

如果这里关涉法哲学和国家哲学最普遍的基本问题,那么,康德在其随后的作品中又回到了他在自己文坛和哲学活动中对现存的国家政权的切身经历。当然,这种关系——除了在作品的前言中——外在地几乎没有大白于天下;但它却清晰地构成了这部作品的基本思想由以产生及其整个结构由以得到说明的动机。康德在这里着手确立的,又一次是诸科学的体系及其主要成员的联结和秩序,但不是就其内容和其实际预设来研究诸科学。他现在仅仅从它们与

---

① 整体参见上文(边码)第238页及以下。
② 《法权论的形而上学初始根据》(第7卷,第135页;中文版第6卷,第340—341页)。关于康德的法权论,现在特别请参见埃里希·卡西尔:《从历史和系统哲学看自然法权和国际法权》,柏林,1919年。
③ 《法权论的形而上学初始根据》,第52节(第7卷,第148—149页;中文版第6卷,第353页)。

国家和国家管理所接受的关系方面来领会它们。在这里成为问题并且要求一个固定原则的，并不是它们的逻辑**持存**，而毋宁说是它们的专业**运营**，诸科学的争执借助考察的这种转变成了**学科之争**。国家至少需要注意诸科学，只是就它把它们当作某些具有固定的相互界限的联合，作为独立的、立足于历史法权的**协作**来面对而言的。只有在它们的这种外在塑形中，它才承认它们是它自己的组织的成员，它对它们既有监护权也有保护义务。这样，在这种观点下，当然整个科学都仅仅依据它在政治的整体等级制内的地位来衡量和评价；这样，研究者在这里指望被倾听，只是就他能够同时表现为国家的代理人和**官员**而言的。实际上，这就是康德在《学科之争》中一贯坚持的提问，但是，在他贯彻这个提问的枯燥缜密性中间，人们清楚地觉察到再次使人想起康德的青年作品风格的幽默自由。在这里与在上述作品中一样，幽默也只是一种内在的哲学自我解放的表达和反响。这种自我解放对于康德来说是相适应和自然的，它就在于，他力图把自己刚刚经历的与国家权力的**亲身的**冲突转变成一种**方法的**冲突，并且作为这样一种冲突来平息。当他有意限制思想视野，完全置身于政治实践者的立场上的时候，他试图正是从这种立场出发来表明哲学理论和科学的权利和不可侵犯的自由。由此在这里，通过假定的政治家态度和意图，处处闪烁着批判思想家的真正观点和意念；而且正是这种双重性，给予《学科之争》以爽朗的、深思熟虑的嘲讽和克制的实际认真的那种构成这部著作真正特性的混合。

嘲讽的弦外之音在康德依据传统把神学学科、法学学科和医学学科作为"高等学科"与"低等的"哲学学科区分开来的最初划界中就已经可以获悉了。这种传统的区分的起源如他所评论，是很容易认识的：它源自政府，政府从不关心知识自身，而是仅仅关心它期待于知识对人民的作用。从这一理由出发，它虽然核准它指望得到一种有益影响的某些学说，但并不屈尊自己提出某种学说。"它并不讲授，而是仅仅指挥讲授的人们（至于真理如何则随它去），因为这些人在接任其职位时通过与政府的契约就已经同意这一点。某个政府去从事讲授因而也从事科学的扩展和改善，从而要自己以其最高人格来扮演学者，只会由于这种学究气而丧失其本应享有的敬重，而且混迹于民众（民众的学者阶层）亦有失它的体面，学者阶层可不会闹着玩儿，它对一切涉足科学的人都一视同仁。"在这种意义上，它凭借自己的上司权限，责成个别的科学遵守某些章程，因为对它来说，"真理"只能以这样的章程的形式存在和不需要存在。神学家被规定《圣经》、法学家被规定普遍的国法、医生被规定医学秩序作为规则和准绳。对这些规则的精确遵从就是保障神学、法学和医学在公共生活中的地位并由此把它们提升到一种"高等"学科之尊严和品质的东西。只是有一点，知识自身，为了纯粹知识的缘故，就这种安排和划分而言是颗粒无收的，因为不能期待它对于直接的实践目标有一种根本的成就。如果人们也还承认它有一个地盘，那么，它就必须适当地满足于一个"低等学科"的等级。在低等学科中，理性依然是自由的，并独立于政府的命令，但正是由此也依然是没有效用的，必须安于在经营进程中没有影响。至于在实际方面其不可转让的优先权，则给它由此在传统的评价中规定了最后的地位。哲学学科作为这样的学科完全处在命令和服从的圈子之外，它就在人的本性之中："能下命令者尽管是另一个人的一个恭顺的仆人，却觉得自己毕竟比一个虽然自由但却无人可命令的人更高贵。"①

---

① 《学科之争》，第一篇，导论（第7卷，第329页；中文版第7卷，第15—16页）。

从诸学科的这种不同的法权根据中，如今得出它们之间的一种"合法的争执"：一种根据在于其本质自身，因而不能通过任何调解从世间清除，而是必然依旧存在和进行到底的对立。作为国家等级制的部分和成员，诸"高等学科"依然总是既被统治欲规定，也被认知欲规定，而哲学学科倘若想忠实于自己的任务，就仅仅从这后一种欲望出发来接受它的所有指令。这样，它的自然地位就是反对派的地位，然而这样一种反对派对于整体的繁荣和积极进步是促进的和不可或缺的。哲学学科代表着"理性的东西"对一切纯然"章程的东西"、科学理性对权力和对传统的永恒争斗。就它的这种基本功能而言，如果国家正确地理解自己的利益和自己的规定，它就不可以被国家阻碍和限制。国家唯一可以要求它的，是它不直接干预国家的治理事务。国家为了自己的目的而使用的职业人士的教导和培训依然交给高等学科，它们为此而处在国家的合法高层监护之下。但当然，也可以反过来期待高等学科的成员们，不要走出给他们划定的界线。如果圣经神学家为了自己的命题中的某一个而援引理性，"那么，他就（像罗慕路斯的兄弟那样）越过了唯一造福于人的教会信仰之墙，迷失在自己的评判和哲学的旷野中，在这里他避开了教会的统治，遭受着无政府状态的一切危险"。① 同样，法学家作为被任命的司法官员，只能运用现存的司法规定，如果他舍此而要事先要求或者进行证明这些规定是符合理性的，那就是荒唐的了。唯有哲学学科能够作为纯粹理论的守护者，绝不把这种证明视为多余的。虽然可能发生这样的事情，即人们出于服从而遵循一种实践的学说，"但是，由于被命令而把它当作真的来接受，这不仅在客观上（作为

---

① 《学科之争》（中文版第7卷，第20页）。——译者注

一个不应当存在的判断）、而且在主观上（作为这样一个无人**能够做出**的判断）也是绝对不可能的"。① 据此，如果关于一个学说的真和非真而不是关于其有用和有害出现争议，则不能存在比理性更高的原则：对理性的自律以任何方式做出限制，则无非叫作取消真理的本质概念。

　　由此对理性宗教和教会信仰之间、纯粹宗教哲学和圣经正统之间的争执得出什么样的结论，这是康德的宗教作品已经完备阐述过的。《学科之争》对此所阐述的，只不过是对昔日阐述的补充和证实罢了，其中到处回响着对康德在这里要进行的个人斗争的个别阶段的回忆。然而，考察选取了一个新的转变，因为它以阐明法学学科和哲学学科之间争执的形式，提出了国家宪法的自然法基础和实证法基础之间关系的问题。一切法权都只是现实的经验性权力关系的表达，而且可以化为作为其真正根据的这些关系，或者在其里面有一种缓慢且不断地作为政治有效的因素起作用的**观念**因素在同起作用？在康德看来，对这个问题做出的回答所包含的东西，不亚于对人类历史和人类是否在向着更善上升和不断进步，或者二者是否以微小的动摇僵持在完成的同一个层面上，或者也在整体上蒙受堕落和退步所做的判断。如果人们试图从纯然的幸福考察的立场出发对此获得一种裁定，那么，它只能否定地做出：卢梭对于文化的悲观主义在这里是无条件地正确的。幸福主义连同其乐观的希望看起来是站不住脚的，而且就在善的轨道上不断继续进步而言，对一部预示的人类历史也很少有助益。② 但在这里，马上有方法上的考虑插手干预，即沿着纯粹经验性的道路，一般疑难不能得到澄清和解

---

① 第7卷，第337页；中文版第7卷，第23页。
② 第7卷，第394页；中文版第7卷，第79页。

决，因为关于人类道德进步的问题被提出，这已经是悖谬的：毕竟这里关涉预设某种根据其本质不能被预设或者不应当被预设的东西的尝试。人类的命运不是通过某种盲目的"本性"或者"天意"加诸人类的天命，而是人类自己自由的自我规定的结果和作品。但是，人们要如何在事件的经验性因果进程中、在纯然的**显象**序列中追踪和显示这种理知的规定所采取的进展和道路呢？由于两个领域不在任何点上能够得到现实的揭示，所以，一种诸如此类的关系唯有这样才是可能的，即显象世界，也就是历史的世间事件的进展至少包含着一种**象征的**事件，它的解释把我们自动和必然地导回自由的王国。有这样一个历史标志，让人类作为整体正在不断进步中的希望和期待可以由此出发吗？对于这个问题，康德以指出法国革命来回答，法国革命在这里当然不是按照其经验性的进程和成果，而是仅仅按照其观念的意义和按照其趋势来理解的。"这个事件绝不在于由人做出的重大业绩或者罪行，它们使得伟大的东西在人们中间变得渺小，或者使得渺小的东西变得伟大，而且就像是玩魔术一样，使得古老的、辉煌的国家机构消失，而另一些国家机构就像是从地底下冒出来一样取代了它们。不，完全不是这回事。它仅仅是旁观者的思维方式，这种思维方式在大转变这场戏中**公开地**表露出来，并且透露出……一种如此普遍却又不谋私利的同情……但这样一来就（由于普遍性）证明了人类在整体上的一种品性，并同时（由于无私性）证明了人类至少在禀赋中的一种道德品性，这种道德品性不仅使人期望向着更善的进步，而且就人类的能力目前所能及而言，其本身就是一种进步。我们在自己这个时代目睹了一个富有才智的民族进行的革命，这场革命可能会成功或者失败；它可能会如此充满了不幸和暴行，以至于一个思维健全的人如果会希望第二次从事时成功地完成革命,就绝不会决定以这样的代价来进行这场试验。依我说,这场革命的确如愿以偿地在所有旁观者(他们自己并没有卷入这场戏)的心灵中获得了一种**同情**,这种同情几乎接近于狂热,其表现本身就带有危险,因此,除了人类里面的一种道德禀赋之外,它不可能以别的什么为原因。"在这种禀赋的确定性之上,建立起在个人与国家的关系中和在国家相互关系中一种自然法宪法进化的希望。一种像法国革命这样的现象不再被遗忘,因为它揭示了人本性中的一种向着更善的能力,任何政治家从事物迄今的进程中都想不出诸如此类的东西,而唯有这种能力才把本性和自由按照内在的法权原则在人类中结合起来。现在表明,国家理想如伟大的社会理论家们作为一种与人的自然法权协调一致的构思的理想所设想出来的那样,不是一个空洞的幻影,而是一切一般而言的公民宪政的规范。而借着这样的洞识,就连"永久和平"也不再是一个纯然的梦:在内部建立一种精神上严格民主制和共和制的宪政,也向外——如作品《论永久和平》已经阐明的那样——提供保障,即一个民族被另一个民族违法压迫的意图以及达成这种意图的手段逐渐削弱,以至于向"世界公民"状态的接近也在各民族的历史中不断完成。①

康德的哲学活动以对人类历史的这个目标的展望结束。在这个目标中,自由理念应当得到其具体的贯彻和其经验性的-政治的实现。自由思想构成康德哲学的终点,如它曾构成其始点和中点一样。在康德的作家活动中还衔接在这些阐明之后的东西,只不过还有少量的文字补遗罢了,它们未再给哲学体系的真正内容增补任何特征。《学科之争》探讨哲学学科与医学学科的争执的最后一章,就

---

① 整体见第7卷,第391—404页;中文版第7卷,第82—91页;参见《论永久和平》(第6卷,第427—474页;中文版第8卷,第347—392页)。

已经只是外在地附加的：实际上在《论心灵通过纯然的决心来控制其病感的力量》这篇论文中，只是关涉一批松散排列的康德在亲身经验和有条理的自我观察中通过自身检验过的养生学规定罢了。就连1798年的《人类学》，在内容和结构上也不能以任何方式位列真正的系统代表作：它只是"在实用方面"汇编了人类历史和人类知识的丰富材料，它是康德在长期生活中从自己的观察和别的来源搜集，并通过笔记和讲演的教案一再重新丰富的。与此相反，康德在这最后的时间里全心全意投入、他自己视为直接属于他的系统工作之整体的那部著作，却不再成熟，尽管康德坚持不懈地直到他的最后生年、直到他的身体和精神力量完全耗尽也在努力继续完成。他以一再重新燃起的意志力转向这部关于"从自然科学的形而上学初始根据向物理学的过渡"的著作，它应当进一步导致"纯粹哲学在其联系中的体系"的一个完备和最终的概览。他的传记作者们一致见证，他怎样喜爱地心系这部他通常"真正激动地"谈到，并且经常称为"他最重要的著作"的作品。① 他常常相信已直接面临这部"Chef d'oeuvre［杰作］"的结束，他相信只是还需要对手稿再做简短的编辑，就能够把这个"完成他的体系的整体"交付出版了。② 这仅仅是老人的一种自然的自我欺骗，诱导他做出这种判断吗？人们只要看一看手稿的外在形式，就不禁想这样假定。③ 在无数次的重复中，

---

① 雅赫曼：《在致一位朋友的书信中描绘的伊曼努尔·康德》，哥尼斯贝格，1804年，第3封信，第17—18页；瓦西安斯基：《最后几个生年的伊曼努尔·康德》，哥尼斯贝格，1804年，第95页。

② 参见哈塞：《康德出自其餐友之一的最后表现》，哥尼斯贝格，1804年，第21页以下。

③ 手稿的各部分由鲁道尔夫·莱克以"康德出自其最后几个生年的一部未刊印著作"为标题在《老普鲁士月刊》1882—1884年度发表。关于整部著作的内容，特别请参见埃里希·阿迪克斯：《康德的遗著》，柏林，1920年。

这里总是又出现同样的句子和措辞；在混乱的掺杂中，重要的东西和次要的东西前后相继；没有任何地方有一种通盘的编排和思想的一种严格的布局和进展。而且尽管如此，人们越读下去，它就越表现出，真正的缺陷不那么涉及思想自身，而是涉及其阐述。就好像是思维的创造性原创力量在康德这里比秩序和划分的从属力量坚持更久似的。他的记忆力失灵了，他的回忆不足以在写下一个句子的结尾时想起它的开端，文风的套叠句对他来说混乱不堪，而毕竟有时从这种混沌中闪现出个别具有惊人力量和深度的思想——实际上适合于再次澄清体系整体并一直透视到它的最终根据的思想。特别是关于"物自身"和"显象"的对立的方法论意义，这里有了人们会徒劳地以同样的确定性和明晰性在早期著作中寻找的解释。当然，想在细节上利用这部老人著作的思想内容，鉴于手稿的状态，这种尝试似乎必定永远徒劳无功——而且人们越是深入他的著作中已出版的样品，就越只是产生痛心的惋惜，即康德自己天不假年，未能采掘这个宝藏。

还在 1795 年，威廉·冯·洪堡就能够根据他从梅梅尔得到的消息向席勒报告，说康德在脑子里还有一大堆未曾处理的想法，他想还在某个序列中把它们全都写出来。当然，他在这里更多的是按照那笔存货的量，而不是按照惯常的可能性来估算自己余生的长度的。① 席勒自己在康德于 1797 年发表的针对施洛塞尔的《一项哲学中的永久和平条约临近缔结的宣告》中还发现一种鲜活和真正年轻的特征，人们——像他在致歌德的一封信中补充说的那样——如果不会因能够称为一种哲学公文体的灰色形式而陷入难堪的话，就差

---

① 洪堡致席勒的信，《往来书信选》（雷慈曼选），第 153 页。

不多能够把这种特征称为**审美的**。① 从私人交往出发，年轻的普耳戈斯塔尔伯爵报道了他在1795年从康德的讲演获得的深刻印象和通过此讲演笼罩在他全部思维上的明亮和清晰；而且康德的同事珀施克在1798年致费希特的一封信中证实，康德的精神尚未熄灭，尽管他不再具有持续不断的思维工作的能力。② 即便是在私人事务的指导和在其公务的履行上，康德在这段时间也还多方表明，他旧有的意志力量和行动力量并未离开他。当然，他在1796年夏天放弃了他的讲演：他最后一次登上讲台，似乎是在1796年7月23日。③ 当1796年再次请他领导校务会时，他也予以拒绝，指出他已年迈且身体虚弱。④ 然而，当两年后试图限制他在大学评议会内的功能并任命一位应当为他代理他的权利并履行他的事务的"助手"来取代他的时候，他以强有力的语词和确凿的法学证明来拒绝一种诸如此类的无理建议。⑤ 当然，看到面临"他在涉及哲学**整体**的事务上的账目完全结清"，而且毕竟再也不能达到这个目标的痛苦情感，自这段时间以来再也没有离开过他：他自己在致伽尔韦的一封信中称其为一种"坦塔罗斯的痛苦"。⑥ 尽管内在的偏好一再强力把他带回到这段时间的主要和基本论题，带回到"从形而上学到物理学的过渡"疑难，他现在却大多以清晰的洞识和自谦来驳回关于他的哲学工作的问题。

---

① 席勒于1797年9月22日致歌德的信。
② 《费希特的生平和文坛往来书信》，J. H. 费希特编，第2卷，第451页。
③ 关于这个问题，材料见于阿诺尔德：《康德的生平和作家活动的历史之材料论文集》，以及阿图尔·瓦尔达：《老普鲁士月刊》，第38卷，第75页及以下。
④ 康德于1796年2月26日致校长的信（《书信集》，科学院版，第3卷，第461—462页）。
⑤ 康德于1797年12月3日致评议会的信（第10卷，第330—331页）。
⑥ 康德于1798年9月21日致伽尔韦的信（第10卷，第351页；参见《康德书信百封》，第241页）。

"哎呀，这能是什么，sarcinas colligere [汇集负担] 啊！对此我现在只能还想一想"——按照鲍洛夫斯基的报告，他当时常常对朋友们这样说。①

我们对康德生平的任何一个阶段都不曾像对这最后一个阶段那样精确和详细地讲述，这是一个值得注意的文学安排。在他的忠实朋友和关照者瓦西安斯基牧师那恰恰是通过其简单和平静客观而感人的报告中，我们能够一年又一年、几乎是一星期又一星期地追踪完全衰弱的各个阶段。然而，由于这些报告并未超出一部纯然的病史，我们在这里就不需要更详尽地研究它们的细节了。关于一位在康德去世两年前拜访过康德的"旅行经过的学者"，瓦西安斯基报道了这样的表述：他没有看到康德，只看到了康德的皮囊。②康德自己现在越来越感到这些造访的压力，部分是现实的个人兴趣，部分是纯然的好奇，还总是诱惑很多人来造访。"在我身上，"他通常如此回答这样一些造访者的问候，"您看到一个历尽沧桑衰老虚弱的老人。" 1803 年 12 月，他不再能写自己的名字了，也不再能领会通常生活的表达了；最终，他开始认不出所有围绕在他周围的人。唯有他的**性格**的基本特征，即便是他的理智力量失灵了，也依然忠实于他；而且人们能够给予瓦西安斯基对此报道的东西以不受限制的相信，尤其是当他的阐述到处都按最质朴的真实定调，鄙视一切装饰性的修辞学时。"每一天，"他这样报道他与康德在最后几年的交往，"都给我带来收获，因为每天我都多发现他的善良心灵的一个可爱方

---

① 鲍洛夫斯基：《伊曼努尔·康德的生平和性格描绘》，哥尼斯贝格，1804 年，第 184 页。

② 瓦西安斯基：《最后几个生年的伊曼努尔·康德》，哥尼斯贝格，1804 年，第 202 页。

面，每天我都获得他的信赖的新保证……康德作为学者和思想家的伟大是世人皆知的，我何尝能评价他；但是，对他质朴的与人为善的最微妙的特征，没有人像我这样有机会去观察。""还总是有一些时刻，他的伟大的知性虽然不再像当时那样闪烁光芒，却毕竟总是清晰可见的，而且愈加凸显他的好心。在他有点儿败给自己虚弱的时刻里，他以对我的衷心感激和对他的仆人的积极感激来认可任何使他的命运对他变得轻松的防护，他以重要的馈赠来酬报他的仆人的极为繁重的操劳和不知疲倦的忠诚。"特别是瓦西安斯基保存下来的出自康德最后几个生存日的一个事件，比所有仅仅间接的刻画所能做的都更为清晰地说明了康德的人格性中对优雅人性特征的维持。"在2月3日，"大约在康德去世前一个星期，"似乎所有的生命动机都疲软了，都完全衰退了；因为从这一天开始，他真正说来不再吃任何东西。他的生存似乎只还是在80年的运动之后的一种冲力的结果。他的医生与我约定，造访他一个小时，并且期望我届时不在场……当医生造访他，而且康德几乎不能看见任何东西时，我告诉他，他的医生来了。康德从椅子上站起来，把手伸向他的医生，然后说到**邮件**，常常用一个语调重复这个词，就好像他要得到帮助似的。医生安慰他，说用邮件订购了一切，因为医生把这种表述视为幻想。康德说'许多邮件，烦人的邮件'，时而又说'许多善意'，时而又说'谢谢'，一切都没有联系，却毕竟暖意增长，更多地意识到他自己。我很准确地猜出了他的意思。他想说的是，虽然有许多而且烦人的邮件，特别是虽然有校务会，但有他的医生的许多善意，即医生造访他。'**完全正确**'，这是康德的回答。他还一直站着，虚弱得几乎摔倒。医生请他坐下。康德尴尬不安地犹豫。我熟知他的思维方式，不至于对犹豫的真正原因，即康德为什么不改变他累人的、使他虚弱的姿势感到迷惑。我请医生注意真正的原因,以及康德优雅的思维方式和彬彬有礼的举止,并向他保证,只要他作为外人就座,康德马上就会坐下。医生似乎怀疑这个理由,但很快,当康德集聚起自己的力量勉力强壮地说'**人道的情感尚未离开我**'时,他马上相信了我的说法的真实性,激动得几乎流泪。这是一个高贵、优雅和善良的人!我们异口同声地喊道。"

在这里向我们报道的,是一个偶然的、产生自一个特殊状况的表现;但是,如果人们把它放在康德人格性的整体中去考察,它就具有一种普遍和象征性的价值。康德的传记作者们讲到,在他已经难以跟上通常的日常对话的某个时候,他对于普遍的理念的理解力也毫不减退;人们只需要把谈话引导到一个普遍哲学的或者科学的主题,就立刻能够使他热烈参与。就像在这一特征中证明了理论基本理念在康德精神中的力量和持久一样——在关于他的性格在最后几年中的表现所报道的东西中,再次反映出他的意志贯穿始终和占统治地位的方向。"他曾是并且依然是,"瓦西安斯基这样表达,"被限定的人,他的脚经常动摇,但他的强大灵魂从不动摇。"尽管他经常感到难以领会一种简单的、与当下的和具体的状况相关的决定,但他毕竟即便在对他来说最困难的情况下,也坚持他一旦做出并且以一种自觉表述的"准则"表明正确的决定。而且除了意志的这种能量和前后一致之外,还有他的个人本质的独特温存也一再表现出来。莎洛特·冯·席勒关于他曾经说过,如果他能够感受爱,他就会是一般人类最伟大的表现之一;但由于并不是这种情况,某种有缺陷的东西就出现在他的本质中。[①] 实际上,即便是在康德与他周围

---

① 此处及以下内容参见 O. 许恩多尔夫:《康德的往来书信》,载《老普鲁士月刊》,第 38 卷,第 120 页及以下。

环境里面的邻人的关系中，尽管有所有的参与和他力所能及的所有无私奉献，却也有某条由"理性"设定的界限从未被逾越；而且理性的这种统治在人们相信自己有权利期待和要求感情的一种直接表露的地方，很容易唤起在观察属人事物和关系时的一种无人情的冷酷的假象。确实，一切"温存性质"的感情——如他自己所称的那样——对康德的天性和本质来说都是陌生的。但在他里面，他自己视为伦理基本感情且在其中相信认识到所有具体道德行动的动力的那种感情则发展得更为丰富和更为雅致。他与单个人的关系是由对道德人格及其自我决定权的自由的敬重来引导和支配的。而且这种敬重对他来说不是抽象的要求，而是在他里面作为直接鲜活的、规定每一个个别表现的动机起作用。通过这种特征，康德获得了那种"衷心的彬彬有礼"，它虽然不与爱同等含义，但毕竟与爱近似。他那直到最后时日还坚持和表现的"人道情感"摆脱了任何纯然动感情的背景。正是因此，它相对于他的时代和周围环境，相对于感伤主义的世纪获得了它的特殊个性。康德对人的态度是由道德**法则**的纯粹和抽象的中介规定的，但正是在这种法则自身中，他同时认识到并且崇敬人的人格性的最高力量。因此对他来说，人道思想和自由思想并不局限在政治社会理想和教育学理想上，而是成为他撬动和彻底改变整个精神宇宙的杠杆。"实践理性优越性"的思想规定着理论理性的基本设想中的一种改造：人道的新情感和新意识导向一种普遍的"思维方式革命"，它在这种革命中才得到了自己最终和决定性的论证。

康德于1804年2月12日早晨去世。他的遗体安葬成了一个重大的公共典礼，整个城市和所有阶层的居民都参与其中。他的遗体起初停放在他的家中，大批"来自最高和最低阶层"的人蜂拥而至来瞻仰。"一切都急着利用最后的机会……许多天都在朝圣,在白天任何时间……许多人两次、三次再来,而且在许多天里,公众还没有完全平息其探视欲望。"葬礼是由大学和坚持要对康德证明一种特别的崇敬的大学生们举办的。在哥尼斯贝格的钟声齐鸣中,康德的遗体由青年学者从他的家中迎出,一望无际的队伍由数千人陪伴走进大教堂和大学教堂。在这里,它被安葬在所谓的"教授穹窿",即大学的墓地中;后来,人们在这个位置建立起一座专门的厅堂,即"stoa Kantiana[康德柱廊]"。

但是,康德的遗体安葬以如此豪华的外部形式和在如此普遍的参与下进行,而且按照瓦西安斯基的表述,在葬礼上怎样是"典礼的排场和鉴赏把普遍敬重的最清晰迹象"结合起来,康德自己毕竟在他去世时对他的周围环境和他的故乡城市来说变得陌生了。在1798年——他去世前6年——珀施克就已经给费希特写道,康德自从不再举办讲演,除了在莫瑟比家中的交往之外从所有社交交往退出以来,逐渐地也在哥尼斯贝格不为人识。① 唯有他的名字还以旧日的声望闪光,但他这个人开始越来越被遗忘。他的哲学的历史影响越升越高,他的学说的最独特之处在整个人群中传播;但他这个人却似乎已经在他最后的生年里更多属于回忆和传奇,而不是属于直接的历史当下了。而且在这里,也显示出一个对于康德的生平来说独特和标志性的典型特征。这一生平的伟大和力量并不在于它使康德的精神和意志中所包含的所有人身的和个性的元素都得到越来越丰富的展现,而是在于它越来越确定和排他地使它们为实际的要求、观念的疑难和任务服务。人身的生活形式和存在形式在这里纯

---

① 珀施克于1798年7月2日致费希特的信,见《费希特的生平和文坛往来书信》,J. H. 费希特编,第2卷,第451页。

粹作为这样的形式不保持任何独立的内在价值,它们的全部意义旨在成为按照自己的法则和凭借其内在必然性继续前进的抽象思想生活的材料和手段。在人格和事情的这种关系之上,建立起康德生活的整体形式和结构,建立起构成他的深邃和能够显现为他的独特局限和狭隘的东西。当然,完全献身于纯粹实际的目标,有时似乎必然导致生活的具体形象和个性丰富中的一种贫乏;但另一方面,正是在这里才出现普遍的东西的全部强制力:同样地在康德的思想世界和他的意志世界里,作为理论和实践的理念表现出来的普遍的东西。我们回想一下,康德的基本方向在他的哲学和写作活动的开端,在他的《关于活力的真正测算的思想》中就已经以怎样的力量和朝气、以怎样的直接主观的活力表现出来。"我已给自己,"22岁的人这样写道,"标出了我要遵循的道路。我将踏上自己的征程,任何东西都不应阻碍我继续这一征程。"① 现在,康德的思想在一种远比他自己的青年热情能够预见的更为全面的意义上走过了这条道路。在极为不同的方向上,从个别和特殊到整体、从个体到普遍的道路已被走过。考察以宇宙论和宇宙起源论的疑难、以世界产生和世界秩序的问题开始。这里首先要固守一种评判立场。不仅必须超越依然受制于空间与时间的个别性、受制于每次的这里和这时的直接感性知觉,而且必须补充和深化牛顿的数学科学世界观,因为世界体系的时间**起源**问题被纳入这种世界观,而且由此仿佛是创造了一个新的考察维度。现在,经验性的-地球上的视野才扩展为天文学概念和判断的真正全面和普遍的视域。然后,在康德奠立一种自然地理学和一种经验性的人类学的尝试中,**人类历史**的概念经历了一种类似的

---

① 参见上文(边码)第29页。

扩展，因为人类历史作为一个特例属于和从属于有机体发展史的普
遍疑难。然后，康德的批判时期保持着这种基本倾向，但它把重点
从"自然的东西"转移到"精神的东西"，从物理学和生物学转移到
逻辑学的和伦理学的领域。即便在这里，也应当是对判断和行动来
说，在其普遍有效的先天基础被指出时，其效力的全部力量和深度
才得到清晰的意识，但同时被确立起界限，这些原理的运用不能超
越这些界限而不迷失在虚空之中。两个要素——**论证**的要素和**划界**
的要素——对于康德来说直接汇合为一个，因为唯有在知性和意志
通过一个普遍和必然的法则的结合中，才建立起知性世界和意志世
界的根本内容所基于的客观秩序。

歌德在其颜色学的历史中在柏拉图和亚里士多德之间划出的著
名平行线中，把哲学考察的两个基本类型对立起来。"柏拉图与世界
的关系，就像一个天国的精神，喜欢到世界上留宿一阵子。认识这
个世界与他不那么相干，因为他已经预设这世界，而宁可友好地给
这世界传达他带来并且这世界需要的东西。他迫入深处，更多是为
了用自己的本质充填它，并非是为了研究它。他朝高处运动，渴望
再分享自己的起源。他所表现的一切，都与一个永恒的整体、真、
善、美相关，他致力于在每个胸怀中激起它的要求……与此相反，
亚里士多德对世界，就像一个人，一个建筑师般的人。他一度在这
里，并且应当在这里活动和创造。他探究土地，但他的探究不会超
过他找到地基的范围。由此直到地球的中心，其余的东西对他都无
所谓。他为了自己的建筑而给一块极大的地域换装，从四面八方创
造材料，整理它们，堆放起来，并如此以合规则的形式金字塔般登
上柏拉图为一个像尖尖的火焰一样的方尖柱寻找天空的高处。如果
一对这样的人物分降人类，作为杰出的、不容易统一的属性的分别

代表；如果他们有幸完美地提高自己，完美地说出自己身上提高的东西，而且不是以神谕般的简短而简洁的句子，而是以详尽阐述的多种多样的著作；如果这些著作作为了人类的福祉保留下来，并且总是得到或多或少的研究和考察，那么自然就得出，就世界能够被视为感受的和思维的而言，它被迫热衷于一位或者另一位，承认一位或者另一位是大师、导师、领袖。"

康德就他精神的基本方向而言处身于歌德在这里以典型的形式给予表达的普遍的精神史对立之外，这标志着他的哲学天才的范围和深度。这里提出的二者择一对他来说没有力量和效力。在他这里，取代哲学的理智主题中迄今世界历史性冲突的，是一种新的世界历史性统一。如果柏拉图和亚里士多德似乎是作为分别的属性的代表分降人类，那么，康德就是在他的哲学成就中为人类在理解和实施中、在思维和行动中有可能和能达到的东西树立了一个新的整体概念。一个贯穿整个思维历史的古老分裂似乎现在第一次被战胜和解决，因为实际上在康德这里，歌德在亚里士多德和柏拉图的特点中相互对立起来的基本倾向联结起来并相互渗透：二者在这里处于一种如此完美的平衡中，以至于再也不能说一个对另一个具有一种相互优势了。康德自己，特别是在奠立他的伦理学时，感到自己是柏拉图学派；而且他在《纯粹理性批判》中曾强有力和坚决地支持柏拉图的"理念"的权利，反对对它的一切源自"卑俗地诉诸据说相悖的经验"的反驳。① 但是，此后当时代思潮和时尚思潮试图用神秘主义神学家取代辩证法家和伦理学家柏拉图时，当施洛塞尔在这种意义上赞颂柏拉图是超感性事物和"理智直观"的哲学家时，康

---

① 参见上文（边码）第269页。

德不免坚决地关注那种"升高的口吻的哲学"认为能够俯视的"劳动者"亚里士多德,"但是,除了不通过自我认识的艰巨劳动而由下向上,而是飞越过它,通过一种自己不用付出任何代价的神化而由上向下来显示自己的**直观**哲学家之外,没有一个别的人想到夸**高贵**,因为他在这里是从自己的威望出发说话,因而没有责任在任何人面前答辩"。亚里士多德的哲学是劳动,因为形而上学家亚里士多德的目标,无论他是否以及用什么手段达到这个目标,在任何情况下就是把先天认识分析成其要素,并从这些要素重新获得它和组合它。① 这里,只用一个词就表明了康德的哲学概念中的双重方向。就连批判哲学也是努力从经验性的感性的东西达到"理知的东西",并且在自由思想的理知的东西中才得到自己的完成和真正结束。但是,达到这个目标的道路是"通过自我认识的艰巨劳动"。据此,这里需要的不是"天才冲动",不是诉诸直觉的某种光照,而是概念的严格要求和必然性在这里占统治地位;这里起决定作用的不是心理学的或者神秘主义的直接自明性情感,而是对认识基本形式有条有理地进行的科学分析和"先验演绎"。对经验来说"作为基础"的真正理知的东西,只是在对这种经验自身的加固和保证中、在对它的充分批判理解中才达到。因此,正是这种超出经验导向超感性的东西和导向"理念"的努力,更深刻地导回"经验的肥沃低地"。正是这一点从现在起表明为理念和唯心论的力量,即二者在提升超出经验时,才使经验的形式及其结构法则得到充分的理解。理念致力于绝对者和无条件者,但批判的思考发现,真正的无条件者不是被给予

---

① 《论哲学中一种新近升高的口吻》(1796年,第6卷,第478、482页;中文版第8卷,第397、400页)。

的，而是被托付的，它在这种意义上是与条件的整体性的要求叠合的。因此，要迈入无限者，在有限者中朝四面八方走就够了。经验自身充分发展，就导向"形而上学"，就像形而上学在先验的意义上无非就是要展示和表述经验的充分内容一样。对无条件者的追求是理性生而具有的，但是理论理性和实践理性自身的条件的完备体系就表明为我们能够一直达到的最终无条件者。在这种意义上，在康德的学说中就界定和规定了"可探究者"和"不可探究者"的概念。一个不可探究者依然被承认，但它不再作为纯然的否定存在，而是成为认识和行动的范导。它不再是一种无所事事和毫无希望的怀疑的表达，而是要指示研究应当在其中运动和全面展开的道路和方向。这样，对于我们来说在真正理知的东西中，在理性任务的理知的东西中，存在的世界就转变为行动的世界。在有条件者和无条件者之间、有限者和无限者之间、经验和思辨之间的这种新关系中，康德相对于柏拉图和亚里士多德创造了哲学思维的一个新类型：在笛卡尔和莱布尼茨那里奠立的一个专属现代的唯心论概念，在他这里达到了系统化的完成和实现。